선생도 사람이다

선생도 사람이다

© 문종민, 2025

2025년 11월 15일 인쇄
2025년 11월 20일 발행

지은이 문종민

펴낸이 강경호 편집장 강나루 디자인 정찬애
펴낸곳 도서출판 시와사람
등록 1994년 6월 10일 제 05-01-0155호
주소 광주시 동구 양림로119번길 21-1(학동)
전화 (062)224-5319   E-mail jcapoet@hanmail.net

ISBN 978-89-5665-801-8   03810

· 잘못된 책은 구입하신 서점에서 바꾸어 드립니다.
· 값은 표지에 있습니다.

이 도서의 국립중앙도서관 출판예정도서목록(CIP)은
서지정보유통지원시스템 홈페이지(http://seoji.nl.go.kr)와
국가자료종합목록 구축시스템(http://kolis-net.nl.go.kr)에서
이용하실 수 있습니다.

© 문종민, 2025
이 책의 저작권은 저자에게 있습니다.
저작권에 의해 보호를 받는 저작물이므로
출판사와 저자의 허락 없이 무단 전재와 복제를 금합니다.

선생도 사람이다

문종민

시와사람

✽ 줄거리 추림 ✽

'선생도 사람이다.'라는 조금은 도전적 제목을 끄집어낸 이유는, 선생님들이 무조건 참고 견디며 침묵했던 일상에서 벗어나야 한다는 메시지를 보내고 싶고, 이제는 법률적으로나 사회적 관심에서 약자가 되어 버린 선생님들에 대한 배려가 필요할 때가 됐다는 하소연을 하기 위함이다. 또한 이 책 제목의 의미는,

"아~! 나도 사람이란 말이야. 당신과 똑같은 인간이란 말이야…"

라는 외침을 대변하고 싶은 것이다. 독자가 이 말에 '왜'란 의문 속에 이 글을 읽을 수 있으면 좋겠다는 생각이 든다.

그리고, 가장 결정적인 이유는,

고등학교 시절 친구 집에 갔을 때 초등학교 교사였던 그의 누나와 다툼이 있었다. 그때 들은 말이 사범대학 다닐 때는 물론이고 선생살이를 하는 동안 내내 내 머리에서 떠나지 않았기 때문이다.

"이 자식아, 선생도 사람이야! 나도 교단을 내려오면 너와 똑같은 사람이란 말이야!!"

그 외침이 절규로 들렸다.

그 외의 글은 잡설이라 해도 무방하다 할 것이다.

이 고백은 이런 질문에 선생살이에서 얻은 경험을 썼을 뿐「넓은 문제의식」속에서 좋은 선생님의 가치를 논하고자 하는 것만이 아니다.

다만,

"그렇구나. 선생살이가 고달팠구나. 그렇게 시작하고 또 그렇게 끝나는 것이구나."

라는 가벼운 끄떡임이면 충분하다. 또 이렇게 생각할 수 있으면 좋겠다.

"선생살이 참 쉽지 않구나."

내일은 좋아지는 상상을 하면서, 오늘을 견디고 적응하면서, 지난날을 후회와 반성 속에서 참됨을 추리는 삶이 선생 여정이다. 그런 과정을 겪다 보니 이 책의 글도 과거를 후회하고 아쉬워하는 가운데, 현재를 다독이고 과거를 부축하면서 현재와 미래와 과거를 혼란스럽게 넘나들고 있다. 교사와 선생이란 용어의 혼용도 마찬가지다.

아무리 그래도 선생의 삶에 대한 어떤 설득도 어렵다.

내 입에서 나오는 말이 허접하고 얄팍하며 경험 또한 너무 가벼워 고백의 언어로서 한계를 느끼기 때문이다. 이것이 선생이었던 나의 한계인지도 모르겠다. 그렇다고 무리하게 그 한계를 넘으려 하지 않으련다. 또 고백이라 하였지만 허구와 진실을 버무려 만든 산만한 글집이다.

목차에서 제1장을 '후회와 아쉬움', 제2장을 '그리고, 또 다른 기다림' 제3장을 '위로와 회복'이라고 한 이유는, 내 카카오톡 대문에 오래전부터 달아둔 명패이기도 하고, 선생살이가 후회와 아쉬움의 순간이었으며 기다림의 순간들로 점철됐기 때문이다. 그리고, 어떤 기다림으로 살아야 할까에 대한 숨죽이는 시간이었다. 제3장은 힘들고 외로울 때 동료들의 위로가 회복의 힘을 주었기에 만든 장이다. 결국 '기다림'의 원願이 도사리고 있었기에 그렇게 정했을 뿐 특별한 의미는 없다. 제4장은 덧붙이고 싶은 내용이다.

다시 '왜'란 질문으로 돌아간다.

선생님은 왜, 어떤 상황이었기에 좌절했을까?

어떤 보상이 있었기에 작은 위안이라도 느낄 수 있었을까?
어느 나이 드신 선생님과의 대화에서 그 답을 헤적인다.

「주름진 교사의 독백」

아이가 눈을 홉뜨고 대들면
겨우, 어허! 그러면 못쓰지!
학부모가 아이 말만 듣고 다그치면
'죄송합니다'
아이를 체벌한 파렴치한으로 몰면
양손만 부여잡고 비비고

학원 선생보다 못하다고 힐난하면
그저 천장만 응시한 채 한숨만 쉴 뿐
그토록 비겁하리만치 고개 숙여 당해도
그렇게 참는 것이 편할 거라는 윗사람

열정은 때때로 선생을 옥죄는 쇠고랑이 되고
편하기 위한 회피는 깊은 슬픔을 만지게 한다
세월이 익은 후 그나마 견디게 하는 것은
부모가 선생이니 며느릿감으로 보증한다는 말,
야박하게 대들던 녀석이 겸연쩍게 장미꽃을 내밀 때,
덕분에 우리 아이 바르게 컸다는 한 통의 전화

연세 지긋한 선생님의 하소연을 듣는 내내 가슴이 저렸다. 나 역시 똑같이 살았지만, 아무것도 도와줄 것이 없다는 막막함에 오히려 화가 났다.

'위로를 줄 수 있는 교장이 되겠다.'

라는 약속을 했는데 부끄러워 쳐다볼 용기도 나지 않았다. 불현듯 선생이란 직업에 연민이 엄습했다.

선생님께서 나가신 뒤로 아픈 생각을 끄적였다. 명퇴하시고 교문을 나서는 뒷모습을 보면서 선생으로서 비겁함을 숨기기 위한 증거를 남기고 싶었는지도 모르겠다.

○ ○ ○

중간고사가 끝난 뒤로 학부형이 교장실로 전화를 걸어왔다.

"교장 선생님! 왜 그 선생님은 개념을 가르치지 않고 수업한답니까? 그래서 우리 아들이 개념에 대한 문제를 틀렸단 말이에요. 학원 선생님은 그렇지 않은데 소위 선생이 왜 그렇답니까?"

"선생님이 개념 설명을 하지 않았다는 사실을 어떻게 아셨습니까? 학습 목표 설명 때도 충분히 했을 텐데요. 그런 일이 없었을 것입니다. 정말 그랬다면 교장이 대신하여 죄송하다는 말씀드립니다. 또 가르치지 않는 내용은 출제하지 않았을 테고요."

선생님이 학원 선생님보다 못하다는 등의 '선생'에 대한 폄훼를 당하면서 생각이 복잡해졌다. 그렇다고 학부모 말씀만 듣고 그 선생님을 불러 확인할 일도 아니었다.

교직원 회의에서 이런 사실이 있었다고만 말했을 뿐이다. 그렇게만 해도 충분히 학부모의 의도를 전달할 수 있었고, 선생님들은 자신이 수업 방식에 대해서 돌아볼 수 있기 때문이다. 그것이 그 선생님의 자존심을 지켜줄 방법이라고 생각했다.

그 뒤로 그 학부모의 항의 말씀에 신경이 쓰였고, 교직 사회에서 주로 쓰는 '선생님'이란 말에 관한 생각을 깊이 하게 되었다.

교사란 공식적으로 교육 기관에서 학생들을 가르치는 직업을 가진 사람을 의미한다. 즉 국가나 기관에서 정식으로 인정한 교육자이다.

이에 반해 선생님은 누군가를 가르치는 사람을 높여 부르는 말이다. 직업이 교사가 아니더라도 지식을 가르치거나 지도하는 사람은 선생님이라 부를 수 있다. 학원강사도 여기에 포함될 수 있고, 심지어 사회적으로 존경받는 사람을 '선생님'이라고 부를 수 있다.

그래서 "모든 교사는 선생님이다."란 표현은 교사는 학생들을 가르치는 직업이므로 당연하다. 따라서 "모든 선생님은 교사다."란 문장은 바르지 않다.

왜 이렇게 당연한 말을 들고 나오는 것인가. 그것은 교사와 선생님에 대한 참 의미를 새겨보고 싶었기 때문이다. 또, 이 고백서의 제목처럼 「선생도 사람이다.」란 억지(?)를 설득하고 싶은 바람이 있기도 하다. 다시 말해 굳이 교사를 선생으로 치환하는 것이라고 웅변하고 싶어서이기도 하다.

'선생도 사람이다.'라는 말은 단순한 사실을 넘어, 선생님을 완벽한 존재로만 바라보는 사회적 기대와 부담에서 벗어나야 한다는 생각을 해본다. 교사도 감정을 가진 사람이며, 실수할 수 있는 존재임을 인정해 줘야 한다.

교사는 학생을 가르치는 역할을 맡고 있지만, 모두 다 완벽하게 알고 문제없이 지도할 수는 없다. 교사도 여느 인간처럼 피곤하고 지칠 수 있으며, 감정적으로 힘들 때도 있기 때문이다.

또다시 교사는 초월적인 존재도 아니고, 학생과 학부모처럼 감정을 가진 한 인간으로 존중받아야 한다고 설득하고 싶다. 그렇지만 교사의 현실과 사회적 요구의 괴리는 매몰차다.

작금의 사회는 교사에게 '완벽함'을 꾸준히 요구하고 있다. 교사는 학생을 지도하면서 감정적으로 무조건 인내하고 공정해야 한다는 압박을 받는다. 학생이나 학부모로부터 과한 취급을 받아도 감정을 드러내서는 안 된다고 강요를 받는다.

교사는 단순히 수업을 진행하는 것이 아니라, 생활 지도, 정서적 돌봄, 학부모 상담, 행정 업무까지 떠안고 있으며 극심한 감정 노동에 노출되어 있다. 또한 교사의 감정적 스트레스는 직업의 특성으로 무시당하는 경우가 허다하다. 정작 교사의 감정적 고통을 이해하려는 배려가 부족하다 보니 우울감에 빠지고 마침내 정신질환에 시달리게 될 수도 있다.

교사는 인간적인 실수까지도 허용되지 않는 분위기다. 한 번의 실수로 인해 학생, 학부모, 심지어 언론의 질타를 받을 수 있다. 더욱 견디기 힘든 것은 학생 지도 과정에서 발생하는 작은 오해도 '교사의 무능'이나 '책임감 부족'으로 해석되는 경우가 허다하고 영락없이 책임 추궁의 길로 접어들기 때문이다.

이제는 선생도 인간이라는 점을 인정하고 존중받아야 하며, 사회가 교사의 인간적인 면을 이해하고 배려하는 분위기가 조성되어야 한다. 또한 교사의 감정이 존중받고 지지받을 수 있어야 우울한 교직 문화도 개선될 수 있다.

교사가 인간적인 존재라는 사실과, 감정적·정신적 보호를 받을 수 있는 환경이 조성될 때, 비로소 교육의 질이 높아질 것이다. 교사들은 완벽한 선생님이 아닌 인간으로 존중받는 교사이기를 원하며 존경받는 선생님으로 남기를 바라기에, 교사보다는 선생님이라는 자부심으로 살고 싶어 한다.

구태여 출판기념회를 열고자 함은 '선생도 사람이다.'라는 제목이 다소 포괄적이기는 하지만, 왜 사람인 선생을 '사람이다.'라고 확인해야 하는지에 대해서 그 답을 찾는 데 동료의 동의를 구하고자 함이다. 또 오래전부터 많은 사람에게 했던 약속을 지키는 의미도 함께하고 있다.

사람인 교사에 대한 사회적 시각은 사람 그 이상을 바라고 있는 상황에서, 일반 사람들이나 교직에 있는 사람들까지도 깨닫지 못하고, 차마 입 열지 못하고 있음이 안타까울 뿐이다. 더 넓게 말하자면 사람이라는 사실을 새삼 깨달았으면 한다. 이런 문제가 공론화해야 한다는 바람이기도 하다.

이 책에서 던지는 질문은 겨우 교사를 선생님으로 호칭해 달라는 호소만이 아니다. 결국 오늘날 교실에서 발버둥 치고 있는 모든 선생님의 삶이 간단한가에 대한 물음이다. 이는 실제적 고통을 감내할 수 있는 용기가 없어서가 아니다. 다만, 그 용기마저 야금야금 먹혀들어 수렁으로 빠져들고 있다는 절박감 때문이다. 그래서 우리들은 거기서 헤어나기 위해 더 의식적인 삶을 추구해야 하고 서로서로 고통에 무심하지 않아야 한다.

그렇게 살면서 진정한 우리가 될 수 있도록 노력하여야 한다. 그 노력은 의식적 삶, 거부, 투쟁, 홍보 등도 모두 포함한다. 이제 우리도 과감히 사람이라고 선언하고 우리의 자존심을 함께 지키겠다는 각오가 필요하다. 진정 자유로워야 한다. 그러나 홀로 자유로울 수는 없다. 결국 힘은 조직적으로 함께 할 때 생기는 것이고 보호받을 수 있다. ■

읽고 싶은 글 찾는 곳

줄거리 추림 ・7

제1장 후회와 아쉬움

선생님의 첫인상에 대한 신념 _ 22
듣는다는 것 _ 25
명예퇴직 _ 31
훈련이 필요하다 _ 37
부끄러워 마세요 _ 40
본래면목本來面目 _ 47
황당한 교원 인사 _ 49
좋은 놈 _ 52
입장 달리하여 생각하기 _ 56
전임傳任 _ 59
곤궁한 리더십 _ 61
교실이 마당이면 좋겠다 _ 65
문제를 앞서가지 못하는 제도 _ 68

조직원은 사기를 먹고 자란다 _ 75
첫 월급 _ 77
교사로서의 좌절 _ 80
나와 같다면 _ 86
덮읍시다 _ 93
말 욕심 _ 96
온몸으로 말씀하신 선생님 _ 98
아주 특별한 퇴임식 _ 105
습관이 인생을 바꾼다 _ 108
습관처럼 하는 거짓말 _ 112
어느 교육감 후보 토론회를 보고 _ 117
그리울 것입니다! _ 121
한 아이가 넘어지면 열 명의 어머니가 넘어진다 _ 123
교직이 매력 있는 직업이 되기 위해서 _ 126
교육은 언어의 미학이다 _ 132
학생 자아 형성과 디지털 권력 _ 136
내가 때린 너의 뺨은 너의 뺨이 아니었다 _ 139
기대하지 않았는데 _ 142
주인공이 될 준비가 돼 있다 _ 145
학교가 조용하다 _ 148
다스린다는 것 _ 153
음악은 수학이다 _ 157
교육 원로의 역할을 기대한다 _ 161

피암시성의 교육적 가치 _ 166
6월, 쉬었다 가자 _ 171
교육은 길이다 _ 173
다 이뤘다. 누구나 하나? _ 177
우리 교육의 자화상 _ 183
모든 꿈을 접어야 할 때 무언가를 원망해도 될까? _ 190
뜻에 맞는 임금님을 만난다는 것 _ 196
우리 편에 대한 절대적 지지 _ 199
우리에게 청백리는 없는가? _ 204
광주교육, 겉만 타고 속은 익지 않았다 _ 208
절망 중 위로는 구세주다 _ 212
다른 곳을 바라본다 _ 214
이미 앓고 있다 _ 218
교육 권력에 대한 견제 _ 224
눈물 흘리는 선생님 _ 229
선생님은 누구로부터 위로를 받을까? _ 233
학교경영의 초석 _ 238
꽃자리 _ 243
촌지의 추억 _ 247
교사의 정체성 _ 251
무언가 이루고 싶다면 무엇을 버려야 하는가? _ 254
뛰지 말아요 _ 257
영웅이 되고 싶은 아이들 _ 260

불확실한 것이 가장 무섭다 _ 264
자식 이기는 부모 없다 _ 271
똑같은 일을 하면서 다른 결과를 바라는 것은 미친 일이다 _ 275
망설임 _ 279
선생님의 선물 _ 283
어느 담임 선생님의 편지 _ 287
조인트 슬리핑 _ 289
힘내세요, 선생님! _ 292
사랑하는 우리 선생님! _ 294
같은 길, 다른 생각 _ 297
요령과 시행착오와의 관계 _ 300
나란히 걷는다는 것 _ 302
행동 풍부화 _ 304
뉴스 따라 하기 _ 307
몰입할 수 없는 아이들 _ 309
잘 맞는 옷 _ 312
오늘은 걸어서 출근하였습니다 _ 316
권력은 잠시지만 품격은 영원하다 _ 318
가뭇없을 때 _ 320

제2장 그리고, 또 다른 기다림

계절을 걸었다 _ 324
보리밥 뜸 들이기 _ 327
유산 _ 330
체곗돈 _ 333
하룻밤 풋사랑 _ 335
시간은 기다리지 않는다 _ 338
벚꽃의 운명 _ 341
잊는다고 하여 무슨 이유로 눈물이 날까 _ 343
한 여름날의 꿈 _ 346
가을, 그리고 아버지 _ 348
그리운 사람은 떨어져 살아야 하는가? _ 353
끝이 없는 길 _ 356
기다림의 미학 _ 358
닮아간다는 것은 _ 363
바닷가의 추억 _ 366
눈을 들어 하늘을 보자 _ 369
국밥의 추억 _ 371
알람브라궁전의 추억 _ 375
붕어빵 _ 380
친구의 유음遺音 _ 383
세월에 기대어 살다 _ 388

참 바보처럼 살았군요 _ 390
작은 목소리로 말하기 _ 393
옹이 _ 397
나라는 사람은… _ 400
이 가을이 서글퍼지는 까닭 _ 403
감춰진 얼굴 _ 407
그립다는 것 _ 417
가둬둔 마음 _ 423
화요일 오후의 단상 _ 426
사랑은 노력일까, 책임일까? _ 428
생각과 경험의 차이 _ 433
말의 온도, 마음의 깊이 _ 435
식탁 아래서 기다리는 것 _ 437
불행을 자초하는 삶 _ 441
검은빛은 존재하는가? _ 444
가깝지도 멀지도 않은 우정 _ 446
거울 속의 거울 _ 448
설화雪花 _ 452
당신은 지금 며칠째 살고 있나요? _ 455
기다리는 마음 _ 458

제3장 위로와 회복

아무것도 원하지 않아도 모두 다 되었다 _ 462
선생님들의 간절한 바람으로 잘 견뎠습니다 _ 471
페이스북 발췌 _ 475

제4장 덧붙이는 글

가장 존경하고 닮고 싶은 문종민 선생님 _ 498
군고구마처럼 마음이 따뜻하신 분 _ 500
벚나무 꽃 아래서 손 흔들어 주넌 친구, 분교장 _ 502
걸어온 길을 보면 걸어갈 길도 보인다 _ 504
버리는 아픔, 변화의 두려움 _ 507
세상에서 가장 무서운 것 _ 510
잘못된 시간에 잘못된 장소에 있었다 _ 513
결실의 계절에 부는 삭풍 _ 516
스포츠의 생명은 공평함이다 _ 519
영명英明했던 제자에게 들려주고 싶은 노래 _ 522
어느 신출내기 교장의 단상斷想 _ 525
수험생에게 부족한 2% 채우기 _ 528
안세영의 분노 _ 531
학교 안전법과 졸속 대처 _ 534
체육 교사의 사회·문화적 역할 _ 537

선생도 사람이다

PART + 01

후회와 아쉬움

선생님의 첫인상에 대한 신념

3월이 되면 선생님에 따라 학교를 옮겨 적응하는 시간이기도 하고 새로운 학생들과 만나게 되어 기대와 우려가 교차하는 등 1년 중 가장 힘겨운 때이다. 담임을 맡으면 반 구성원에 대한 걱정은 자못 심각하다. 학부모도 다를 것 없이 자녀가 어떤 선생님을 만날까에 대한 관심과 궁금증으로 안절부절못한다.

선생님은 제자가 바람직한 사람으로 성장하는 모습을 기다리면서 주시한다. 그러나 선생님의 기다림은 여느 기다림과는 다르다. 말 그대로 오랜 시간의 결과이기에 부질없이 느껴질 수도 있고 일상일 수도 있다. 무조건적인 기다림이기에 더욱 그렇다.

그렇지만 교사가 느끼는 첫인상으로 인해 학생의 기다림의 결과가 다양하게 나타날 수 있다. 사람들은 첫인상으로 영원히 헤어나지 못할 정도로 빠지는 일도 있고 통절하게 후회하는 일도 생기기 때문이다.

그렇다고 경험에서 얻은 첫인상의 신념을 과소평가 하고 싶지는 않다. 그것은 정도의 차이는 있지만 일종의 믿음이 있기 때문이다. 이것이 꼭 들어맞는다는 자기적 편견과 맹목적인 믿음을 경계해야 하는 이유다.

첫인상에 대한 일반적 정의는 "상대를 처음 만났을 때 형성되는 초기의 주관적인 인상"을 의미한다. 외적 모습, 태도, 말본새, 행동, 옷맵시

등 여러 요소에 의해 단박에 형성되는 것이다.

첫인상이 사람됨을 예측하는 기준으로 삼을 수 있는가에 대해서 선생님들은 고개를 가로저을 것이다. 첫인상으로 사람의 본성을 예측하는 것이 완전하지 못하다는 것을 알고 있고, 좋은 인상의 아이들은 선생님의 기대를 저버리지 않았던 경험 때문에 다시 고개를 흔든다. 그러나 그 반대의 경우도 허다했다. 그런 이유로 이를 지우기 위한 부단한 노력이 없으면 타성과 함께 고정관념이 생기는 것이다.

아무리 그렇다 하더라도 선생님은 이로부터 완전히 벗어나야 할 이유가 있는데,

첫째, 첫인상은 '1~7초 안에 형성되는 표면적 정보'로써 주관적인 요소라는 사실 때문이다. 그래서 내면의 세계나 성격, 가치관을 정확히 반영하지 못할 수 있다. 특히나 학생 지도 과정에서 첫인상의 긍정적 '후광효과'보다는 부정적인 '악마효과'를 많이 경험하고 어려워했다. 이 두 효과는 '첫인상의 편향성'이 강력하게 작용할 우려가 있을 뿐 아니라 평가 대상자에게 과한 평가나 불이익을 줄 수 있다.

둘째, 편견과 선입견이 작용하거나 주관적 경험의 산물이어서 오염될 수 있기 때문이다. 이러한 경험에 의한 편견은 학생에 대한 올곧은 판단을 방해하여 바른 성장을 저해하는 원인이 될 수도 있다.

셋째, '자기충족적 예언'에 매몰될 수 있기 때문이다. 즉, 자기 자신이 그렇게 될 것이라는 믿음으로 과거의 경험을 확인시키는 방향으로 작용할 수 있다. 첫인상으로 인해 학생이 새장에 갇히는 상황이 되는 것을 막아야 한다. 무엇보다도 선생님이 과감하게 편견을 깨는 것이 우선이고 모든 학생이 똑같다는 신념이 요구된다. 아무리 선생님이라고 하더라도 평등하게 대할 수 없는 때도 있어서다. 두 가지를 해소하기 위해서는 운동으로 근육을 키우듯이 자신의 판단 근력을 키우기 위해 힘

써야 한다.

　네 번째, 학생 개개인의 첫인상에 대한 분석이 필요하다. 이 분석에 대한 처방의 시작은 성급하게 학생의 능력까지 의심하는 우를 범하지 않는 것이다.

　다섯 번째, 예단에서 벗어나 능력을 인정해 주는 것이다. 자기 성찰과 탐색으로 아이들을 여러 각도로 바라볼 필요가 있다. 아이들은 인정해 주고 역할을 주면 선생님의 기대에 틀림없이 부응한다. 훌륭하게 성장하는 모습을 기대한다면 그런 과정을 무시하거나 회피하지 말아야 한다.

　새 학기를 맞아 어려운 시기이지만 선생님들은 학생에 대한 첫인상의 신념을 바꾸기 위한 노력을 멈춰서는 안 된다. 학급을 어떻게 운영할지 고민히고 계획을 세우는 것만큼, 긱징스러운 행동을 보이는 학생을 인정해 주고 검질기게 지켜보는 여유 또한 필요하다. 이러한 노력은 선생님으로서 당연한 의무이자 교육 수요자의 명령이기도 하다. ■

듣는다는 것

왕이 되는 것보다 높은 성공의 경지에 올랐을 때 성聖이라고 하면서, 음악에서 최고의 경지에 오르는 사람을 악성樂聖, 바둑에서는 기성碁聖, 시인에게는 시성詩聖, 인간에게는 성인聖人이라고 부른다. 여기의 '성聖' 자를 쓸 때 귀 이(耳)→입 구(口)→임금 왕(王) 자 순으로 쓴다. 그 이유는 '남의 마음을 얻기 위해서는 듣는 것이 최우선이기 때문이다.'라는 것이다.

교사가 아이들을 가르치면서 가장 많이 하는 것이 말이다. 수업 시간은 물론이고 생활 지도, 상담 등 뭣 하나 할 것 없이 모두가 말이다.

어느 날 은행에 다니는 초등학교 여자 동창생이 "야! 느그 선생들은 하루에 서너 시간 수업만 하면 얼마나 편하니?"라고 물었다. 난 한동안 말없이 얼굴만 빤히 쳐다보았다. 그랬더니 또 물었다. "왜 그렇게 말없이 빤히 쳐다보는 거니?" 그래서 대답했다. "난 정말 아무 말 안 하고 싶어. 말하는 것이 제일 힘들어."

무슨 영문인지 모르고 눈을 말똥거렸다. 그래서 다시 말했다. "야! 너희들은 하루 동안 말을 하지 않고 돈만 세고 있으면 얼마나 편하냐?" 그랬더니 그 친구는 마침내 흥분하고야 말았다. "너 한 시간만 돈을 세봐라. 얼마나 힘든지." 그래서 "야! 너 한 시간만 쉬지 않고 말해봐. 얼마나 힘든지 알게 될 거야."

그렇게 말하고 말없이 차 한 잔을 비웠다. 더 이상 여기에 대해서 말하지 않았지만, 서로가 자기 일이 힘들다는 것에 동의하고 있었다. 선생님들은 서너 시간 수업만 하면 할 일이 없다는 오해도 한몫했다.

결혼하고 신혼집에서 선생님들에게 저녁 식사 대접을 했다. 시골이어서 마땅한 식당도 없었다. 충분한 양의 갈비를 재웠는데도 눈치를 보니 부족한 표정이었다. 장모님은 살짝 귀에 대고 말씀하셨다. "어따, 징하게 드시네." 교무부장 선생님께서 눈치를 채시고 말씀하셨다. "장모님, 저희가 많이 먹죠? 하루 종일 말하고 퇴근할 때면 무지하게 배가 고프거든요."

듣는다는 것은 아이들의 의견을 듣는다는 사실이고 아이들이 견해를 말하는 것은 토론의 기초가 된다. 아이들이 수업의 주체가 된다는 의미다. 수업 자 위주의 수업이 아닌 학습자 위주의 수업이다. 수업뿐만이 아니라 생활 지도에서도 마찬가지다. 늘 선생님은 학생을 세워두고 묻기에 바쁘다. 세워두고 말한다는 것은 꾸중하는 것이고 같이 앉아서 말하는 것은 '그럴 일이 있었던 모양이구나.'라고 동조해 주는 것이다. 눈높이를 맞추는 것은 눈을 피할 구실을 주지 않는 것이다.

언제부턴가 배움을 나눈다고 표현했다. 이는 선생님과 학생이 '말을 나눈다.'라는 의미이기도 하다. 학원에서는 '강의'고 학교에서는 '가르치는 것'이다. 이 두 단어는 미세하나 분명한 차이가 있다.

즉 강의는 형식적인 전달로써 체계적으로 설명하는 것을 의미한다. 일방적 전달이 많으며, 주로 한 사람이 여러 사람에게 정보를 제공하는 방식으로 진행된다.

가르침은 보다 넓은 의미로써 특정 지식뿐만 아니라 도덕, 가치관, 생활 방식 등도 포함될 수 있다. 가르침은 강의보다 상호작용이 많으며, 학생이 질문하거나 직접 실습하는 경우가 많다. 쌍방향 소통이 가능한 방법이다.

즉, "강의는 주로 공식적인 교육의 한 형태이고, 가르침은 삶의 지혜까지 포함할 수 있는 더 넓은 개념"이라고 볼 수 있다.

가르치는 것은 지식, 기능, 이치 등을 깨닫고 익히게 하는 것이다. 함의가 상당히 다르다. 가르친다는 것은 사물의 본질이나 이치 따위를 생각하거나 궁리하여 알게 되는 과정이다. 생각하고 궁리한다는 것은 일방적인 강의로는 불가능한 측면이 있다. 그 과정이 토론이고 발표이고 상대의 생각과 결론을 비교 분석할 수 있는 것이다.

수업이나 생활 지도, 상담에서 선생님이 학생의 말을 듣는다는 것은 무슨 장점이 있기에 더 많은 시간과 노력이 소요됨에도 그래야 하는가.

우선 학생들이 수업 내용을 얼마나 이해했는지 파악할 수 있고, 질문이나 의견을 들으면서 설명 방식을 조정할 수 있을 뿐만 아니라, 학생들의 오해나 잘못된 개념을 바로잡는 기회를 가질 수 있기 때문이다. 즉 학생에 대한 이해도를 높일 수 있을 것이기 때문이다.

또한 자신의 고민이나 어려움을 이야기할 때 적극적으로 들어주면 신뢰가 쌓일 뿐만 아니라 자신이 존중받고 있다고 느껴 더 적극적으로 참여하게 된다. 그럼으로써 단순한 지도자가 아니라 '이해해 주는 어른'으로 인식될 수 있음으로써 학생들의 감정을 이해하고 신뢰 형성이 가능해진다.

듣지 않고는 학생이 겪고 있는 어려움을 감지할 수 없을 것이다. 분명히 학생들의 말 속에서 문제의 원인을 찾고 적절한 도움을 줄 수 있는 단서를 발견할 수 있을 것이다. 특히 감정적인 갈등이 생길 때, 학생들의 의견을 듣고 대화를 통해 해결하려고 할 때 훨씬 유연한 접근이 가능해지는 것이다. 그러므로 문제 상황을 조기에 발견하고 해결할 실마리를 쉽게 찾을 수 있을 것이다.

이보다 중요한 것은 학생이 자기 생각을 자유롭게 표현할 기회를 줌으로써 스스로 생각하고 말할 수 있는 능력이 배양될 수 있기 때문이다. 또 학생들에게 꼭 필요한 비판적 사고력은 다양한 의견을 듣고 토론하는 과정에서 길러질 수 있을 것이다. 이렇게 함으로 학생의 자율성과 사고력을 키울 수 있는 것이다.

선생님들은 가르치는 처지에서 학생들의 흥미와 관심사를 듣고, 더 효과적인 수업 방법을 찾을 수 있는 능력을 스스로 길러야 한다. 그래야만 일방적으로 전달하는 강의식 수업보다 학생 참여형 수업을 끌어낼 능력이 생기기 때문이다. 이렇게 할 때 학생들의 생각을 반영해 교육 방법을 발전시킬 수 있음은 물론 궁극적인 목표인 수업의 질을 향상시킬 수 있을 것이다.

듣는 방법과 자세는 어띠해아 할까. 신생님들에게 필요한 능력은 '조급해하지 말고 인내심을 갖고 들어주는 것'이다. 조급한 마음이면 아이가 말하는 도중에 끼어들게 되고 끼어든다는 것은 아이의 생각이 잘못되었다는 것을 설득해 보고 싶은 충동이 앞서기 때문이다. 그렇게 되면 아이는 입을 닫게 마련이다. 선생님은 늘 날 나무라는 사람이라는 사실을 다시 확인하게 만든다는 것이다. 이렇게 되면 문제 해결의 실마리를 찾을 수 없다. 해답의 힌트를 얻을 수 없다. 들어주는 것도 능력인 시대가 된 것이다.

들어주는 자세가 생활 지도의 성공 비결이다. 그것은 방법의 문제이기도 하지만 그런데도 그것이 어려운 것은 아이들에게 들어서 도움이 될 것이 없고 틀린 말을 할 것이고 거짓말을 할 것이라는 지레짐작 때문이다. 들어준다는 것, 듣는 것으로부터 문제점을 발견하는 것, 듣되 바르게 들어주는 자세와 방법이 성패의 열쇠다.

진정성을 갖고 들어주는 것, 말하는 것에 호기심을 표하는 것, 들어주는 사람이 내 편이라는 확신을 주는 것. 설명으로 가능한 것이 아니다. 들어주는 것이 선생님을 믿게 하는 중요한 기제다. 경청해야 하는 이유가 여기에 있다. 결국 수업, 학생 지도의 중요한 사실은 단순히 들어주는 것이 아닌 경청이다.

경청은 기울여서 듣는 경청傾聽, 말을 공경하는 태도로 듣는 경청敬聽, 남의 험담을 믿는 경청鏡聽이 있다.

경청傾聽은 설명할 때, 변명할 때라도 머리와 귀를 아이 쪽으로 가까이 기대 듣는 자세, 아이 쪽으로 몸을 기울여서 듣게 되면 '선생님이 나의 설명이나 변명에 많은 관심이 있구나.' 하는 확신을 주게 된다. 틀린 설명을 하더라도, 거짓으로 말하더라도 선생님은 '나의 편이구나.' '이해해 주시겠구나.' 하는 맘을 갖게 되면 두려움 없이 거짓말한 것에 대한 후회를 끌어낼 수 있다.

다음으로는 경청敬聽이다. 공경한다는 사실을 상대가 느끼도록 하기 위해서는 마음만 공경하겠다는 것이 아니라 실제로 행동으로 보여 줘야 한다. 태도와 형식의 문제인 것이다. 지그시 쳐다보는 것, 눈 맞춤을 피하지 않은 것, 부드럽고 관심을 두는 표정, 호응, 맞장구는 공경의 표시이고 신뢰의 기반이 되는 것이다. 말하는 것을 메모하면서 듣게 되면 아이는 증거를 수집한다는 생각으로 입을 닫거나 더 깊게 숨어버리게 된다.

세 번째로는 경청鏡聽으로 다른 사람의 말을 믿고 상대에 대한 선입견을 만들지 않아야 한다. 선입견을 품고 봐서는 귀 기울여 듣거나, 공경하는 마음으로 들을 수가 없는 것이다. 험담을 신뢰한다는 것은 남의 판단을 믿는다는 것이다. 학생을 지도하면서 저지르게 되는 많은 실수는 다른 사람한테서 듣고 지도하려는 것이다. 지도指導의 본질처럼 자신이 방향을 정해 놓고 가르치려 들지 말고 대상으로부터의 소명을 경청傾聽, 敬聽하는 데 있다.

  결론적으로 '듣는 것'은 단순히 정보를 얻는 것이 아니라, 학생과의 관계를 강화하고, 문제를 해결하며, 더 나은 교육을 제공하는 중요한 역할을 한다는 것이다. 따라서 선생님은 학생들에게 적극적으로 귀 기울이고 공감하며 지도하는 것이 중요하다. 듣는 것이 먼저다. ■

명예퇴직

 명예퇴직이란 정년퇴직 이전에 '원에 의해 그 직을 그만두는 경우'를 말한다. 교사의 명예퇴직은 빈번한 일이다. 나이가 들면서 새로운 교수 학습법을 수용하기도 어렵고 그에 대한 방법을 더 연구하기도 힘들기 때문이기도 하다. 또한 아이들이 너무 버겁게 하여 교직에 대한 회의감에, 흔한 일은 아니지만 갑자기 목돈이 필요해서 등 그 이유는 많다. 그렇지만 30년 이상 몸담았던 직장을 중간에 그만둔다는 것은 결코 쉬운 결정이 아니며 큰 용기이기도 하다.
 오래전 선배가 명퇴하시겠다기에 말렸었다. 조금만 더 고생하시면 명예롭게 정년퇴임을 하실 텐데 왜 그러시냐고 물었다. 실제로 말리고 싶었다. 그 선배는 평교사였어도 교육에 대한 열정이 대단하셨기에 그 이유를 물었더니 너무나 뜻밖의 말씀을 하셨다.
 "언제부턴가 불현듯 아이들이 이쁘다는 생각이 사라졌어. 그래서 더는 아이들 앞에 설 수 없다고 생각했어. 그런 상태에서 더 이상 시간 보낸다는 것은 교육자로서 용납이 안 됐어."
 "네? 진짜요? 어찌 형님께서 그런 말씀을 하셔요.?"
 그렇게 물었다가 재빨리 그 물음을 거둬들이고 이렇게 말을 이었다.
 "그 말씀이 사실이라면 형님, 잘 결정하셨습니다. 아이들에 대한 사랑이 식었는데도 아이들 앞에 선다는 것은 큰 곤욕이자 죄를 짓는 것과 같을 수도 있지요."

그렇다. 아이들에 대한 열정이 식었는데 그들 앞에서 수업하는 일은 어려운 일이기에 현명한 결정을 하셨다고 생각했다.

명퇴 이후 그 형님은 밝고 즐겁게 생활하고 계신다. 가끔 묻곤 했다.

"형님, 지금도 여전히 후회하지 않고 살아가십니까?"

"내가 정년퇴임이란 길을 가보지 않아서 모르겠지만 가지 않은 길에 대한 미련을 갖는 것은 부질없다고 생각해."

그 답을 듣고부터는 다시는 묻지 않았다. 그리고 명예퇴직하신 형님이나 정년퇴임을 한 나와의 차이는 아무것도 없다는 사실에 더 놀라곤 한다.

교육감 선거운동이 한창이던 어느 날 그 형님이 캠프에 찾아오셨다. 나를 격려하러 오신 것이다. 큼지막한 바카스 상자를 힘겹게 들고 들어오셨다. "야! 문 본부장! 놀랍다. 네가 이렇게 맹렬히 선거운동을 하리라곤 감히 상상도 못 했다. 열정이 식어버린 광주교육을 깨우기 위해서 꼭 승리해야 한다."

그렇게 말씀하시고 내 등을 다독이다 말고 휑하게 나가 버렸다. 바쁘게 걸어 나가는 그 형님의 등을 따라 알 수 없는 회한이 또르르 따라 나갔다.

얼마 전 교직에 같이 있었던 고교 동창을 만났다. 전교조 해직 교사였지만 보기 드문 선생님이었다. 점심을 먹으면서 가까웠던 후배 교감에 관한 얘기를 시작했는데,

"아~ 명예퇴직 신청했고 지금은 병가 중이라 하더라."

그 말에 화들짝 놀랐다. 곧 교장 승진할 텐데 '명퇴'를 한다는 말에 이해가 되지 않았다. 바로 전화를 하여 며칠 후 만나자고 약속했다. 그 이유가 심히 궁금했기 때문이다.

그 후배가 밝게 웃으면서 나타났다. 난 앉자마자 물었다.

"야, 너 미쳤냐? 그 어려운 과정을 다 지나왔는데 교장 승진을 눈앞에 두고 명퇴가 웬 말이냐?"

"아따, 형님, 요즘 나 행복해 죽겠는데 뭔 말이요. 오늘도 비가 오는 창문 밖을 내다보면서 '난 행복한 사람이야.'라고 몇 번이고 외쳤구먼."

"그래도 그렇지 너무 아깝지 않냐?" 했더니

옆에 앉아 조용히 듣고 있던 교장 임기 1년 남기고 명퇴한 후배가 거들었다.

"형님, 교장으로 정년퇴직한 형님이나 교장 임기 1년 남기고 명퇴한 나나 그리고 교장 승진을 목전에 두고 명퇴할 이 녀석이나 뭐가 다를 것이 있소?"

헉 숨이 막혔다. 그 말이 옳다. 어떤 종류의 퇴직이든 자연인이 되면 이전의 직위는 아무런 의미가 없다는 사실을 매일 느끼고 있기 때문이다. 교장이 되어 교장 뜻대로 행정을 펼칠 수 있었던가. 권한은 회수당하고 책임만 떠넘기는 교육 권력에 우리는 얼마나 절망하면서 무늬만 교장인 생활을 먹기 싫은 음식 꾸역꾸역 삼키듯 하면서 바보가 되어 살아야 했던가.

"그렇지만 이유나 들어보자. 그래야 속 시원하겠다."라고 다그쳤더니

"형님, 나 지금 선생님들한테 좋은 교감 되지 못하고 있다는 생각이 들었고 또 노력해도 냉소적인 분위기 정말 싫었어. 더불어 학생들에게도 조금도 도움을 줄 수 없었을 뿐만 아니라 교장 선생님에게 어쩐지 내가 짐이 되는 기분이었어."

"그래도 교장이란 명함이라도 붙이고 그만두지." 했더니,

"형님, 나 쉬고 있는 지금이 너무 행복하다니까. 아침에 걷기 운동하면서 내가 생각하는 것이 뭔지 알아? 오늘 출근하여 또 어떤 일이 있을

까. 누구와 작은 다툼이라도 생기면 어떻게 할까. 어떤 녀석이 또 사고를 칠까, 이런 생각 안 한다니까. 발아래 널브러져 있는 메타세쿼이아 잎이 이제는 눈에 보여. 곁을 스쳐 지나가는 사람으로부터 숨소리도 듣는다니까.

맞아요. 교직 생활 33년 동안 전교조 활동 열심히 했고, 승진도 생각하고 술값도 걱정하고 카드 돌려막느라고 정신없을 때도 있었어. 형님도 나랑 똑같았잖아. 이젠 나에게 새로운 사물이 보이고 느껴보지 못한 생각으로 가슴이 뛸 때도 있어. 내 눈이 세상을 바라보는 각도가 달라졌고 내 생각도 너무 자유로워. 진짜 행복해!"

가슴이 뛸 정도라면 더 할 말이 없지 않은가.

세상은 자신이 원하는 것을 찾아 떠날 때가 가장 행복할 것 같다. 그게 진짜 용기 있는 결정이란 생각이 든다. 원하지 않은 일에 끌려갈 때가 가장 힘들 것 같고.

교장 정년퇴임을 하고 나서 승진을 위해 보물처럼 간직한 승진용 서류들을 태웠었다. 없애고 나니까 가슴이 뻥 뚫린 듯하고 생각이 가벼워지고 숨쉬기가 편했다. 난 교장이었던 것이 아니고 다만 선생이었을 뿐이었다. 아니 선생도 길거리를 거닐고 있는 여느 사람과 다름없을 뿐이었다.

퇴직하면

나이 들어 추하다는 것은
집착하는 것
옛날을 잊지 못하는 것

퇴직하여 추하다는 것은
머리는 엉키고 부스스한 모양새로 쓰레기 버리러 가는 것
아무에게나 지난 업적을 자랑하는 것

퇴직하면
면도를 더 자주 하고
옷은 더 자주 사 입고
무슨 일이든 끼어들지 말고
다소곳이 경청하고 손뼉을 쳐 주는 것

퇴직하면
무엇을 했는지
어떤 위치에 있었는지
얼마나 유능했는지
스스로 잊어버리는 것

퇴직하면
욕심을 버리고 가장 낮은 자세로

다른 사람을 위해서 자리를 양보해 주고
살짝 술값 계산하고 가는 것
흔연히 져주는 것

퇴직하면
말을 줄이는 것
어디서 얼마나 잘 근무했는지 자랑하지 않는 것
이 벼슬 저 벼슬 기웃거리지 않는 것
연금으로 만족하면서 사는 것

그러나,
퇴직하고 잘살고 있는데
자식이 그것을 막더라 ■

훈련이 필요하다

　세상을 살다 보면 어떤 사람은 작은 것에도 감사하고 감탄하고 고마워한다. 그러나 정반대의 경우가 의외로 많음을 알 수 있다. 크게 도움을 받아도, 어려운 일을 해결해 주어도 아무런 반응이 없는 사람도 있다는 것이다. 각골난망刻骨難忘, 고마움을 뼈에 새겨두고 잊지 않겠다니 이 정도면 대단한 것 아닌가.
　사람이란 그렇다. 어쩌면 "머리 검은 짐승은 남의 공을 모른다."란 속담이 있었겠는가. 이런 속담을 들으면 의외로 은혜를 입고 고마워할 줄 모르는 사람이 많다고 생각한다. 그래서 도우려거든 아예 그런 생각을 하지 말아야 할 일이다. 조금 거친 표현이기는 하나 그런 사람에게 옛 어르신들은 '배은망덕하다'라고 했다. 즉 남에게 입은 은덕을 저버리고 배신하는 태도를 일컬음이다. 또 그런 사람은 큰 은혜는 갚을 생각조차 없으면서도 작은 서운함에 복수를 하려고 한다.
　배신까지는 아니더라도 그런 행위를 하는 사람을 보면 여러 가지 생각이 든다. 누군가가 효도, 형제간 우애, 배려, 위로, 존경, 고운 말, 교양, 취미 등을 실천하지 못한다면, 그 원인은 여러 가지 요인에서 찾을 수 있다. 그런 사람은 무엇이 결여된 것일까.
　첫째, 교육과 가정환경 등을 들 수 있을 것이다. 어린 시절부터 이러한 가치들을 배우고 실천할 기회가 부족했을 수 있다는 것이다. 가정에서 존중과 배려를 경험하지 못한 경우, 자연스럽게 익히기 어려운 것이다. 가정 교육과 그 가정의 분위기 등이 여기에 속할 것이다.

　어린 시절 아버지께서는 러닝셔츠를 입고 대문 밖을 나가지 못하게 했다. 늘 행동거지에 대해서 간섭하시면서 네가 밖에서 그런 행동을 하면 '호로자식(후레자식)'이라 한다고 나무라곤 했다. "자식 겉 낳지 속 못 낳는다."라고 하지만 사람들은 부모를 욕하는 법이니 부모 욕 안 먹이려면 행동거지를 잘해야 한다고 귀가 닿도록 말씀하셨다.

　두 번째로는 공감 능력 부족이 원인일 수 있다. 타인의 감정을 이해하고 배려하는 능력이 부족하면 존경이나 배려를 실천하기 어려운 것이다. 그런 사람은 주어진 환경에서 공감을 배울 기회가 없었거나, 자기중심적인 사고방식이 강할 수 있다.

　세 번째로는 자기 성찰 부족에서 올 수 있다. 사기 행동이 타인에게 미치는 영향을 깊이 생각하지 않는다면 배려나 교양이 부족하다 할 수 있을 것이다. 자신을 스스로 돌아보고 개선하려는 노력이 부족한 경우, 성숙한 인간관계를 맺기 어려운 것이다.

　네 번째로 삶의 여유 부족에서 기인할 수 있다. 경제적, 정신적으로 여유가 없는 사람들은 타인을 배려하는 데 힘을 쏟기 어려울 수 있다. 생존을 위한 경쟁에 몰두하다 보면 자연스럽게 형제애나 존경과 같은 가치들이 뒷전으로 밀릴 수도 있다. 이런 경우는 그런 상황이 바뀌면 행동 또한 바꾸어야 하는데 그래도 여전하다면 인간성에 문제가 있을 수 있다.

　다섯 번째는. 사회적 경험 부족에서 나타나는 일시적 현상일 수 있다. 다양한 사람들과 관계를 맺고 소통하는 경험이 부족하면, 자연스럽게 사회적 기술이 발달하지 않을 수 있다. 고운 말, 교양, 취미 등의 영역도 결국 타인과의 교류 속에서 발전하기 마련이다.

결국, 이런 가치들은 타고나는 것이 아니라 배움과 훈련을 통해 익히는 것이므로, 부족한 부분이 있다면 노력과 환경 조성이 중요하다고 볼 수 있다. 따라서 훈련이 필요한 것이다. 그러나 자신의 부족한 부분을 지적해 주면 그것을 좋은 충고로 받아들이지 못하는 경우가 많다. 생각하면서 기다리고 반성할 줄 아는 사람은 고칠 수 있다. 그러나 그런 길들임과 훈련은 어렵고 충고를 간섭으로 여기고 가치관 침범으로 여기는 사람은 훈련의 필요성도 그 방법도 모를 테니 고질병처럼 그렇게 살 수밖에 없다.

감탄할 줄도, 칭찬할 줄도 모르는 리더 아래서 일해야 하는 사람은 불행하다. 약점을 고치려는 노력(훈련)은 조직원들에 대한 배려다. 그러나 어떻게 훈련하느냐에 따라 성과는 전혀 다르게 나타난다.

"할머니가 미안하다고 전해 달랐어요."라는 소설에 "투명 인간이 되는 건 훈련으로 터득할 수 있는 초능력이고 엘사는 시시때때로 연습하지만, 화가 나거나 겁이 날 때는 성공 확률이 떨어진다."라는 구절이 나온다. 이 구절을 연습의 결과와 견주는 것이 무리이지만 아무튼 그런 연습은 마음의 평정 속에서 이루어질 때 진정한 효과가 있다고 보인다.

"좋은 사람을 찾을 것이 아니고 나쁜 사람을 멀리하면 인생이 편하다." 더구나 훈련하지 않는 사람은 나쁜 사람이라고 봐도 무방할 것 같다.

보여 주기 위해서, 위장으로, 벗어나기 위해서 하는 훈련과 그 훈련의 결과는 근본이 바뀔 수 없다. 그러나 모두가 훈련 없이는 습득되거나 개선될 수 없다는 것은 자명하다. ■

부끄러워 마세요

한가로운 일요일 아침 싱그러운 바람이 열린 창으로 서슴없이 들락거리니 더없이 반갑다. 그런데 주차장은 만원이고 발걸음 소리가 조급하게 들린다. 늦깎이 공부를 하는 학생이 지각했나 보다. 운동장에서는 체육 시간에 부메랑을 쫓아가면서 깔깔대는 모습이 영락없이 십 대의 중학생이다.

이제야 중학교 다니는 것이 가슴 벅차기도 하고 책가방을 준비하고 등교를 기다리는 일요일 아침이 너무 좋단다. 그런가 하면 어떤 분은 불안하여 일요일이 힘겨울 때가 있단다. 그분들은 방송 통신 중학교에 다니는 사실을 숨기는 분들이다. 아들은 아는데 며느리는 모르고 딸은 아는데 사위는 모르는가 하면 친구는 아는데 식구들은 모른단다.

내 눈엔 자랑스럽기만 하다. 어서 그 열등감에서 벗어났으면 좋겠다. 당신들의 죄가 아니라고, 당신들의 희생으로 지금의 우리가 잘살고 있으니 자부심 품고 부끄러워하지 말자고 그렇게 말씀드렸는데 아직도 힘들어하시는 분이 계신다.

자신이 사향노루라는 사실을 모르고 사는 것 같다. 당신의 몸에서 나는 향기는 많은 사람으로 하여 행복을 느끼게 하는데 정작 그 향기가 자기 몸에서 난다는 사실을 모르고 있다. 당신의 몸에서 향긋한 꽃 냄새가 난다는 사실을 스스로 알 수 있도록 하고 싶다.

지난 출석 수업 일에 왠지 초라해 보이는 분이 주셨던 화초 잎이 여전히 가냘프고 청초하다. 잎이 모두 창밖을 쳐다보고 있어 화분 방향을 돌려놨더니 다시 창 쪽으로 일제히 고개를 돌리느라 부산하다. 사랑하는 사람을 쳐다보는 눈빛으로 가꾸고 있다. 겨우 7~8센티 남짓한 플라스틱 작은 화분이지만 오늘 아침 너무 귀하기만 하다. 이제 더 큰 질그릇 화분으로 옮겨 심고 그분이 부디 무사히 졸업하기를 기원하는 마음으로 기르고자 한다.

지난 스승의 날엔 최고의 선물을 받았다. 그런데 등기 우편이어서 가슴이 철렁했다. '자라 보고 놀란 가슴 솥뚜껑 보고 놀란다.'라고 몇 개월간 교육청에서 보내는 등기 우편물 때문에 힘들었기 때문이다. 다행히 교육청이 아닌 아파트 주소였다. '심각한 민원이겠지'라는 생각으로 조심스레 뜯었더니 뜻밖에 스승의 날 감사 편지였다.

"존경하는 교장 선생님! 중년의 학생들을 뒷바라지하시는 교장 선생님을 존경합니다. 고마우신 선생님의 은혜를 무엇으로 보답하여야 하나요? 입학식 때의 감동으로 힘들지 않게 학교 다니고 있습니다." 서툰 붓글씨로 쓴 편지였다.

이분들은 평상시에는 인터넷 방송을 통해 스스로 공부하고 한 달에 두 번씩 출석 수업을 하는 배움의 기회를 놓친 분들이 다니는 학교이다. 그래서 일반 학교에 부설되어 있다.

이 학교 부임한 지 며칠 되지 않아 입학식이 있었는데 어떻게 축사할지 생각이 복잡했다. 의례적이고 식상한 축사를 하지 않으리라 생각했다. 어떤 분들일까? 연세는 어느 정도 될까? 식구들이 와서 축하해 줄까? 이런저런 생각을 하다 보니 차가 전임 학교 교문에 당도해 있었다. 쓴웃음과 함께 핸들을 돌려야만 했다.

입학식장에 도착하니 모두 서서 기다리고 있었다. 이상한 침묵이 무겁게 짓누르고 있음을 느낄 수 있었다. 애서럽고 우울한 기운이 들불처럼 엄습했다. 일반 학생들처럼 왁자지껄 떠드는 학생들을 지도하느라 애를 쓰는 선생님도 보이지 않았다. 행동도 말도 시간마저도 멈춘 듯했다.

　입학허가서를 낭독하고 입학생 대표의 선서를 받고 신입생 재학생 상호 인사를 하고 난 뒤 축사 순서가 되었다. 쭉 둘러보았다. 모두가 금방 도망가 버릴 것 같은 눈동자였다. 얼마나 잘못한 사람이면 저런 표정일까? 어찌할 바 몰라 하는 저 몸 표정은 무슨 까닭일까. 축하해 주기 위해 온 가족도 없었다. 남편도 없었고 아내도 보이지 않았다.

　"여러분 안녕하세요? 학교장입니다." 인사말을 건넸지만, 반응이 없었다. 힐끔거리거나 아예 바닥을 응시하고 있었다. 맨 앞에 서 계시는 분은 키가 아주 삭았다. 뭔가를 담은 보자기를 감추려는 듯 이 손 저 손 번갈아 엉덩이 쪽으로 돌리기를 반복하고 있었다.

　"여러분 죄송합니다. 여러분들을 서 있도록 해서 너무 미안합니다. 졸업식 때에는 의자를 사서 앉으실 수 있게 하겠습니다. 원하신다면 바닥에 편히 앉으셔도 괜찮습니다. 그리고 치마를 입으신 분들은 한쪽에 서 계셔도 됩니다."

　앉으면서 내는 한숨 소리인지 앓는 소리인지가 강당에 가득 찼다. 서 있기가 힘들어서가 아니란 것을 이내 알 수 있었다. 그리고 두어 분은 서 계셨다. 대부분이 여자들이고 남자들은 드문드문 섞여 있었다.

　"저는 누나가 다섯 명 있습니다. 이제 여러분들처럼 나이가 드셨습니다. 큰누나는 팔순이 다 되어 가벼운 치매를 앓고 계십니다. 그리고 초등학교밖에 못 나왔습니다. 언젠가 누나의 눈에 회한이 그득함을 볼 수 있었는데 그 꽹한 눈동자가 무엇을 의미하는지 몰랐습니다. 아마 배우지 못한 것에 대한 한이었을 거란 생각이 듭니다. 다른 누나들도 마찬가지입니다. 그때는 초등학교 다니기도 힘들었습니다. 끼니가 걱정이었기에 대부분 동네 사람이 학교에 관해서는 관심이 없었습니다. 눈을 뜨면 소쿠리를 허리춤에 낀 채 호미, 낫을 들고 들로 산으로 나갔습니다. 여름이면 첩첩산중 땡볕에서 때 묻은 수건 하나 머리에 두르고 팔월 나무 치기에 바빴습니다."

그때야 하나둘 눈길을 주기 시작했다. "어느 더운 여름날이었습니다. 어머니는 큰누나와 함께 밭을 매고 계셨습니다. 작은누나는 젖먹이를 업고 비탈진 밭으로 올라왔습니다. 밭둑에 나와 어머니께서 젖을 물리는 시간에 누나는 노래하곤 하였습니다. 노래를 곧잘 했습니다. 아마 성악을 배웠더라면 세계적인 프리마돈나가 되었을지도 모릅니다. 지금도 제 귀에 그 노래가 쟁쟁합니다. 누나가 하셨던 그 노래를 누나처럼 제가 불러보겠습니다."

『산 너머 남촌에는 누가 살기에/ 해마다 봄바람이 남으로 오네./ 아~ 꽃피는 사월이면 진달래 향기/ 밀 익은 오월이면 보리내음새/ 어느 것 한가진들 실어 안 오리/ 남쪽서 남풍 불 땐 나는 좋데나.』

갑자기 여기저기서 흐느끼기 시작했다. 뒤에 서 계시는 선생님들 어깨도 들썩였다. 나 역시 겨우 진정하고 말씀을 이어갔다.

"부끄럽습니까? 부끄러워 마세요. 늦게 배우는 것이 여러분들의 잘못이 아닙니다. 가난이 죄였고 세상이 우리를 그렇게 만들었습니다. 우리 누나 남의 아들 할 것 없이 그땐 그랬습니다. 아들을 가르친다고 딸들은 가르치지 않은 일도 있었습니다. 저도 등록금을 마련할 길이 없어 중학교를 제때 가지 못했습니다. 어느 날 6학년 때 담임 선생님께서 집에 오셔서 부모님께 '이 아이는 꼭 중학교에 보내야 한다.'라고 말씀하셨습니다. 이듬해 아버지께서 날품 팔기로 하고 찹쌀 한 가마 꿔 오셔서 등록금을 마련했습니다."

내가 오히려 목이 메기 시작했다.

"늦게 학교에 다니는 것이 부끄럽기도 했지만, 중학생이 된 것이 너무 기뻤습니다. 그때 포기했더라면 지금 여러분들을 만날 수 없었을 것입니다."

고개를 무릎 사이에 묻고 하염없이 우는 분이 계셨다. 옆 학생이 등을 다독이고 어깨를 흔드는 모습이 보였다.

"여러분들이 자랑스럽습니다. 졸업 때는 온 가족 모시고 와 축하받으십시오. 여러분들의 용기와 결심이 참으로 가상합니다. 여러분 자제분도 사위도 며느리도 자랑스러워할 것입니다. 가난해서 제때 배우지 못한 부모님이 부끄럽다면 자식이 아니지요. 저도 한때 그런 생각을 할 때가 있었습니다. 농부가 부끄러운 것이 아닌데 아버지가 양복을 입고 다니는 친구들 앞에서 왠지 작아졌습니다. 세월이 지난 지금은 그런 생각 없습니다. 그 가난 속에서도 끝까지 학비를 마련해주신 부모님이 자랑스럽기까지 합니다. 마지막으로 아침에 쓴 '어려운 고백'이란 제목의 글을 읽어드리겠습니다."

지난날 아픔과 치부를/ 지금 다시 곱씹는다는 것이/ 얼마나 어려운 일인가/ 한사코 잊고 살고자 함이 인지상정인데/ 그 생채기 다시 꺼내 딱지를 뜯어냄은/ 진정 용기인가 만용인가/ 내가 가난했다는 것이/ 내가 배우지 못해 가슴이 시리고 한이 크다는 것이/ 흉이고 약점이고 기죽을 일인가/ 그런데 지금/ 내가 숨기며 살고 싶었던 지난 시간을 다 토하고 나니/ 세상이 참으로 밝고/ 과히 아름다운지를 이제야 알았네.

입학식이 끝나고 몇 분이 교장실로 찾아오셨다. 너무도 고맙다고, 많은 용기를 얻었다고, 처음 사람 대접받았다고, 이제는 자식들에게 못 배운 사실을 알리겠다는 것이다. 그러면서 "입학식 때 읽어 주신 자작시를 줄 수 없나요? 학생들이 꼭 얻어오라고 했어요." 내 손을 덥석 잡은 그 분은 엄지손가락이 없었다. 손바닥이 거칠어 아버지 손을 잡는 것 같았다. 사실 아버지 살아생전 덥석 손을 잡은 기억은 없다.

칼날 세운 3월의 추위가 싫지 않은 하루였다. 교직 말년에 이런 경험을 할 수 있어 어쩌면 고마웠고 지난했던 교직 생활과 날 도와주셨던 선생님들이 그리웠다.

6월 둘째 주부터 동아리 활동을 시작한단다. 합창부가 가장 경쟁이 치열했다고 한다. 음악 시간에 악보를 볼 수 없어 힘들다고 하시던 분들이 합창반은 꼭 들어가겠다고 막무가내였단다. 매년 전국 방송 통신 중 합창제가 있는데 거기 나가는 것이 소원이고 좋은 추억을 만들어야 하니 도와주라고까지 하셨단다. 어쩔 수 없이 오디션을 통해 선발했단다. 교복을 입어 보지 못한 그들은 합창 단복이 그렇게나 부러웠단다.

벤치에 앉아 도시락 점심을 하면서 즐겁게 얘기들을 하신다. 어느 남학생은 금목걸이가 무거워 고개 부러질지 걱정이라며 흉을 보고 있다. 듣고 있는 내 얼굴에 미소가 절로 퍼진다. 또 같은 반이 안 된 것에 대해서 불만이 큰 모양이다. 가만히 엿들으니 자매인 것 같았다.

문득 중학교 때 재래식 여자 화장실이 생각났다. 하필이면 화장실에 모여 점심시간을 다 보내는 여학생들이 많았다. 시간 가는 줄 모르고 누구는 밤늦게 남학생 만나러 갔다가 새벽에 돌아왔다는 등 흉보느라 흙바닥이 번질번질 윤이 났을 터다. 청소 검사하러 들어갔다가 그 모습에 깜짝 놀랐다. 남자 화장실은 코를 막아야 할 정도였는데 여자 화장실은 융단 바닥이었다.

상념에 잠긴 채 조용히 창문을 닫았다. 그분들의 수다를 방해하지 않겠다는 생각도 있었지만, 중학교 때의 추억으로 더 빠져들고 싶었기 때문이다.

서류상 이름을 보면 일반학생인지 방·통 중학생인지 곧 알아차릴 때가 있다. 세련된 이름이면 일반학생이고 그렇지 않으면 십중팔구 방통중 학생이다. 우리 누나 이름도 태어난 달을 빗대 지었다. 우리들은 아무렇지도 않았는데 요즘 학생들은 이름이 맘에 들지 않는다고 부모를 원망하기도 한다. 모두 예쁜 이름으로 바꾼다. 우리들은 살아가기가 힘들어 내 이름을 생각할 겨를도 없었다. 이장이 잘못 적어 틀리거나 심지어 생년월일이 잘못 기재되기도 했다. 그런 이름을 가진 분들이 늦깎이 공부를 하느라 고생하신다. 수업 시간에 살짝 돌아보면 너무 집중하여 숨이 막힐 정노다.

뒤뜰 나무 아래 핸들에 검정 때가 낀 낡은 트럭이 서 있다. 과일 행상을 하는 트럭으로 보였다. 오랜만에 여유롭게 하루를 쉬면서 열심히 알파벳, 덧셈, 뺄셈 공부하고 있는 주인을 기다리고 있었다. 내일부터 또다시 생활전선에서 부지런히 주인과 함께 세상살이에 바쁠 것이다.

수업이 끝났는지 밖이 왁자지껄하다. 하루해가 도망치듯 서쪽 산등성이로 내닫고 세월도 다그치듯 숨 가쁘게 흘러가고 있다. ■

본래면목 本來面目

무지개를 보려면 비가 내리기를 기다려야 한다. 그러나 구름이 하늘을 온통 덮고 비가 내릴 때는 무지개는 존재도 없고 누구도 무지개가 뜰 것이란 생각을 못 한다. 무지개는 자기 모습을 나타낼 때를 기다려야 하는 것이다. 구름 위에서 구름 비키고 태양 출현까지를 학수고대하는 것이다.

사람들은 무지개를 아름답고 예사롭지 않다고 여긴다. 비가 그치고 햇빛이 부족하게 나타날 터 비로소 화려한 색채의 무지개는 뜨는 것이다. 사실은 구름이 햇빛에 협조함으로 귀한 무지개는 뜨는 것이다.

그렇다고 무지개는 구름을 원망하고 태양을 강요하지 않는다. 자신의 본래 모습을 보여 주기 위해 아무런 불만 없이 기다린다. 조건이 되지 않으면 될 때까지 기다리는 지혜는 인간이 닮아야 할 덕목이다. 생명체 중에서 가장 조급한 것이 인간이다. 냇가에서 두루미가 먹이를 잡기 위해 꼼짝도 하지 않은 채로 계속 기다리는 모습을 보았는가. 억지로 조건을 만들고 때에 따라서는 그냥 무시해 버리는 몰염치는 인간한테만 있다. 인간의 참모습이 무엇인가?

'본래면목'은 불교에서 유래한 말로, 선종禪宗에서 자주 쓰이는 중요한 개념이라고 한다. 직역하면 "본래의 얼굴"이라는 뜻인데, 여기서 말하는 얼굴은 단순히 외모가 아니라 본래의 참된 자아와 본성, 또는 깨달음의 상태를 의미한다는 것이다. 선불교에서는 이 본래면목이 모든 사람 안에 본래부터 존재한다고 보며, 수행을 통해 이 본성을 깨닫는 것이 중요하다고 설명한다.

우리가 살아가면서 '본래면목'과 관련된 말들을 많이 한다. 초심初心 또는 진짜 모습이라는 의미로써 "그 친구는 요즘 너무 변했어. 본래면목이 안 보여."라고 말한다. 또 "힘들었던 시절을 돌아보며 내 본래면목을 되찾으려 한다."라는 의미는 내가 원래 어떤 마음가짐과 가치관을 가졌었는지를 돌아보는 의미로 해석된다. "이 작품은 작가의 본래면목을 잘 드러낸다."라는 표현은 작가가 진심으로 표현하고자 한 본질적인 세계관이나 철학이 잘 보인다는 뜻으로 받아들일 수 있는 것이다. 그러나 좋은 사람이 갑자기 변했다면 그때의 모습이 본 모습이 아닐까. 본래면목은 가만두면 잠재할 뿐이고 깨우면 비로소 실현되는 것이란 사실을 알 수 있다.

인간은 교만과 욕심이 사라지고 진정으로 나약하다는 것을 깨달았을 때와 위기 때 본래의 모습이 나타나는 것이다. 어쩌면 회초리를 가슴에 간직하면서 산다는 것은, 원래의 모습, 진심, 초심을 잃지 않겠다는 각오이다. ■

황당한 교원 인사

매년 2월이면 다른 학교로 옮겨야 할 선생님들은 인사 발령이 있어 관심이 크다. 승진이나 영전에 대한 기대가 될 수도 있고 내가 원하는 학교로 갈 수 있는가에 대한 긴장이기도 하다. 가능하면 근무하기 좋다고 소문이 난 학교 또는 집과 가까운 학교를 선호한다. 근무하기가 좋다는 학교는 학생 요인과 더불어 교직원의 근무 분위기가 좋고 학교 관리자들의 됨됨이가 좋다고 소문난 학교이다.

아무리 그렇다 하더라도 근무하던 학교를 떠나 새로운 학교에서 적응하는 것에 대한 걱정은 경력이 많거나 적거나를 떠나 다를 바 없다. 낯선 학교에서 적응한다는 것은 결코 쉬운 일이 아니다. 더구나 자신이 제1 지원 학교가 아닌 제3, 4, 5학교나 그것도 전혀 원치 않은 곳으로 가게 되면 그 적응 기간이 더 오래 걸리거나 근무하는 내내 힘들기도 하다.

2월 인사가 끝나면 승진과 영전에 대한 무성한 소문이 떠돈다. 황당한 일이 벌어졌다. 교직 생활을 하면서 이번 인사는 너무나 충격적이었다. 경험하지 못한 일이다. 인사 대상자가 사망하거나 특별한 비위 사실이 아니면 있기 힘든 일이다. 거기에는 필시 이유가 있을 것이다.

꽃보직 인사는 사전에 소문이 난다. 그 소문은 거의 틀리지 않는다. 소위 '나방 인사'가 그것이다. 그토록 기밀로 실시한다고 하지만 묘하리만치 꽃보직은 사전에 소문이 돌아다닌다. 누가 흘리는 것인가. 하긴 감사한 일이기도 하다. 그래야 무모하게 덤비는 일이 없을 테니까.

이번에 실시된 인사가 교직원들에게 미치는 영향은 돈과 찬스로 지위나 직위를 사는 것보다 더 큰 처참함을 느끼게 하였다. 돌려막기 인사를 하여도 공을 세웠으니 그럴 수 있다고 하면서도 그렇게 큰 허탈감에 허덕이지는 않았다.

만약에 일반 교직원이 "나 맘에 안 드니 다른 데로 보내시오." 했더라면 어떻게 됐을까. 아마 고유권한에 도전한다고 "잔말 말고 거기서 근무하시오." 또는 "거기가 싫으면 사표를 내시오." 했을 것이다.

왜 이런 이상한 일이 벌어졌는데 말이 없는가? 실수인가? 실수였다면 벌을 주고 그 실수를 모두에게 알려야 한다. 그래야 다음에는 그런 실수를 다시 하지 않을 것 아닌가. 책임자를 징계한다는 소문은 없다. 왜일까? 이번 사태는 실수가 아니라는 뜻이다.

이번 인사에 어떤 잘못이 있었는지 모든 교직원에게 설명하고 설득해야 한다. 계면쩍은 표정에 코 몇 번 만지는 것으로 넘어가려고 해서야 되겠는가.

교육청 인사에서 이런 억지가 있어도 퇴장시키는 역할을 하는 감시기간이 거의 없다시피 한다. 특정인의 전횡에 판독기 역할을 할 사람도 기관도 없는 것이다. 의회에서 의례적으로 지적을 하고도 결과를 확인하고 이행을 지속해서 요구하지 않는다. 국정감사도 일회성에 그치는 경우가 많다.

그런 사례가 교육부 감사에서 특정인의 인사에 특혜나 법령을 위반한 사례가 있으므로 관계자들을 징계하라고 명령하였음에도 하지 않고 있다가 시의회가 지적하였다. 결국 그 당사자는 꽃보직 공모에 임했고 그런 사유가 있음에도 불구하고 단독 응모의 결과로 임용되었다. 이런 후안무치厚顔無恥을 보면서 선생님들은 무슨 생각을 할까. 그들이 하는 징계를 얼마나 이해하고 인정하겠는가. 보통 교장이나 장학관이 그런 결격 사유가 있었다면 사전 심의에서 걸러졌을 것이다.

잘못된 인사를 반복하면 광주교육의 미래는 없다. 그러면 애먼 학생들의 피해는 불을 보듯 뻔하다. 제발 이제는 정상으로 돌아가기를 바란다. 그것만이 그렇게도 강조했던 도덕적 우월감에 누累를 끼치지 않는 길일 것이고, 그 외침으로 시민이 선택했다면 그나마 양심이라도 지키는 길이다. 말로가 걱정된다. ■

좋은 놈

나는 1979년 2월에 사범대학 체육교육과를 졸업했다. 졸업 무렵 교육청 장학사가 발령 연기서에 동의하라는 문서를 들고 학교를 찾아왔다. 3월 6일 군에 입대하게 되니 발령을 받지 않겠다는 동의서였다. 나를 비롯하여 6명은 동의서에 지장을 찍었다. 그저 찍으라니 찍었다.

나중에 닥쳐보니 이것은 큰 실수였다. 잘못된 문서였다. 3월 1일 발령받고 6일에 입대하면 행정적으로 복잡하다는 말은 일견 타당해 보였다. 그러나 발령을 받고 입대하는 것과 미발령으로 입대하는 차이는 매우 크다.

첫 번째 피해가 나타났다. 제대 후 발령에 대해서 어떻게 해야 하는지를 모른 나는 집에서 마냥 대기하고 있었다. 다행히 친구 아버지가 장학사여서 친구를 통해서 빨리 제대 신고를 해야 발령을 받을 수 있다고 들었다. 교육청에 나갔더니 친구 아버지로부터 '정신 나간 놈'이란 핀잔을 듣고 부랴부랴 발령지로 떠났다. 제대 후 약 3주일을 허비한 것이다. 나머지 5명은 나보다 훨씬 뒤 발령을 받았다. 만약 발령받고 입대하였다면 복직 발령을 받을 수 있었기에 그런 피해는 없었을 것이다.

친구 아버지께서 말씀하셨다. "어디로 가고 싶니?" "어디가 광주에서 가장 가깝나요?" "무안 현경이다. 고등학교로 가고 싶으면 해제고등학교가 있지만 거기는 훨씬 멀다." "현경! 이름도 예쁘고 좋습니다." "무안

교육청으로 가서 신고하여라."

다음날 무안교육청으로 갔다. 담당 장학사께서 교육장님께 인사드려야 한다고 2층으로 데리고 올라갔다. 올라가다 계단에서 훤칠하고 엄격한 표정의 사람을 만났다.

"교육장님! 이번에 현경중학교로 발령받은 체육 선생님입니다."

장학사님이 소개하자 교육장님은 위아래로 훑어보시더니,

"나○○ 장학사 이 사람! 좋은 놈 보내주라고 했더니…"

몹시 언짢은 표정이었다. 인사를 하고 나와 현경으로 가기 위해 터미널로 가는 도중 내내 중얼거렸다.「좋은 놈, 좋은 놈…」

무슨 말일까. 도저히 이해가 가지 않았다. 터미널 앞에서 현경 버스를 기다리는데 선배님이 나타났다. 교육청에 출장 갔다 복귀하는 중이라고 하셨다. 너무 반가웠다. 천군만마를 만난 기분이었다.

"야! 문종민, 너 웬일이냐? 오랜만이다. 이리 와, 나랑 술 한잔하고 가자."

엉겁결에 따라갔지만 걱정됐다. 학교에 바로 가야 하는 것 아닌가 하고 불안했다. 선배는 어차피 내일 아침에 출근하면 된다고 하셨다.

술도 마시지 못하고 삼겹살도 좋아하지 않지만, 선배의 권유로 소주 한 잔을 받아놓고 불편한 삼겹살을 먹었다. 그리고 광주에 올라갔는데 저녁 내내 심한 설사 복통이 일었다. 다음날 9시쯤 학교에 도착했다. 서무실에서 작은 쪽문을 열고 물었다. 새로 발령받은 체육 선생님이라고 대답했다.

서무 여직원이 슬리퍼를 갖고 나와서 나를 보더니 입을 가리고 피식피식 웃었다. 교장실로 안내해 주고 들어갔는데 옆방인 서무실에서 큰 웃음소리가 들렸다. 뭔가 나를 흉보는 것 같았다.

교감 선생님께서 교무실로 데리고 갔다. 교무실에 선생님들이 빼곡

했다. 그도 부족하여 복도까지 차지하고 있었다. 선생님들 앞에 서서 인사를 드렸다. 선생님들은 수군거렸다. 교무부장 선생님께서 방과 후에 환영회를 한다고 말씀하셨다. 복도 입구에 자리를 주었다. 선생님도 학생들도 그 문으로 출입했기에 불편했지만 어쩔 수 없는 노릇이었다. 가시방석이었다. 군대에 처음 배치받고 내무반에서 꼿꼿하게 앉아 대기하는 기분보다 더 힘들었다.

환영회 시간이 되었다. 진풍경이었다. 선생님들 책상 위에 맥주병과 안줏거리가 놓였다. 그 그림이 쉽게 이해되지 않았다. 분위기가 무르익고 노래도 했다. 어떤 선생님이 사회를 보시는데 나에게 노래하라고 하였다. 당황스러웠지만 '목련화'를 불렀다. 순간 분위기가 조용해졌다. 내가 잘못했나라는 생각이 들었다. 3번의 앙코르가 나오고 끝이 났다.

다음날 교장 선생님께서 부르셨다. "문 선생! 교육장님께서 전화하셨는데 자네 복장이 맘에 안 드니 점잖게 입고 다니라고 하네."

그때야 머리를 때리는 뭔가가 있었다. 그랬구나. 내가 원래 스타일이 선생답지(?) 않은 스타일이었다. 머리는 짧지, 얼굴은 창백할 정도로 하얗고 상의는 헐렁한 뜨게 옷을 걸친 복장이었다.

아! 그랬구나. 그래서 좋은 놈이 아니었구나. 다 이해가 갔다. 서무실 여직원이 웃고 흉보고, 선생님들이 수군대던 말은 '뭔 체육 선생이 저래'였다. 좋은 선생님이 아니었다. 자리에 앉아 생각에 잠겨 있는데 교무기획 선생님이 오셔서 물었다.

"자네 배구 잘하는가?" "아니요, 잘 못합니다."

교무부장 선생님께 가서 하시는 말씀이 다 들렸다. "어이~ 저 새끼 배구 잘 못한다네."

퇴근하고 광주로 가서 코르덴 재킷을 사서 입고 출근하였다. 그리고 그토록 하얗던 나의 얼굴은 이삼일 후에 검붉은 모습이 되었다. 교육장님께 "좋은 놈"이란 평가를 받는 데는 3개월이 걸리지 않았고, 배구 잘하는 선생이란 사실은 일주일이 걸리지 않았다. 이후 그 교육장님은 내가 가장 존경하는 안종일 초대 교육감이셨고, 교무 기획과 부장 선생님은 나와 함께 교장을 하게 되었다. ■

입장 달리하여 생각하기

"입장 달리하여 생각해 봐"라는 말은 다른 사람의 관점이나 입장에서 상황을 이해하고 공감하라는 요청으로, 사회적 상호작용과 윤리적 가치를 함축하는 의미라 할 수 있다. 즉 자기 처지가 아니라 상대 관점에서 문제를 바라보게 함으로써 공감을 끌어내려는 목적과 배려가 묻어있다. 사회적 관계에서는 갈등을 해결하거나 협력을 도모하기 위해 상대방의 처지를 이해하는 것이 중요하다.

사회적 관계는 '두 명 이상 개인 간의 자발적 또는 비자발적 인간관계'이다. 이를 달리 표현하자면 집단이라 할 수 있을 것이다. 사회 기관이나 조직 관계에 속한다고 할 수 있을 것이다. 그러므로 교직 사회는 서로 잘 이해되는 인간 행동에서 나타나는 사회 구조를 형성한다고 볼 수 있을 것이다. 그러나 잘 맞아 돌아갈 수만은 없는 기어와 같아 문제가 되는 경우가 생긴다.

학교 공동체를 생각하면 상대를 배려함은 갈등과 동료 의식 등의 사회적 요소가 복합적으로 작용하는 곳이다. 의외로 학교생활을 하다 보면 동료 간의 갈등이 교권 침해의 주범이 되기도 하고 정신적 피해를 주는 경우가 상당히 있다.

특히 교직 사회는 처음부터 퇴임까지 함께 생활하는 것이 아니고 정해진 기간에 따라 이동하는 특성 때문에 동료 의식을 단기간의 관계로만 이해하는 경향이 있어 갈등은 늘 있다. 그래서 '입장 달리하여 생각'

하는 사고는 직장이란 개념에서 보면 매우 중요한 요소이다. 즉 공동체 의식을 강화하고 서로의 차이를 좁히는 노력이 필요하다.

이 역지사지는 학교라는 작은 사회에서 윤리와 책임의 문제이기도 하다. "남이 너희에게 해 주기를 바라는 그대로 너희도 남에게 해 주어라.(마태복음 7:12)" "네가 대접받고 싶은 대로 남을 대접하라"라는 윤리적 원칙과 맥을 같이 한다.

여러 학교에 근무하다 보면 유별나게 근무하기 힘든 학교가 있다. 이는 교직원 사회가 서로 배려하고 희생하며 존중하는 풍토인가에 따라 생겨난다. 이런 분위기는 교사들이 생활하는 교무실 내의 분위기가 신명 나고 활기차면 구성원이 행복하게 생활할 수 있는 기운을 준다.

불행하게도 몇몇 교사들로 인해 좋지 않은 분위기가 형성되고 전염병처럼 번져 전체에 영향을 주게 되는데 그 원인을 제공하는 선생님들이 다른 학교로 전근했다고 바로 분위기가 바뀌는 것도 아니다.

여기에는 몇몇 선생님들의 영향도 있지만, 교장, 교감의 역할이 이를 조장하거나 완화하기도 한다. 즉 갈등 조정자로서 역할을 학교 경영자가 해 줘야 하는데 그렇지 못하는 경우가 많다. 학교장은 학년 초 업무 분담에 따른 갈등을 교감에게 떠넘기고 교감은 교무부장에게 떠넘기는 경우가 대표적이다. 대개 갈등의 원인은 학년 초 담임 등의 업무 분담에 따른 경우가 허다하다.

아무리 막무가내인 교사가 있더라도 학교장이 나서서 이를 해결해야지 나 몰라라 하고 바라만 보고 있어서는 절대로 해소되지 않는다. 막상 그런 교장이 구성원들을 몰아치고 괴롭힌다. 자신의 평교사 시절을 보면 학교 분위기를 어렵게 만든 장본인이었던 사람이 학교장이 되면 뜻하지 않게 행세行勢를 하는 경우가 많다. 이는, 자기 행동이나 말을 다시 돌아보고 과거의 경험에 경종을 울려줘야 하는데 그렇지 못하고 다른 구성원에게 더 나은 선택을 하도록 강요하면서 어이없게 사회적 책임만을 강조한다.

이러한 갈등 상황에서 입장을 달리하여 생각한다는 것은 갈등 해결과 소통 촉진의 도구가 된다. 즉 각자의 이해관계나 감정을 고려하지 않고 자기주장만 고수하는 갈등 요인을 제거하는 촉진제가 된다는 것이다. 상대방의 상황을 이해하고 합의점을 찾는 데 역지사지만큼 도움을 줄 수 있는 말은 없다.

더불어 이 말은 개인의 이기심과 편견 극복의 판단 기준으로 작용한다. 편견뿐만 아니라 인지적 편향까지도 교정할 수 있다. 어차피 인간은 자신의 견해에서 상황을 판단하는 속성이 있기에 입장을 달리하여 생각하는 것은 인지적 편향을 극복하려는 노력을 일으키는 지침과도 같다. 학교에서 늘 분위기를 망치는 선생님에게 자신의 이기적 시각에서 벗어나 다양한 관점을 수용할 수 있도록 역지사지의 분위기를 만드는데 학교장이 역할을 해야 한다.

사회적 조화와 공존의 원칙이 상존하는 학교, 다양한 구성원이 함께 살아가는 사회로서의 학교, 필수적인 가치가 서로의 처지를 이해하고 배려하는 태도로서 관계를 형성할 수 있는 학교, 공동체의 안정과 발전에 이바지할 수 있는 학교는 학교장의 능력에 따라 만들어질 수 있다.

결론적으로 "입장 달리하여 생각해 보세요"는 단순한 권유 이상의 사회적 의미를 지니며, 공감, 윤리적 책임, 소통, 갈등 해결, 그리고 공동체 조화라는 중요한 가치를 내포한다. 내가 먼저 바꾸려는 노력 없이는 바꿀 수 없기 때문이다. ■

전임 傳任

우린,
언제부턴가
무엇을 어떻게 줄 것인가에 대해
고민해야 하는 사람으로 살아가면서
그 자리를 찾아 나서곤 하나 봅니다.

그리고
그 방법에 익숙해져야 하고
다른 이가 틀었던 생소한 둥지가 날 상하지 않도록
다듬어야 하는 시점에 또 서게 됩니다.

정녕,
우리의 삶은 그래야만 하나 봅니다.
그렇게 고민하는 시간이 짧건 길건
우리의 행위는 그래야만 하나 봅니다.

항상 가슴속에 채찍을 간직한 채로
스스로를 감시하여야 하는 운명이 되고자 하여야만 하나 봅니다.

'스스로운 사랑으로 주고 달라지 않은' 삶을 살아야 한다고
이 계절이 오면 그런 다짐을 참 많이 하게 됩니다.

새롭게 시작하시는 이 기점에서
진정으로 축하의 뜻을 올리며

그저 변함없이 주시는 그 사랑의 행적을
감히 좇아가고자 합니다. ■

곤궁한 리더십

장학관 몇 명이 만남을 제안했다. 상당한 부담을 갖고 나갔다. 교육감에게 구체적으로 어떤 요구도 부탁도 하지 않은 나로서, 그들이 뭔가 무거운 부탁을 하면 어떡하나 하는 생각이 들었다.

그들의 부탁은 뜻밖이었다.

"교장 선생님. 이 말씀을 꼭 해 주세요. 저희가 긴장하고 열심히 근무했습니다. 그런데 '수고, 고생한다.'라는 위로의 말을 듣지 못했습니다."

칭찬에 너무 인색하다는 것이다. 직원 사기를 높일 수 있는 가장 쉬운 방법을 모르고 있다는 것이다. 또 어떤 간부는 장학관을 불러 놓고 호통친다고 말하면서 절망하는 표정이었다. 나는 그의 인색한 마음 씀에 대한 대답보다 간부의 전문직 호출과 호통이 더 충격이었다. 확인하려고 정말 그런 일이 있었는지 되물었다.

교육국뿐만 아니라 행정국 간부도 당했다는 말이 있었다는 것이다. 내가 들었던 소문이 사실이었다는 것을 확인했다. 그가 '분노조절장애'가 있나 라는 의심을 이미 했었다. 그러나 아무리 실세 간부여도 전문직 종사자에게 호통을 친다는 사실이 믿어지지 않았다. 오랫동안 교육청에서 근무했지만, 그런 일이 있었다는 말을 소문으로도 듣지 못했다. 실세라고 기고만장한 그런 간부가 광주교육을 수렁으로 끌고 들어갈 것이란 예감을 했다.

전문직은 일벌레다. 그렇게 수고하는 전문직 종사자에게 호통이라니 정상적인 사고를 하고, 업무를 잘 아는 이성적인 간부라면 있을 수 없는 일이다. 자질 문제다. 학교 현장에서도 교장, 교감이 선생님들에게 호통칠 일은 거의 없다. 물론 어떤 실수가 있을 수 있고 그 실수를 지적하는 정도는 이해할 수 있다. 그러나 악을 쓰며 나무랄 자격도 권한도 없다. 썩은 냄새가 풍기는 구습이다. 뜬 소문이기를 빌었다.

리더가 위로 못 하는 태도는 훈련 부족이다. 아니 습관이라 해야 할 것이다. 그런 무심한 태도는 본인만 모를 뿐 다 아는 법이다.

남을 배려하고 위로하는 것은 교육의 산물이다. 부모님의 밥상머리 교육, 학교 인성교육 등에서 길러질 수 있다. 부족하다면 노력해야 할 덕목이다. 노력 그 자체가 훈련이다. 누구도 그런 충고를 하지 않았을 수도 있다. 충고할 수 있는 사람이 주위에 없음은 사람이 없다는 뜻이자 불행한 사람이거나 강퍅함의 증거일 수도 있다.

토론회에서 상대가 질책하는 것을 봤다. 그러나 그 지적은 단순히 상대 흠집 내기 위해서 하는 말로 받아들였다. 또 같은 직장 동료들이 나에게 하필이면 그런 사람을 돕느냐고 힐난했다. 난 대답했다. "선거 과정에서 반대편에서 만든 마타도어다."라고 대답하면, "어쩔 수 없지. 겪어보면 알 거야." 했다.

그 증거가 직원들에게 칭찬할 줄 모르는 결과로 나타난 것이다. 은혜를 입고도 감사할지 모르는데 은혜를 입지 않은 직원들께 위로할 수 있겠는가. 칭찬은 배려에서 나오는 결과물이다. 이런저런 얘기 들으면서 문득 지도력과 관련된 고사가 생각났다.

『어떤 병사가 독한 종기를 앓고 있는 것을 보고 '오기 장군'이 종기의 고름을 빨아내 낫게 했다. 이 사실을 그 병사의 어머니가 듣고 대성통

곡했다. 보통 어머니라면 감읍해야 하지 않겠는가. 주변 사람들이 그 어머니에게 묻자,

"예전에 장군 휘하로 출정한 남편이 독한 종기가 났을 때 장군이 직접 입으로 종기를 빨아내 치료해 줬습니다. 그러자 남편은 장군의 은혜를 갚는다고 앞장서서 싸우다가 전사했습니다. 이제 아들의 종기도 오기 장군이 빨아줬으니, 아들도 목숨을 돌보지 않은 채 싸울 것인데 난 남편에 이어 아들까지도 잃게 될 것 같으니 어찌 통곡하지 않겠습니까"라고 대답했다는 것이다.

'오기'는 '손자병법'과 쌍벽을 이루는 '오기 병법'을 쓴 전국시대 위 나라 무패의 장군으로 알려졌다. 통솔형 지도자인 오기는 병사들과 똑같이 힘든 훈련을 소화했고, 혼자 말이나 수레를 타고 편히 이동하지 않고 병사들과 똑같은 무게의 짐을 지고 이동했으며, 병사들과 같은 거친 밥을 먹었다. 또 병사들과 같은 막사에서 잠을 청했고, 병사들이 잠든 후에야 잠자리에 들었다. 장수가 병사들을 아버지처럼 진심으로 대하고, 인간적 친근감과 신뢰를 얻으면 그 군대는 천하무적이 될 것이다.』

이 고사를 빌려 리더가 구성원을 어떻게 대해야 하는지를 말하면서 소주 한 잔으로 위로했다.

수장이 되기 위해서는 특별한 철학이 있어야 한다. 어떤 직함을 원함은 자신이 그 직함을 얻었을 때 꿈꿔왔던 일이나 과업을 이뤄야겠다는 확고한 신념을 실천하기 위함일 것이다. 그러나 어떻게든지 직함으로 약점을 가리겠다는 생각은 무책임한 행동이다. 길을 잘못 들어선 것이다. 최소한 교육에서는 안 된다.

이 모든 사실은 결국 충고자들의 충고가 증명하고 있다. 중차대한 난제들을 앞에 두고 어처구니없이 휘둘리는 모습을 보면서 절망했다. 철

학이 빈곤하고 지도력 곤궁의 실체는 안타까운 결말을 예측하게 한다. ■

교실이 마당이면 좋겠다

주택이 삶의 주된 공간이었던 때 마당은 먹고 자고 노는 장소였고, 대소사도 마당에서 치렀다. 여름이면 칼국수를 끓여 덕석 위에 온 식구가 둘러앉아 먹었고, 모깃불이 사윌 때까지 맨 덕석 위에서 자다 서리가 내리는 새벽이면 방으로 들어갔다. 온종일 마당에서 구슬치기, 딱지치기, 자치기를 했다. 부모님과 그 자식의 혼례식도 마당이었다. 그 부모님이 돌아가셨을 때도, 그 자식이 익사하였을 때도 마당에서 장례를 치렀다.

다툼도 마당에서 화해도 마당에서 했다. 매일 아침 일어나면 마당부터 쓸었다. 마당은 삶의 공간이었고 방으로 들어가는 길목이었기에 낙엽 한 잎도 함부로 굴러다니지 못했고 고약한 냄새도 마당이 막았다.

퇴직 전에는 늘 교실이 마당 같은 역할을 할 수 없을까도 생각했다. 요즘 교실은 주인이 없는 집의 마당 같다. 정리 정돈은 물론 일부 아이들의 거친 눈초리에 얼어버린 느낌이 있다. 그 옛날 마당 같은 교실이면 교실에서 일어나는 일이 밖으로 나와서 해결할 일이 없을 것이다. 마당을 어떻게 해석해야 할까.

마당은 전통적, 고전적 의미와 현대 교육적 맥락에서 각각 다르게 해석될 수 있으나 얼은 같다. 고전적 의미에서 마당은 물리적 공간으로 집 안의 뜰이나 넓은 공간이었으며, 사람들이 모이고 소통하는 장소였으니 가족과 이웃이 함께 생활하고 이야기를 나누는 사랑방 역할을 했다.
　사회적 공간으로서 마당은 단순한 공간을 넘어 공동체의 중심이었다. 전통적으로 마당에서는 잔치, 제사, 놀이, 그리고 중요한 의식들이 이루어졌고, 이 공간은 유대감을 강화하고 삶의 희로애락이 공존하는 장소였다. 무대나 삶의 터로 비유되기도 했다. 다양한 일이 벌어지고 이야기가 생겨나고 펼쳐지는 공간이었다. 마당극이 그것이었다.
　소문도 흉도 마당에 붙어 있는 샘가에서 생겨났다. 측간도 마당 건너에 있었고 출산하면 집에 부정한 사람이 들어오지 못하게 새끼에서 금줄을 쳐놓고 막았다. 넓든 좁든 마당이 만들고 걸러내는 역할을 했다.
　교육적 의미에서의 마당은 교실이다. 학습과 소통의 공간이며, 단순히 공부하는 장소가 아닌 학습자들이 교호하며 배움이 이루어지는 곳이다. 이는 교실 안팎의 활동 공간을 상상하며, 학생들이 의사를 전달하고 자신의 주장을 펼치며 춤추고 노래하고 얼싸안고 표현하고 창조하는 공간으로서의 의미다.
　교육적 맥락에서 마당은 놀이와 실험, 창의적 활동이 이루어지는 장소로 인식하고 싶다. 예를 들어, 학교 운동장이나 놀이 공간은 학생들이 협력하고 문제를 해결하며 사회성을 기르는 데 중요한 역할을 하는 것처럼 교실에서 그런 작용이 함께 이루어졌으면 하는 바람이 있는 것이다.
　마당에서처럼 교실이 학생들 간의 상호작용과 관계 형성이 이루어지는 곳으로, 협동과 배려를 배우는 교육적 환경으로 자리매김하면 좋겠다. 이때의 교실은 물리적 장소뿐만 아니라 정서적, 심리적 소통의 공간이 되어야 할 것이다. 교육적으로 마당은 배움의 무대를 상징할 것이다. 즉, 학생들이 각자의 역량을 발휘하고 함께 성장하는 기회의 장이라 할 수 있다.

결국, 마당은 사람이 모이고 설치하고 철거하고 뒹구는 사회화의 중심 공간으로서, 공동체와 삶의 다양한 면모를 담아내는 곳이다. 교실의 역할로서 학습과 소통, 창의와 협력이 이루어지며, 학생들의 예쁜 의식을 형성하는 중요한 장소이다.

선생님들도 교실을 마당의 의미를 담아낼 수 있는 공간으로 가꾸었으면 좋겠다. 일방적으로 가르치고 따르게 하고 주눅 드는 공간이 아니고 축제가 그치면 말끔히 정리되고 활발하게 움직이고 소통하고 다투고 싸우고 화해하는 곳이었으면 좋겠다. 아침마다 마당을 쓰는 부모의 마음으로 온정 넘치고 머물고 싶은 공간으로 재구성하는 마음이었으면 좋겠다. ■

문제를 앞서가지 못하는 제도

'교사敎師'는 공식적으로 초·중등 교육 기관에서 학생들을 가르치는 것을 직업으로 가진 사람을 의미한다. 국가나 기관에서 정식으로 인정한 교육자를 지칭한 용어이다. 이와 유사한 용어로써 '선생님'은 누군가를 가르치는 사람을 높여 부르는 말이다. 직업이 교사가 아니더라도 지식을 가르치거나 지도하는 사람은 물론 사회적으로 존경받는 어른도 선생님이라 부를 수 있다.

선생님이라는 호칭은 단순한 직업적 역할을 넘어, 학생들에게 가르침을 주고 인격적으로도 존경받는 존재로 인식되기 때문에 선생님이라는 표현은 단순히 지식 전달뿐만 아니라 학생을 지도하고 인격체로 만들기 위해 인도하는 역할까지 포함한다.

"모든 교사는 선생님이다."라는 말은 교사는 학생들을 가르치는 직업이므로 당연히 선생님이지만, "모든 선생님이 교사는 아니다."라는 말은 선생님이라고 해서 반드시 학교에서 가르치는 정식 교사는 아닐 수도 있다는 의미다. 그렇지만 많은 교사는 '선생님'으로 불리기를 원한다. 선생님이란 호칭이 예부터 존경의 의미와 함께 숭고한 의무감이 있기 때문이다.

새삼스럽게 교사와 선생님을 구분하는 이유는 교사의 자존심을 송두리째 짓밟아 버린 대전초등학교 학생 사건 때문이다. 40년 가깝게 교사라는 직업을 수행했던 한 사람으로서 요즘처럼 부끄러워해 본 적은 없다. 학생을 가르치면서 교사로서 선생이었다는 사실에 자부심과 함께 살아왔다. 직업과 직함 그리고 사회적 역할 속에 선생으로 살아온 것이다. 그래서 소신껏 살지 못했고 눈치 살피며 산 세월이다.

이번 사건이 극히 예외적이라 할 수 있는 일이고 사회 통념상 용납될 수 없는 일이기에 쥐구멍이라도 찾고 싶은 심정이다. 귀는 열려있지만 차마 들을 수 없고 입은 열렸으나 변명조차 어렵다. 그래서 이번 사건을 보면서 우리는 교사인가 선생인가에 대한 심각한 헷갈림을 갖는 것이다.

이렇게 되기까지의 근인近因을 무엇이라고 생각하는가. 첫째는 교사로서의 사명감의 결여에서 찾을 수 있을 것이다. 여기에는 교육제도가 한몫한 것이다. 과거에는 교원을 양성하는 사범(교육)대학을 나온 사람을 임용하였다. 의무 임용제도였고 학비 또한 비교적 저렴했다. 강의도 임용 시험에 매달리지 않고 교사로서 자질에 대해서 상당 시간을 할애했다. 그래서 임용 때는 교사로서의 사명감이 있었고 사회적 지지도 컸다.

의무 발령이 아니다 보니 모두가 교사로서 자질보다는 임용 시험에 합격하는 것이 최고의 목표였고, 합격하여 교사가 되더라도 부채 의식이 없어졌다. 국가에서 사범대학생들에게 해 준 것이 아무것도 없고 사범대학의 존재마저 흔들리게 된 것이다. 그래서 교사로서의 사명감보다는 단순 직업인이 된 것이다. 사정이 그러한데 누구도 교사들에게 사명감으로 교육하라고 말할 수 없게 된 것이다.

그렇다 보니 교사가 좋은 선생님으로 평가받지 못하고 교사 또한 선생님으로서의 사명감이 부족한 사회적 현상 속에서 학생과 학부모들로부터 교권 침해를 당하고 누구로부터의 지지도 받을 수 없다 보니 교사는 사회적 소외 속에 버려지게 됐다.

　이런 근인近因들에 의해서 이번 결과는 예견되었다고 할 수도 있다. 예견되었다면 진즉 처방에 따른 예방책을 연구했어야 했다. 그 이유는 이미 학교 현장에는 우울증 등 정신질환으로 의심되는 선생님들이 상당히 있기 때문이다. 그래서 교육 당국에서도 이의 심각성을 알고 있고 직권면직할 수 있는 법이 있다는 것도 알고 있었다. 이 법의 집행은 학교장의 권한이 아니다. 지체되고 묻혀버린 법은 법으로서 기능을 상실한 것이다. 이것이 원인遠因일 수 있다. 이렇게 지체된 까닭은 뭔가.

　이번 사건은 가해 교사의 책임만이 아닐 수도 있다. 법이 있음에도 적극적으로 시행하지 못한 교육 당국이 공범이다. 가해자인 교사의 병명이 무엇인지는 모르지만, 실태조사에 의하면 63% 이상의 선생님이 우울 증상을 보인다고 보고 되고 있어 우울증이 아닐까도 생각해 본다. 전문가에 의하면 우울증은 타인보다는 자신에 대한 공격이 일반적이라고 주장한다. 그렇다면 왜 타해他害를 했는지에 대해서 깊이 성찰해 볼 필요가 있다.

　정신 질환자는 극단적 선택의 여지가 어떤 질환보다 높다. 더구나 징후도 없이 순간적으로 자행하기에 막는다는 것이 쉽지 않다.

　정신질환자가 자살하거나 타인을 해치는 사건이 발생하는 원인은 여러 가지 심리적, 생리적, 환경적 요인이 복합적으로 작용하기 때문인데 전문가는 다음 몇 가지를 원인으로 든다. 즉 ①충동 조절의 어려움, ②왜곡된 사고와 망상, ③극심한 우울감과 절망감, ④사회적 고립과 지지 부족, ⑤약물 복용 문제, ⑥알코올 및 약물 남용, ⑦트라우마 및 스트레스, ⑧사회적 인식 부족이나 치료 부재 등이다.

　학교장이던 시절 정신질환이 의심되는 선생님과 근무하게 되었다. 전입한 지 얼마 후부터 선생님의 일상이 매우 이례적이었다. 충동적이고 분노 조절을 할 수 없는 것처럼 보였다. 수업 중에도 학생들과 이해할 수 없을 정도로 충돌하거나 선생님들과의 관계도 마찬가지였다. 교장과의 면담 중에도 비슷한 양태를 보였다. 그 결과 학생들은 그 선생님을 정신병자로 낙인찍고 학교에서도 그런 분위기가 될 수밖에 없었다. 이런 사회적 낙인효과가 큰일을 일으키는 요인이 된다는 사실을 알아야 한다.

교장으로서 첫 번째로 한 일이 전임 학교 교감 선생님과의 통화에서 휴직 사유에 대해서 도움말을 요청했지만, 말을 아꼈다. 일견 그 교감 선생님의 대처는 당연했다. 두 번째로 본인과의 상담이었지만 어떤 답도 찾을 수가 없었다. 세 번째로 부모님과의 전화 상담을 했다.

하루가 멀다 않고 증상이 나타났다. 자신이 그런 이상 행동을 하는 것을 모르는 것처럼 느껴졌다. 금방 아무런 일도 없는 것처럼 행동했다. 어떠한 단서라도 찾고자 점심을 같이 먹고 둘이 운동장을 산책하면서 얘기를 했으나 능력이 미치지 못했다. 그럴 때는 지극히 정상이었다. 여러 번의 사정 끝에 부모님을 모셨다. 상담 요지는 이런 상태를 방치하면 직권면직에 이를 수도 있으니 휴직하여 치료하는 것이 어떻겠냐는 권유였지만 전혀 동의하지 않았다. 그럴 이유가 없다는 것이었다.

어쩔 수 없어 교육청에 지원을 요청했다. 그러나 실망이었다. 입만 아팠다. 다시 부모님을 모셨다. 더욱 거칠어지니 빨리 휴직 치료가 필요하다고 설득하였다. 그러나 정신 병원에 가면 모든 선생님과 학생들에게 알려지게 되고 병적이 문제가 되니 안 된다는 주장이었다. 멀리 보자고 매달리다시피 했다. 치료 시기를 놓치면 치료가 어렵고 극단적 선택도 막을 수 없다고 말씀드렸다. 어렵게 휴직을 허락하셨다. 교육청에 휴직 서류를 내는 데에도 어려움이 컸다. 어떻게든 책임을 회피하려는 의도가 보였다.

휴직 후 학교장으로서 입원 여부 등 그 이후를 모니터링했다. 이런 일은 교육청에서 감당해야 하지 않겠는가. 그런데 입원이나 병원 치료를 하지 않고 있었다. 집 근처로 방문하여 부모님을 만나 간곡히 부탁드렸지만, 부모님은 치료가 필요 없다고 말씀하셨다. 집에서는 아무 일도 없이 잘 지내고 있다는 것이다. 벽을 마주하고 서 있는 느낌이었다.

이제 학교에서는 기피 현상이 일어날 것이다. 그렇게 되면 그 선생님은 극심한 우울감과 절망감, 사회적 고립과 지지 부족으로 더 심해질 수밖에 없을 것이다.

그 교사의 2차 피해를 막을 수 있는 방법을 찾아야 한다. 관건은 학교에 미룰 일이 아니고 교육 당국의 역할을 찾아 적극 개입하여야 한다. 전문가가 포진한 전담 부서를 만들어 해결해야 한다. 그렇지 않으면 질환은 다시 재발할 뿐만 아니라 더욱 깊이 숨어버리려 할 것이다.

이번 사건도 교사의 정신질환이 원인이기는 하나 교육 당국과 학교의 대처가 미흡했다고도 보인다. 대학병원 전문의가 복직 소견에, 이후 활동에 전혀 문제가 없을 것으로 기술하였다. 그런데 교육청과 학교에서 증상이 있음을 알고 개입은 하였지만 미숙하지 않았나 생각한다. 선생님은 그런 상황에서 절망감과 외로움이 극대화되어 일종의 '확장된 자살'의 개념처럼 주변인을 해치고 스스로 목숨을 끊으려 했을 수도 있다. 만약 전문가가 개입했더라면 그렇게 대처하지 않았을 것이다.

교육청에 전담 부서와 전문의를 배치해야 할 필요가 있다. 예산 문제로 난색을 보일 수 있겠지만 아무리 많은 돈이라도 한 사람의 생명과는 바꿀 수 없지 않겠는가. 정 어려우면 국가적 차원에서 지원해야 한다. 법을 제정하더라도 들끓은 여론을 무마하기 위해 졸속으로 만들어서는 안 된다. 실제로 정신질환은 법을 만들고 집행하는 것이 전부가 될 수 없다. 선제 대응, 후속 조치, 지속적 모니터링 등의 대책까지 함께 고려

하여야 한다.

우리는 왜 일이 터지고 나서야 입법하고 제도를 개선하는가? 왜 늘 제도는 문제점을 앞서가지 못하는가? 이런 대처를 보면 우리나라는 선진국이 되기에는 멀었다는 생각이 든다. 그것도 순간적인 여론을 피하고자 실효성이 없는 대책을 법안으로 입법하는 경우가 비일비재해서 시간이 지나면 사문화되든지 아니면 오히려 부작용으로 본래의 취지를 무색하게 하는 경우가 발생하는 것이다. 뒷북 행정을 하다 보니 현실이나 현장과는 괴리된 법안을 만드는 것이다.

미국 등은 이미 시행하고 있는데 우리는 왜 이렇게 지체하여 제도를 개선하고 있는 법을 활용하지 못하는 것인가. 소 잃기 전에 외양간을 고칠 수는 없는가. 이미 정신질환이 의심되는 선생님들로 인해 학교에서는 홍역을 앓고 있는데 교육 당국에서는 언제까지 학교에 맡기고 소극적으로 대처해야 하는가.

어떤 제도라도 실효성이 담보되지 않으면 무용지물이다. 이미 우리는 국가공무원법 제71조에 정신질환으로 직무 수행이 어렵다고 판단되면 직권면직할 수 있게 되어있다. 그러나 실효성이 없다. 왜냐하면 교육청에서 이후에 파생되는 문제에 대해서 회피하고 있기 때문이다.

명심해야 할 사항은 대상자를 심사하고 직권 휴직 등으로 치료를 명령하고 휴직 후 치료 여부나 과정을 모니터링하며 복직을 결정하는 등의 역할을 교육청이 아닌 의료 전문가에게 맡긴다면 교육 당국에서는 뜨거운 감자를 쥐고 안절부절못할 필요가 없다. 제발 실효성 있는 제도를 도입하기를 바란다.

결론적으로 모든 정신질환 환자가 자살하거나 타인을 해치는 것은 아니지만, 여러 가지 요인들이 복합적으로 작용할 때는 예측불허의 결과를 초래할 수 있다. 그래서 조기 진단, 적절한 치료, 사회적 지지, 정신건강 인식 개선 등이 함께 이뤄져야 한다. 그렇지 못하면 증가하는 교사 정신질환은 수면 아래로 가라앉아 얇아진 교사 마음을 다스리기 힘들 것이다. ■

조직원은 사기를 먹고 자란다

　인사가 만사라는 격언은 이제는 상식이다. 능력 위주가 아닌 정실 인사를 하는 이유는 뭐라고 생각하는가? 소통이 부재로 전문직이나 일반직들이 시키는 일은 하지만 열정을 바치려 하지는 않는다. 그럼으로써 능률은 떨어지고 활기는 사라지는 죽은 조직이 되는 것이다.
　그러면서 평가에 관한 결과는 조직원의 책임이고 외부에 원인이 있다고 한다. 조직원들은 어떻게든지 무사하기 만을 원하고 위험이 있는 일이라면 모른 체 한다. 절벽 위에 꿀단지가 있으나 아무도 절벽을 오르려 하지 않는다. 위험한 일에는 아예 시선을 두지 않는다. 모른 체 하면 중간이라도 간다는 생각이 만연해 있다. 사기를 먹지 못하는 조직은 무관심으로 팽배해 있다.
　승진할 자리는 있으나 그 자리는 정해진 자리라고 생각한다. 그러니 정해진 사람 외엔 언감생심 쳐다볼 필요도 없다. 교육감을 만든 사람들이 백의종군하면 그 교육감은 재임 중 어떤 위험이나 손가락질도 받지 않을 것이고 성공한 교육 권력이 될 것이다.
　그렇다 보니 교육청 평가에서 강압적인 방식으로 우수한 평가를 받을 수는 있지만, 청렴도 평가는 그렇지 않다는 점은 두 평가의 본질적 차이에서 비롯된다. 암시적 협박과 강압은 단기적으로 목표를 이루게 할 수 있지만, 청렴도는 조직 구성원의 신뢰와 자발적인 참여가 기반이 되어야 하기 때문이다.

　교육감 선거가 직선제로 바뀌면서 인사 문제는 유례없는 문제점을 양산했다. 선거를 도와준 사람에 대해서 보은하는 것은 그럴 수도 있겠다 하겠지만, 그 정도가 상식을 뛰어넘는 경우가 비일비재했기에 교육계 안팎에서 거센 비난을 받는 것이다.

　도와서 당선됐으면 그만이지 그 대가까지 내놓으라 하면 되겠는가. 내가 노력하여 당선시켰으니 성공하는 교육감이 되는 모습을 보는 것으로 만족할 수는 없는가.

　"높은 곳은 춥다."라는 옛 시어를 생각해 보자. 그곳은 "추울 뿐만 아니라 외롭고 무서운 곳"이다. 오르는 과정도 중요하나 내려가는 과정 또한 그에 못지않다. 어쩌면 내려가는 과정이 훨씬 어려울 수 있다.

　선출된 교육감은 모두의 교육감이 되어야 한다. '모두'라는 의미는 모든 조직원에게 기회를 공평하게 주고 누구나 꿈꿀 수 있는 공정함이 부여되는 것이다. 바로 '모두'가 '사기士氣'이다. 그 사기가 모두에게 주어져야 조직은 살아 움직인다. ■

첫 월급

　나의 초임 발령일은 6월25일 이었다. 그 학교는 내가 나고 자란 고향 환경보다 더 열악하였다. 논은 거의 없고 황토 흙밭이 모두였고 고구마와 양파가 주업이었다. 밭일은 논일보다 잔손이 많이 필요하다고 한다. 그래서인지 학생들은 거의 일꾼 수준이었다. 체육복은 일복이었고 잠옷이었고 그대로 입고 와서 수업받곤 했다.
　내가 초·중학교 때 선생님들은 나에게 과한 도움을 주셨다. 문득 그 선생님들이 생각이 났고 그 선생님들의 뒤를 밟고 싶었다. 다니엘라의 '니나'가 되고 싶었고 언제나 마음은 태양의 '마크 새커리'가 되고 싶었다.
　나는 육상선수 출신이다. 지금도 그렇지만 내가 유명한 국가 대표 상비군 육상선수였다는 사실을 아는 사람은 거의 없다. 전국체육대회에서만 금메달 4개, 은메달 2개, 동메달 1개를 획득했으니 과히 일류 선수였다. 누구에게도 말하지 않았다. 체육 선생님이란 사실이 부끄러울 때가 한두 번이 아니어서 숨기고 싶은 마음 때문이기도 했다.
　그 학교에 육상팀이 있었다. 지도자도 없이 학생들 스스로 연습하고 있었다. 과거의 내 스승님을 생각하면서 그들을 지도하기로 맘먹었다. 잠재력이 뛰어난 선수들도 상당수 있었다.
　방과 후가 되면 그들과 운동장에서 살았다. 지금은 스톱워치 하나로 여러 명의 기록을 잴 수 있으나 그때는 하나로 한 사람의 기록을 잴 수 있었다. 그래서 목에는 항상 네다섯 개의 초시계가 걸려 있었다.

늦도록 지도하다 보면 하숙집 아주머니가 식사하라고 데리러 오고는 했다. 식당을 겸한 하숙집에 아이들을 모두 데리고 가서 외상으로 함께 저녁밥을 먹었다. 그렇게 하다 보니 나의 하숙비는 다른 선생님들에 비해서 두 배 이상 많았다. 선생님들이 아우성치곤 했다. 아이들이 선생님 방에서 식사하고 나면 발 냄새 때문에 힘들다는 것이었다.

한 달 정도 지도하고 군내 육상대회에서 거의 전 종목을 휩쓸었다. 할머니와 함께 살면서 호롱불을 켜고 사는 녀석은 3관왕이 되었다. 전깃불도 들어오지 않은 셋방에서 4명이 살고 있었다. 월급을 타면 처음으로 하는 일은 돼지고기를 거름종이에 싸서 할머니께 드리는 것이었다. 돼지고기 사리 정육점에 가면 주인아주머니께서는 "월급날인 모양이죠?"라고 묻곤 했다.

오후에 아이들과 연습에 한창인데 서무실 급여 담당 여직원이 운동장으로 왔다.

"선생님, 월급 타가세요." 하셨다.

교무실로 들어갔더니 선생님들은 월급을 꺼내 손가락에 침을 뱉으면서 세고 있었다. 그 모습을 보고 충격을 받았다. 첫 월급이었기에 월급에 대한 개념이 없었다. 그러나 그 모습이 왠지 가난하고 초라하게 보였다. 철없는 교사였다.

행정실로 가지 않았다. 다음날도 여직원이 운동장으로 와서 월급 타가라고 사정했다. 그날도 가지 못했다. 다음날 또 오셔서 말씀하셨다.

"선생님 때문에 은행에 맡겼다가 또 찾아오곤 한단 말이에요."

운동장 우물가에서 굵은 땀방울을 시원한 물로 씻어내고 목에 걸고 있는 수건으로 물기를 닦았다. 아이들도 깔깔대면서 내 수건을 빼앗아 얼굴을 닦았다. 그땐 수건이 귀해 옷자락으로 물기를 닦아내곤 했다. 수건을 빨아 목에 두르고 서무실로 갔다.

여직원이 다음 달부터는 재형저축을 하면 좋고 교원 공제는 꼭 들어야 한다고 했다. 아무것도 모르니 그렇게 하겠다고 하고 책상 위에 놓인 월급봉투를 수건으로 싸 들고 자리에 와서 맨 아래 서랍에 팽개치듯 넣었다.

며칠 뒤 수건을 찾다가 수건에 쌓인 월급봉투를 발견했다. 수건에서는 쉰 냄새가 진동했다. 누가 볼까 두려웠다. 얼른 가방에 넣고 하숙방에 와서 펼쳐 보았다. 푸른 잉크로 쓴 월급 내력은 읽을 수 없이 푸르게 번져있었다. 월급은 모두가 천원 권이었다. 아마 십수만 원이었던 기억이다.

나의 교직 첫 월급은 그렇게 젖은 수건에 싸여 서랍 속에 속절없이 박혀 철없는 주인을 기다리고 있었다. ■

교사로서의 좌절

　지난 기억 때문이기도 하지만 첫 발령을 받고 나서 얼마 지나지 않아 내가 어떤 선생님일까에 대해서 천착했다. 교사가 되기 전에는 선생님이라 불리는 것이 좋았다. 물론 지금도 일반적으로 교사를 선생님이라고 칭하긴 한다. 선생님은 존경의 의미가 있기 때문이었다. 1981년 그때만 해도 그랬다는 것이다. 그러나 얼마 되지 않아 난 큰 딜레마에 빠졌다.
　교감 선생님으로부터 두 번 부름을 받았다. 처음엔,
　"문 선생! 이곳은 묘하게 일 년에 몇 쌍씩 부부 교사가 탄생하네. 그래서 친목회비 지출도 만만치가 않아. 그래서 말인데…, 문 선생 애인이 있다고 소문 좀 낼 수 없는가?" 헛웃음이 나왔지만 참았다. 두 번째는,
　"문 선생! 9월이면 체육대회가 있는데 그때 3학년 학생들이 매스 게임을 했으면 하네. 면민의 축제니까 잘해야 하네." 명령이었다.
　"교감 선생님! 학생들 현재의 체육복으로는 안 됩니다. 새로 사야 합니다."라고 했더니 이유를 물었다. 그때 아이들의 체육복은 학교에서는 체육복, 집에서는 작업복, 밤에는 잠옷이었기에 무릎은 튀어나오고 색깔은 바랬고 대부분 너무 작았다. 더구나 없는 애들이 태반이어서 체육 시간이면 빌려 입어야 했다. 3학년이니 체육복을 새로 사지 말고 편한 옷으로 입으라고까지 했었다. 선배 선생님은 학생들이 체육복을 입지

않고 수업한다고 지적하였다. 그러나 소신껏 하고 싶었다. 그래서 운동할 수 있는 간편복을 입으라고 했다. 살 형편이 못 된다는 것을 잘 알고 있었고 고등학교에 입학했을 때 영어 선생님께서 하신 말씀 때문이기도 했다.

"너희들 콘사이스 다 갖고 있지? 그것 오늘 당장 학교 앞 헌책방에 갖다 팔아라. 그리고 그 돈으로 아령을 사서 운동을 해라. 사내답게 생활해야지. 남자라면 한 번쯤 파출소에도 끌려가 보고 해야지." 그 소신에 모두 감동했다.

이런 복장으로는 매스 게임을 할 수 없다고 설명했다. 난감한 표정을 짓더니, "난 모르네. 자네가 알아서 하소." 하셨다.

아무것도 모른 초임 교사는 그것을 허락으로 생각했다. 여름 방학도 반납하고 도안을 만들고 음악을 선곡·편곡 하는 등 정신없었다. 매일 광주에 가서 무용과 교수를 만나 상의한 뒤, 다음날 출근하곤 했다. 전국 체육대회의 매스 게임을 생각하면서 구상했다.

가장 먼저 한 일은 학생들이 입을 매스 게임 유니폼을 구하는 일이었다. 대학 다닐 때부터 잘 알고 시내던 체육사 사장님께,

"사장님! 제가 학교 운동회 때 매스 게임을 해야 하는데 아이들의 체육복이 너무 낡고 작을 뿐만 아니라 없는 아이들도 많아서 도저히 어렵습니다. 그런데 아이들의 가정 형편이 너무 좋지 않습니다."

사장님은 학생 때도 나를 특별히 격려해 주시고 응원해 준 분이었다. 전국 체육대회에서 우승할 때마다 후한 대접을 해주셨던 분이었다. 더구나 내가 체육 교사로 임용되었다니 자신 아들 일처럼 기뻐해 주셨다. 나의 마음을 가상히 여긴 사장님은 시중에서는 구할 수 없는 가격으로 제공하시겠다고 하셨다.

힘이 났다. 상·하복 긴 팔 긴 바지로 3,000원이라고 하니 감사할 따름

이었다. 거기다 긴팔 긴 바지이니 서리가 내리는 늦가을에 고구마 캘 때도 입을 수 있었기 때문이었다.

반장들과 상의하여 단체 구매를 결정했다. 10여 일 후 아이들과 연습에 한창일 때 새로 맞춘 체육복이 도착했다. 그런데 잠시 후에 신사 두 분이 학교에 나타나서 교무실로 들어오라고 했다. 복도에 쌓여 있는 체육복 한 벌을 들고 오더니,

"이 체육복을 어디서 얼마에 구매했느냐?"

죄인 다루듯 다그쳤다. 무슨 영문인지 모른 난, 누구냐? 무슨 일이냐고 물었다. 요구한 내용을 모두 말씀드리고, 그 두 사람이 들고 있는 체육복을 빼앗다시피 낚아챈 뒤 학교 밖으로 나가라고 요구했다. 더 이상 연습을 할 수 없었다. 그래서 학생들에게 설명하고 귀가시켰다. 교무실에서 큰 소리가 난 사실을 안 아이들의 표정에서 걱정과 실망감이 역력했다.

몇 시간 후 그분들로부터 연락이 왔다. 앞 다방으로 나오라는 것이다. 교육청 감사실에서 나왔는데 경위서를 쓰라는 것이었다. 경위서를 써서 갖다줬다. 읽더니 다시 써오라고 했다. 난 군대에서 했던 업무가 그런 업무였기에 아무리 읽어도 잘 못 쓴 것 같지 않았다. 그래서 똑같이 써서 갖다줬다. 그리고 하숙방에서 기타를 치면서 노래하는 것으로 답답한 마음을 달래고 있었다. 도둑놈이 된 기분이었다. 일직하시던 선생님이 하숙집에 오셔서 빨리 교장실로 오라는 것이었다. 그들이 기다리고 있었다.

"선생님! 저희가 전화로 알아봤는데 좋은 선생님이라는 평을 들었습니다. 제보 내용과도 달랐고 가격 또한 너무 저렴하다는 것을 알았습니다. 앞으로 지금과 같은 마음으로 교직에 임했으면 좋겠습니다."

그러면서 경위서를 라이터 불로 태워버렸다. 혼란스러웠다. 좋은 선

생님이 되기 위해서는 어떻게 하여야 하는가? 나는 좋은 선생님이 될 수 있을까? 교장, 교감 선생님은 득달같이 학교로 나오셔서 무슨 일이야고 물었고 결과를 말씀드렸더니,

"뭐라 하든가. 그렇게 하는 것이 아니라고 하지 않았는가. 우리가 죽을 뻔하지 않았는가."

왜 교장, 교감 선생님이 죽을 뻔했는지는 많은 세월이 흐른 후에 알 수 있었다. 그 후 다시 연습을 시작했고 방학은 끝났다. 학생들이 모든 사실을 알았고 그들은 흥분했다. 교문 앞 체육사에서 일러바쳤다는 것이다. 소문은 삽시간에 퍼졌다. 문방구며 가게며 풀빵까지 굽던 그 체육사는 학생들이 아무도 가지 않았다. 불매운동을 한 것이다.

사장님이 오셔서 자기가 고자질하지 않았다고 사정했다. 난 3학년 반장들을 불러 다독였다. 학교 앞 체육사에서 그러지 않았다고 설득했다. 다행히 학생들은 인정했고 일이 잘 해결됐다. 그 후 체육사 사장은 친형님처럼 잘해 주셨다. 그리고 보통 비싼 것이 아닌 높이뛰기 매트를 체육대회 때 기증해 주셨다. 그러나 그 뒤로도 거기서 체육복을 구매하지 않았다.

두 달여 연습 끝에 학교 체육대회가 열렸다. 학생들은 높은 수준의 매스 게임을 무리 없이 해냈다. 운동장을 가득 채운 면민들도 찬사를 보냈다. 가장 귀중한 얻음은 학생들이 선생님을 적극 지원해 주는 것이었다. 하지만 햇병아리 교사로서 처음 겪은 좌절이자 시련이었다.

아무 못한 시간이었다. 육상선수들은 매년 우승하고 또한 그들이 원하는 학교로 진학시켜서 운동선수 생활을 할 수 있게 하였고, 소년체전 대표로도 가장 많이 선발되는 등 보람된 시간이었다.

시련은 그렇게 끝나는 것이 아니었다. 교육장님은 나에게 더 많은 관심과 육상선수에 대한 지원도 아끼지 않았다. 교육장님께 앞으로 교수

가 되기 위해서 대학원에 가야겠다고 말씀드렸다. 교육 대학원도 아닌 일반 대학원이었던 게 문제였다. 수요일이면 수업을 위해 조퇴나 연가를 내야 했는데 교장 선생님은 전례 없는 일이라고 제동을 걸었다.

교감 선생님께서 9월부터 대학원을 그만두든지 휴학하든지 선택하라는 것이 교장 선생님의 뜻이라고 하셨다. 교육장님과 상의했다. 교육장님은 진노하다시피 했다. "자네처럼 열심인 선생을 도와주지는 못하면서 그만두란 소리가 나올 수 있나?"

다음날 교육장님이 학교를 방문하셨고 교장 선생님을 설득했던 모양이었으나 교장 선생님은 부동이었다. 교감 선생님은 진정으로 위로해 주셨지만, 난 좌절에 가까울 정도로 견디기 힘들었다.

3년 가까이 근무한 학교를 떠나기로 결심했다. 다행히 순천 교육장으로 가신 안송일 교육장님께서 순천으로 옮길 수 있도록 배려해 주셔서 문제는 없었으나, 정든 초임지를 떠나는 것이 너무 아쉬웠다. 할 일도 많았고 훌륭한 선수가 되겠다고 육상부에 들어온 아이들에 대한 책임감이 무겁게 짓눌렀다.

어쩔 수 없는 일이었다. 갑자기 결정된 사실이라 학생들은 물론 육상부 아이들과 선생님들은 물론 교장, 교감 선생님도 몰랐다. 나중에 알고 보니 내신서를 써야 했는데 어떻게 된 사연인지는 몰라도 쓴 기억이 없는데 발령은 났다. 학생들이 난리가 났다. 몇몇 학생들은 하숙집으로 찾아와 항의도 하고 사정도 했다. 육상부들은 망연했다.

8월 마지막 날 난 눈물을 삼키면서 교문을 나서야 했다. 10여 명의 학생들이 교문에서 막았다. 가슴은 터질 듯했고 창문을 열고 내다보는 아이들의 모습이 보이지 않을 정도로 앞이 흐렸다. 학교로 학생들의 편지는 끊이지 않았다.

"선생님, 선생님 대신 오신 선생님은 출근을 잘 안 해요. 와도 체육실에서 앉아만 있지 수업을 안 해요. 우리끼리 놀아요."

6개월 후 같은 학교로 오신 선생님으로부터,

"교장 선생님이 선생님을 너무 그리워해요. 전남에서 가장 힘든 체육 선생님이 와서 선생님 보낸 것을 후회스러워했지만 어떻게 할 수 없나 봐요."

그 학교에도 육상부가 있었다. 방과 후면 역시 그들과 함께 어두워질 때까지 생활하면서 초임지를 잊기 위해 노력했다. 그 당시에는 아무나 생각할 수 없었지만, 비디오 촬영기를 사서 선수들과 동작을 분석하면서 정성을 다했다. 그러나 해가 서녘으로 뉘엿거릴 때는 마음이 따끔거렸다. 지금 애창곡이기도 하지만 그때 매일 그 시간이면 불렀던 가곡이 있었다.

「그리워 그리워 찾아와도/ 그리운 옛 임은 아니 뵈네./ 들국화 애처롭고/ 갈꽃만 바람에 날리고./ 마음은 어디고 붙일 곳 없어/ 먼 하늘만 바라본다네./ 눈물도 한숨도 흘러간 세월./ 부질없이 헤아리지 말자./ 그대 가슴에는 내가 내 가슴에는 그대 있어./ 그것만 지니고 가자꾸나./ 그리워 그리워 찾아와서 진종일 언덕길을 헤매다 가네.」 ■

나와 같다면

 그들은 불의를 응징하는 것만이 정의로운 가치라고 주장하며 실천하겠다고 선언하듯 행세했지만, 그들한테만은 예외였기에 실망했고 그 응징의 대상이었던 교육 가족은 절망을 넘어 포기했다. 그 포기는 외면이었고 무관심이었다. 노린 것이 그것이었을 수도 있다.
 그런데 그 응징은 내가 이는 한 쉽게 납득이 가지 않았다. 물론 철저히 처벌해야 할 정도의 잘못을 한 사람도 없지 않았다. 하지만 단순 실수이거나 자신의 의지와는 별개로 책임을 져야 하는 경우가 허다했다.
 한쪽의 주장을 일방적으로 신뢰하거나 약자의 편에 서야 한다는 미숙한 정의감에서 억울하게 당해야 했던 이도 적지 않았다. 정의를 생명처럼 여긴다면서 이미 정의를 뭉개버린 것이다. 근거 없이 어느 편에 선다는 것은 벌써 치우친 판단 아니겠는가. 당연히 약자를 돕는 것은 상식이다. 그러나 돕는 것과 따지지 않고 그들의 편에 선다는 것과는 달라도 많이 다른 문제다.
 관용이 최고의 덕목이라는 사실을 실천할 수 없는 권력. 교육 가족이어서 솜방망이 처벌을 말하는 것이 아니다. 처벌에도 관용의 가치는 잊지 말아야 한다. 자기편에게 무한의 관용, 밉보이면 '두고 보자.'라는 아수라를 좋아하는 근성. 그런 사람들에게 '내로남불', '후안무치'는 너무도 잘 어울리는 사자성어다.

속수무책으로 당하는 모습을 보면서 군자다운 리더는 아니라는 생각이 들었다. 언감생심이지 군자까지 들먹일 수조차 없다. 누군가는 정의롭지 못한 행위를 멈추거나 바꾸라고 요구해야지만, 아무도 그럴 엄두도 내지 못했다. 두려움의 존재였다. 어렵게 전문직에 합격하여 실수 때문에 그만둔 선생님도 있었다.
　선생님처럼 힘이 없는 사람도 없다. 자신의 누명을 변명하면 그것을 약자에 대한 2차 가해로 몰아도 속수무책인 사람이다.
　어떤 선배가 폭력 사건에 휘말려 함께 유치장에 갇힌 일이 있었다. 다음날 즉심에 넘겨졌고 판사는 선배한테 직업을 물었다는 것이다. 교사라고 말하는 순간 "선생이 무슨 힘이 있나? 선생은 빽이 없다. 우리 아버지를 보면서 뼈저리게 느꼈다. 빽이 없으면 눈을 감고 사세요."라면서 석방했다는 것이다.
　그런 선생님들에게 반짝거리는 응징의 칼을 보여 주는 사람은 누구인가. 실로 무서운 존재였다. 용감하게 긴 칼을 허리춤에 찼다는 느낌을 받았다.
　그러니 누가 불만을 말할 수 있겠는가. 그런데 난 그러지 못했다. 내가 과장으로 부임하기 전 2월에 있었던 일의 결과로 나에게 주의 처분을 했다. 있을 수 없는 일이었다. 나하고는 아무런 관련이 없는 일이었다. 난 3월에 부임했기 때문이다.
　방과후 학교 강사 채용과 관련하여 14시간 이후 남은 시간은 자원봉사를 하겠다는 계약서를 쓰게 해서 국고를 축냈다는 이유로 20명 정도의 교장 선생님들이 징계위원회 넘겨질 위기에 처했다. 교장 선생님들도 회의에 참석하지 않았고 학교 담당자들이 참석하여 방과후 학교 강사의 남은 시간을 자원봉사 하는 것으로 계약서를 썼다. 담당 선생님들이 어떤 잘못이 있었을까. 당연히 그것이 잘못이면 교육청 담당자가 계약하면 안 된다고 해야 했지만 태만했다. 내가 했던 일은 담당 과장으로서 절대로 방과 후 담당자와 교장 선생님들이 불이익을 받지 않도록 해달라고 몇 번이고 사정하는 것밖에 없었다.

그래서 간부 회의에서 따졌다. 등 뒤에 대고 외쳤다. "왜 답변을 안 하고 나가는 거예요?" 난 회의 주재자에게 따졌다. "맨날 법 말씀하시는데 이 일을 어떻게 생각하느냐? 옳은 일이었느냐?"

그도 깜짝 놀랐다. 결재하면서 보지 못했다는 것이다. 회의 끝난 후 그는 담당 직원들을 불러 자초지종을 물었다. 그들은 답변했다. "어떻게 과장님에게 경위서를 쓰라고 합니까. 죄송합니다." 그들은 알고 있었다. 나와는 관련이 없는 일이었다는 것을.

어떤 교장 선생님도 비슷하게 당했다. 본인이 학교장으로 있을 때 일어나지도 않은 일로 감사기 들어와 숫자 표기 잘못으로 중징계 요구를 당한 것이다. 그 당시의 교장은 퇴임했으니 어쩔 수 없고 서류 작성을 했던 교감은 현직에 있었는데도 눈을 감아버렸다. 어렵게 싸워서 중징계 처분에 이길 수 있었다. 소송비가 들든 말든 "네가 싸워서 이기든지 말든지 해라."는 식. 이 과정이 얼마나 힘들고 정신적으로 황폐해지는지 누구나 알 수 있는 일이 아니다.

또 한번은 모 관리자가 고급 자전거를 상납받았다는 투서로 인해 전 선생님들을 한 명씩 교육청으로 소환했다. 내가 알기로는 소환권이 없다. 당사자도 아닌데 모든 직원을 교육청으로 소환한다는 것이 있을 수 있는가.

나에게 전화해서 용의자에게 이실직고하도록 종용하라고 요청했다. 난 그럴 자격이 없다고 거절했다. 그러나 과장으로서 내용은 알아야 해서 그를 만났다. 그는 개인적으로 제자이기도 했다. 그는 인정도 부인도 하지 않았다.

다음날 고위 간부가 내 방에 와서 나의 역할을 요구했다. 그럴 수 없다고 잘라 말했다. 모든 것이 소문일 뿐이고 들어오면 직접 물어보라고.

"뭐요? ○○ 선생님들은 모두 조폭이잖아. 모두 함구하잖아. 과장만 인정하면 끝나는 일인데…."

"뭐요? ○○ 선생님들이 조폭이라고요? 그 말에 책임지셔야 합니다. 내일부터 ○○ 선생님들이 1인 피켓 시위를 할 겁니다."

난 악연을 만들었다. 코치가 경남 남해로 전지훈련을 가서 모든 선수와 학부형이 보는 앞에서 대퇴부 근 부피를 잰다며 양손으로 감쌌다. 그것도 그 학생이 대퇴 근육이 많이 좋아졌다며 재보라고 했다는 것이다.

그런데 그 학생은 나중에 그 행위가 '기분이 나빴다.'라고 다른 두 명과 같이 신고 한 것이다. 진술서 내용이다. 그중 한 명은 부상으로 훈련도 할 수 없는 학생이었다.

누구의 책임일까. 일단 학교에서 일어난 일이 아니었다. 감독교사는 출장 처리하고 책임 의무를 지고 인솔했으니 주된 책임자는 누구이겠는가. 학교에 있었던 나는 교장으로서는 도의적 책임을 지겠다 했지만, 결과는 감독은 감봉 1월, 과태료 150만 원이었고, 교장은 직위해제 1월, 정직 3월, 과태료 300만 원이었다. 이해되는 양형인가. 전임 교장 때 일어난 별 건까지 뒤집어씌웠다.

학부모끼리 한 대화 녹취록 일부를 보면 의도를 엿볼 수 있다.

『A : 어떻게 수습해?' '짜르는 것이 목적이면 간단히 해야지 ◇코치 죽게 생겼잖아?

B: 으응, 휴우

A: 코치가 죽고 싶다고 하더라

B: 그러지. 후우

A: 짜를 목적이었으면 간단히 했어야지, 짜르는 것이 문제가 아니라 사람이 죽게 생겼다니까

B: 으응, 휴우

A: 목적은 전부터 ○감독이 나쁜 놈으로 ○감독을 목적으로 했지 ◇코치는 얘기 안 했잖아?

B: 나쁜 놈은 ○감독인데... 학교폭력으로 몰아가고 전학을 가라 하고 너희들 때문에 못하겠다하면...학부형 부추겨서... 자극을 너무해 버려서..아~아~

A: 학교도 다치고 학교가 개판나게 생겼더라

B: 그렇게까지는 안 갈기야. 그렇게 되는 것을 원치 않았고, 두 사람만 그만 두면 되는데.... 교장샘도 그렇게 말하고.... ○감독이 나쁜 놈인데....'』

징계의 양형은 그럴 수 있다 하자. 그러나 한참 지난 후 '미신고'라는 이유로 과태료까지 부과한 것을 보고는 교사로서의 심각한 명예훼손이란 생각이 들었다. 한 국민으로서의 명예권이 이렇게 함부로 짓밟힐 수가 있다는 말인가. 공익이란 이유로 했는지는 모르지만, 그보다 더 중요한 것이 개인의 명예권이지 않은가. 더구나 결과에 대해서는 신중해야 하지 않겠는가. 이해가 가는 처벌을 해야지 처벌하는 것과 개인의 명예권은 또 다른 문제 아닌가.

난 법원에 부당함을 호소했다. 몇 날을 고심하여 이의서를 작성하여 제출했다. 그 결과 법원으로부터 '과태료 0원'이란 판결을 받았다. 그러나 훼손된 명예는 누가 보상하는가. 그때 난 심한 공황장애로 이 건을

대상으로 다툴 여력이 없었다. 12월, 1월 보너스, 명절 효도휴가비, 교원 평가 수당 등 약 4천만 원의 손실로 심각한 경제적 핍박도 감당할 수가 없을 정도였다.

　법원에 중징계 취소 소송을 제기했지만 기각당했다. 중징계에서 공무원 품위유지 위반의 주요 죄목이 '신고하지 않았다'라는 것이었다. 그러나 법원에서 신고했다고 과태료 취소를 결정했는데도 법원의 주문이 너무 기막혔다.

　그 코치는 공무원이 아닌 일반인 신분이었기에 임면권도 학교장에게 있었다. 주소지가 없어서 기숙사에서 생활하고 있었고, 성희롱 사건을 폭로한 3명을 제외한 전원이 교장실에 와서 울면서 호소했다. 심각한 선수 체벌의 문제였다. 선수들의 그 고통이 몇 년간 지속되었다. 그는 내가 부임하여 첫 학생 선수 폭행 건으로 면직되었다. 징계위원회를 열기 위해 전화도 했으나 받지 않아 학교체육소위원회에 세울 수가 없었다.

　그런데 판사는 중대한 절차상 하자라며 기각하였다. 주소지가 없었기에 보낼 수 없었다는 이유는 받아들이지 않았다. 기숙사에서 생활했으므로 기숙사로 보내야 했다는 것이다. 징계 취소 소송도 아니었다. 그것이 중징계 사유였는지 법에 호소했다.

　그들은 감독 선생님을 소환하여 먼저 "선생님은 경징계할 것이니 교장한테 책임을 미루십시오."라고 했다고 감독이 보고하였다. 자신들은 징계위원도 아닌데 경징계하겠다는 것은 무슨 뜻일까. 그 의도는 확실했다. 아무리 그래도 출장을 간 것은 모든 선수 관리를 책임지라는 것 아닌가. 감독의 중징계가 확실했지만 바뀐 것이다. 피해자라고 주장하는 학부모 녹취록을 봐도 알 수 있다.

　그 시절처럼 눈치 보며 비위 맞추기에 급급했던 때는 없었다. 불만을 함부로 말할 수 없었던 때도 그때였다. 선생님들은 그때가 가장 힘든 시절이었다고 회고한다. 당하지 않으려면 절망스럽지만, 포기가 가장 현명한 처사라고 말했다.

"물동이를 이고는 하늘을 볼 수 없으니, 하늘을 보려면 물을 쏟든지 물동이를 내려놔야 한다."라는 사실을 모른다. 왕관의 무게를 견딜 수 없으면 왕의 자리에서 내려와야 한다고 했다. 가장 무능한 왕은 고개 힘이 없어 신하가 없으면 왕관을 수시로 벗으면서까지 그 자리를 지키려는 왕이다. 희망을 꿈꿀 수 없는 그런 시절을 살았다. '나와 같다면' 이란 노래를 나와 같은 처지의 선생님들에게 들려주고 싶다. ■

덮읍시다

『이 보자기로 덮어요! 살고 있던 아파트 집달관의 집행으로 살림살이가 밖으로 아무렇게나 내동댕이쳐진 광경을 보고 이웃 아주머니가 하신 말씀, "남 보기도 그렇고 그 모습이 가슴 아프니 우선 이 보자기로 덮어요." 하고 몇 개의 보자기를 가져와 함께 덮었다. 혼자서 망연자실하던 젊은 부인은 주체할 수 없는 눈물을 흘리면서 덮었다. 힐끔거리며 지나가던 사람들도 덮인 모습을 이상하게 쳐다보지 않았다. 어둠이 내리고 가로등 불빛이 어스름할 때 그 보자기를 걷어내고 작은 용달차를 불러 싣고 어디론가 떠나기 전에 보자기를 가지런히 개서 그 아주머니 우편함 속에 넣어두었다. 곱게 접힌 보자기 위엔 고마웠다는 쪽지를 올려놓고 불현듯 사라졌다.』

그 보자기에 덮인 슬픈 살림살이들은 얼마나 애통했을까.

어머니는 집에 단 한 장의 보자기를 그토록 아끼셨다. 허리춤에 두르고 콩을 따서 담고 솔방울을 한가득 주위 오셔서 부삭에 털어 넣었다. 동생을 등에 업고 그 보자기로 묶었다. 헤지면 꿰매고 또 꿰매곤 하셨다.

지금은 집마다 보자기를 차곡차곡 접어서 장롱에 넣어 두고 있을 것이다. 작은 선물도 보자기에 싸서 주기 때문이고 어디서나 쉽고 싸게 구할 수 있다. 어머님께서 우리를 키울 때는 어쩌다 보자기에 꾸어 온

보리쌀을 싸서 보낼 때는 잊지 말고 보자기 챙겨오라고 신신당부하셨다.

내가 중징계당한 후 공황장애를 앓고, 다리 근육이 다 빠져 걷기조차 힘들 때 학교 선생님들과 나를 아낀 사람들은 한결같이 "덮으셔요." "잊어버리셔요." "이 또한 지나갈 겁니다."라고 했다. 보자기 하나로는 덮을 수 없는 사연이다. 모습이야 덮어 안 보이게 할 수는 있어도 마음의 상처는 아무것으로도 덮을 수가 없다. 나의 마음은 어머님이 아끼시던 꿰맨 보자기처럼 너덜너덜했지만 그렇다고 꿰맬 수도 없었다.

어느 날 최측근이 술자리에 합석했다. 그리고 하는 말이 "친구! 이제 시간도 지나고 했으니 덮어버리시게, 잊어버리시게"라고 했다. 그래서 대답했다. 무엇으로 덮어버리라는 건가. 보자기로 얼굴 가리듯 그렇게 가려지리라 생각히는가. 어떻게 잊으라는 건가. 뇌를 도려내면 가슴이 기억할 것이고 가슴을 도려내면 뇌가 기억할 걸세. 결국 나더러 포기하라는 것인데 피해자는 그렇게 덮는다고 하자. 그러면 가해자는 어떻게 하여야 하는가? 나는 웅덩이의 개구리였지 않은가. 눈을 감는 순간에도 어쩌면 그 이름을 되뇔 것이네.

집달관의 집행으로 집에서 쫓겨났던 그 젊은 부인은 다시 회복하여 행복한 가정생활을 하고 있을지 모르나, 그때의 그 참담함은 아마도 죽는 순간까지 잊지 못할 것이다. 그 기억 때문에 이를 악물고 버티고 악착같이 벌어 다시 집을 장만해도 했을 것이다.

자신이 저지른 잘못도 덮거나 잊기 힘든데, 타인으로부터 맞은 사람은 그 회초리의 살을 에는 듯한 아픔을 어찌 잊을 수 있고, 잊으라고 한다고 그리 쉽게 잊히겠는가. 등짝에 회초리 자국이 선명한데 어떻게 지우라는 것인가. 그 가해자는 그 흔한 보자기 하나라도 가지고 와서 덮어주기라도 했더란 말인가. 모면하거나 또 다른 이익을 취하기 위해서 채찍 자국을 덮으라 하니 선현選賢하지 못했던 어리석음만 더할 뿐이다.

 한 장의 보자기를 애지중지하셨던 어머니도 그때의 가난했던 기억은 어떤 것으로라도 덮지 못하고 눈을 감으셨을 것이다. 늘 부모 잘못 만나 자식들이 고생한다고 자책하셨던 그 말씀은, 부모의 능력 부족이 자식들에게 주어진 피해라 생각하셨던 모양이다. 그렇게 아끼시던 헤진 보자기를 자식으로서 간직하지 못한 아쉬움이 한숨을 부른다. ■

말 욕심

 어느 날 과거에 같이 근무했던 여선생님들이 점심을 하자고 전화가 왔다. 네 분 선생님들이 오셨는데 난감한 상황이 벌어졌다. 네 명이 한꺼번에 얘기를 해대는데 도통 무슨 말들을 하는지 이해할 수가 없었다. 내가 힘들어하는 모습을 본 선생님이 긴급 제안이라면서 이제 한 사람 얘기가 끝나면 다음 순서가 말하는, 소위 돌아가면서 말하자는 것이다.
 그러니까 상대가 얘기할 때는 기다려 주자는 뜻이었다. 참 반가웠지만 서로 다툼이 생기고야 말았다. 여전히 상대가 말하는데 부정하고 끼어들기 일쑤였다. 물론 진짜 다툼이 아닌 웃음바다에서 나오는 말들이었다. 즐거운 시간이었고, 잊지 않고 불러준 마음에 나의 흐뭇함이 함께 버무려져 맛있는 비빔밥이 되었다.
 가끔 관계 속에서 이야기할 때가 있는데 그때마다 느끼는 것이 있다. 누구나 말을 하고 싶은 유혹에서 벗어나지 못하고 있다는 것과, 남이 말하는 사이를 끝없이 끼어들면서도 어쩌다 다른 사람이 말을 많이 하면 말을 혼자 다 한다고 불만스러워한다.
 사실 말이란 많이 하면 가치가 떨어진다. 그 말의 무게나 진정성眞情性이 줄어든다는 뜻일 것이다. 예를 들어, 아무리 좋은 말이라도 반복되면 진심이 의심되거나 듣는 사람이 무감각해질 수 있다. 말을 많이 하면 그 말들이 가볍게 느껴지기도 하고 신뢰성이 낮아질 수 있다는 사실을 깨닫는다. 말은 그 사람이 품격이다.

반대로 아무 말도 하지 않으면 존재가 없어진다. 즉, 말을 전혀 하지 않으면 제 생각이나 존재를 드러낼 수 없다는 뜻일 것이다. 사람은 소통을 통해 자신의 의지나 감정을 표현하고, 그로 인해 '존재감'을 가지게 되는데, 말이 없으면 타인에게 인식되지도, 영향도 미치지 못하게 된다.

결국 말은 너무 많이 하면 가벼이 여겨지고, 너무 하지 않으면 자신의 존재를 드러낼 수 없다. 따라서 말은 균형 있게, 의미 있게 하면서도 상대가 말할 수 있는 틈을 줘야 하고 말할 거리를 던져주는 여유와 배려가 필요한 것이다. 버릴 수 없는 욕심이 말 욕심인 것 같다.

그런데 요즘은 이해하기로 했다. 그들이 하는 얘기가 "하던 얘기를 그치면 잊어버린다니까." ■

온몸으로 말씀하신 선생님

선생님께서 그러셨지요? "종민아! 광주 가면 시민관에서 '노트르담의 꼽추'란 영화를 꼭 보고 와라." 광주로부터 7시간 버스를 타야 하는 시골에 살았던 나는 중학교 2학년 때 학교 대표가 된 행운으로 휘황찬란한 도회지를 나오게 된 것이지요.

학생회관에서 글짓기 대회를 마치고 난 후 인솔하셨던 선생님을 졸라 영화관을 찾았습니다. 모두가 처음이었고 가설극장에서 한국 영화만 봤던 나로서는 시민관이란 영화관의 규모에 압도되어 기가 질리고 말았으며 한동안 그 꼽추를 생각하면서 잠을 이룰 수가 없었습니다.

그런데 선생님! 지금 시민관은 없습니다. 그 앞에 남아 있는 제과점은 매우 초라해 보입니다. 비록 선생님은 광주에 안 계시지만 선생님께서 사셨던 서석동 기와집은 40년이 지난 지금도 그 모습으로 있습니다. 병원 일방로를 따라 운전할라치면 보일 듯 아니 보일 듯 그 모습을 드러냅니다. 그 집엔 저에게 맛있는 점심을 지어 주셨던 선생님의 어머님께서 여전히 살고 계실까요?

선생님! 전 선생님으로 인해 처음이었던 것이 참 많았습니다. 선생님께서 광주에 다녀오시고 나면 으레 영화 이야기를 많이 하여 주셨지요. 남의 집 일을 하러 가신 아버지께서 땀 젖은 보자기에 하얀 쌀밥을 싸 오시기를 기다리면서, 잠을 쫓던 가난한 집 소년이 월요일을 얼마나 기다렸는지 모릅니다. '사운드 오브 뮤직'의 줄거리를 들으면서, "그런 세상이 있을까? 그런 천사가 세상에 정말로 존재할까? 그런 용기를 나도 가질 수 있을까?" 하는 상상과 공상 속에서 막연한 꿈을 꾸곤 했지요. 듣지도 보지도 못했던 '줄리 앤드루스'는 제 마음속에 홀연 노래에 대한 경외감을 느끼게 하였지요. 문화 격차를 크게 받던 시골 학생들을 위해 그렇게 선생님께서는 항상 새로운 세상을 이야기와 제스처로 보여 주시기 위해 무진 노력하셨습니다.

선생님, 제가 운동에 소질이 있어 가끔 수업 빠지고 시합 준비를 할 때, 다른 선생님들은 잘하는 공부는 안 하고 운동을 왜 하느냐고 많이도 나무라셨지만 선생님께서는, "공부도 하면서 운동도 할 수 있다."라고 응원해 주셨지요. 그리고, 도 대표선수가 되었을 때 선생님께서 사 주셨던 쇠고기를 기억하십니까? 전 그 음식이 떡갈비인지 몰랐지요. 저에게는 그저 처음 먹어보는 정말 꿀맛 같은 고기일 뿐이었죠. 그리고 제가 전국체전에서 오로지 선생님의 응원에 감사하면서 뛰었고 예상하지 못했던 우승을 하고 내려왔을 때 맨 먼저 선생님께서 저를 집에 데려가셔서 "넌 해낼 것이라고 믿었어. 정말 자랑스럽다."라고 말씀하시면서 가없는 칭찬을 주셨지요.

고등학교 진학 문제를 놓고 고민하고 있을 때 선생님께서는 명쾌하게 진로를 안내하여 주셨지요. 학자금 때문에 고민할 때 선생님께서 제시하신 그 길을 걸었던 것을 지금도 후회하지 않고 있습니다.

그런 선생님께서 뜻밖에 미루나무 아래서 저를 많이 혼내셨지요? "왜 학생회장으로 출마하지 않으려 하느냐? 친구와의 약속도 중요하지만, 그런 일방적 요구에 못 이겨 양보할 수 있는 문제가 아니지 않느냐? 그렇게 어수룩해서 어떻게 훌륭한 리더가 될 수 있겠느냐?" 그때처럼 혼난 기억은 없습니다. 어지러웠습니다.

'과연 나는 어떤 사람인가?' 줄기차게 생각하였습니다. 그러나 선생님의 격려에 힘입어 저는 학생회장에 당당히 당선되었고 선생님 말씀처럼 학교와 학생들을 위해서 열심히 일했던 경험이 그 이후로 저에게 너무도 큰 재산이 되고 있습니다.

선생님, 다시금 걸어보고 싶습니다. 광주에 가시지 못한 토요일에 같이 걸었던 '가학리' 산길을 말입니다. 지금은 아스팔트가 시커먼 얼굴에 하얀 이빨을 드러내고 있어서 그 흔적을 찾을 수 없답니다. 그 산길을 다녀와 머리 몹시 아프셨지요? 제가 한달음에 뇌신을 사 왔잖아요? 그 자리엔 지금 약국이 없습니다. 큰 우체국이 자리하고 있어요.

선생님! 오늘 아침은 토마토주스 한 잔으로 아침을 때웠습니다. 그런데 선생님! 생각나십니까? 선생님 하숙집 마당 덕석에 앉아 여름밤 별들의 향연 속에 '마켄나의 황금'이란 영화 이야기를 하시면서 토미토를 썰어주셨지요? 그런데 칼로 꼭지를 따다가 그만 손바닥을 베었지요? 검붉은 피가 하염없이 흘러내렸고 우린 하릴없이 발만 굴렀지요? 별 무리가 땅으로 떨어지는 기분이었습니다. 놀란 모깃불도 서둘러 사위어 갔습니다. 오늘 토마토주스 빛깔은 우울한 모습이었으며 컵엔 그때의 안타까웠던 마음인 양 거품이 뽀글거리고 있습니다.

휑하여 춥던 날 상서로운 마음이 논둑길로 날 이끌더니 선생님께서는 문밖에서 기다리셨다는 듯이 건너다보시면서 저에게 손짓하셨지요. "따뜻한 가슴을 가져라, 그리고 아름다운 사랑을 꿈꾸어라." 그 손짓에서 선생님의 목소리를 들을 수 있었습니다.

덜컹대는 버스를 타고 회진항에 갔을 때, '금일도'로 가는 '태안호'가 저의 마음처럼 안절부절못하고 있는 모습을 한참 동안 건너다보고 있었지요? 그곳 학교로 전근을 가신 제가 존경했던 선생님 이야기를 하면서 말입니다. 승선할 수는 없었지만 우리의 마음은 이미 '노력도'를 지나고 있었지요. 그때도 선생님께서는 눈빛으로 "종민아! 성장하여서도 그렇게 고운 마음을 갖고 살아라." 라고, 말씀하셨습니다.

며칠 전 친구들의 성화에 못 이겨 좋아하지 않는 노래방에 가서 동요만 불렀습니다. 그 시절 선생님께서는 우리 반 애들에게 나무라셨지요? "왜 가곡을 유행가처럼 부르느냐?"

그 충격으로 지금 저는 유행가를 가곡처럼 부른답니다. 참으로 우습지요? 덕분에 학교 축제에서 가곡을 불러 학생들을 깜짝 놀라게 하였습니다. 그때의 지적이 지금도 총성처럼 무섭게 귓전을 때립니다.

선생님께서는 시골 학생 우리 모두에게 그런 선생님이셨습니다. 선생님께서는 항상 저희에게 감동이었으며 감화였습니다.

대덕의 많은 것이 변했는데 천관산 '구룡봉'은 아직 그대로입니다. 지금은 좁아져 버린 중학교 운동장엔 오토바이를 타시던 선생님의 모습이 4월의 미풍을 따라 이 구석 저 구석으로 휘돌아다니고 있는 듯합니다. 그리고 그 모습을 창문에 매달려 내다보던 우리들의 모습은 기억 속에 켜켜이 아직 남아 있습니다.

저는 지금 선생님께서 사셨던 광주에서 선생님으로 있습니다. 그리고 선생님께서 저를 아껴주셨던 기억을 잊지 못해서 저도 그렇게 아이들을 아끼고자 합니다. 그러나 선생님께서 저에게 해 주셨던 그만큼은 안 됩니다. 그래도 선생님의 칭찬과 따끔한 충고를 먹고 성장하여 선생님이 되었으니 참 다행이지요. 더구나 장학사, 장학관, 교감을 거쳐 이제 곧 교장이 될 터인데 이 사실을 선생님께서 아신다면 얼마나 대견해 하시겠습니까? '그 선생님에 그 제자'란 말을 듣고 싶어서, 선생님처럼 살기 위해서 지금도 노력하고 있습니다.

제가 선생님이 되기 위해 사범대학에 진학하기로 결심한 첫 번째 원인은 선생님 때문이었고, 두 번째 원인은 일정 부분 선생님 닮은 주인공이 있는 '루이제 린저'의 '다니엘라'를 읽고 난 감동 때문이었습니다. 물론 학비 때문이기도 했지요.

저의 초임 발령지는 제가 자란 시골과 환경이 흡사한 곳이었습니다. 그래서 너무도 선생님 생각이 많이 났습니다. 막연히 서울에 사신다는 소문만 듣고 있던 저로서는 눈물이 날 정도로 선생님이 그리웠습니다. 그래서 선생님께서 저에게 해 주셨던 일들을 기억하면서 그 학생들에게 더도 덜도 말고 선생님께서 해 주셨던 만큼 해 주려고 노력했습니다. 체육복이 잠옷이고 작업복인 학생들이었습니다. 어릴 때의 제 모습이었습니다.

토요일이면 영화를 꼭 보고 월요일이면 짬짬이 영화 이야기를 해줬습니다. 학생들의 초롱초롱한 눈망울에서 도시 문화에 대한 동경과 새로운 문화를 접하는 신비힘을 볼 수 있었습니다. 봄, 여름, 가을, 겨울, 계절을 노래한 가곡도 불러주고 비가 오는 날이면, 또 눈이 오는 날이면 비와 눈과 관련된 가요도 많이 불러 줬습니다. 저의 경험도 들려줬습니다.

사타구니에 표주박만 한 종기가 있어 기는 듯 걷는 학생을 택시에 태워 병원으로 뛰었습니다. 그때 원장님이 날 나무라셨어요. "왜 아이를 이 지경에 이르도록 두셨어요?" 난 이 아이를 가르치는 선생님이라고 했더니 의사 선생님께서는 "네? 정말이요? 앞으로 이런 학생들 데려오시면 무료로 치료해 줄게요." 하셨습니다. 그 원장님은 프로복싱 박종팔 선수를 후원하셨던 분이었습니다. 저도 선생님의 흉내를 열심히 낸 것이지요.

31년이 지난 지금 그때의 제자들이 저를 찾아주고 있습니다. 그러나 수술을 해줬던 그 학생은 어디에 살고 있는지 모릅니다. 저를 닮은 아이였는지도 모릅니다. 그러나 그때의 제자들과 '카카오스토리'로 안부를 전하면서 살고 있으니 저 또한 선생님처럼 큰 재산을 갖고 있습니다.

선생님! 5월이 오면 심하게 앓습니다. 그런 선생님을 찾아뵙지 못하고 있다는 죄책감에 말입니다. 40년이란 세월이 흘렀어도 선생님께 식사 한 번 대접 못 했으니

"선생님, 이것 욕심일까요? 그리고 염치없는 제자 생각일까요?"

선생님께서 기도하시는 성당 한편에 저의 모습이 함께 자리했으면 좋겠습니다. 오늘처럼 꽃눈이 하늘하늘 내리는 날이면 그 바람이 더 간절합니다.

선생님! 점심시간이 끝나나 봅니다. 일과 중에는 고생하시는 선생님들의 눈이 어려워 이어폰을 꽂지 못하지만, 점심시간이면 음악을 듣곤 합니다. 하양, 분홍색 꽃눈이 내리는 오늘은 이 노래가 참으로 가슴에 와닿습니다. 시작종이 울리는데 '시셀Sissel'의 'Summer snow'도 끝이 납니다. 너무도 애잔한 음색이 저의 감성에 어울리지만 그래도 '줄리 앤드 루스'가 노래했으면 더 좋았겠지요?

오늘은 점심시간이 아니어도 그새의 선생님을 그리면서 한 곡을 더 들으려 합니다. 선생님께서도 잘 아시는 사운드 오브 뮤직 중의 'Climb Every Mountain'입니다. 오케스트라와 함께하는 합창곡으로도 듣고, 수녀님께서 마리아를 격려하는 노래로도 듣겠습니다. 선생님께서도 옛날을 그리면서 들어보시면 좋겠습니다.

선생님! 우리 아이들이 이 노래의 가사처럼 자랄 수 없을까요? 또 우린 그렇게 가르칠 수 없을까요? 모든 산을 올라 보고, 모든 길을 걸어보고, 모든 시내(강)를 건너보면서, 꿈을 찾아 그렇게 정열을 쏟으며 살라고, 선생님께서 저희에게 온몸으로 말씀하시면서 가르치셨던 것처럼 말입니다. -2012년 4월에 선생님의 제자 드림-

《이 글은 제가 존경하고 사랑하는 중학교 때의 선생님을 생각하면서 대한적십자 주최, 교육과학기술부 후원의 "참 스승을 찾아라." 수필 공모에 응모하여 당선된 작품입니다.》

이제껏 식사 한 번 대접해 드리지 못해 가슴에 맺혔었는데 덕분에 선생님 내외분이 제주도 4박5일 왕복항공권과 호텔 숙박권이 나왔습니다. 고맙게도 주최 측에서 선생님을 수소문해 주셔서 선생님의 근황도 알았습니다.

선생님께서 항공권과 숙박권을 찍어 보내주시면서 하셨던 말씀이 생각납니다.

"종민아, 이 세상을 다 얻은 기분이다. 남편한테 체면이 섰다."

저 또한 체면치레는 한 기분이고요. 꼭 찾아뵙고 떡갈비를 사드리고 싶습니다. 지금의 제가 있기까지 큰 영향을 주신 분이시기에 말입니다. ■

아주 특별한 퇴임식

다사다난했던 정해년을 갈무리하여야 하는 시간도 며칠 남지 않은 가운데, 인정하지 않으려고 해도 어쩔 수 없이 존경하는 홍성수 선생님의 정년퇴임을 준비해야 했던 우리 제자들의 마음은 적이 허전했습니다.

세밑에 서서 지난 시간을 읽노라면 아무리 정리되지 않은 삶을 살고 있는 사람이라 하더라도 낱낱에 의미를 부여하고 또 부여잡고 싶을 것입니다. 하물며 한 직장에서 수십 년 동안을 생활하다 퇴임하여야 하니 막막하고 가슴 답답할 것입니다.

오늘 우리 몇몇 제자들이 아주 특별한 퇴임식을 준비하였습니다. 대덕중학교가 생기고 재학생이 입학하여 수많은 학생이 졸업하고 거쳐 갔지만, 우리에게 잊을 수 없는 경험과 기억을 만들어 주고 아름다운 추억과 운동의 참 의미를 일깨워 주신 그런 선생님은 그렇게 흔치 않았습니다.

그런데 교사가 아닌 입장에서 우리에게 그런 많은 것을 준 사람이 바로 홍성수 실장님이십니다. 그런 당신이 우리에겐 선생님이었고 어떤 선생님보다도 훌륭한 선생님이셨습니다. 앳된 소년티를 벗지 못한 모습으로 우리 중학교에 와서 매일 오후면 천둥 번개 같은 열정으로 운동장을 달구던 당신! 배구, 육상, 농구 지도는 물론 그 선수들을 집에 데려다 먹이고 재우는 열과 성이 함께 있었습니다.

체육 담당 선생님도 엄두 못 내는 일을 당신은 쥐꼬리만 한 월급에 그 일을 감당했습니다. 그렇다고 당신은 다른 무엇도, 아무것도 바라지 않았습니다. 다만 당신으로부터 운동을 배운 후배들이 어디에서든지 열심히 살고 더 나은 사람으로 거듭나고 있으면 만족했습니다. 그리고 그런 역할을 하는 후배들을 보는 것이 기쁨이었던 것이죠.

당신이 키운 제자들은 지금 훌륭한 사회의 일원으로 곳곳에서 보람된 삶을 살아가고 있습니다. 모두 당신이 우리에게 주었던 그 정성이 맺은 결실입니다. 제가 이 자리에 서게 된 것도, 국제심판으로서 뛰어난 역량을 보이는 이도 당신이 있었기에 가능했습니다.

그 세월이 무던히도 35년이었습니다. 그런데 그토록 정열과 청춘을 바쳐 근무하고 봉사했던 학교, 운동장을 떠나고 직장으로부터 퇴임하여야 한다고 하니 너무 아쉽고 서운합니다. 우리의 선생님, 아직도 그 마음 변함없는데 정년퇴임이 서리하네요. 세월 빼고는 모두가 그대로인데 말입니다.

그러나 당신은 그토록 고귀한 발자취와 후배 사랑을 남기고 물러가시는군요. 당신의 생활이 여유 있고 화려하지도 않았지만, 그 소박함과 고운 마음이 밑바탕이 되었기에 그 많은 희생이 가능했습니다. 그것이 희생이라고 생각하지도 못하셨습니다. 그러나 당신의 선한 영향력은 여전할 것이며 학교 밖 어디에 서 계셔도 여전히 선생님으로 존경받을 것입니다.

대덕중학교를 졸업한 후배들에겐 선배, 그리고 우리에겐 너무 귀한 선생님!

당신은 영원히 우리들의 가슴속에 귀인으로 남아 있을 것입니다. 당신의 아름다움은 언제까지고 변하지 않을 것이며 또 다른 꿈을 우리에게 나눠줄 것입니다.

염치없는 말이지만 당신은 그래야만 하는 운명으로 살아야 했습니다. 당신은 그러지 않고는 견디지 못하는 사주팔자를 타고 나신 것입니다. 그래서 늘 가정은 힘들었고 그래서 후회할 성싶으나, 어찌하리오. 그래서 후배들은 그 투자로 훌륭하게 성장했으니 말입니다. 기필 너무나 이기적이고 무책임하지만, 용서하십시오. 다만 저희는 35년 전의 그 존경함을 잊지 않을 것입니다.

저희가 정년퇴임 식을 준비하고 교직원, 주민들의 식사 한 끼 대접하는 것은 당신의 그 은혜에 비하면 너무나 작은 선물이지만, 당신으로부터 운동을 전수한 우리들의 정성이니 살펴서 이해하여 주십시오. 아마 그 값을 따진다면 당신의 그 마음을 잘못 읽음 때문일 것이기에 우리들은 기쁜 마음으로 드립니다.

부디 몸은 교육계를 떠나지만, 마음은 항상 거기에 머물러 우리와 함께해 주십시오. 이제 같이 희생하신 사모님을 생각하면서 조금은 이기적으로 살아도 됩니다. 사모님께서도 그 고운 맘씨 변하지 마시고 항상 선생님 곁에 함께 하십시오.

부디 건강하시고 남은 삶 즐겁고 아름답게 살아가십시오.

우리의 영원한 홍성수 선생님! ■

습관이 인생을 바꾼다

'밤이 아무리 화려하더라도 아침과 바꾸지 말라'는 말은 '일찍 자고 일찍 일어나라'라는 말과 같은 맥락이다. 젊은이들이 밤의 유혹에 빠져 밤 늦도록 시간을 보내다가 아침엔 늦잠을 잔다면 아마 그런 잠 습관으로 하여 그 사람은 성공한 인생을 살 수가 없을 것이다. '처음에는 우리가 습관을 만들어야 하지만, 나중에는 습관이 우리의 운명을 바꾸어 준다'라는 영국 시가 있다. 아침에 일찍 일어나 운동을 하는 습관이 있다면 일생을 건강하게 살 것이고, 책을 읽는다면 지혜롭게 살 것이며, 사업을 구상한다면 부자로 살 것이다.

'숀 코비'는 습관에 대해서 "나는 쉽게 관리할 수 있습니다. 그저 나에게 엄격하게 대하기만 하면 되지요, 당신이 어떻게 하고 싶은지만 알려 주세요. 몇 번 연습하고 나면 그 일을 자동으로 할 수 있을 겁니다. 나는 모든 위대한 사람들의 하인이고 또한 실패한 사람들의 하인입니다. 위대한 사람들은 사실 내가 위대하게 만들어 준 것이지요. 실패한 사람들도 내가 만들어 버렸고요"라고 말하고 있다.

여기서 「나」는 습관을 의미한다. 좋은 습관을 들이는 것과 고치기가 그렇게 쉬운 것이 아니기에 자신에 대해 엄격하게 대하지 못하면 좋은 습관을 지닐 수도, 고칠 수도 없는 것이다. 쉽다면 모든 사람이 성공하고 부자가 되었을 것이다.

사람이 바뀐다는 것이 쉽지 않은데, 좋은(습관을 지닌) 사람을 만나거나 좋은 책을 만날 때 쉽게 바뀐다고 한다. 나의 자식은 어떤 친구들을 사귀고 있는지 두 눈으로 바라보고 꼭 알 필요가 있다. 좋은 친구라고 판단되면 모든 식구가 있는 데서 공개적으로 칭찬을 해 주고 좋은 친구가 아니라고 판단되면 개인적으로 조용히 충고해 줘야 한다.

좋은 친구의 기준을 부모의 재력이나 학력 등으로 따질 것이 아니고 그 친구가 갖고 있는 습관으로 정하면 틀리지 않을 것이다. 내 자식을 변화시킬 수 있는 좋은 습관을 갖고 있는 친구인지를 판단해야 한다. 좋은 습관을 갖고 있는 친구는 인생의 귀중한 동반자가 될 것이고 나쁜 습관을 갖고 있는 친구는 함께 물속으로 끌고 들어갈 물귀신이 될 것이다.

자식이 좋은 습관을 갖기 위해서는 식구들이 모두 함께 노력해야 한다. 부모가 솔선해서 좋은 습관을 지녀야 한다. 부모가 늦잠 자면서 일찍 일어나라고 하면 듣지 않는다. 부모의 뼈를 깎는 자기 인내가 필요한 것이다.

좋은 습관은 일찍부터 몸에 배어야 한다. 보고 듣는 것은 습관의 바이러스다. 습관이란 금방 길드는 것이 아니기에 지속해서 좋은 습관의 기준을 정해 놓고 요구하고 실천하도록 해야 한다.

학교에서 학생들에게 자신의 목표를 이야기하라고 하면 놀랍게도 70% 이상은 뚜렷한 목표가 없거나 추상적인 경우가 많다고 한다. 그런가 하면 매우 구체적이고 가능한 목표를 갖고 있는 학생들이 있는데 그들은 부모가 목표에 대해 지속해서 충고해 주는 경우가 많다. 그런 학생들을 살펴보면 남다른 습관을 갖고 있음을 볼 수 있다. 이기적일 정도로 자기 관리를 철저히 하는 애들이다.

내가 지금까지 살면서 어떤 습관을 갖고 살아가고 있는지 지금 점검해 보자. 50이 넘고 60이 넘었어도 잘못된 습관을 지녔다면 버리고 좋은 습관으로 바꿔보자. 그러면 생활이 달라지고 남은 인생이 달라질 것이다.

얼마 전 어떤 신문에 장수하기 위해서 가져야 할 몇 가지의 비결에 관해서 쓰고 있었는데 거기에는 우리의 습관과 관련된 내용들이 다수였다. 그중에서 8시간 이상의 수면은 백해무익이라 하였다. 사실 잠은 죽음과도 일맥상통한다. 죽음을 영면永眠했다고 한다. 영원히 잠들었음을 말하는 것으로 하루 8시간을 잔다면 우리 인생의 30% 이상을 잠으로 보낸다.

역설적이기는 하지만 잠을 적게 잔다는 것은 남보다 오래 산다는 것과 같은 의미가 아닌가. 남보다 오래 깨어 있으면 보고 찾는 것도 많을 깃이고 더 많이 생각하면 새로운 일을 할 것이나. 그러나 수면의 양과 장수와의 상관이 높아 기준을 잘 정해야 한다.

습관이란 반드시 행동하고 훈련해야만 길러지는 데 생각만으로는 곤란하다. 간단한 습관부터 고치거나 습득해야 한다. 우선 자식들의 식습관부터 고쳐보자. 어릴 때의 식습관이 평생 건강을 좌우한다. 아이들이 패스트푸드 음식을 즐기면 지금 고쳐줘야지, 그렇지 못하면 성장하여 성인병으로 힘들어한다.

누나가 치매를 앓으셨다. 그 과정을 보면서 느낀 바가 많다. 유행가를 쉬지 않고 부르셨는데 당신이 치매 이전에 알던 곡이었다. 그러다 어느 날 가보니 최근의 노래들은 다 잊고 초등학교 때 배운 동요를 부르셨다. 이마저 잊더니 옛날 집 주소를 달달 외우시면서 그곳으로 데려다주라 말씀하셨다. 마침내는 다 잊으셨는데 당신의 습관은 마지막까지 행동으로 나타내셨다. 이렇게 습관이 무서운 것이다.

내가 보기 싫은 식습관은 남이 보더라도 좋아하지 않는다. 먹는 것에 집착하면 천해 보이기 쉽기에 무시당하는 경우가 있다. 혹자는 그 사람의 배려심을 보려면 먹는 방법을 보면 안다고 한다. 식탁에서 무시당하면 모든 면에서 무시한다. 습관은 습관으로 밖에 고칠 수 없다. 재산보다 더 귀한 좋은 습관을 자식들에게 물려주자. ■

습관처럼 하는 거짓말

습관이란 '어떤 행위를 오랫동안 되풀이하는 과정에서 저절로 익혀진 행동 방식'을 의미한다. 이 정의에서 눈이 가는 대목은 '오랫동안 되풀이'와 '익혀진 행동'이다. 되풀이하여 오랫동안 익혀진 행동은 다듬기 쉽지 않기 때문이다. 더구나 나쁜 습관은 더욱 그렇다. 가장 큰 이유는 이제껏 해왔기에 스스로 인식하기 힘들고 바로잡고자 노력하지 않는다는 것이다.

나쁜 습관은 생각도 굳게 만들고 판단도 무디게 하며 행동함에 사유를 철저히 방해한다. 암세포가 정상세포를 정복하는 것처럼 무자각 속에 나쁜 습관은 스스로 발견할 수 없다. 누군가의 조력 속에 부단하고 치열하게 노력하지 않으면 나쁜 습관은 고치기 힘들다.

부모는 자식 때문에 학교에서 부르는 것을 가장 힘들어한다는 사실을 잘 안다. 그래서 가능하면 자제하지만, 특별한 녀석이 있어서 자식의 상태를 직접 볼 수 있는 기회라고 생각하고 요청하게 되었다. 그 학생은 엄마와 통화를 하는 동안 거의 모든 대화가 욕이었다. 통화가 끝나고 왜 엄마한테 그렇게 심한 욕을 하느냐고 물었다. 그의 대답이 너무 뜻밖이었다. 전혀 욕을 하지 않았다고 했다. 그에게 물었다. "내가 너 전화하는 내용을 녹음했는데 들어봐도 좋겠니?" "그래 들어봐! ** *할"

그의 엄마가 급하게 왔다. 난 엄마에게 아들과 얘기할 때 녹음해도 되겠냐고 양해를 구했다. 엄마는 예상이나 한 것처럼 무겁게 고개를 끄덕였다. 얘기하는 동안 민망해서 들을 수 없을 정도의 욕을 했다. 엄마는 쩔쩔맬 뿐이었다.

학생에게 그 녹음을 들려줬다. 발뺌하기에 녹음을 확인시켜 줄 수밖에 없었다. 그의 반응은 또 예상을 벗어났다. 그 욕을 직접 들으면 인정하고 뭔가 반성할 줄 알았다. 그런데 그는 다시 핑계를 댔다. "*할! 뭐야? 왜 나한테만 *같이 그래? *같이 다른 새*들은 더 한다니까. 워메, *할 미치겠네."

학교에서 학생들을 대하면서 유심히 보면 좋지 못한 행동을 습관처럼 하는 학생들을 본다. 아니 그것이 습관이다. 특히 체육 시간은 더 많이 볼 수 있다. 그래서 체육 선생님은 그냥 넘어가지 않고 간섭한다. 왜냐하면 체육은 지식보다는 지성과 지혜에 대해서 더 관심을 둬야 하기기 때문이다.

어떤 학생은 본인이 놀라면서 고치겠다고 수긍하지만, 어떤 학생은 오히려 심하게 대드는 경우가 있다. 심지어 부모님이 자식의 말만 듣고 항의하러 오는 일이 많다. 난 그럴 때면 그 부모님의 행동을 유심히 본다. 편견일 수도 있지만 '그 아버지에 그 아들이구나.'라는 선인들의 말씀을 확인하는 경우가 있다.

모 신문사에서[대한민국 중학생 리포트]란 기획을 했다. 이런 결과에 대해서 심층 인터뷰에 참여했던 경희대 후마니타스칼리지 이문재 교수는 "무조건 공부만 잘하면 된다는 지나친 결과 위주 교육 방식이 아이들을 망치고 있다"라며 "어른부터 달라져야 한다"라고 말했다. 서울 중랑구 A중 교장도 "아이들이 문제인 것은 제대로 가르치지 못한 어른들의 책임"이라고 말했다.

이런 사실이 단순 표본이라 하더라도 어느 정도의 실상을 읽을 수 있지만, 그 정도는 사실 심각한 수준이다. 이런 정도의 학생들은 전문가의 개입이 필요할 정도이다. 그래서 선생님들에게 이들의 잘못된 습관을 고치라는 요구는 고려해야 한다. 오히려 교사와 학생 간의 갈등만 증폭시킬 수 있다.

상태가 이러함으로 이들을 상대할 전문 상담 교사의 역할을 기대한다. 그러나 상담 교사가 감당하기에는 그 대상이 너무 많다. 습관처럼 하는 말은 부모님의 역할 확대 등을 위해서 부모 교육이 필요하다고도 한다. 그러나 효율적인 부모 교육을 시행하는 시도교육청은 드물다. 부모 교육의 필요성은 위 보고서에 나타났지만, 부모의 잘못된 습관이 학생 수준보다 더한 경우가 있기 때문이다.

이 모든 행태가 굳어진 습관에서 나온다고 본다. 이런 잔인한 습관으로부터 헤어 나올 수 없을 때 문득 옆에서 손 내밀어 끌어내 줄 수 있는 사람이 필요하다. 습관이란 도저히 고칠 수 없는 행동은 아니기 때문이다.

이렇게 박힌 습관의 폐해는 오랜 시간 반복되어 자동화된 행동인데, 이는 학생들의 성장 발달에 많은 폐해를 가져온다.

첫째, 성장과 발달 저해 요소로 변화나 새로운 도전을 회피하게 만들며, 개인의 가능성과 발전을 가로막게 된다. 둘째, 창의력 감소를 들 수 있는데 반복되는 방식만 고수하게 되어 새로운 아이디어나 문제 해결 방식이 나오기 어렵다. 셋째 심리적 무기력감을 유발하여, 자기 효능감이 떨어질 수밖에 없다. 넷째 더욱 심화하면 인간관계 단절을 일으키게 되어 타인과의 유연한 소통을 어렵게 만들어 심각한 갈등을 유발할 수 있는 것이다.

그러면 그런 학생들에게 손을 내밀어 줄 수 있는 선생님들의 역할은, 첫째, 의식적으로 알아차리게 하는 것이 자신이 어떤 습관에 갇혀 있는지 인지할 수 있게 하는 것이다. 그래서 자신이 왜 이 행동을 반복하는지에 대해서 스스로 질문을 할 수 있도록 유도할 수 있어야 한다.

둘째, 한 번에 완벽하게 바꾸라고 요구할 것이 아니고 아주 작은 행동부터 바꾸게 하여 가능성과 효과를 스스로 알 수 있도록 해야 한다. 예를 들면 담배를 피우고 싶을 때 사탕을 먹게 하는 것으로 대체하게 하는 것이다.

셋째, 환경 바꾸기 훈련을 학부형과 함께 시도할 필요가 있다. 반복되는 습관은 주변 환경의 영향도 크기 때문에 습관을 유도하는 자극(스마트폰, 간식, 침대 위치 등)을 제거하거나 바꿔보는 것도 하나의 방법이라고 생각한다.

넷째, 대체 습관 만들기를 통해서 거부감 없이 자연스럽게 고칠 수 있도록 해야 한다. 즉 나쁜 습관을 그냥 없애기보다는, 긍정적 습관으로 교체하는 것이 효과적이라고 말하는 사람도 있다. 스트레스를 담배 피우는 것으로 풀지 말고 공원 벤치에 앉아 사색하거나 그냥 산책하도록 유도하는 방법 등이다.

다섯째, 자신의 습관을 곰곰이 추적해 보는 것이다. 나는 어떤 습관을 지니고 있는지 습관 일지를 쓰거나, 바람직하지 못한 습관을 시각화하여 늘 볼 수 있는 책상 위에 걸어놓고 자신이 어느 정도 교정하고 있는지, 얼마나 변화했는지를 확인할 수 있는 점검표를 만들어 놓는 방법도 무난할 것 같다.

여섯째, '병은 소문을 내라'는 말처럼 습관을 친구, 가족 등에게 알리고 함께 점검받거나 격려받는 것도 큰 도움이 될 수 있을 것이다.

마지막으로는 전문가의 도움을 요청하는 방법이다. 습관이 정신적 문제(강박, 중독 등)과 연관 있다면 심리상담사나 선생님께 도움을 요청하도록 해야 할 것이다.

그러나 이처럼 굳어진 습관은 쉽게 고쳐지지 않기 때문에, 함께 노력하지 않으면 어려운 과제이다. 더구나 담임 선생님 몫으로 넘기는 것은 피해야 한다. 습관을 고치는 일이 인생을 고치는 것처럼 지난한 일이기 때문이다. 선생님은 어디까지나 조력자일 뿐이다. ■

어느 교육감 후보 토론회를 보고

광주 학생 성적은 안순일 교육감 시절 "수능성적 6년 연속 1위의 신화(광주일보 2018. 5. 11.)"를 썼으나 지금껏 제주도에 밀려 1위 탈환을 하지 못하고 있으며, 오히려 3위로 추락할 위기에 처해 있다는 것이다.

세부 내용을 들여다보면 더 큰 실망을 느낀다. 또한 청렴도는 17개 시도 중 16위까지 추락하더니 마침내 17위로 최하위에 머물고 말았다.

과연 그 이유가 뭘까? 어떤 후보가 방송 토론회에서 우병우 사단의 사찰 등을 그 이유로 들고 있었다. 핍박받은 것은 사실이다. 그랬음에도 성적, 청렴도가 상위권에 있는 교육청이 많다. 이것은 어떻게 설명해야 할까.

사실 어느 교육청도 예외는 아니지만 광주교육청도 교육청 평가와 청렴도 향상을 위해서 무진 노력했다. 교육청에서 근무했던 사람들은 모두 알고 있다. 그런데, "보여 주기 위한 교육행정보다는 교육의 내실화에 역점을 두고… 시도 평가 순위에 연연하지 않고…."라고 주장한다면?

교육 권력을 쟁취하고 교육의 내실화를 위해 얼마나 큰 노력을 했던가. 8년이 지난 지금도 내실화를 위하다 보니 시민의 자존심을 건드릴 정도로 전국 하위에서 헤어나지 못한다는 말인가.

속수무책이었을 뿐이었지요. 그리고 성적 조작은 "광주만의 현상이 아니고 전국적으로 일어나고 있다."란 주장을 듣고 아연실색했습니다. 대한민국 교육은 모두 성적을 조작하고 있다는 것은 잘못된 표현 아닌가요? 변명하려다 보니 그런 실수를 했겠지요?

성적 하락에 대해 근거 없다고 말씀하시고 대한민국 모두가 성적을 조작하고 있다는 주장은 어디에서 근거한 주장일까? 선거가 끝나면 무어라 설명하실지 자못 궁금하다.

청렴도 꼴찌에 대해서 교원에 대한 징계가 타 시도보다 월등히 많아서 그런 것이라고 측근은 얘기했었다. 그랬다. 덜덜 떨 정도로 많았다. 그러면서 청렴 의지가 높아서 징계가 많았다는 것이다. 과연 그랬을까? 자체 징계 건수는 청렴도 평가 항목에도 없다. 사정을 모르는 시민들은 "아, 그랬구나." 할 것이다.

그리고 박근혜 정부에서 보복으로 낮을 수밖에 없었다는 취지의 말씀은 그때의 청렴도 평가는 촛불 정부가 들어서서 실시했으니 이상하지 않은가?

이런 근인近因은 지금 교육청이나 학교 행정이 모두 잠자고 있기 때문이다. 얼마나 징계가 무서웠으면 "안 하는 것이 상책이다."라는 자조 섞인 말들이 전염병처럼 회자하고 있을까. 다들 손을 놓으니, 모두의 열정이 식으니 성적이든 청렴도든 곤두박질칠 수밖에 없는 것이다. 이것은 필연의 결과고 그 피해는 고스란히 학생들의 몫이다.

성적은 추락을 거듭하는데도 성적은 단순히 줄 세우기 수단의 병폐가 있고 학생 실력 향상을 위해서 노력하다 보니 나타나는 착시 현상 정도로 본다니 듣는 사람이 모두 고개를 갸우뚱할 수밖에 없다. 그럴 수도 있다. 종단적 연구가 가능하다면 8년 동안의 광주 학생들이 성인이 되거나 사회에 진출하여 어떤 역할을 하고 있는지를 연구하였으면 좋겠다.

선거에서의 페어플레이는 어리석은 행위이자 자살행위다. 지고 나면 아무것도 없으며 다음을 기약하는 것 또한 지는 것만큼 부질없다. 유권자도 패자에 대해 관심과 관용이 없기는 마찬가지고 잊히는 것 또한 그렇다. 지면 서러울 뿐, 누구도 왜 졌는지에 대해서 논하지 않는다. 패자는 그냥 패자이고 승자는 모두 누린다. 패자들이 겪는 공통된 아픔이기에 물불을 가리지 않은 것은 자명하다 할 것이다. 그래서 간단하게 승리를 뛰어넘어 승리에 필요한 모든 기술을 개발하고 동원하게 되는 것이다.

그런 마당에서 '정의나 공정'은 그저 수단일 뿐이다. 선거에 이기기 위해 대통령 후보가 내 건 구호는 어쩌면 자기 최고의 약점을 커버하기 위한 속임수일 수도 있다. 전두환의 '정의 사회 구현'이 좋은 예이다. 대통령 당선자가 국정지표처럼 내건 구호를 자세히 살펴보면 그 국정지표를 실천하지 못해서 성공하지 못한 대통령이 되는 경우가 있다. '내 꿈이 이루어지는 나라'로 정한 후보도 있었다. 그저 그들만의 정의고 꿈이었을 뿐 국민 것은 아니었다. 우리가 항상 경험하나 또 속는다.

보수정권에서 대통령에게 잘 보인 시도는 혜택을 받았을 것이다. 그리고 진보 교육감은 핍박도 받았다. 모두가 비정상적이었기에 가능했던 것들이다. 그러나 비정상을 정상으로 돌려놓아야 하는 진보 대통령은 보수 정부와 똑같이 차별하면 안 되는 것 아닌가.

예를 들어 "대통령이 나의 소신과 같으니, 예산도 많이 가져올 수 있고, 핍박을 받지 않을 것이니 청렴도도 높아지고 성적도 좋아질 것이다."라고 한다면 그것 또한 안 되는 일이다. 왜냐하면 그것은 정상이 아니기 때문이다. 이런 현상이 만연되면 문재인 정부도 성공하지 못할 수 있다.

정상적인 정부이고 대통령이라면 대한민국 국민의 자식을 차별해서는 안 된다. 이념이 다른 교육감이 있는 시도에 예산을 차별 지원하고 평가의 척도를 달리 적용하면 안 되는 것이다. 만약 교육 예산을 차별 지원하는 정부가 있다면 이는 세대를 죽이는 반역일 것이다.

그런데 그렇게 될 것이라고 말한다면 비정상을 정상으로 돌려놓아야 하는 대통령을 두고 그렇게 주장해서는 안 되는 것이다. 그런 생각 자체가 '청렴 인지 감수성'이 매우 낮은 것으로 비친다. 가치관 전도顚倒가 보이는 듯하고 불행한 말로를 보는 듯하여 씁쓸하다. (교육감 후보 토론회 감상문) ■

그리울 것입니다!

　제가 이 학교에 처음 부임했을 때 참으로 춥고 외로웠습니다. 처음이어서 설렘과 두려움도 함께 했습니다.

　그러나 지나는 동안 춥지도 외롭지도 않았습니다. 욕심부리지 않았지만 얻지 못한 것이 없었으니 감히 행복한 생활이었다고 말씀드리고 싶습니다.

　다친 가슴으로 부임하였기에 곪을 수도 있었지만, 여러분들의 정성으로 치료할 수 있었습니다. 금당중학교의 선택은 제 인생 역정 중 가장 현명했던 것 같습니다.

　같이 근무하던 중 저의 협애하고 구차한 언행을 들킬 때마다 부끄러웠습니다. 널리 양해해 주시기를 바랄 뿐입니다.

　다시 다친 가슴을 부여안고 가지만 여기서처럼 치료받을 수 있을지 모르겠습니다. 그러나 여러분들의 격려를 입을 수 있다면 다시 아물 수 있을 것으로 생각합니다. 저의 신음 소리가 들리거든 옷소매 걷어붙이고 달려와 주세요. 버선발로 마중하겠습니다.

곁을 떠난다는 것은 아쉽고 때론 가슴 저리는 아픔이기도 하지만 여러분들을 만나 생활했던 2년간 행복했습니다. 그리고 그리울 것입니다. 이 인연 큰 재산으로 여기고 소중하게 간직하고 싶습니다.

또 만날 수도 있겠지요? 내내 건강하시고 즐겁거나 슬픈 일이 있으시면 꼭 연락주세요. 고맙습니다. 감사합니다.

2013. 2. 25.

문 종 민 드림.

한 아이가 넘어지면 열 명의 어머니가 넘어진다

대전에서의 초등학생의 불행한 일을 생각하면 교사라는 직업에 대해서 큰 회의감이 든다. 이 사건은 단순히 '하늘이' 한 학생의 문제가 아니기에 더욱 심각하다. "한 아이가 넘어지면 열 명의 어머니가 넘어진다."라는 속담이 있다. 이 속담을 곱씹으면 한 명의 학생, 한 분의 어머니가 아니고 모든 아이와 어머니가 함께 넘어진다는 것이다.

이 속담이 교육적 의미를 분석해 보고 얻을 수 있는 교훈이 무엇인지를 생각해 보고 싶다.

여기에는 공동체적 교육 책임과 관련되어 있다. 아이의 성장과 배움이 개인의 문제가 아니라 사회 전체의 책임이라는 사실을 강조하고 있다. 이는 부모뿐만 아니라 교사, 이웃, 사회 구성원 모두가 아이의 교육과 성장에 영향을 미친다는 점에서 공동체 교육의 중요성을 암시한다.

다음으로 부모와 교육자의 역할에 관한 문제를 제기한다. 아이가 넘어졌다는 것은 단순한 실수나 실패를 의미할 수도 있지만, 그로 인해 주변의 어른들이 함께 걱정하고 도와주려 한다는 점에서 교육자의 관심과 보살핌의 필요성을 나타낸다고 볼 수 있다.

부모와 교사는 단순히 지식을 가르치는 역할이 아니라, 아이가 실패하거나 어려움을 겪을 때 정서적으로 지지하고 올바른 방향으로 이끌어 주는 역할을 해야 함을 강조함이다.

또, 아이의 성장과 실패에 대한 이해를 제시하고 있다. 아이가 넘어지는 것은 성장 과정에서 자연스러운 일이며, 실패를 통해 배운다는 의미도 내포하고 있다. 하지만 부모와 교육자가 과도하게 개입하여 아이의 모든 어려움을 대신 해결해 주려 한다면, 아이는 자립심을 기르지 못할 수도 있다. 따라서 적절한 도움과 격려 속에서 아이가 스스로 다시 일어설 수 있도록 유도하고 기다려 주는 것이 중요한 것이다.

이어서 정서적 공감과 연대의 의미다. 이 속담은 교육이 단순한 지식 전달이 아니라 감정적인 공감과 연대가 포함된 과정임을 보여 준다. 즉 지식보다는 지성과 지혜를 더 소중히 하고 인간으로서의 성장을 도와줘야 한다는 의미다. 아이가 고통을 겪을 때 부모와 교육자도 함께 아파하며, 그 아픔을 덜어주기 위해 노력한다는 점에서 교육의 본질은 사랑과 관심에 기반해야 한다는 점을 역설하고 있다.

마지막으로 미래 세대의 중요성을 강조하고 있다. 아이 한 명이 넘어지는 일이 단순한 개인의 문제가 아니라, 사회 전체의 문제로 이어질 수 있다는 의미도 내포하고 있다는 사실을 깨달아야 한다. 즉, 한 아이의 성장과 교육이 사회의 미래를 결정짓는 중요한 요소이므로, 모두가 교육에 관심을 가져야 한다는 메시지를 함의하고 있다.

결론적으로 이 속담은 교육이 단순히 지식 전달이 아니라, 아이가 성장하는 과정에서 부모와 교육자, 사회가 함께 책임을 지고 보살피는 공동의 노력임을 강조하는 의미다. 또한, 아이의 실패를 단순한 실수로 보지 않고, 성장의 과정으로 받아들이며 격려하는 것이 중요하다는 교육적 교훈을 던지고 있다. ■

교직이 매력 있는 직업이 되기 위해서

교직이 매력 있는 직업이 되기 위해서는 교직에 대한 만족과 행복 지수를 높일 방안이 다방면으로 연구되어야 할 것이다. 여기에 교사와 학생의 관계는 불가분으로써 학생의 만족도와 행복 지수는 교사와의 상관관계가 유의미하다는 것을 알 수 있다.

그런 면에서 우선 학생들의 행복 지수를 살펴보면, 2021년 한국방정환재단과 연세대학교 사회 발전연구소가 실시한 '제12차 한국 어린이·청소년 행복 지수 국제 비교연구'에서, 한국 어린이·청소년의 주관적 행복 지수는 조사 대상 경제협력개발기구OECD 22개국 중 최하위를 기록했다고 보고 하고 있다. 그래서 당연히 대한민국 학생들의 행복 지수는 OECD 국가 중에서도 낮은 수준일 것이란 유추가 가능하다.

이러한 낮은 행복 지수의 주요 원인으로는 과도한 학업 부담과 경쟁, 부모와의 관계 부족 등이 지목되고 있다. 특히 학년이 높아질수록 삶의 만족도가 떨어지는 경향이 있으며, 이는 학업 스트레스와의 관련이라고 생각된다.

한편, 교사의 행복 지수에 대한 구체적인 통계는, 교사의 직무 만족도와 행복감은 업무 환경, 자원 지원, 학교 내 관계성 등에 의해 영향을 받는 것으로 알려져 있다. 예를 들어, 교장이 교사의 교육 활동을 지지하고, 교사가 학교에 소속감을 느끼며, 필요한 자원이 적절하게 제공될 때 교사의 직업 만족도가 높아진다는 연구 결과가 있다.

또한, 교사의 행복감과 학생의 행복감은 밀접한 관계가 있는 것으로 나타나고 있다. 교사가 긍정적인 감정을 가지고 학생들과 친밀한 관계를 형성하면, 학생들의 학교생활 만족도와 행복감이 향상된다는 것이다. 이는 교사와 학생 간의 긍정적인 상호작용이 학생들의 학습 몰입과 전반적인 행복에 긍정적인 영향을 미치기 때문일 것이다.

따라서, 학생들의 행복을 증진하기 위해서는 교사의 행복과 직무 만족도를 높이는 것이 중요하며, 이를 위해서는 교사에 대한 지원과 긍정적인 학교 환경 조성이 필요하다. 더불어 교사와 학생과의 관계가 원만하면 학부모와의 관계도 좋아질 수 있다고 본다. 교사가 직무만족과 관련하여 학부모와의 관계가 스트레스 요인으로 작용하는데 이는 학부모가 자식의 말만을 전적으로 신뢰하는 것이 한가지 요인이 될 수 있기 때문이다.

보다 구체적 교사 만족도에 대해서 살펴보면 다음과 같다.

첫째, OECD '국제 교사 교수 학습 조사'로써 조사 주체는 OECD이고 참여 시기는 2013년, 2018년, 2024년 등 주기적으로 참여했다. 주요 내용은 교사의 직무 만족도, 직업에 대한 인식, 스트레스, 업무 환경 등에 관한 내용은 한국 교사의 직업 만족도는 비교적 높은 편이나 업무 스트레스와 행정 업무 부담은 OECD 평균보다 높게 나타났으며 교사들이 느끼는 사회적 존중도 낮은 편이다.

둘째, 한국교육개발원(KEDI) 조사 내용을 살펴보면, 2021년 「교원의 직무 만족도 및 교육 활동 실태조사」의 주요 결과는 행정 업무 과중과 정책 변화 피로감이 큰 스트레스 요인으로 작용하고 있다고 나타났으며, 학부모 민원과 감정 노동에 대한 부담 증가 등을 비롯하여 전반적인 삶의 만족도는 낮은 편이었고 특히 중등 교사가 더 낮은 경향을 보인다고 설명하고 있다. 특히 직선 교육감의 무분별 하다 싶을 정도의 선심성 정책과 인기 영합 정책이 문제점으로 작용할 수도 있다.

셋째, 서울대 교육연구소(교총 등의 자체 조사) 조사 내용은, 공통적 문제점으로는 교육 외적 업무 증가, 교권 약화, 학교폭력 및 민원 대응에 대한 부담으로 인해 만족도가 떨어지는 것으로 나타났다.

결론적으로 한국 교사들의 직업 만족도는 존재하지만, 행복 지수(심리적 만족, 참살이, 스트레스)는 상대적으로 낮은 편이며, OECD 평균에 비해 업무 강도는 높고, 자율성은 낮으며, 사회적 인식이 낮다고 응답했다.

OECD가 주관한 '국제 교사 교수 학습 조사(2018)'에 따르면, 한국 중학교 교사들의 직무 만족도와 관련된 주요 수치는 다음과 같다.

① 직업 만족도: 한국 교사의 89%가 교직에 전반적으로 만족한다고 응답하였다.

② 사회적 인식: 교직이 사회적으로 가치 있는 일로 평가받고 있다는 데 동의한 비율은 67%로, OECD 평균인 26%보다 높았다.

③ 급여 만족도: 현재 받는 급여에 만족한다고 응답한 비율은 교사 49%, 교장 59%로, 각각 OECD 평균(39%, 47%)보다 높았다.

④ 근무 여건 만족도: 근무 여건(복지, 업무시간 등)에 만족한다고 응답한 비율은 교사 54%, 교장 62%로, OECD 평균(66%)보다 다소 낮다고 보고 되고 있다.

⑤ 직무 스트레스: 학교에서 스트레스를 '많이 받는다.'라고 응답한 교사는 18%로, OECD 평균과 같았다. 주요 스트레스 원인으로는 과도한 행정 업무, 학급 관리의 어려움, 학부모 민원 대응 등이 지목되었다.

이러한 수치는 최근 조사가 아니기에 지금은 이와는 많이 달라졌을 것으로 예측이 된다. 단적인 예로 교사의 행복 지수나 만족도가 높다면 사범 계열 지원율과 성적 수준이 높아야 할 테지만 최근 전국 교육대학교 지원 예상 등급이 눈에 띄게 떨어질 것이란 예측이 그것을 말해주고 있다.

여기서 키워드를 살펴보면, '업무'와 관련된 내용이 제일 많고 이어서 '민원' 등 외에 잦은 '정책변화의 피로감', '감정 노동에 대한 부담', '교권 약화', '학교폭력', '자율성 저하', '사회적 인식의 문제' 등이 있다. 이와 같은 키워드를 보면 매력 있는 직업의 방해 요인을 알 수 있다.

교육대학의 지원율 하락은 학령인구 감소와 더불어 교직 매력도 저하가 복합적으로 작용한 결과라고 생각된다. 최근 교육대학의 수시·정시 지원율이 전국적으로 하락하고 있으며, 일부 지역 교대의 경우 미달 현상까지 나타나고 있다. 이는 단순한 학령인구 감소뿐 아니라, 교직에 대한 사회적 인식 저하, 교권 약화, 근무 환경 악화 등 복합적 요인에 기인한다.

따라서 장기적으로 교원 수급의 불균형과 교육의 질 저하로 이어질 수 있어 선제 대응이 요구된다. 이 현상은 단순한 수급 불균형을 넘어 미래 교육 시스템의 지속가능성과 직결되는 중요한 과제로써 대책과 대안에 대해서 생각할 필요가 있다.

몇 가지의 대책을 살펴보면 다음과 같다.

1. 교직의 매력 회복을 위한 제도 개선에 대한 대책

① 교권 강화: 교사에 대한 무분별한 민원, 폭력 등으로부터 보호할 수 있는 실질적 법적 장치 필요 (예: '교권 보호법' 실효성 강화)

② 근무 환경 개선: 행정 업무 경감, 보조 인력 확대, 교원 1인당 학생 수 축소 등을 통한 수업 집중 환경 조성

③ 심리·정서 지원 확대: 교사 번아웃 방지를 위한 상담 지원 및 심리 관리 체계 구축

2. 교원 양성 체제 구조 개편에 대한 대책

① 정원 조정의 정교화: 지역별 학령인구 추이와 교원 수요를 정밀 분석해 교대 정원을 탄력적으로 조정

② 지역 연계 강화: 지역 소멸 방지를 위해 교대-지자체 협업 모델 강화 (지역 교사 양성 → 지역 임용 연계)

③ 통합형 사범대·교대 운영 검토: 교육대학과 일반 사범대를 통합하거나 협업해 유연한 교원 양성 체제 구축

3. 교사 역할의 전문성과 확장성 강화 대책

① AI·디지털 교육 역량 강화: 미래형 교사를 양성하기 위한 커리큘럼 전환

② 복합 역할 강조: 단순 교과 지식 전달자에서 상담자, 멘토, 학습 설계사로의 역할 확장 필요

③ 재교육 체계 정비: 현직 교사 대상 연수와 전문성 개발 프로그램 확대

4. 임용 제도 개선 및 장기적 수급 계획 마련

① 임용 시험의 예측 가능성 보장: 매년 급격한 변동보다는 장기적인 교원 수급 로드맵 제시

② 임용 이후 커리어패스 다양화: 교사 → 연구 교사, 행정전문가, 교육청 컨설턴트 등 진로 다양성 보장

5. 교육대학 홍보 및 인식 개선 대책

① 교직의 공공성과 사명감 재조명: 단순 직업 이상의 '가치 중심 직업'으로서의 교사상 강조

② 현장 체험 강화: 고교생 대상 교대 모의 수업, 교사 멘토링 등 진로 체험 활성화 등을 들고 있다.

이러한 다층적 접근이 병행될 때 교대의 위기를 단순한 지원율 회복

이 아닌 미래 교육을 설계하는 기회로 전환할 수 있을 것이다. 특히나 교직의 공공성과 사명감 재조명은 현재의 임용제도로서는 기대하기 어렵다는 개인적인 생각이 있다.

그래서 과거 사범대학 체계도 검토해 볼 필요가 있다고 본다. 현재처럼 교육대학, 사범대학 출신이 아닌 교사 지망생들이 교직 과목을 이수하면 자격을 주고 임용 시험에 합격하면 임용하는 제도는, 교사로서의 사명감보다는 직장인으로서의 생활인이 된 작금의 교직 현실에서 가치 중심 직업을 강요할 수 없기 때문이다.

그런 측면에서 정규 사범(교육)대학을 졸업하면 의무 발령 제도를 생각할 필요가 있다. 위에서 지적한 대로 통폐합 등을 통해서 수급과 학생 수를 조정하여 배출할 필요가 있고, 의무 발령을 위한 교육 시스템이 철저히 준비되어야 하며, 발령 이후 관리를 통해 부자격자로 판명되면 해임을 쉽게 할 수 있도록 하는 법적 제도도 확보하여야 할 것이다.

결국 교사로 임용되는데 국가에서 혜택을 줌으로써 교사로서의 사명의식을 심어줄 수가 있고 사범 계열 대학의 커리큘럼에서 교사의 사명과 자질을 함양할 수 있도록 하여야 할 것이다. ■

교육은 언어의 미학이다

　모든 아이는 실수하고 잘못하면서 성장한다. 그런 아이의 잘못을 바로잡는 데는 우선 말을 해야 한다. 정치가 언어의 미학이고 스포츠가 행위의 미학이듯 교육 또한 이에 못지않다. 정치 행위나 교육 행위나 말이 없으면 본디의 역할 수행을 할 수 없다. 말은 단순히 인간이 입으로 히는 소리가 아니라 행위이다. 아이의 잘못을 이해시키는 데는 어떤 말이 필요할까.
　아이는 실수를 통해 배우는 존재임을 인정하는 것이 먼저다. 가르침은 '지적'보다 '인정'에서 시작해야 한다는 메시지다. 아이가 마음을 닫지 않도록 먼저 감정을 수용해 주는 언어가 필요하다는 의미다.
　"이러면 다음부터는 혼날 거야."라는 조건을 걸며 말하는 방식은 도덕이나 품성을 기르는 행위가 아니라 두려움을 주는 협박이자 통제의 수단인 것이다. 따라서 아이가 행동의 본질을 이해하기보다는 처벌을 피하려는 방식으로 반응하게 될 수 있다는 우려도 내포되어 있다.
　실수는 자라나는 마음이 흘리는 작은 그림자일 뿐이므로 우리는 그 그림자에 먼저 손을 내밀어야 한다. 실체는 그림자가 없을 수 없다. 그렇지만 "그랬구나."라는 이 한마디가 아이의 마음을 들여다보게 하고 그림자를 읽게 하는 단서가 된다.
　"이러면 안 돼! 벌 받을 거야."라는 말은 경고 이전에 벽이다. 아이의 마음을 닫게 하는 무서운 말이다. 잘못을 고치는 말은 때로 사과보다 더 조심스러워야 한다. 말은 토양이라 할 수 있기 때문이다. 그 토양 위에서 아이의 마음이 자라므로 교사의 말은 부드러운 부엽토이어야 한다.

가르침의 언어는 곧 '관계의 언어'라 할 수 있다. 아이의 잘못은 성장 과정 일부이고 잘못 하는 것은 배움의 기회가 생겼다는 뜻이기도 하다. 이때 중요한 것은 아이에게 어떤 언어로 다가가는가이다.

올바른 교육은 아이의 감정을 먼저 수용하고, 그 이후에 행동의 적절성과 대안을 알려주는 방식으로 이루어져야 한다. 감정을 이해받는 경험은 아이를 안정시키고, 자기 행동을 돌아보게 하는 토대가 된다. 그래서 훈육은 감정의 대립이 아니라 관계 회복이다.

"선생님, 왜 화 안 내세요?"라고 아이가 물었다. 수업 중에 돌아다니고, 의자를 넘어트리고, 옆 학생을 밀쳐도 선생님이 화를 내지 않았기 때문이다. 아이가 이렇게 말했다는 것은 자신이 잘못했다는 것을 알고 있는 것이고, 교육의 방법이 좋으면 그 효과도 좋을 수 있다는 징조인 셈이다. 호되게 나무랐으면 자신의 실수를 반성하려 하지 않았을 것이다. 나무람도 관용을 먼저 사용하고 시기와 장소를 구별할 줄 알아야 한다.

아이가 실수하는 이유는 아이이기 때문이다. 그 실수 앞에서 선생님이 할 일은 위협이 아니라 이해다. 여기에서 "다음부터 혼날 거야."라는 말의 행태는 겁은 주지만 가르치지는 못한다. 선생님들은 아이가 두려워서 멈추는 게 아니라, 이해해서 멈출 줄 아는 아이로 자라길 바란다. 말은 아이의 마음을 비춰주는 다정한 거울이어야 한다.

교육적 관점에서 '말의 정의'를 행위와 언어의 관계를 중심으로 또, 교사와 학생, 학습자와 환경 간의 상호작용을 핵심에 두고 생각해 보자.

'말은 가르치는 행위이며, 관계의 토대다.' 그래서 말은 단순한 전달이 아니며, 지식 전달을 위한 도구이자, 학생과 교사의 관계를 형성하고, 사고를 유도하며, 감정을 조율하는 매개체이다. 즉, 말은 단지 정보를 주고받는 기술이 아니라, 교육적 행위의 핵심 그 자체다. 말은 행위이므로 언어는 가르침을 수행하는 것이다.

이렇듯 교사의 말은 그 자체로 지도, 통제, 격려, 도전, 회복의 기능을 수행하며, 학생의 말은 자기 표현, 정체성 형성, 이해의 발화로 이어진다. 말은 이해하는 끈이고 배움은 언어를 통해 자라는 것이다.

교육심리학자 '비고츠키'는 언어를 '사고의 도구'로 보았는데 이는 사회적 상호작용 속 언어가 사고와 학습의 발달을 이끈다고 본 것이다. 즉, 교육은 단순히 배우는 것이 아니라, 말을 통해 배우고, 말 속에서 자란다고 주장한다.

이런 것들이 교사와 학습자 간의 유기적 관계 형성의 핵심 도구인 셈이다.

말의 교육적 정의는 '배움의 실천'인 것이다. 종합하자면, 교육에서 말은 지식을 가르치고, 감정을 조절하며, 관계를 형성하고, 사고를 유도하는 교육적 실천이다. 이는 교사에게는 말의 책임을, 학습자에게는 말의 주체성, 학습을 실천할 때는 자유롭고 자주적인 성질이다.

그러면 어떤 것이 바람직한 교육적 말인가. 교육자는 '무엇을 말할까' 보다 '어떻게 말할까'를 더 고민해야 한다. 말이 곧 수업이고, 관계고, 성장이기 때문이다. 말은 배움의 시작이자 끝이다. 따라서 교육적 맥락에서 바람직한 말은 진실하고, 존중을 담으며, 배움으로 이어지는 방향성을 지녀야 한다.

결국 "교육은 언어의 미학이다."라는 용어의 존재 여부는 알 수 없으나 이런 정의를 데려온 이유는 교육을 단지 지식 전달이 아닌, 말과 의

미, 표현과 관계의 예술로 다룬다는 깊고 오묘한 시선을 담고 싶었기 때문이다. ■

학생 자아 형성과 디지털 권력

과거에는 정치, 군사력, 경제력 같은 물리적 힘이 권력의 중심이었다면, 오늘날에는 정보를 만들고, 배포하고, 흐름을 통제하는 기술적 능력이 영향력 있는 권력이 된다. 즉 디지털 기술(인터넷, 소셜 미디어, 빅데이터, 인공지능 등)을 활용하여 타인의 인식, 행동, 선택, 가치관에 영향을 미치고 통제하는 힘이 지대하다는 의미이다.

디지털 기술은 인식, 행동, 선택, 통제의 힘이고, 그 수단은 알고리즘 조작, 감정 자극, 맞춤형 콘텐츠, 정보 과잉 등을 들 수 있고, 요인으로는 즉각적 만족, 개인화, 감정 동원, 집단 심리 등이며, 가장 중요한 목적은 디지털 권력을 통하여 경제적 이익과 사회적·정치적 영향력 확보이다.

디지털 권력의 형태에 따른 종류는 첫째, 정보 권력, 둘째는 알고리즘 권력, 세 번째, 데이터 권력, 네 번째, 플랫폼 권력, 다섯 번째, 사이버 권력, 여섯 번째, 감시 권력을 들 수 있다.

가장 관심이 가는 것은 디지털 권력의 과잉 현상이 학생의 사회화 현상에 어떤 영향을 미칠 수 있는가이다. 이에 관한 연구는 부모와 교사의 몫이 되고 있다. 특히 디지털 감시와 알고리즘 기반 추적이 강화되면서 개인의 사생활이 침해받기 쉬운 구조로 변화하고 있음에 주의하여야 한다.

디지털 권력은 학생들의 자아 형성과 정체성 발달에 큰 영향을 미칠 수 있다. 디지털 공간은 학생들에게 새로운 소통의 장이자 사회적 비교의 무대이기도 하지만, 그에 못지않은 부정적 영향을 미칠 수 있다. 즉, 긍정적 자극과 동시에 심리적 부담을 줄 수 있다.

긍정적 영향을 살펴보면, 첫째, 자기표현 기회 확대를 들 수 있다. 즉 SNS, 블로그, 유튜브 등 다양한 디지털 플랫폼에서 제 생각과 감정을 표현하며 자아를 탐색하고 발전시킬 수 있다. 둘째로 다양한 정체성 탐색이 가능하다. 여러 문화와 관점을 접하며 고정된 사회 기준을 벗어나 자율적이고 유연한 자아 정체성 형성이 가능하다 할 수 있을 것이다. 셋째, 소속감을 강화할 수 있다. 온라인 커뮤니티, 동아리 등을 통해 관심사 기반의 유대감 형성 등은 정체성 안정에 이바지하는 측면이라 할 수 있을 것이다. 넷째, 정보에 대한 빠른 접근을 들 수 있다. 자신의 가치관 형성에 필요한 지식과 정보를 능동적으로 탐색하며 자율성과 주체성 발달이 가능하다는 것이다.

부정적인 영향을 보면, 첫째, 외모·인기 중심의 자아 인식, 둘째, 비현실적 자기 이미지 형성, 셋째, 사이버 괴롭힘, 넷째, 자기 정체성 혼란을 들 수 있다.

학생들은 디지털 권력의 환경 속에서 더 넓은 가능성을 가진 자아를 형성할 수 있지만, 동시에 자기 평가 기준이 외부로 향하게 될 위험도 크다. 따라서 부모와 교사는 단순한 기술 교육을 넘어서, 디지털 리터러시(문해력), 비판적 사고, 자존감 교육을 함께 제공하여 학생이 건강한 자아를 형성하도록 돕는 것이 중요하다.

디지털 권력은 사회의 효율성과 투명성을 높이는 동시에 새로운 위험과 불평등을 일으킬 수 있다. 따라서 그 힘을 어떻게 통제하고, 공정하게 분배할 것인지가 현대 사회의 핵심 과제로 대두되고 있다. 규제와 기술 윤리, 디지털 리터러시 향상이 병행되어야 긍정적인 방향으로 발전할 수 있을 것이다.

교육과정에 디지털 권력에 대한 비판적 사고를 할 수 있는 내용을 포함함으로써 미성숙한 학생들이 이 권력으로 인해 희생되지 않도록 해야 할 때가 왔다. ■

내가 때린 너의 뺨은 너의 뺨이 아니었다

　초등학교 때부터 선생님들은 학생들을 이끌 역할이 있으면 나에게 부여했다. 물론 그런 이유가 있었을 것이다. 그러나 난 선뜻 남 앞에 나서는 성격이 아니었다. 그래서인지 늘 역할을 주지 않으면 전면에 나오지 않았다.
　그렇지만 역할을 주면 몸을 사리지 않고 온 힘을 다했다. 그 성격은 성인이 되어서도 여전했다. 단지 그 이유로 주어진 역할이었을 것이다.
　손해를 보면서 일을 한다는 것은 최선을 다한다는 의미일 것이다. 물불을 가리지 않는다는 것 또한 마찬가지다. 그렇다고 도덕적 비난은 받은 적이 없었던 것 같다. 분명하게 불법적인 방법은 늘 견제했다.
　중학교 2학년 2학기 말이 되어 학생회장 선거가 있었다. 대덕중학교는 사립학교였지만 여느 학교보다 앞서나갔다. 그래서 학생회장 선거도 전체 학생들 앞에서 정견 발표는 물론 찬조 연설자까지 두면서 대통령 선거를 방불케 했다. 지금 생각해 보니 그렇게 생각이 든다.
　그때가 되니 모두가 내가 회장 선거에 나갈 것으로 생각했지만, 후보 등록 하루 전인데도 등록하지 않으니까 나를 아끼던 선생님께서 교무실로 불러 출마 등록 안 한 이유를 물으셨다.
　같은 반 부반장이 나간다기에 그렇게 하라 했다고 하니까 노발대발하셨다. 결국 교장 선생님까지 알았고 교장실에 불려 가서야 등록해야 했다.

부랴부랴 찬조 연설할 친구를 섭외하고 준비했지만, 우리 반에서는 두 명이 나가게 됐기에 신경이 상당히 쓰였다. 그 친구는 계획적으로 선거를 방해했다. 완력으로 내 찬조 연설자를 협박하여 못하게 했다. 난 혼자서 할 수밖에 없었다.

결과는 압도적 당선이었지만 지금 생각하니 선생님들께서도 어느 정도 역할을 하지 않았나 생각이 들기도 한다. 어쩌면 불공정한 선거였을 것 같은데 그때는 그런 일이 보통이었다는 말로 변명하고 싶다.

봄이 왔다고는 하지만 뼛속까지는 아니고 살갗을 에는 듯한 늦추위가 남아 있던 3월 첫째 주 애국 조회가 있었다. 나는 학생회장으로서 앞에서 구령하면서 대열을 정돈하고 있었고 체육 선생님은 구령대에서 악을 쓰고 계셨다.

그 일이 쉽지 않다는 사실은 체육 선생님들은 잘 안다. 의문이었던 것은 왜 그토록 어려운 일을 체육 선생님만이 도맡아 했는지 모르겠다. 나 또한 평교사 때는 조회 시간 등 학생 동원 행사는 내가 담당했었다.

교장 선생님이 나오실 시간이 되었고 애들은 여전히 뒤쪽에서 웅성대고 있었다. 그때 체육 선생님이 구령대에서 뛰어 내려오시더니 나에게 달려와 양손으로 내 뺨을 연속으로 때리셨다. 너무 순간적이고 예상하지 못한 상황이라 난 주저앉고 말았다. 주저앉는 순간까지 양손이 따라 내려오면서 나의 뺨을 때렸다.

그 상황을 본 학생들은 얼어붙듯 조용해졌고 제정신이 아닌 상태였지만 교장 선생님께 경례, 열중쉬어까지 하고 났는데 눈물이 그칠 줄 모르게 쏟아졌다.

조회가 끝나고 주저앉고야 말았다. 너무 억울했다. 더구나 모두가 보는 앞에서 무참히 때렸다는 것이 더 서럽게 만들었다.

점심시간에 선생님께서 교무실로 부르셨다. 그리고 하시는 말씀이

"조회 때 내가 때린 너의 뺨은 너의 뺨이 아니었다."라고 말씀하셨다. 무슨 뜻인지 몰라 눈만 껌벅였더니 "너를 때림으로써 다른 애들에게 경각심을 주기 위함이었다."라고 말씀하셨을 때 이해가 갔다.

하지만 그 뒤로 오랫동안 힘들었고 교사가 되어서도 잊을 수가 없었다. 아무리 생각해도 선생님의 잘못된 선택이었음이 분명했다.

선생님께서 나의 뺨을 때려 전체 규율을 잡으려 했던 행위는 단견이었다. 그 행위는 권위의 남용, 내면의 갈등 전이, 집단 동조 압력, 그리고 희생양 만들기 등 다양한 심리적 메커니즘이 결합하여 일어난 행동일 수 있다.

이는 단순한 규율 유지 수단을 넘어, 교사와 학생 간의 신뢰 및 심리적 안전감에 장기적으로 부정적 영향을 미칠 수 있다는 사실을 깨닫게 해줬다. 이 경험은 나에게 교육 환경에서의 건강한 의사소통과 권위 행사 방법에 대한 재고의 필요성을 각성하게 했다. 아픈 기억이었지만 소중한 경험으로 성숙한 교직 생활을 할 수 있도록 했다. ■

기대하지 않았는데

 익숙한 온도에서 이상 기온을 느꼈을 때, 우리는 잠시 머뭇거리곤 한다. 빛처럼 빠르게 오는 직감이 아닌 무딘 느낌이라 할까. 하지만 회색빛 시멘트 길에서 피는 한송이 채송화는 감히 그런 곳에서는 꽃이 필 수 없는 조건이기에 기대 이상이고, 작은 씨 한 알 들어갈 틈새에서 피기에 선혈보다 더 붉게 보이고 아름다워 보이는 것이다.
 어느 오후, 비가 오락가락하던 날이었다. 교외로 나가 향 짙은 차 한 잔을 놓고 누군가를 기다리고 있었다. 허전한 마음을 달래며 창밖을 바라보던 그 순간, 낯선 사람이 내게 건넨 한마디가 마음을 움직였다. "오늘, 당신 얼굴에서 예사롭지 않은 기운이 느껴져요. 앞으로 모든 일이 잘될 것 같습니다." 생뚱맞기도 하고 생각지도 않은 상황이지만 어쩐지 큰 선물을 받은 듯한 기분이었다.
 외양이 스님인 듯한 그는 웃으며 사라졌고, 나는 이상하리만치 오래도록 그 말을 곱씹었다. 기대하지 않았기에, 그 말은 심장을 흥분하게 만들었다. 일상이 되어버린 생의 무게를 누군가 대신 짊어져 준 것과 같이 가볍고 편안하게 만들었다.
 어쩌면 그는 무심한 나의 표정에서 애수를 느꼈으나 그것을 좋은 예감으로 표현했거나, 나를 아는 분이기는 하나 내가 남을 잘 알아보지 못한다는 사실을 알고 있는 분일 수도 있었다. 그분은 날 뒤에 두고 걸어

나가면서 "아마도 날 모를 거야."라면서 중얼거렸을지도 모를 일이다.
  뜻밖의 말과 손길, 기대하지 않았던 위로가 세상 살맛을 느끼게 한다. 삶은 자주 우리가 계획한 방향과 다르게 흘러간다. 원하는 것을 애써 좇을수록 멀어지기도 하고, 내려놓을 때 비로소 다가오는 순간도 있다. 사랑도, 위로도, 깨달음도 종종 그렇게 찾아온다. 마치 기다리던 편지가 오랜 후에 나의 우편함에서 발견됐을 때 환호성을 지르며 반가워하는 기분일 것이다.
  나는 이제 안다. 기대하지 않았는데 무언가가 뜻밖에 온다는 것은 인생이 건네는 가장 진실한 선물일지도 모른다는 걸. 그 선물은 조용하고 따뜻하고 겸손하게 온다는 것을. 그리고 아무 말 없이 내 마음의 창을 열고, 미풍처럼 살짝 스민다는 것을.
  살면서 도와준 것에 대한 보답이 없을 때 실망하고 미워하기도 한다. 이는 도와줄 때 순수함이 바랜 기대가 있었기 때문이다. 인간관계에서 기대는 받을 거란, 갚을 거란 생각을 먼저 하는 행위가 있을 때 발생한다. 기대하는 것이 부질없고 순수하지 못하지만 도움을 받고도 고마워할 줄 모르는 것보다는 낫다. 장작에 불을 붙이는 쏘시개가 됐음에도 좋은 숯을 만들지 못한 장작이라고 흉보는 것과 다름이 없다. 그런 사람을 만난다는 것은 인생에서 상당히 불행한 일이다. 힘들 때 같이 하면서 도와준 사람을 외면하는 자와 같다.
  불쏘시개는 장작에 불을 붙도록 했으면 그의 역할은 다한 것이다. 남을 위해 역할을 다하고 달라지 않음이 가장 아름답고 훌륭한 역할이자 바른 희생이다.
  당연한 것을 당연하지 않고 특별하다고 함은 본분을 잊는 어리석음이다. 예를 들어 교사가 아이들에 대한 사랑과 희생을 특별하다고 하는 것과 같다. 거의 모든 교사는 정도의 차이는 있을망정 그것이 본분이기 때문이다. 그것은 불쏘시개였으면서 장작이었다고 가장하는 모양새다. 그 배경에는 사심과 보상 의식이 자리한 것이고 기대하고 한 제스처에 불과한 것이다.

  선생의 마음은 부모님의 마음이기에 부모가 자식을 위해 무엇을, 어떻게, 왜 해줬는지 기억하거나 적지 않은 것처럼 제자 위하는 마음은 매양 사랑이었으면 되는 것이다. ■

주인공이 될 준비가 돼 있다

나는 어려서도 그랬고 지금도 변하지 않고 있는 것이 있다. 스스로 나서지 못하는 성격이다. 그러나 그 무대를 보면서 내가 주인공으로서 연기를 누구보다 잘할 수 있다는 생각은 있다. 언제 내가 주인공으로 선택받을지 모른다는 생각에 난 항상 남을 의식하는 것이 습관처럼 되어 있다. 이런 습관은 부모님으로부터 물려받았는지도 모르겠다.

아버지께서는 그러셨다. "넌 누가 보나 따나 난닝구 입고 밖으로 나가냐?"라고 나무라셨다. 다른 친구들은 난닝구를 입고 어디든 활보하고 다녔다. 어머님은 그러셨다. "좋은 일을 해야 한다. 욕먹을 일을 하면 복 받지 못한다. 복은 당대에 받지 못하더라도 후손에게까지 미친다. 그러니까 욕먹을 일 하지 말아라." 또 "흉보지 말아라. 우리 집 딸들을 생각해서라도 남의 집 딸 흉보면 안 된다. 언제 우리 집 딸들이 그런 일 할지 모른다."

그런 간섭 때문인지 유별나게 남의 눈을 의식하면서 살았다. 때론 "나도 마구 저질러 볼까?"라는 생각도 했지만, 생각일 뿐 그렇지 못했다.

우리는 모두 자신의 인생에서 '주인공'이다. 누가 가르쳐준 것도 아닌데, 어린 시절부터 자연스럽게 자신을 이야기의 중심으로 놓는다. 친구들이 수군거리면 '나 때문인가?' 하고 의심하고, 누군가 인사를 지나치면 '나를 무시한 걸까?' 하고 마음이 흔들린다. 심리학에서는 이것을 주인공의 법칙(주인공 효과-Spotlight Effect)이라 부른다.

이 법칙은 말한다. "우리는 타인이 우리를 주목하고 있다고 과대평가한다." 실제로는 아무도 나에게 그렇게 관심이 없을지도 모르는데, 우리는 머릿속으로 온 세상이 나를 바라보는 듯한 착각에 빠진다. 이 착각은 때로는 부끄러움이 되고, 때로는 과도한 책임감이 되며, 억울함이 되기도 한다.

박사 학위 예비 논문 발표를 하던 중 슬라이드 한 컷이 잘못 넘어갔다. 순간 얼굴이 화끈거렸고, "이게 다 내 실수야. 다들 지금 날 바보처럼 보고 있을 거야"라는 생각이 머릿속을 가득 채웠다. 그러나 그 발표가 끝난 후 동료에게 조심스레 물어보니, 그는 "응? 그런 일 있었어?"라고 대답했다. 그 순간 나는 깨달았다. 내가 비추고 있던 무대 조명은 오직 나에게만 향해 있었다는 것을.

'주인공의 법칙'을 아는 것은, 그 조명을 끄는 법을 배우는 것이다. 물론 완전히 꺼버릴 수는 없다. 우리는 여전히 자기 삶에서 중요한 존재이고, 자신의 감정과 경험을 존중해야 한다. 하지만 타인의 시선에 덜 휘둘리며, 때때로 관객의 입장도 되어볼 수 있다면, 그 무대는 훨씬 더 자유롭고 따뜻해질 수 있다.

우리는 수많은 무대 위에 선다. 때로는 중심에서, 어떤 때는 구석에서. 그러나 잊지 말아야 할 것은, 모두가 제각기 자신의 무대에서 할 일을 하고 있다는 점이다. 나만큼이나 다른 이들도 자기 자신을 '주인공'으로 느끼며 하루를 살아간다. 그 사실을 떠올릴 때, 세상은 덜 무섭고, 조금은 다정하게 느껴진다.

요즘 모임에 가면 이야기 하는 것이 힘들다. 제대로 말할 수가 없다는 것을 느낀다. 이야기를 시작하면 응당 끼어들어 자기 말만 하려 한다. 들어주는 예의는 찾을 수 없다. 그래서 그냥 도중에 이야기를 멈춰버린다. 나도 끼어들어 그 사람의 말을 방해해 볼까도 생각하지만, 그것은 주인공이 할 일은 아닌 것 같아 참는다. 아무튼 아무도 내가 이야기 중에 그만둔다는 사실을 모른다.

　나의 성격을 바꾸려고 무던히 노력하였다. 그러나 그것은 고칠 수 없는 습관처럼 쉽지 않았다. 남의 눈치를 보며 살지 말자. 네가 찻집에 홀로 앉아 차를 마셔도 무슨 옷을 입고 어디를 걸어가든지 아무도 날 보지 않는다는 사실을 믿자. 다른 사람은 나의 모습을 보고 있을 여유가 없다는 사실을 알자. 그렇지만 오랜만에 아는 사람을 만났을 때 "사람이 안타깝게 변했구나"라는 말은 듣지 않도록 최소한의 신경은 쓰며 살아가자. ■

학교가 조용하다

　요즘 학교 용지는 아파트 단지 내에 위치하는 것이 대부분이다. 그렇다 보니 도심의 학교는 아파트 숲속에 있다. 그 숲속에서는 수없이 많은 눈이 시멘트 공간에 갇혀 빼꼼하게 열린 창으로 학교를 내려다보고 있다. 체육 수업을 하다 보면 별별 신고가 들어온다. 체력 운동을 시키면 단체 기합 준다고 생각하고, 축구하다 승리에 도취하여 환호하면 시끄럽다고 교장실로 전화한다. 이보다 더 가관인 것은 교장이 체육 선생님을 불러 민원에 휘말리면 곤란하니 수업을 조용하게 하라는 주문이다. 속된 말로 꼴불견이다. 주민을 설득해야지 정당한 수업을 하는 선생님을 설득하려 할 일이 아니다.
　그 정도이다 보니 요즘 아이들은 어디서 마음대로 소리 지르고 뛰놀 수 있을까. 철들기 전부터 층간 소음 때문에 부모는 아이에게 까치발을 하고 다니라고 말한다. 영문도 모르는 아이들은 엄마의 말씀대로 까치발을 하고 거실을 걷는다. 그것도 매트리스가 깔렸어도 마찬가지다.

그 애들이 학교에 가면 갇힌 마음을 열어젖히느라 신이 난다. 그 모양이 너무나 아름답다. 그러면서도 안타깝다. 학원으로 가면 또다시 입을 다물고 까치발을 해야 한다. 학원 수업은 개별지도가 아니다 보니 무슨 말인지도 모르면서 고개만 끄덕이다 보니 운동장 같은 학교 교실이 좋을 수밖에 없다.

그런데 어느 날 선생님은 아이들에게 엄마가 집에서 하시는 말씀과 같은 말을 하면서 입을 다물라고 한다. 아이들이 운동회, 쉬는 시간, 체육 시간, 중간 놀이 시간, 점심시간에 뛰어놀면서 함성 지르고, 깔깔깔 웃는 소리, 왁자그르르 떠드는 것이 소음 피해라고 민원을 제기하는 경우가 많고, 심지어 경찰까지 출동하는 경우가 있으니 그럴 수밖에 없다는 것이다.

일찍이 「요한 호이징하」는 '호모루덴스(놀이하는 인간)'에서 인간 문명의 본질을 '놀이하는 인간'이라는 관점에서 해석했다. 그 핵심 내용은 ① 놀이(ludus)는 문화의 기원이다. ② 놀이는 자발적이며 자유롭다. ③ 놀이에는 규칙과 질서가 존재한다. ④ 놀이에는 진지함이 내포되어 있다. ⑤ 문화는 놀이를 통해 형성되고 문화를 창조한다 등으로 집약할 수 있다. 대학원에서 문화를 공부하면서 지도교수님이 필독서로 정해준 책이었다.

따라서 인간은 단순히 '생각하는 존재(호모 사피엔스)'가 아니라, 문화를 놀이로 형성한 '놀이하는 존재'이다. 이 이론은 문화에 대한 생물학적 또는 경제적 접근을 넘어, 인간 행위의 가장 근본적인 원천으로 놀이를 강조한 점에서 문화철학(문화의 본질과 의미를 탐구하는 철학), 인류학, 미학 등 여러 학문에 지대한 영향을 끼쳤다.

학교에서 아이들의 활동은 모두가 놀이다. 자신들이 규칙도 정하고 질서를 위해 약속한다. 그런데 입을 다물고 뛰지 말고 소리 지르지 말라는 것은 문명의 기원을 거스르는 일이다. 교육의 목표 가운데 하나가 바람직한 사회인을 만드는 것이라면 놀지 않고 어떻게 사회성이 길러진다는 말인가.

미국 격언에 "관료는 라커룸으로부터"란 의미는 경기 후 라커룸에서 그 결과를 반성하고 작전을 정비하고 세우면서 스포츠맨십을 배운다는 것이다. 스포츠 활동은 인간성 형성에 최고의 가치를 지닌다는 의미이다. 그리하여 장차 지도자가 되었을 때 그 경험이 최고의 재산이란 의미를 천명하는 것이다. 그런 과정을 거치지 않은 사람은 관료로서의 자질이 부족하다는 역설적인 강조이다.

자발적이고 자유로운 성격의 놀이가 강제적인 요소가 가미된 규칙과 규율 속에서 행해지면 경기이다. 노는 방법을 모르고서야 어떻게 경기를 할 수 있겠는가. 놀지 않고서야 문명인으로서의 문화를 창조하고 누릴 수 있겠는가.

그런데 학교가 아니면 뛰어놀 시간도, 장소도, 소리 지를 겨를도 없는 아이들, 그들의 외침은 학원의 창문이 막고 있고, 공부가 놀이의 기회를 없애는가 했는데 이제는 조금은 비상식적인 시민의 민원으로 놀이를 위축시키고 있다.

요즘처럼 더운 날 교실 안은 에어컨 덕분에 서늘할 정도인데도 아이들은 쉬는 시간이 되면 운동장이 아닌 복도에서 10분 동안을 목숨 걸다시피 땀을 뻘뻘 흘리며 뛰어논다. 옛날 같으면 밖으로 나가서 뛰라고 야단쳤을 것이다.

이제 학교에서조차 맘껏 뛰놀 수 없는 현상. 공교육을 신뢰하지 못하고, 다른 아이보다 우리 아이가 더 많은 것을 알기를 바라는 부모의 욕심이 인간성 형성을 저해하는 요인이 되는 요즈음 세태를 어떻게 해석하여야 하나.

유치원 들어가기 전부터 사교육을 시키는 부모는 자신의 아이를 어떤 사람으로 키우고 싶은 것인가. 당장 지금 인성이고 사회성이고는 필요 없고 나중에 성공하면 다 따라오리라는 욕심과 착각은 많은 아이의 움을 시들게 만든다. 그들이 자신의 아이가 정상이 아닌 상황을 알게 될 때는 돌이킬 수 없거나, 이제까지 투자한 시간과 재화보다 더 많은 희생을 해야 한다. 아이는 투자의 대상도 부모의 대체물도 아니다. 대체물은 당연히 개성이 중요하지 않음이다.

아무리 학원 공부가 학교 공부보다 낫다는 본질이 외면된 생각을 한다고 하더라도 학교에서만이라도 마음껏 뛰놀 수 있도록 하자. 그것을 위해서 학부모들이 나서서 계몽할 수는 없는가. 아파트 주민을 설득할 방법을 찾거나 피케팅이라도 할 수는 없는가.

체육 시간을 빼주라고 억지를 부릴 것이 아니고 체육 시간만큼이라도 땀을 뻘뻘 흘릴 수 있도록 해달라고 해야 하지 않을까. 체육 시간 다음 시간에 아이들이 졸고 있다는 것은 평상시 움직임이 적었기 때문이다. 몸이 적응 못 해서이다. 평소 학교를 걸어서 다니고 뛰어서 다니면 그만한 움직임으로 피곤해 하지 않는다.

전대사대부고에서 근무할 때 한 여학생이 날마다 뛰어서 등하교하는 것을 보고 그에게 말했다. "애야, 조금 일찍 출발해서 뛰지 말고 걸어 올 일이지 왜 이렇게 아침부터 땀을 흘리면서 뛰는 거야?" 했더니 그 여학생 하는 말이 나를 당황하게 했다. "선생님! 운동할 시간이 없어요. 그래서 등교 시간에라도 뛰어서 등교하기로 결심했어요. 수능 앞두고 체력이 떨어지면 망해요."

그 당시 미국에서 0교시 체육 활동이 뇌 활성화에 어떤 영향을 미치는지에 대해서 연구한 결과가 나왔을 때이다. 0교시 체육 활동에 참여한 학생들의 뇌가 높은 정도로 활성화됐으며 성적 또한 의미 있는 변화가 나타났다는 것이다. 그 이후로 우리나라에서도 불문율처럼 지켜졌던 1교시 체육 시간이 가능하게 되었다.

그 학생에게 부끄러웠다. 그것도 체육 선생님이 아침에 뛰어서 등교하는 것을 염려했으니 말이다. 이후 그 여학생을 지속해서 관찰했다. 결국 남이 부러워하는 학과에 진학했다. 그 학생 말처럼 수능을 앞두고 체력이 떨어지면 성적도 함께 떨어진다는 사실을 확인한 셈이다. 입시에서 부족한 2%는 체력이라는 사실이다.

학교가 조용해지면 개성 없는 학생이 양산되고 모두가 붕어빵이 되는 것이다. 자극에 반응이 더디고, 환호에 대한 훈련이 없어 감동이 없으며 밀뚱한 수밖에 없다. 희로애락을 모르는 사람이 주를 이루는 사회를 생각하면 끔찍하지 않은가? 학교 소음 민원 제기! 유감이다. ■

다스린다는 것

40년 가까운 세월을 교직에 있으면서 늘 긴장했던 것은 '잘 다스려야 한다.' '잘 관리해야 한다.'라는 강박 관념과 가장으로서 가정을 다스리고 교사로서 학생들을 가르치며 학교장으로서 학교를 관리하면서 그와 관련된 일을 보살피고 처리를 잘해야 한다는 생각 때문이었다.

어떤 목표를 세우고 그 목표를 위한 목적을 정하는 일에서부터 실천하기까지가 쉽지 않음은 사실이다. '다스린다.'라는 용어가 리더로서 그 역량을 발휘하여 목적에 따라 정리하고 수정하고 수습하는 것임은 분명하다. 조금은 부드러운 표현으로 "가다듬고 고치고 함께 가는 과정"이라고 할까.

다시 말하면 "다스린다"라는 말은 단순히 '통제한다'라는 의미를 넘어, 대상의 성격에 맞는 방식으로 조화를 이루고, 질서를 부여하며, 더 나은 상태로 이끄는 행위다. 따라서 다스림의 대상에 따라 접근 방식이 달라질 수밖에 없다.

다스림은 보편적으로 리더십을 얘기할 것이고 권위, 설득, 규율, 보살핌의 형태를 말한다. 진부하기는 하지만 부모가 자녀를 키울 때는 엄격함과 사랑이 병행되어야 하고, 지도자가 국민을 다스릴 때는 여러 정책을 통해서 국민의 원함을 충족시켜 주는 행위 등이 여기에 속한다.

조직이나 시스템을 다스리는 경우는 회사, 학교, 공동체 등을 경영하는 것일 것이다. 이때는 구조적 사고, 운영 효율성, 규정과 책임의 명확성에 따라 실천하면 무난할 것이다. 기업에서는 수익 창출의 목표를 달성하기 위한 자료를 수치화해서 성과 관리 시스템이 원활하게 수행되면 어느 정도 성공할 것이다.

그러나 교육의 경우는 기업의 목표와는 근본적으로 다른 방향에서 접근하여 다스려야 할 것이다. 그 이유는 교육은 단시간에 성과를 산출하기 어렵고 사람을 다루는 고도화된 훈련이 따라야 하고 그 훈련의 기간이나 방법, 실현은 교사의 철학에 따라 행위의 양태가 다르기 때문이다.

또, 자연이나 생명을 다스리는 행위에는 순응과 조화, 인내와 관찰이 중요하다 할 것이다. 잘못 관찰하여 처방을 달리하거나 강제로 제어하려 히면 실패하거나 되레 손해를 입힐 수 있다. 교육도 예외 없이 이 범주에서 벗어날 수 없다. 이는 한 개인의 리더십에 따라 구성원과 시스템 작동이 원활하면 성과는 나타날 것이다.

그런데 가장 쉬울 것 같은 "자기 자신을 다스리는 것"은 사뭇 다르다. 다르다는 것은 어렵다는 말이다. 태곳적부터 문명사회에 이르기까지 변함없이 난제이다. 여기에는 감정 조절, 욕망 통제, 습관 형성, 자기 인식 등이 포함되는데 스스로가 해결할 수 있다면 다스림이 쉬울 것이다. 즉 자신을 통제할 수 있다면 근본이 해결되는 문제다. 자신을 현명하게 다스린다는 것은 인류의 명제였다.

그래서 동서고금을 막론하고 이 해결 방안이 제시되고 있다. 이 대전제인 자신을 현명하게 다스리는 법에 대해서 고대와 현대 철학자 모두 '자기 통제'를 최고의 덕목으로 여겼다. 과연 선인들의 주장이 실천에 옮겨졌는가. 그리고 어떤 해결책이었던가.

스토아 철학은 '감정의 지배에서 벗어남'를 설파했다. 「에픽테토스나

세네카는 "우리가 통제할 수 있는 것은 오직 나 자신뿐"이라 했는데 통제가 가능한 것이 자신뿐임에도, 이성으로 감정을 이기고, 외부 상황으로 마음의 평정을 잃지 않고 자기 통제를 한다는 것이 호락호락하지 않다.

동양의 유가 사상에서 우리가 금과옥조로 여기는 수신제가치국평천하修身齊家治國平天下는 자기 수양이 국가를 다스리는 기초라는 뜻이다. 여기서 예禮를 지켜 몸과 마음을 단정히 하고, 사사로운 욕심을 줄이는 것이 핵심인데, 지금까지 다스리는 자 누구도 온전히 실천에 옮긴 사람은 많지 않았을 것이라고 단언한다.

심리학에서 이와 관련하여 자기 조절self-regulation로써 3가지 요소를 들었다. 첫째, 자기 인식self-awareness인데 내가 지금 어떤 상태인지, 어떤 감정을 느끼는지 파악하는 것이고, 둘째로는 자기 통제self-control로써 충동을 억제하고 계획대로 행동할 수 있는 능력을 말하고 있고, 셋째, 동기 부여motivation로서 자기 목표를 향해 나아가게 하는 내면의 에너지를 말한다.

이 주장을 실천에 옮기면 자기 다스림이 가능하다는 이론이지만 실제로는 수도자들조차도 어려운 과제라고 생각한다. 어떤 목사님은 이의 실천을 위해 매일 감정 일기를 쓰고, 욕구를 분류하면서 무엇이 쾌락이고 가치 실현의 방편인지를 구분하려 애썼다는 것이다. 자신에게 '왜?' 라는 물음을 반복하면서 실천하기 어려운 것은 습관화하고자 노력했지만 공허하기만 했다고 했다. 그러면서 자신은 선한 영향력을 행사하는 데 한계가 확실한 목사라고까지 자학했다는 것이다.

결국 '다스림'은 그 자체로 관계와 질서, 자율과 조화를 조율하는 섬세한 능력이어야 하고, '자기 자신을 다스리는 법'을 먼저 익히는 것이 외부를 이끄는 힘의 근원이 될 수 있을 것이다. 자신을 현명하게 다스리는 사람은, 관계 속에서 균형과 통찰을 잃지 않을 것이다. 인류가 존재하는 한 자기 자신을 다스리는 문제에 대한 물음과 노력이 계속되어야만 건전한 자정능력이 죽지 않을 것이다. ■

음악은 수학이다

　전라남도에서 광주가 직할시로 승격하기 전에 체육 중학교가 신설되고 1년 후 나의 선수 육성 치적으로 광주체육중학교로 전입했다. 학생들의 모습을 보면 자신감이 없고 그래서 위축된 모습이 역력했다. 도시 문화와 기숙사 생활 적응, 부모님에게서 떨어져 외로움을 극복하기도 버거워 보였다. 초등학교부터 운동만 했던 아이들이라 다른 무엇을 찾아 탈출할 어떤 기제도 정보도 없었다. 그렇다고 선생님들도 운동 외에 다른 취미며 관심을 두도록 유도할 생각도 없어 보였다.
　사감을 하면서 먼저하고 싶은 일이 아이들이 책을 읽도록 하는 것이었다. 아이들은 여느 아이들처럼 동화책을 읽을 기회가 없었다. 현관에 작은 서가를 마련하고 동화책을 비롯한 위인전 등 흥미를 쉽게 가질 수 있는 책들을 비치했다. 우선 책을 보면서 시간을 보내는 습관을 유도하는 것이 목적이었다. 누구든지 보고 제자리에 갖다 놓을 수 있도록 지도했다. 아이들이 조금은 거칠어 책이 금방 훼손됐다. 그래서 비싸기는 하지만 지질이 두꺼워 쉽게 찢어지거나 구겨지지 않은 책들을 사들였다.
　기숙사 생활을 해서 수업과 운동 시간 외에 여유 시간이 많았다. 그렇지만 학생들은 목적 없이 시간을 보내는 것이 답답하고 안타까웠다. 그래서 그 여유 시간을 활용할 수 있는 방안으로 음악 선생님께 합창부를 만들자고 건의했다. 점심시간이 끝나고 나면 여학생들이 모여 합창 연습을 했다. 난 음악 선생님을 도와 합창부 운영에 정성을 쏟았다. 방과 후엔 따로 연습할 수 있도록 독촉하였다.

초등학교 때 우리 반 급훈이 '협동'이었는데 담임 선생님은 '합창하면서 협동할 수 있다.'라고 말씀하셨다. 그때는 쉽게 이해할 수 없는 말씀이었다. 또 돌림노래를 하면서 협동을 많이 강조했다. 역시 학생들이 합창하면서 협동하라는 말을 안 해도 실천하고 있는 모습을 발견할 수 있었다. 늘 기숙사에 음악이 흐르도록 했다. 장르도 다양하게 바꾸면서 들려줬다. 기숙사 사감이어서 가능한 일이었다.

나의 예상은 적중했다. 우리 학교 합창부가 대회에 나가서 우수상을 받게 되었다. 짧은 기간 연습이었지만 아이들의 흥미도 대단했고 폐활량이 좋고 리듬감도 뛰어나 음악성이 좋은 운동선수의 특성이 단시간에 결실을 거둘 수 있는 요인이 된 것이다. 학교엔 오르간 한 대가 전부였지만 문제가 되지 않았다.

난 음악에 대한 남다른 애정이 있다. 책 읽기에 미쳤을 때처럼 클래식 음악에 매료당했던 때가 있었고 나름 성악에도 관심이 많았다. 그래서 퇴직하기 전 본격적으로 성악 공부를 하였다. 독일에서 성악을 전공하신 교수님으로부터 배웠다. 가곡을 좋아한 탓에 정년퇴직 기념으로 작은 음악회와 출판기념회를 할 계획이었다. 성악은 '예술'이라기보다는 '연습'이라는 어떤 지휘자의 말대로 어느 정도 단련하면 제법 흉내는 낼 수 있다. 그래서 틈틈이 성악을 하고 글도 썼다.

그러나 그 소박한 꿈은 교육 권력의 권력남용에 의해 일거에 사라졌다. 퇴직을 2년 앞두고 체육고등학교 교장으로 재직 중에 직위해제 1월, 정직 3월의 중징계를 당했다.

그 후유증으로 공황장애를 앓았고 나의 삶은 송두리째 흔들렸다. 극복하는데 5년 이상이 걸렸다. 음악을 다시 시작하고 글을 쓰면서부터 그 오랜 시간을 앓다가 온전하지는 못하지만 겨우 밖으로 나올 수 있었다. 그런 이유가 전부는 아니지만 교육감 선거에서 그를 낙선시키기 위해 선거운동에 뛰어들기도 했다.

그렇게 나의 꿈은 접었지만 이제 다시 이루지 못한 퇴직 기념 출판기념회를 위해 이제껏 썼던 글들을 정리하고 있다. 그리고 음악 공부도 다시 시작했다. 일주일에 서너 번을 합창 연습과 가곡 교실에서 목을 단련하고 음악에 심취해 있다. 대학 때 어깨너머로 배웠던 기타도 정식으로 배우고 있다.

합창하면서 나름 자신을 돌아보고 반성할 수 있는 시간을 보낸다. 합창은 남의 배려 없이는 할 수 없다는 생각이 든다. 나의 목소리를 고집해서는 합창은 그 가치를 상실한다. 그런 생각이라면 그만두는 것이 그 합창단을 위해서 좋은 일이다. 합창은 배려는 물론 자기 능력을 절제하면서 전체를 살리는 인생의 참된 길을 배우게 한다. 합창은 협력자가 되는 것이고 기교를 떠나 감화고 승화다. 그러는 가운데 성악의 기초와 음악에 대해서 배우고 많은 생각을 하게 하고 있다.

음악은 단순히 노래하는 것이 전부가 아니다. 음악사회학이란 장르가 생겨난 이유도 여기에 있는 것이다. 「음악이란 왜 중요할까?」란 책에서 저자는 음악을 "친밀하면서도 사회적이며 사적이면서도 공적"이라고 표현하고 있다. 여기에 고결한 함의가 있다고 생각한다.

합창단 지휘자는 "음악은 수학이다."라면서 피타고라스에 관해서 설명했다. 틈틈이 음악 이론도 곁들이니 왠지 음악에 대한 자양분이 넘치는 기분이다.

음악에는 많은 용어가 있다. 그렇지만 "그런 용어가 무슨 의미가 있는가."라고 말할 수 있으나 용어를 정확히 앎으로써 음악을 더 깊이 이해할 수 있고 애정을 가질 수 있다고 생각한다. 야구 규칙을 정확히 알고 관람하면 흥미가 배가되는 원리다.

먼저 보통 음악에서 '음音·sound은 공기의 진동 때문에 귀로 들을 수 있는 소리이다. 그러나 '음'은 단순한 소리가 아니라 높이(음높이), 세기, 길이, 음색을 가진 소리이다. 즉「도, 레, 미, 파, 솔, 라, 시」이다.

피타고라스의 음악에 대한 그의 공헌은 첫째, 음정의 수학적 비율을 발견하였는데 실을 팽팽하게 당겨 길이를 달리하면서 소리를 내보았고, 그 음들이 수학적 비율에 따라 조화를 이룬다는 것을 발견했다. 조화로운 음정은 수의 비례에 따른다는 것이 핵심 발견이다. 두 번째 그는 천체가 일정한 궤도로 회전하면서 소리를 낸다고 믿었으며, 이 소리를 인간은 들을 수 없지만 우주의 질서와 조화를 반영한다면서 이것을 천구의 음아이라 불렀다. 세 번째로 음악이 인간의 감정을 정화하고, 영혼을 조화롭게 만든다고 보았다.

정리하자면 피타고라스는 음악이 수학적 질서와 비례에 기반하며, 인간과 우주에 모두 영향을 미친다고 보았다. 우리가 오늘날 배우는 음정과 조화의 개념(화성학)은 그의 발견을 토대로 발전해 왔다는 것이다.

치유 없는 시대, 위로가 말라버린 강퍅한 시대에 살고 있는 현대인들에게 음악은 치유의 가장 큰 방편이다. 서툴다고, 틀린다고 피할 일이 아니다. '음'은 자주 접함으로써 다듬어지는 것이 아닌가. 음악이 수학이라고 주장하나 치유의 명약이기에 가까이하면서 살면 삶이 윤택해지지 않을까? ■

교육 원로의 역할을 기대한다

원로는 어떤 분야에 오랫동안 종사하여 경험과 공로가 많은 사람을 말한다. 옛날에는 나이나 벼슬, 덕망이 높은 벼슬아치를 이르던 말이다. 그래서 원로 회의니, 원로 모임 등이 있었다. 그러나 그 원로들이 자신들의 철학과 경험을 바탕으로 바른말과 방향을 제시하여야 함에도 권력에 기댄다든지 힘의 지향성으로 기대에 미치는 역할을 못 했던 것으로 생각된다. 그리고 그들을 이용하는 권력과 집단이 있어 씁쓸한 여운을 남기곤 했다. 진정으로 원로의 경험과 경력을 존중하여 도움을 받고자 한다면 그보다 더 이상적인 자문 역할이 없을 것이다.

교육계 원로는 교육 현장에서 오랜 경험과 통찰을 바탕으로 교육의 본질과 방향성을 지키고, 다음 세대 교육자와 학생들에게 지속 가능한 가치와 철학을 전수하는 중요한 역할을 할 수 있다. 그렇다면 교육계 원로들에게 구체적으로 어떤 역할을 기대하고 요구할 수 있을 것인가.

첫째로 교육 철학의 수호자 역할을 기대할 수 있을 것이다. 교육이 단기 성과나 정치적 목적에 휘둘리지 않도록 본질적 가치(인간 존중, 평등, 배움의 즐거움 등)를 바탕으로 교육이념과 사명에 대한 지속적인 성찰과 제언을 제공할 수 있다.

두 번째로 후배 교육자의 멘토로서 젊은 교사들에게 지혜, 경험, 윤리적 기준을 전수함으로써 어려운 교육 환경에서 심리적·직업적 지지자로서 기능이 가능할 것이다.

세 번째로 사회적 대변자로서 교육 현장의 목소리를 대중과 정부에 전달하는 중재자·대변인 역할을 들 수 있다. 교육 당국이나 교육감 등 교육정책 결정자에게 교육적 관점에서의 조언과 비판을 논리적으로 제시할 수 있을 것이다.

네 번째 교육문화의 전통 계승과 혁신이 조화를 이룰 수 있도록 참여, 조언자의 역할을 할 수 있을 것이다. 귀한 교육 현장의 경험을 바탕으로 전통적인 교육 가치를 보존하면서도 시대 변화에 적합한 방향 제시를 하여 흔들림 없는 방패막이 역할이 필요하다. 특히 디지털 교육, 다문화 교육 등 변화에 대한 균형 있는 시각을 제공함으로써 교육만이 갖는 특수한 이념에 대해 등대가 되어줄 필요가 있다.

다섯 번째로 위기 상황에서의 방향을 제시함으로써 교육 위기를 현명하게 극복할 수 있는 지원을 할 수 있을 것이다. 교육이 위기(팬데믹, 입시제도 혼란 등)에 처했을 때 냉철한 분석과 방향을 제시한다는 것은 시행착오의 우를 범하지 않도록 바른길을 적기에 제시함으로써 혼란을 줄일 수 있을 것이다. 즉 공론화의 장에서 중립성과 권위를 갖고 이견 조율을 할 때 원로의 역할이 귀하다 할 것이다.

마지막으로 교육적 연대의 중심에서 세대, 지역, 직역 간 연결 고리로서의 연대 활동을 조언하고 교사 단체, 학부모, 학생, 지역 사회 간 신뢰의 가교 구실과 거버넌스의 역할을 함으로써 교육 가족의 부담을 덜어줄 수 있을 것이다.

그러나 예나 지금이나 원로의 역할은 미미하다 못해 없다 해도 과언이 아니다. 그렇게 되기까지는 원로들 스스로가 자처한 측면이 있다. 그나마 교육청에서 만든 '교육 자문회의' 등은 무늬만 자문 기관이다. 교육 전문가가 아님은 물론 친불친을 따져 임명함으로써 오히려 자신의 실정을 위장하는 단체가 되었다.

　정년퇴직까지 했고 교장까지 했는데 나서는 것이 바람직하지 않다고 말하는 교육 원로들이 대부분이다. 교육 현안에 개입한다는 것은 점잖지 못하다고 말한다. 과연 그 말이 맞는가 생각해 본다.

　원로들이 지금에 이르기까지 동료 교원들로부터 소위 은혜를 입지 않았던가를 생각해 볼 필요가 있다. 그들의 도움을 받지 않았던가. 자신들이 역할을 할 때 교직원의 수고가 큰 도움을 줬다고 생각한다. 만약 그것이 사실이라면 비록 퇴직하였지만, 교육(계)을 위해서 작으나마 역할을 생각해 봄은 어떤가.

　교육 권력이나 교육계가 소용돌이쳐도 눈을 감아 버리지는 않았는지 생각해 볼 일이고 두 눈을 부릅뜨고 보지는 않더라도 한쪽 눈이라도 뜨고 있어야 하지 않을까. 작은 관심이라도 거두지 말라는 의미다.

　교육 권력이 염치없는 행정을 해도 원로들은 일시적으로 불만과 함께 흉보는 정도가 전부였다. 그럴 것이 아니고 권위 있는 원로 집단이 교육감을 면담하여 경고나 질책은 물론 재발 방지를 위한 역할을 해야 한다고 생각한다. 또한 교육감 선거에 즈음하여서는 출마자들을 대상으로 자질을 점검하고 공약을 점검해 보며 공약 실천 사항 등의 감시자 역할도 하여야 할 것이다. 교육감의 마인드 또한 문제다. 원로들을 피할 것이 아니고 충고를 자청하는 열린 마음과 용기가 있어야 교육감다운 교육감이라 할 수 있지 않겠는가.

　후배들이, 광주교육이 방향을 잃고 방황하고 있다고 생각하면 왜 그렇게 되었는지 관심을 두고 논해보는 것이 선배로서, 원로로서 도리가 아니겠는가.

　결론적으로 교육계 원로는 단순한 '경험 많은 사람'이 아니라, 미래 교육을 위한 나침반이며, 지금을 사는 교육자와 사회 전체를 위한 양심이다. 침묵하지 않고, 후퇴하지 않으며, 교육이 옳은 방향으로 나아가도록 지혜롭게 목소리를 내는 것이 원로가 해야 할 핵심적 사명이라고 생각한다.

　이를 실천하기 위해서는 『(가칭) 교육 원로 회의』 등의 결사체를 통하여 교육계를 견제하고 장려하며 희망을 주고 교직원이 부당한 처사에 시달리지 않도록 해야 할 것이다. 퇴직하였다고 숨어 지낼 것이 아니라 밖으로 나와서 봉사할 시간과 역할을 갖도록 해야 할 것이다. 이것도 용기라면 용기일 것이다. 주저하는 교육계 원로들을 위해 다음 시를 소개하고 싶다.

나 하나 꽃이 피어

조동화

나 하나 꽃이 피어
풀밭이 달라지겠냐고
말하지 말아라

네가 꽃이 피고 나도 꽃 피면
결국 풀밭이 온통
꽃밭이 되는 것 아니겠느냐

나 하나 물들어
산이 달라지겠냐고도

말하지 말아라

내가 물들고 너도 물들면
결국 온 산이 활활
타오르는 것 아니겠느냐 ∎

피암시성의 교육적 가치

아들이 딸을 키우는데 보기가 딱할 정도다. 유치원 하원 픽업과 그 이후 최소한 1시간 이상 아파트 단지에서 놀아준다. 변함없는 이런 패턴의 딸 육아를 보면서 생각이 많아진다. 어떤 아이는 부모가 놀고 있는 아이를 불러 학원에 보내는데 아들은 아이가 놀고 싶어 하니 놀도록 한다는 것이다. 하긴 내가 아들 둘을 키우면서 학원에 보낼 생각을 별로 안 했다. 녀석들도 학원 가는 것을 원치 않았다. 만약 경제적으로 여유가 있었다면 억지로라도 보냈을지도 모르겠다.

문제는 맘껏 놀게 놔둔, 좋게 말하면 자유롭게 성장하도록 한 것이 두 아들의 사회성에는 어떤 영향을 줬을까. 지금 어느 정도 자기 역할을 하면서 살고 있는 것을 보면 그때는 불안하고 뒤처진 기분이었으나 크게 엇나간 것 같지 않다.

중학교 때 난 운동에 특별히 뛰어난 소질이 있었다. 그래서 체육 선생님은 각종 대회가 있으면 데리고 나가곤 했다. 중학교 2학년 때부터 각종 대회에서 일등을 휩쓸었다. 그런데 수학·영어 선생님은 나를 불러 놓고 운동을 하지 말 것을 종용하셨다. 성적이 하락하고 있다는 이유였다. 대회에 나가면 수업 결손이 생기니 옳은 말씀이었다. 특히 영어·수학은 혼자서 만회한다는 것이 쉽지 않았다.

한번은 3일 동안 광주로 출전하고 돌아오니 Milk를 '밀크'라고 읽었는데 '미요크'라고 발음하고 있었다. 없는 동안에 영어 선생님께서 발음을 교정해 주셨다는 것이다. 이루 말할 수 없이 속이 상했다. 앞으로는 운동하지 않을 거라 혼자서 다짐했다. 그러던 중 가정 선생님께서 "종민아. 운동도 공부도 모두 잘할 수 있어."라고 격려를 해 주셨다. 그 격려에 힘입어 둘 다 하기로 결심하기에 이르렀다. 그 선생님의 격려는 그뿐만이 아니었다.

1학년 때 "종민아, 이 학교는 1등으로 합격한 사람이 계속 1등을 못하더라. 열심히 하면 네가 1등을 할 수 있을 거야." 그 말씀은 나에게 번갯불과 같은 환한 빛을 주었다. 2학년 올라가면서 1등을 하여 교육감상을 받게 되었다. 상장 대부분은 없으나 그 교육감 상장은 지금도 간직하고 있다. 어쩌다 그 상장을 보면 그 선생님이 생각나곤 한다.

'피암시성'이란 심리학 이론은 다른 사람의 말이나 행동, 암시를 무의식적으로 받아들이는 경향을 의미한다. 이는 외부의 암시나 자극에 쉽게 영향을 받는 심리적 특성이다. 어떤 사람이 말한 내용과 주변 상황, 사회적 분위기에 의해 자기 생각이나 행동을 바꾸는 경우가 많다는 것이다.

'피암시성'의 특징은 주로 무의식적으로 작용한다는 것이다. 나이, 성격, 감정 상태, 집단 압력 등 다양한 요소에 영향을 받게 된다는 것이다. 어린아이, 감정적으로 불안정한 사람, 권위에 민감한 사람에게서 더 강하게 나타나는 특성이 있다는 것이다.

교실에서 선생님이 "이 문제는 어려우니 집중하세요"라고 말했을 때, 학생들이 실제보다 문제를 더 어렵게 느끼는 경우도 피암시성의 결과다. 정치, 종교, 마케팅 등에서는 사람들의 피암시성을 전략적으로 이용하게 된다. 따라서 피암시성에 무방비적으로 노출되지 않기 위해서는 비판적 사고 능력은 필수다.

교육적 관점에서 피암시성의 효과적이고 합리적인 활용은 매우 중요하며, 학생의 동기 유발, 자존감 형성, 학습 태도 개선 등 긍정적인 방향으로 유도할 수 있다. 다만, 무비판적 수용이나 조작의 위험도 함께 존재하기 때문에 윤리적 측면에서 신중한 접근이 필요하다는 주장이 있다.

교육 현장에서의 피암시성 활용 방법 가운데 '긍정적 기대 효과 Pygmalion Effect'를 활용하는 방법으로는 교사가 학생에게 "넌 할 수 있어", "넌 똑똑하구나"라고 반복하면, 학생은 실제로 그에 맞는 행동과 성과를 보이는 경우가 많다는 것이다. 즉, 가정 선생님께서 나에게 주셨던 격려가 지금 생각하니 바로 그 효과였다.

또, '긍정적 암시'를 통해 자아개념과 학습 태도를 변화시킬 수가 있는데 이는 심리적 안정감을 조성하는 것이다. "실수해도 괜찮다, 질문은 용기 있는 행동이다."라는 암시를 반복해 줌으로써 학습 참여도를 높일 수 있다는 것이다. "틀려도 괜찮아. 우리는 다 실수하면서 배우는 거야." 등이 여기에 속할 수 있다.

다음으로 '집단 규범 형성'에 활용할 수도 있다. "우리 반은 서로 돕고 위하는 분위기야"와 같은 말은 학생들에게 사회적 일체감을 형성하게 한다. 비언어적 메시지(표정, 분위기 등)도 암시로 작용할 수 있다.

마지막으로 롤 모델과 스토리텔링을 통한 '간접 암시'를 들 수 있을 것이다. 성공한 선배의 이야기나 존경받는 인물의 사례는 무의식적으로 학생들에게 동기와 방향성을 암시할 수 있는 것이다. "그 선배도 처음엔 성격이 내성적이었지만 육군 사관학교에 가면서 성격이 바뀠고 결국 육군 대장이 되었다."라는 이야기와 위인전 읽기도 여기에 속할 수 있다.

교사는 이런 논리를 들면서 윤리적 고려는 기본적으로 갖춰야 한다.

예를 들어보면 첫째, '조작적 피암시'로 이는 교사의 의도나 관점을 강제로 주입할 위험이 있는데 반드시 학생에게 비판적 사고에 대한 훈련을 병행할 필요가 있다. 두 번째, '부정적 암시'를 주어서는 안 된다. "넌 원래 삐뚤어진 성격이잖아?" "넌 늘 그렇게 애들을 괴롭히잖아."와 같은 말은 자기암시로 이어져 역효과는 물론 헤어 나올 수 없는 반항과 포기를 가져올 수 있다. 교사는 분명히 '말의 힘'에 대해 인식하고 스스로 훈련할 필요가 있다. 또한 학생 간 낙인효과와 함께 해당 학생이 정말 그렇게 행동하게 될 수도 있기에 학생에 대한 고정관념을 경계해야 할 필요가 있다.

교육에서 피암시성의 합리적 활용이 필요한데, 「교육은 암시 없는 설득일 수 없고, 설득 없는 암시는 교육일 수 없다」라고 한다. '페스탈로치'는 아이들은 교사의 말보다 태도와 삶의 방식에서 더 큰 영향을 받는다는 사실을 강조하면서 이성(설득), 감성(암시), 행동(습관) 모두가 교육에 필요하다고 생각했다. 이는 그의 교육사상의 기조라고 여겨진다. '듀이' 또한 설득과 암시 모두가 학습에 작용한다고 보면서 '암묵적 메시지'의 중요성을 강조했다. '파울로 플레이리'는 교육은 일방적인 주입(설득)만이 아니라 비판적 관계와 관계 형성(상호 암시) 속에서 이루어져야 한다고 주장했다. 그는 설득만 있는 교육은 억압적이라고 보고, 암시적 관계와 인간적 존중 속에서 대화를 통한 진정한 설득이 필요하다고 말했다.

위에 언급한 「교육은 암시 없는 설득일 수 없고, 설득 없는 암시는 교육일 수 없다.」라는 생각은 현대 교육 철학의 통합적 관점 즉 이성과 감성의 조화, 설득과 암시의 조화에 관한 것이란 말을 하고 싶다.

결론적으로 교사는 피암시성이 단순한 조작이 아닌, 신뢰에 기반한 관계에서 발휘되는 교육적 힘이라는 사실을 통찰하고, 암시를 의도적으로 설계하되, 학생의 자율성·비판력과 함께 길러야 한다는 사실을 고민하여야 할 것 같다. 즉, 비판적 사고와 긍정적 암시가 조화를 이룰 때, 아이에 대한 진정한 교육적 변화를 이끌 수 있을 것이다. ■

6월, 쉬었다 가자

6월은 1년 중 가장 바쁜 달이다. 농부에게는 그렇다. 제야의 종소리를 듣고 난 후 숨 막히게 6개월을 뛰었다. 이제 이 시점에서 지난 반년을 돌아보면서 긴 호흡을 할 필요가 있다. 학교 또한 예외가 아니다.

나뭇잎이 두꺼워져 싱그러운 실록이 세상을 뒤덮고 옥수수수염이 나오는 6월이 오면 부모님은 이슬이 윤슬이 되기 전부터, 거미줄에 하얗게 망울진 이슬이 아직일 때부터, 어둠이 이슬을 다시 몰고 올 때까지 논과 밭에 계셨다. 보리 까시락이 땀에 젖은 등짝에 붙어 있어도 아랑곳하지 않고 낫과 호미질을 하셔야 했다. 그래도 보리쌀이 도가지를 채웠으니 자식 배고플 걱정은 아니 해도 됐다.

물꼬를 틀 일이 없어도 수십 번 논둑을 돌아보는 일상. 잠시라도 못 가면 어린 모가 말라죽을세라 개구리에 치여 꺾일세라 삽은 아버지 어깨춤을 벗어나지 못했다. 모는 아버지의 헛기침을 들으면서 단단히 뿌리내리고 제법 벼의 모양을 갖추는 6월. 보리쌀이 끓고 있는 집으로 돌아올 때면 일 년 중 지구에서 가장 가까이 뜬 6월 보름달이 아버지의 등을 쫓았다.

선생님들은 허기질 4교시 수업 시간인데 교장은 별별 생각에 마음 허허롭다. 어쩌다 여유가 생겼는지, 담벼락에 기대 핀 붉은 장미로부터 지친 맘 위로받고자 함인지 여선생님 한 분이 유유자적 걷는 모습이 어이

하여 오히려 힘겨워 보이는지.

　3월은 언제 지났는지 모르게 갔고 4월은 몇 녀석 말썽에 학부모와 상담하다 갔다. 상담에 지치고 행사에 숨이 가쁘고 가정방문이라도 가야 할 땐 숨쉬기도 버거운 5월이 갔다. 중간고사도 잘 끝났다. 문제 출제가 잘 못 되었다는 항의도 없고 학부모의 전화도 없었으니, 올해는 좋은 5월인가 한다.

　이제 6월이 되었으니 작으나마 쉼을 찾을 시간이 선생님들께 있었으면 좋겠다는 바람이 있다. 웬걸 하늘 한 번 쳐다볼 여유 없다가 점심 먹고 잠시 걷다 하늘을 쳐다보니 비행기구름은 퍼진 국수 가락처럼 점성을 잃고 이리저리 떠밀리고 있었다.

　그렇더라도, 병아리가 물 한 모금 물고 하늘을 쳐다봐도 유유히 흐르는 뭉게구름을 보시 않는다. 낮다. 아무리 여유로워도 선생님의 학교생활은 물 한 모금 물고 하늘을 쳐다보는 병아리 맘이다.

　선생님들께 내부망에 글을 올렸다. "선생님, 오늘은 6월 보름입니다. 오늘 보름달이 뜰 것입니다. 북미 원주민이 말하는 '스트로베리 문'이라고 하네요. 이제 좀 쉬어갑시다." ■

교육은 길이다

　정년퇴직하고 돌아보니 교직이 길이었음을 안다. 어떤 길이었던가. 험난했던가. 할미꽃이 고개 숙이고 있는 조붓한 산길이었던가. 희망을 안고 걷는 힘찬 길이었던가. 아무리 생각해도 희망찬 길이 아니었음은 사실이었다. 아직도 풀리지 않는, 그러나 짐작은 가는, 서럽고 어둡기만 한, 아주 머나먼 일 같은 의문의 길이 있긴 하다.

　교육이 길이었음은 간단한 비유를 넘어 깊이 침잠된 함의를 내포하고 있다. 이는 '길道'이라는 개념과 '교육'의 본질적 의미를 깨닫게 한다. 어설프지만 건들기 힘든 나약한 길인 것도 사실이다. 그렇지만 눈을 부릅뜨고 바라봐야 할 의무와 책임도 있다.

　노자와 도가사상에서 '길道'는 만물의 근원이며, 자연의 법칙이자 인간이 따라야 할 삶의 근본 원리라고 주장한다. 이때 '길'은 변화하고 흐르며 존재를 이끄는 근본 질서를 의미한다. 선생들은 여기서 '인간' 삶의 근본 원리'에 천착하고 싶은 애정이 있다. 만약 교육이 '길'이라면, 그것은 단순한 지식 전달이 아니라 삶의 근본 원리를 배우고, 존재의 방향성을 찾아가는 과정이라고 할 수 있을 것이기에 그렇다.

　플라톤은 인간의 영혼이 '무지에서 진리로 나아가는 과정'이라 주장했다. 그러면서 교육을 '영혼의 전환'이라고 보았다. 즉, 교육은 백지에서 진리로 향하는 여정이라는 점에서 그 '길'과 같다.

하이데거는 존재를 이해하는 방식을 '길'로 비유했다. 존재를 탐구하고자 할 때 우리는 사유의 길을 걷게 되며, 이는 끊임없이 '되묻는 태도'를 요구한다. 교육은 이런 존재에 대한 물음을 지속하는 '길'이라는 의미다. 이렇게 동서양의 철학자들의 주장을 빌리면 교육이 길인 이유를 금세 눈치 차리게 된다.

그동안 40년 가까이 교직에서 걸었던 길을 돌이켜 본다. 교육은 결코 완성된 상태가 아니었다. 끝없이 진행 중인 과정이었다. 아무리 노력하고 어떤 수단을 동원하더라도 단번에 목적지에 이르게 할 수 없다는 사실을 깨닫는다. 결국 한 번의 행위가 아니라, 끊임없는 성찰을 통하여 성장하는 여정이었다.

교육의 길은 좌절과 기쁨이 공존하는 '인간성 개척의 길'인 것이다. 교육은 자신을 재발견하는 변화의 여성인 것이다. 이이들은 교육을 통해 자신의 가능성을 실현하고, 세상과 자신을 새롭게 이해하게 되는 과정을 경험하게 된다. 이 길을 걷는 동안 인간(아이들)은 단순한 '지식의 소비자'가 아니라 의미를 구성하는 존재로 변화하는 것이다. 교육은 껍질을 벗는 길 위에서 새로움을 찾게 되는 것이다. 그 과정이 춥고 덥고 다치고 상처를 입게 되기도 하지만 가야만 할 길이고 과정이다.

그래서 어느 순간 훌쩍 성장한 제자를 발견할 할 때가 있는가 하면, 도저히 이해하기 힘든 일탈에 직면하게 될 때도 있다. 그렇게 종잡을 수 없는 밝음과 어둠이 상시 교차하는 어림잡기 힘든 길이 교직의 길이다.

교직의 길이 가르침만이 있다면 혼자 걷는 길일 수 있으나 보다 효과적인 교육을 위해서는 함께 걷는 길을 택해야 한다. 그러니까 내가 선생을 하면서 얻은 것은 주위의 도움이고 협력의 결과였다고 늘 생각한다. 이렇듯 교육이 사회화의 과정이며, 타자와의 관계 속에서 이루어지는 공동의 길이라는 사실을 모든 선생은 안다. 그렇지만 선생의 길은 낮과 밤의 법칙을 지키지 않는 일이 빈번하기에 선뜻선뜻 갈 수 있는 길은 아니다.

바른 교육의 길은 민주적 교육, 대화 중심 교육, 관계적 교육 철학으로 확장할 수 있어야 한다. 이렇듯 교육이 단순히 거두는 성과물이 아닌 것을 알면 가르침에 있어 어떤 개인이나. 집단의 이데올로기에 지배당하는 것은, 영원히 지워지지 않은 상처로써 흉터를 안고 살게 될 수도 있다. 소름 끼치는 일이다.

가장 위험한 것이 잘못된 교육의 결과는 누구도, 언제고 그 증세를 알 수 없다는 것이다. 오랫동안 맑은 물이라고 생각하고 섭취했는데 자신도 모르게 몸속에 유해 물질이 쌓이는 현상과 같은 것이다. 그로 인해 어떤 손해를 입게 되는 지는 아무도 알 수 없다. 분명 원인은 있었지만, 그 원인이 어떻게 작용하는 지는 단연코 쉽게 발견할 수 없다. 아니 모르고 죽을 수도 있기에 그 폐해는 당대가 아닌 후대에까지 미칠 수 있다.

결국 '교육은 길이다'라는 선언은 교육이 도달해야 할 목표가 아니라, 끊임없이 걸어가야 할 존재론적 여정이기에, 교육은 백 년을 기다리는 것이고, 검증되지 않은 목적을 갖고 변화시키려는 목표를 가져서는 안 된다고 말하고 싶다.

이 길 위에서 인간은 자신을 새롭게 사유하고, 세상과 관계 맺으며, 끊임없이 '무엇이 좋은 삶인가'를 질문하는 과정에서 성장하게 된다. 따라서 교육은 단순한 준비 과정이 아니라, 삶 그 자체이며, 그 삶을 더 깊이 이해하고자 하는 고뇌의 길인 것이다. 교육은 존재를 향한 여정이니 만치 실험의 대상이 되어서는 안 된다.

아무래도 선생은 교육의 길에서 고뇌 없이 줍고 취할 수 없다. 늘 만

나거나 볼 수 없지만 제자들이 성장하면서 자신의 뒷모습을 보고 있는 것처럼 생각할 것이기 때문이다. ∎

다 이뤘다. 누구나 하나?

　선생이 학교장이 되고자 하는 이유 가운데 하나는, 학교장이 됨으로써 내가 생각하고 있는 나의 교육 철학을 실천하고 싶고, 그런 방향에서 학교를 경영해 보고 싶은 포부가 있어서일 것이다. 그런 자신의 투철한 교육 철학 없이 성공의 개념으로 집착한다거나 과거 자신이 당한(?) 것으로 인한 복수 의식이 있다면 그런 교장은 학교 선생님들에게 공해와 같은 존재이다.
　특히 그런 교장 중에는 뭔가의 이유로 직진 승진한 사람이 있다. 그런 사람과 굴곡진 길을 돌고 돌아 승진한 사람과의 차이는 경험의 차이도 있지만 배려심이 없다는 사실을 느끼게 할 때가 많다.
　몇몇 교장들의 근무 행태를 들으면 깜짝 놀랄 때가 있다. 근무 시간을 자신의 취미 생활하듯이 온종일 음악을 듣고 붓글씨를 쓴다든지, '결재하면 다 끝난다.'라고 생각한다든지, 심지어 골프 퍼팅 연습을 하는 경우까지 있다.
　"난 교장이 되기 위해 얼마나 노력했는지 몰라. 근평을 받으려고 별별 짓을 다 하고…그래서 인제 쉬면서 내 생활을 즐기기로 했어."
　그 노력이 학교나 교육, 즉 남을 위해서 했다고 착각하고 있다. 학교 구성원들의 도움 없이 승진할 수 있었다는 생각 자체가 놀라운 일이다.
　그런 생각을 하는 교장이 있다면 몇 가지 묻고 싶다.

국가에서 길을 포장한 아스팔트 위를 누군가가 만들어 준 승용차를 타고 학교에 출근하여, 아이들을 가르치고 월급을 받아 내 가족을 부양하는데, 이런 것이 온전히 나의 능력 때문이라고 말할 수 있느냐고 아주 초보적인 질문을 던지고 싶다.

또, 교장이 되어 수업, 담임, 생활 지도, 상담 등으로부터 자유로워진 것이 나의 능력으로 가능했는지. 만약 그런 생각에서 '다 이뤘다.' '아무나 하나?'라는 생각으로 누리려고만 하는 교장은 교직 생활 동안 동료 의식, 교사의 의무, 아이 사랑이 부족했던 선생이라고 생각한다.

특히, 전문직으로 승진한 사람들의 생각은 더 놀랍다. 그들이야말로 자신이 열심히 준비하여 전문직에 선발됐다고 믿는다. 많은 선생님은 말한다.

"지렇게 학교 일은 선혀 하지 않고 오로지 겨우 수업만 하고 전문직 준비하여 합격했다고 으스대는 것을 보면 울화가 치밀어요. 보직도 맡지 않고, 어떻게 하면 담임을 피할까 윗사람에게 손 비비는 모습을 모두가 보고 느꼈는데…"

다행히 지금은 그런대로 몇 가지의 제도를 충족해야 하니까 덜 하지만 그래도 좀 그렇다. 그렇다고 모든 전문직이 다 그렇다는 것이 아니다. 어쩌면 더 열심히 하면서 준비하는 선생님들도 많다.

"난 다 이뤘어."

라고, 말한다. 이 또한 얼마나 경악스러운 말인가. 우습고 가당치 않다. 그러면서 교장을 해보니까

"누구나 하나?"

라는 생각이 들더라고. 나 정도 돼야 한다는 투이다.

"다 이뤘다."라는 말과 "누구나 하나?"라는 말은 함부로 쓸 말이 아니다. 고민하고 깊이 성찰하면서 조심스럽게 쓸 말이다. 아니 평생 죽기

전 한 번도 쓸 수 없는 말이기도 하다. 그 안에 개인의 성취, 사회적 규범, 비교 의식, 존재의 의미 등을 담고 있는 강력한 메시지를 내포하고 있다는 사실을 모른 데서 나오는 말이다.

인간은 스스로 의미를 만들어 가는 존재다. 그런 의미에서 승진하여 교장이 되었다는 것은 그의 노력으로 만든 것은 사실이다. 그렇지만 '목표를 달성했기에 존재 이유가 충족되었다'라는 선언인 듯하여 듣기에 거북하다. 생각이 바른 선생님이라면 그것은 결코 그런 성취가 아니라는 사실을 알 것이다. 어쩌면 새로운 비움의 시작을 의미하기도 한다. 그 여백을 채우는 것은 자신의 위치에서 할 수 있는 역할을 찾아 실천한다는 의미이다. 그래서 더 바쁠 수밖에 없는 것이다.

'장 폴 사르트르'는

"인간은 목표를 달성하면 더 이상 '해야 할 자유'가 없어진 상태가 될 수 있고, 이는 오히려 무의미와 허무를 낳을 수 있다."

라고, 주장한다. 그는 철학자이기에 어렵게 말한다고 하더라도 곰곰이 곱씹어 보면 '그렇구나.'라고 생각하게 된다.

불교에서는 집착과 성취에 대한 해탈을 강조한다. '다 이뤘다'라는 말이 욕망의 완성을 뜻한다면, 이는 오히려 해탈과는 반대의 개념이 될 수 있다고 하였다.

사회학적 관점에서 본다면 "다 이뤘다"라는 말은 사회적으로 보상받는 '성공'을 의미할 수 있다. 이때 그것은 사회적으로 승인된 기준(좋은 직장, 돈, 명성 등)에 부합되었을 때 쓰는 말이기도 하다.

교장이 되면 교직에서 성공했다고 보는 것이 무리는 아니다. 선생이 존경받는 위치에 있을 때는 그 말이 맞겠다. 그런데 지금 형편에서 보면 성공한 것인가에 대해 수긍할 수 없다는 생각이 든다. 자학의 결과라고 보는가?

'피에르 부르디외'는 이 말은 문화자본, 경제 자본, 사회자본을 고르게 쌓은 자만이 말할 수 있는 언어라고 말하는데, 과연 선생인 교장이 거기에 이르렀다고 보는가? 교장이 되었다는 것이 다른 누군가에게는 영원히 도달할 수 없는 이상이라는 말인가?

'누구나 하나?'라는 말을 할 수 있다는 것은, 어쩌면 자신의 부족함에 대한 불안의 표시가 우선일 것 같은데, 그것이 아니고 다른 사람의 능력을 과소평가하는 생각에서 나온 말이라고 생각된다.

인간은 끊임없이 타인과 자신을 비교함으로써 자기를 규정하려 한다. 누구에게나 비교 의식에서 비롯된 회의적 질문 속에 빠지게 된다. 또한 이 말을 사회학적 관점에서 더욱 깊이 들여다보면 사회적 계층 이동성, 불평등, 기회균등과 같은 관점에서 던지는 질문으로 생각한다.

예킨대 교육, 고용, 자산에서의 구조적 장벽이 존재한다면, '누구나 할 수 있다'라는 말은 현실에서는 허위의식일 수 있다. 허위의식이란, 현실을 왜곡되게 인식하는 것을 말한다. 노동자의 장시간 노동을, 급여를 준다는 근거로, 즉 나의 급여로 당신은 살고 있으니 군말 말고 일하라는 의식이고, 가난을 개인 탓으로 돌리는 의식을 말한다.

그런 교장의 눈에는 노력하면 성공한다는 의식이 들보처럼 박혀있다. 자신도 노력했으니까, 교장의 위치에 있다는 생각을 신봉한다. 오로지 자기 노력으로 생각한다. 착취 근성이다. 그러면서 교육개혁이나 변화를 수용하려 들지 않는다. 자신의 위치가 흔들릴 요소가 있는 제도는 거부한다. 기득권 세력이 되었고 소위 전형적인 꼰대 근성이 생긴 것이다.

그러면서 선생님들의 희생을 강요하고 그것을 선생으로서의 미덕이라고까지 한다. 그뿐만 아니라 차별의식도 강하고 눈에 띄게 누군가를 편애한다. 자신이 성공했다는 의식에서 나오는 특성이다. 거짓된 생각이나 지나친 자기 확신의 결과라고 말하고 싶다.

어떤 사람이 '다 이뤘다.'라고 말할 때, 우리는 물어야 한다. 또 '누구나 하나?'라고 빈둥대면 거침없이 '당신의 능력을 생각해 보셨나요?'라고 물어야 한다. 다른 사람에 비해 능력이 출중하여 교장이 되는 것이 아니라고 단언한다. 조용히, 묵묵히 일하면서 승진에 대해서 여러 가지 사정으로 인해 꿈도 꾸지 않은 선생님들이 많다.

'다 이뤘다.'와 '누구나 하나?'란 두 문장은 서로를 비추는 거울과도 같다. 한쪽은 개인 완성의 언어이고, 다른 한쪽은 사회적 조건을 묻는 질문으로 보이기 때문이다. 여기서 성취의 개인화와 불평등의 집단화가 대비되어 비친다. 누구나 이룰 수 있다면, '다 이뤘다.'라는 말은 개인적 의미를 잃는다. 반대로 누구도 이룰 수 없다면, 그 성취는 구조적 우연과 특권의 결과로 해석될 수 있다는 사실을 그 두 거울에서 볼 수 있다.

교장들은 이런 사실을 두고 새로운 생각이 아니라고 하더라도 생각을 새롭게 할 필요가 있다. 그러면 새로운 것이 보인다. 할 일을 찾으면 앉아서 취미생활하고 신문 읽으며 보낼 시간이 없다.

교장의 생각을 새롭게 하면 눈에 보이는 것이 다르게 나타난다. 화단 어느 귀퉁이의 꽃이 풀숲에 휘말려 있고, 교무실에 눈과 귀를 두면 교무실 한편에 눈물 흘리는 선생님이 보이고, 쓰레기 처리장 으슥한 곳에서 고통받고 있는 학생을 볼 수 있다.

화장실에서 싸우는 소리가 있고 교사 휴게실에선 가정사로 걱정하는 선생님의 하소연을 들을 수 있다. 때론 학부모의 억지스러운 민원 전화에 쩔쩔매는 초보 선생님의 안절부절이 보일 것이다.

그냥 교장실에서 취미생활 하듯이 보낼 것이 아니라 그 초보 선생님의 민원 전화를 대신 받아주는 역할을 해 준다면 교무실에서 웃음소리가 들릴 것이다.

새로운 하루도 좋지만 새롭게 하루를 만들어 가는 정성이 있다면 학교는 아름다워지고, 교무실은 열정이 넘쳐나고, 학생들은 행복해질 것이며, 학부모는 학교를 신뢰하게 될 것이다. 공교육의 정상화는 거대한 담론이 아니다. 여기에서부터 정상화는 일어난다. 새로운 것이란 없는 것을 찾는 것이고 새롭게 하는 것은 있던 것을 다시 고치는 것이다. 학교장이 할 일이다. ■

우리 교육의 자화상

뉴질랜드의 호텔에서 오클랜드 공항으로 가는 길 건물 꼭대기에 "Education Begins At Home"이란 문구가 광고처럼 붙어 있었다. 아무래도 그 건물은 학교인 듯하였다. 난 그 글귀를 보면서 화들짝 놀랐다. 어쩌면 신기하기까지 했다.

그 까닭은 우리나라의 어느 학교에 그런 문구를 써 붙였다면 학부모나 일부에서 불만스러워했을 것이란 생각 때문이었다. 아마도 학교에서 교육을 제대로 하지 못하면서 책임을 가정에 떠넘기려 한다는 비난이 일었을지도 모를 일이다. 그 글귀의 의미는 '교육은 가정에서부터 시작된다'라고 직역할 수 있을 것 같다. 가정 교육의 중요성을 웅변하는 것이다.

그래서 가이드에게 너무도 당연한 질문을 하였다.

"이 나라는 가정 교육을 매우 중히 여기는 모양이지요? 한국에서 저런 문구를 학교 건물 벽에 써두었다면 한바탕 소동이 나고 금방 지웠을 텐데요."

했더니 그는 한국 교육의 문제점에 대해서 전문가보다 더 전문가처럼 적나라하게 설명하였다.

여러 가지를 말하였지만, 귀에 남아 있는 말은,

"이곳 학부모들은 학교 선생님을 매우 존경합니다. 가정에서 아이들이 듣는 가운데 절대로 학교나 선생님에 대해서 나쁜 말을 하지 않습니다. 그리고 선생님은 참으로 훌륭하다고 항상 아이들에게 말합니다. 그래서 아이들은 학교에서 선생님을 존경하고 따르게 되지요. 그런데 한국에서는 부모가 아이 앞에서 학교와 선생님에 대해서 함부로 험담을 하고 심지어는 욕설까지 한다고 알고 있습니다. 그러므로 학생들이 학교에서 선생님을 존경하지 않고 학교를 불신하게 되지 않겠습니까? 이곳에서는 학교에서 학생이 잘못을 저질렀다면 부모가 가정에서 제대로 교육하지 못했기 때문이라고 생각합니다."

옳다. 과거엔 우리도 그랬다. 맞다. 교육은 가정에서 시작된다. 진정한 배움의 첫 교실은 '집'이다.

"Education begins at home!."

이 짧은 문장은 교육의 본질을 꿰뚫는 깊은 통찰을 남고 있다. 단순히 지식을 넘어서, 한 인간이 사회의 구성원으로서 살아가기 위한 가장 기초적인 인성과 태도는 학교보다는 가정에서부터 자라나기 때문이다.

가정은 첫 번째 교실이다.

갓난아이가 말을 배우고, 식사 예절을 익히며, 어른과의 대화 속에서 존댓말을 체득하는 장소는 바로 집이다. 부모의 말투, 행동, 갈등을 해결하는 방식, 이웃을 대하는 태도는 모두 아이에게 살아 있는 교과서가 된다. 예컨대 부모가 이웃에게 정중히 인사하고, 어려운 사람에게 자연스럽게 도움을 주는 모습을 자주 보여 준다면, 아이는 따로 '예의범절' 과목을 배우지 않아도 일상에서 올바른 인격을 습득하게 된다.

책임감은 가정에서 배운다.

한 초등학교 교사의 일화가 생각난다.

어떤 학생은 매번 숙제를 잊고 핑계를 댔다. 그 아이의 부모는,

"아직 어린데 그럴 수도 있죠."

라며 아이를 감쌌다.

반면, 다른 학생은 숙제를 깜빡했을 때 엄마가

"다음부터는 잊지 않게 시킬게요."

라며 스스로 책임을 지려 했다는 것이다. 이 아이의 부모는 평소 아이에게 '네가 한 일은 네가 책임져야 한다'라는 원칙을 강조해 왔다고 한다. 이처럼 책임감이라는 사회적 덕목은 학교의 훈육 이전에, 부모의 일관된 메시지와 행동 속에서 싹트고 자라는 것이다.

부모는 '모범'이라는 이름의 선생님이다.

가정 교육은 말로만 하는 훈계가 아니다. 말보다 훨씬 강한 교육 방식은 '행동'이다. 정직함, 인내심, 배려심 같은 덕목은 부모가 살아가면서 겪는 현실 속에서 자연스럽게 드러난다. 예를 들어, 장바구니에 있는 영수증에 실수로 계산되지 않은 물건을 발견했을 때 전화하여 값을 계산하는 부모의 모습은 아이에게 정직함의 의미를 각인시킨다. 부모가 자신도 실천하지 않는 도덕을 아이에게 강요한다면, 그 교육은 오래가지 못할 것이다.

가정 교육은 공교육의 토양이 된다.

오늘날 공교육 시스템이 아무리 체계적으로 발전해도, 아이의 인성과 기본 습관이 가정에서 제대로 형성되지 않으면 그 교육의 효과는 반감될 수밖에 없다. 학교가 씨앗을 심는다면, 가정은 그 씨앗이 뿌리를 내릴 수 있도록 물과 햇볕을 주는 역할을 학교와 함께 하는 것이다.

이렇듯 '교육은 가정에서 시작된다.'라는 말은 단지 관념적인 이상론이 아니다. 실제로도 수많은 교사와 교육 전문가들은 아이의 태도와 성향이 가정환경에 의해 얼마나 크게 좌우되는 지를 경험을 통해 알고 있다. 아이를 키운다는 것은 단지 생계를 책임지는 것이 아니라, 삶의 첫 교사의 책임을 지는 것이다. 진정한 교육은 교과서 이전에, 그리고 교실

바깥에서부터 시작된다. 집이라는 공간이 아이에게 가장 따뜻한 교실이자, 가장 강력한 교육의 마당이 되어야 한다.

가이드는 계속 말을 이었다.

"어제 농장 체험을 하는 아이들을 보셨지요? 한국의 아이들처럼 안경을 낀 학생들이 많던가요? 굉장히 드뭅니다. 거의 없습니다. 그리고 애들의 표정을 보셨지요? 한결같이 해맑게 웃는 얼굴들이었잖아요. 한국에서처럼 놀 시간이 없을 정도로 공부하지 않기 때문이지요. 초등학교 입학일이 따로 있지도 않아요. 입학할 나이가 되는 해의 생일날 학교에 오게 되면 자동으로 입학이 되고 학생이 됩니다."

그러자 대전에서 여행 온 여성분이 물었다.

"예? 그러면 학습 진도는 어떡하죠?"

그는 대답했다.

"한국에서는 학습 진도 때문에 어렵겠지요. 그러나 이곳에서는 저학년의 경우 학습 진도란 개념이 없을 정도로 뛰어놀고 친교 하는 가운데 친구에게 고통을 주는 행위는 잘못된 것이며, 책임을 져야 한다는 것 등을 깨우치도록 하는 학교에서의 기본 생활에 대한 교육 등으로 채워져요. 아이들이 생활하면서 다툼이 있으면, 한국처럼 무조건 피해·가해 학생을 격리하고 배제하는 것이 아니라 잘못했으면 사과하고 또 사과를 받아들이는 것을 일상에서 깨닫도록 하는 것이죠.

그런 교육을 받게 되면 규칙을 지키고 잘못하면 부모와 함께 응당 책임을 져야 한다는 의식이 투철하게 되지요. 이들은 학교에서 친구를 폭행하거나 장난치는 기준을 잘 알아요. 한국의 아이들은 폭력과 장난을 구별하지 못한다는 말을 들었어요. 학교에서 윤리적 가치 기준과 인권과 민주주의를 존중하는 인성을 기르기 위해 시간을 많이 할애하고 있어서 동료를 폭행하고 장난이라고 둘러대는 아이들은 없어요."

가이드의 설명을 들으면서 꿈을 꾸는 듯 한 기분이었다.
 공항에 도착하여 수속을 마치고 탑승을 기다리고 있는데 옆 의자에 초등학교 저학년일 것 같은 남매가 부모와 함께 앉아 있었다. 부럽기도 하고 보기도 좋았다.
 "애들아, 너희들은 참 행복하겠다. 이 아름다운 나라에 부모님과 함께 여행했으니까."
 했더니 누나로 보이는 아이가 말했다.
 "예, 너무 좋았어요. 그런데 사실은 걱정이 많아요."
 "왜? 즐겁게 여행했잖아?"
 했더니 남매가 이구동성으로 말했다.
 "한국에 가면 여행하면서 듣지 못한 학원 강의를 보충해야 하니까 며칠간은 눈코 뜰 새가 없을 거니까요"
 순간 주위에 함께 앉아 있던 일행들의 표정이 확 바뀌었다. 금방 가이드한테서 들었던 말들과 견주어 볼 때 그럴 수밖에 없지 않겠는가? 우리 학생들은 행복할 수가 없겠다는 생각이 치밀었다. 또 호주 시드니에서 가이드가 한 말이 떠올랐다.
 시드니항을 마주 보는 위치에서 오페라 하우스의 전경을 쳐다보기에 가장 좋은 위치에 보기 드문 건물이 서 있었다. 그는
 "저 건물은 어떤 일을 하는 곳이라 생각하십니까?"
 했다. 당연히 돈 많은 사람의 별장이든지 권력기관이 업무를 보는 장소이겠거늘 했다. 그런데 그곳은 초등학교 건물이었다. 그러면서 자라나는 아이들이 시드니항과 오페라 하우스를 건너다보면서 자신의 꿈과 예술의 끼를 키울 수 있도록 가장 잘 보이는 장소에 학교를 세웠다는 것이다.
 과연 우리는 어떤가? 학교에서 애들이 마음껏 뛰놀 운동장이 없을 정

도이며 있다고 하더라도 사욕에 찌든 어른들이 차지하고 있다. 체육관이나 강당도 마찬가지다. 어른들이 자신의 사교와 건강을 위해서 땀 흘리는 곳이고 아이들은 그저 그 광경을 구경할 겨를도 없다.

우리의 현실은 어른이 되어서야 건강을 위해서 노력한다. 부모로서 자녀들의 건강은 중요하게 생각하지 않는다. 공부만 열심히 하면 건강은 나중에 살 수 있는 물건쯤으로 치부하고 있다. 하긴 아이들이 그곳에서 운동할 시간이 어디 있겠는가? 그 시간에는 학원에 있어야 하는데. 그 핑계로 어른들이 차지하고 있다.

이보다 더한 일도 있다. 아름다운 학교를 만들겠답시고 학교 운동장을 공원으로 만들겠다고 생각하는 학교장도 있다. 어떤 순기능이 있다고 하더라도 그런 발상을 하면서 교육하겠다고 말한다면 모순이 아닐 수 없다. 입시전문가가 아닌 교육자라는 생각을 먼저 해야 한다.

그런 편협함이 결국 예체능 교과 수업시수를 줄이고 주요 과목만을 채워 대학에 가는 수단에 이용하고 있지 않은가. 교과부가 어처구니없게도 자립형 공사립학교를 미화시키기 위해 수학·영어 과목 우수학교를 발표하면서 그런 학교의 성적이 뛰어나다는 발표를 하였다. 그런 학교를 들여다보면 다른 교과를 희생시켜 대학 입시에 비중이 큰 과목으로 대체하고 있다. 이런 사실을 대부분 사람은 모른다. 성공의 덫에 걸린 학교장이 학교장에게 주어진 교육과정 편성 자율권을 악용하고 있다.

기분 좋은 여행을 마치고 돌아오는 비행기 안에서 부아가 치밀고 속은 부글부글 끓고 있었다. 11시간이 넘은 비행시간임에도 눈을 붙일 수가 없었다. 그런 모순의 일상 속으로 뛰어들어야 한다고 생각하니 가슴이 답답할 뿐이었다.

여행을 마치고 돌아온 학생들이 학원 보충 수업의 부담 없이 새롭게 경험한 세계를 오래도록 음미하면서 행복해하는 시기는 언제 올 것이며, 학부모께서는 그런 자식으로 키우는 것이 바람직하다고 생각할 때는 언제일 것이며, 다른 대상을 차별하면서 얻는 이득의 이면을 스스로 깨닫는 교육자가 웃는 시기는 언제쯤 도래할 것인가. 얼마나 더 기다려야 할까. ■

모든 꿈을 접어야 할 때 무언가를 원망해도 될까?

　교직 생활 2년을 남기고 원치 않은 광주체육고등학교에서 근무를 시작하였다. 그간 교육청에 있으면서 체육고에 대한 무수히 잘못된 일들을 보아왔고 들어왔고 제보를 받았던 터라 체육고등학교의 개혁이 절실하다는 사실을 알고 있었다. 교육감께서 광주체고로 가라고 하실 때도 체육고등학교 개혁을 하겠다고 말했던 터였다.
　가장 시급하게 개혁해야 할 것은 학생 선수 인권 문제, 기숙사 시설 문제, 최저학력 문제, 제2의 직업에 관한 문제였다. 즉 체벌을 비롯한 고질적인 학생 선수 인권 문제에 관한 선수와 지도자와 학부모의 의식을 개혁하는 것이고, 운동만 잘하는 학생 선수가 아닌 공부도 잘할 수 있는 선수의 문제였으며, 운동만 할 줄 알지 운동을 그만두면 다른 것을 할 수 있는 어떤 경험도 없었기에 직업을 위한 또 다른 자신만의 특기를 갖는 문제였다. 기숙사 시설은 학생 선수 인권 차원에서 접근해야 했다.
　3월 한 달 학교 현황을 파악하는데 표현하기 어려울 정도로 엉망이었다. 가장 눈에 띈 것이 기숙사 시설이었다. 기숙사가 아니라 조심스러운 표현이지만 짐승의 우리와도 같았다. 선수들이 생활하기에는 너무 열악하였다. 집에서 화장실 정리가 안 되면 그 집의 모든 일이 잘 풀리지 않는다는 말처럼, 선수에게 먹고 자는 시설이 나쁘면 정서적으로나 신체적으로나 위협을 받을 수밖에 없다.

특히 안락한 잠자리가 아니면 그 고된 훈련 뒤 회복이 더딜 수밖에 없는 것이다. 운동선수에게 회복이란 어떤 것과도 바꿀 수 없는 중요한 훈련 과정이다. 훈련, 휴식, 회복은 훈련의 범주에 있다.

피로가 쌓인다는 것은 피로회복이 덜 된 상태에서 무리한 운동량을 처방하기 때문이고 이 요소가 경기력 저하는 물론 슬럼프의 요인으로 작용하는 것이기에 훈련보다 중요한 것이 훈련 이후의 회복 문제이다.

우선 교장이 할 일은 그동안 방치된 기숙사 시설을 개선하는 것이었다. 앞서 언급한 문제는 교장이 길을 제시하고 구성원들이 함께 풀어야 할 문제들이다. 교육감께 건의하였다.

첫째 기숙사 환경 개선, 둘째 학생들의 정서발달과 제2의 직업을 위한 합창반과 기악반을 운영하는 문제였다. 기숙사 환경 개선은 예산이 반영되면 되고 두 번째는 예산, 지도자 확보와 함께 학교에서 계획을 잘 하면 되는 문제였다. 운동선수들이고 기숙사 생활을 하다 보니 폐활량이 좋고 방과 후 시간 활용이 쉬울 뿐만 아니라, 체육 중학교부터 하게 되면 6년을 단련할 수 있어 어느 정도의 수준에 이를 수 있을 것이다. 얼마든지 지도할 수 있는 시간이 가능했다.

사실 학생들의 일반적인 노래 실력은 대단했다. 다양한 면에 끼를 갖고 있는데 이들에게 그 끼를 끄집어낼 기회를 주지 않고 있을 뿐이었다. 그렇다 보면 나중에 성악가도 나오고 연주자도 나올 수 있는 문제였다. 합창단원이 되고 뮤지컬 가수도 될 수 있으며 대중가수가 될 수 있는 기반을 닦는 문제였다.

운동이 끝나면 할 일 없이 기숙사에서 시간을 보내는 학생들을 볼 때 방과 후나 저녁 식사 후에 그들에게 제2의 특기 활동을 하도록 하고 싶었다. 특히 운동선수이기 때문에 리듬에 민감하고 신체 동작이 자유로워서 가수가 되기에 좋은 조건을 갖추고 있다.

광주 극장에서 "헬로우! 오케스트라" 영화를 보면서 나의 머리는 온통 그 생각이었다. 체육 중·고 교장들에게 여러 번 이야기 했으나 반응이 없었다. 고 이태석 신부님이 남부 수단에서 의료봉사 중 방치된 아이들에게 음악을 가르치면서, 브라스밴드를 만들어 그들에게 희망을 주는 장면을 보면서 꿈에 부풀곤 했다.

나의 꿈은 순진하기면 했다. 겨우 곰팡이가 덕지덕지 낀 기숙사 도배를 하고 더운 여름날에도 십 수명이 바닥에서 엉켜 자는 고통을 덜어주기 위해 침대 몇 개 설치해 주는 것으로 다했다.

요로를 통해 예산 확보를 위해 노력했으나 수억 원도 아닌 예산을 그들은 외면했다. 필요성을 설명하면서 건의했지만, 대형 휴게실 겸 음악 감상실 신설은 어림도 없었고, 내가 할 수 있는 일이라고는 외부 곳곳에 벤치를 설치하고 거기에서라도 운동 후에 앉아서 휴식하고 동료들과 교감할 수 있도록 해 주는 것뿐이었다. 벤치 주위에 음지 식물을 심고 그들이 꽃과 식물을 보면서 위로받을 수 있도록 해 주는 것이었다. 그것도 부족했다.

교장이 할 수 있는 일은 돈 들지 않고 개선할 수 있는 학생 선수 인권 문제 개선뿐이었다. 박사 학위 논문에서 "스포츠 행위의 윤리학적 고찰"이란 제목의 전국 최초의 운동선수 인권 문제를 다뤘다. 스포츠 행위를 윤리학적 관점에서 바라볼 수 있도록 하고 그동안 터부시 되어왔던 스포츠 윤리 문제의 실정을 파헤치는 문제였다. 양적·질적 연구를 병행하였다. 스포츠 행위의 윤리적 문제 실태를 파악하기 위해 설문 조사를 했을 때 현장에서 엄청난 저항과 방해를 받아야 했다.

운동선수 출신이 어떻게 스포츠 행위자들의 치부를 파내려 하느냐고 힐문 받기 일쑤였고 설문을 할 수 없도록 하기도 했다. 그때 파헤친 실상은 심각했기에 스포츠 행위자 교육을 통해서 바꿔보고자 했었다. 그리고 스포츠 윤리학이란 학문을 정립하고자 했다.

 광주체육고등학교에 부임해서 들여다본 운동선수 인권 감수성은 그때나 지금이나 별반 달라진 것이 없다고 생각했다. 그래서 우선 지도자들을 대상으로 그 문제를 집중적으로 부각했고 침해 행위가 있으면 엄벌할 것이라고 말했다. 이어서 전 학생들을 모아놓고 침해받았을 경우 곧바로 신고할 것을 누누이 당부하였다. 특히 문제 해결이 안 되면 교장실로 바로 와서 상담할 것을 주문했다. 의식개혁이 우선이었다. 학부모에게도 가정 통신문을 통해 적극 동참을 부탁하였다.

 3월 말부터 학생들의 교장실 출입이 줄을 이었다. 학교장이 자신들 편에서 도움을 줄 것이란 신뢰가 생겼던 모양이다. 그중에서 가장 심각한 것은 체벌 문제였다. 조사한 결과 진술서대로 사실이었고 지도자(코치)도 인정했다. 교장은 지도자에게 수년 동안 심각할 정도의 체벌과 사적 일을 시키는 등의 가해가 일상화되었고 내가 부임한 이후도 폭력이 계속되었으니 해임할 것이라고 통보하였다.

 그는 바로 숙소에서 짐을 꾸려 도망치듯 가버렸다. 어떤 징계도 할 수 있는 여유도 주지 않았다. 가면서 그는 교장실에 들러 '반드시 복수할 것이다.'라면서 교장실 문을 발로 차고 소리쳤다. 그를 학교체육소위원회에 회부하기 위해 여러 번 연락을 취했으나 연락을 받지 않았다. 지도자의 신분은 민간인이었고 임면권은 학교장에게 있다.

 어렵게 새로운 지도자를 임용했다. 프로팀을 맡은 경력이 있어 더욱 만족했다. 그리고 전남 출신이라 믿음이 컸다. 외부 출신 지도자는 선수들을 유출하는 일들이 빈번히 있어 왔기에 신경 쓸 수밖에 없었다. 그를 교장실에 불러 놓고 당부하였다. 전임 지도자의 해임 사유와 성비리에 대해서 명심할 것을 신신당부했다.

그의 지도력은 뛰어났고 특정 선수를 편애하지도 않았으며 선수기용도 적절했다. 전임 지도자에 대한 불만은 특정 선수가 시합 중 실수해도 그를 교체하지 않는다는 것이었다. 단체 경기에서 선수들의 그런 불만은 치명적이다. 새 지도자는 그 선수를 적절히 기용했고 그 선수는 자신을 교체하는 것에 큰 불만을 표했다. 결국 전국 규모대회에서 창단 후 첫 우승을 하였다.

그 외에도 교장에게 많은 투서와 신고가 들어왔으나 사안들이 조사 결과 대부분 무고였다. 그러나 또 다른 사건들에 대한 소문들이 꼬리를 물었다. 특히 성 비리에 관한 문제였다. 몇 년 전부터 무성한 소문이 돌았다는 것이다. 나중에야 알았으나 그 소문은 모두가 사실이었다.

전임 관리자들과 감독교사들도 다 알았음에도 불문에 부쳤다는 것이다. 그들은 임기도 채우지 않고 부랴부랴 타교로 전출을 희망했고 주위에서는 '문종민이가 똥 치우러 갔다.'라는 평이 나돌았다. 그런데 난 그것을 피하지 못하고 밟고야 말았다.

두 건이 드러났다. 한 건은 그렇게도 신신당부했던 지도자가 저질렀다는 것이고, 중학교 지도자는 몇 년 전부터 있어 왔는데 그때야 조사를 하게 된 것이었다. 새로 부임한 지도자의 성 비위는 전지훈련 가서 일어났다는 것이다. 운동하고 난 뒤 모든 선수와 학부모가 보는 앞에서 허벅지 근육의 부피를 손으로 쟀는데 그것이 기분 나빴다는 피해자들의 진술이었다. 그는 시합 때 자신을 교체하는 것에 대해 큰 불만이 있었던 학생이었다. 가해자는 그런 의도 전혀 없었다는 것이다.

꿈을 접어야 할 때 우리는 뭐라고 말할까? 원망해도 괜찮은 것인가? 정년을 2년을 남기고 소박한 꿈을 접어야 했다. 체육고등학교의 개혁을 위한 눈에 보이는 성과도 낳지 못했다. 정년퇴임을 위해 준비했던 것들도 포기해야 했다. 조그만 장소를 대여해서 가곡 발표회를 하고 싶었다. 그리고 그동안 써 온 글을 토대로 책 한 권 펴내 기념회 겸해서 퇴임식으로 가름하고 싶었다.

　그러나 그럴 수 없었다. 모든 사람 앞에 난 죄인처럼 생각되었다. 그들 앞에서 나는 사람이 아닌 사물이었다. 그것도 아주 천대받은 부지깽이이었다. 고개 숙이고 살았다. 그리고 조용히 40년 가까운 세월을 바쳤던 학교 현장을 떠났다.

　한 많은 교직을 마감하였고 정작 학교를 그렇게 망쳐 버리고 도망갔던 교장은 1년 뒤 교육청 과장으로 영전하였고 직속 기관장을 하였다. 그것도 원장 6개월 만에 구린내가 제거된 향기 나는 체육고등학교 교장으로 또 발령받은 것을 목도 해야 했다. ■

뜻에 맞는 임금님을 만난다는 것

 우리는 언제 뜻에 맞는 임금님을 만날 수 있을까. 아니 유구한 역사 속에 백성의 뜻에 맞는 임금님은 몇 명이나 있었을까. 백성의 뜻과 상관없이 세습되는 군주 시대에는 폭군을 만나도 참고 견뎌야 했다. 백성이 간택할 수 없었기 때문에 나라도 주권도 모두 임금님 것이었기 때문일 것이다.

 그러나 해방 후 비정상적인 뇌의 구조를 가진 독재자를 빼면은 우리는 지도자를 우리의 힘으로 분간分揀하여 선택했다. 그랬음에도 간택을 잘못 해석하여 국민을 힘들게 하였다. '자라 보고 놀란 가슴 솥뚜껑 보고 놀란다.'라고 최근에 우리는 가장 아픈 트라우마에 맞닥뜨려야 했다.

 우리가 우리의 지도자를 간택할 때가 되면 마음속에 품은 하나의 바람만은 절대 지워지지 않는다. 나의 말이 헛되지 않고, 나의 손이 쌓은 일이 땅에 묻히지 않으며, 나의 뜻을 알아주는 주군을 만나는 것. 나의 간택이 무참히 뭉개지지 않고 흉기가 되어 나의 가슴을 찌르지 않기를 농부가 봄비를 기다리는 것처럼 소박하지만 간절한 마음으로 기도한다.

 지금이 군주 시대라면, 어느 신하는 성군을 만나 이렇게 말했을 것이다.

「마침내 그를 만났다. 번듯한 궁궐도, 화려한 위엄도 아니었다. 그분은 내 말을 끝까지 들었고, 내가 꾼 꿈에 '그것이 옳다.'고 말해주었다. 나는 그 순간, 내 지난날들이 헛되지 않았음을 알았다. 내 안에 오랫동안 눌려왔던 숨결이 터져 나왔다. 그분과 나는 말이 아니라 뜻으로 통했고, 지시가 아니라 공감으로 끄덕였다.」

또 어떤 신하는 이렇게 말했을 것이다.

「뜻에 맞는 임금님을 만난다는 것은, 세상이 바뀌는 시작점이다. 백성의 고단한 삶을 함께 품고, 정의로운 결정을 내릴 줄 아는 마음을 지닌 이, 그 곁에 설 수 있음은 백성으로서의 영광임은 물론이고, 인간으로서의 복이다. 이제 나는 두려움 없이 나아간다. 그분의 시대에, 나의 손과 발이 헛되지 않음을 믿으며. 뜻과 뜻이 마주한 이 순간이, 내 생에서 가장 밝은 날이 되기를 기도한다.」

초야에 묻혀 살던 신하는 하늘을 향해 이렇게 소리쳤을 것이다.

「천하에 임금은 많으나, 진실로 뜻을 같이할 수 있는 임금은 드물도다. 신이 조정 밖에서 세월을 묵묵히 보내며 오직 한 가지 소망이 있었으니, 곧 어진 군주를 만나 나의 충정을 다하고자 함이었나이다. 세상이 어지럽고 도의가 땅에 떨어졌을지언정, 신의 가슴 속뜻은 한 번도 꺾인 적이 없었나이다.

하늘이 감복하시었는지, 마침내 성군을 뵈옵게 되었나이다. 그 말씀에는 위로가 있고, 사사로움이 없으시며, 백성의 고단함을 부모님의 고난처럼 여기시니, 신이 어찌 감히 물러서리이까. 전하의 말씀이 곧 나의 뜻이요, 전하의 뜻이 곧 백성의 복이 온 데, 이 어찌 하늘의 뜻이 아니리이까.

신이 뜻을 펼 수 있는 터전을 내려주심은, 전하께서 사람을 아시는 덕이요, 작은 자의 진심을 알아보시는 밝은 눈이시니, 이 또한 성군의 도가 아니겠사옵니까. 신은 이제 붓을 들면 전하의 명을 좇고, 발을 내디

디면 전하의 뜻을 따를 뿐이옵니다.

뜻이 통하면 말이 적어도 족하니, 군신이 일심동체 되어 나라를 이롭게 하고 백성을 편케 함이 신의 평생 바람이었사옵니다. 전하와 신의 뜻이 하나로 이어지는 이 복된 인연, 신은 이를 천명이라 여겨 마음 다해 섬기고자 하옵니다. 하늘 아래, 임금과 신하가 뜻을 함께함보다 더 복된 일이 또 어디 있으리이까. 자신을 알아주는 사람과 함께 백성을 위한 일을 할 수 있는 것처럼 행복한 일이 어디에 있겠사옵니까.」

이는 누군가의 용비어천가가 아니다. 잘 못 가고 있는 나라를 구할 메시아를 기다리는 우리들의 바람이다. 백성은 그저 편히 살기만을 원할 뿐이다. 다만 나의 선택이 존중받고, 장사가 잘되지 않아 빈 호주머니로 밤늦게 귀가하더라도, 하늘의 별이 아름답게 보이는 것을 바랄 뿐이다. 나를 기다리는 내 가족을 만나고, 내 침에 누우면 포근함에 '아! 세상 실맛 나는구나.'라고 중얼거릴 수만 있으면 하는 것이다.

간택할 수 있는 권리를 갖고 있는 선량하고 힘없는 백성의 바람이다. 일분일초의 태양 빛이 아깝고, 밭이랑을 비추는 둥근 보름달이 고맙고, 별빛마저 아까운 백성을 힘들게 하는 임금님은 없어야 할 것이다.

우리 편에 대한 절대적 지지

"보고 싶은 것만 보고, 듣고 싶은 것만 듣고, 믿고 싶은 것만 믿는다는 인간의 편견"이 확증편향이라고 한다. 이 표현에는 어떤 의미가 도사리고 있는가. 무릇 편견은 어떻게 발현되는가에 대한 생각을 하게 된다. 만약 인간이 이런 편견에 사로잡히게 되면 능력을 인정하거나 새로운 발견을 하거나 생각을 바꾸는 데 큰 장애가 있을 것이다. 자기 척도로 판단하고 평가하게 될 것은 자명하기 때문이다.

그래서 오랫동안 어떤 주관적 생각과 자기 확신에 빠진 사람들은 사고의 고착화로 인한 선입견이 있다. 그들은 자기편에 대한 편애가 심하여 새로운 모습을 발견하기가 쉽지 않고 인재를 발굴하기도 힘들다.

이와 비슷하게 '이중 잣대'에 대해서 생각해 보게 된다. 이는 상대를 대할 때 같은 상황임에도 불구하고 '상대와의 관계'를 바탕으로 판단하는 경향이 심하다. 즉 내 우리는 깨끗하고 남의 우리는 더럽다고 생각하다 보니 상대의 능력과 철학과는 상관없이 내 편에 서 있지 않은 사람에게는 가혹하게 적용하고 내 편에게는 관대한 일이 벌어지는 것이다. 어쩌면 감성과 이성에 대한 기준도 판단도 애매한 집단의 사람들이라고 말할 수 있을 것이다. 시쳇말로 내로남불이다. 내 편이, 내가 속한 집단이 비리와 관련되면 뭔가 피치 못할 사정이 있어서 그랬을 것이라고 옹호하고, 다른 집단이나 사람은 잠재적 범죄자이고 부패한 무리라는 생각을 먼저 하므로 본보기를 들이댄다. 이런 현상은 지도자에게 치명적인 약점으로 다가온다.

또한 심리학에서 말하는 '선택적 주의'처럼 내가 집중하고 있는 것만 보고 그렇지 못한 것은 보지 못하는 경향을 말할 수 있다. 이렇게 되면 중요한 것들을 놓치게 된다. 그러면서도 정작 본인이나 그 집단은 그것을 인식하지 못한다. 이것은 경험하지 못하거나 순간적이거나 장기간 치우친 생각을 한 부류가 쉽게 범할 수 있는 오류다. 이것을 시행착오로 인식하고 그 착오를 줄이거나 받아들이는 자세면 그나마 다행일 것이다.

대부분 새로운 권력이 들어서면 부정과 비리에 대해 칼을 들이댄다. 개혁이나 자정을 위한 목적이라고 하면서 닦달한다. 부정과 비리를 발본색원하는 것을 잘못되있다고 말한 사람은 아무도 없을 것이다. 그러나 이중 잣대를 들이대는 것이 문제다. 그러면서 정작 그들은 답습한다. 짬짜미의 달콤한 맛을 학습했기 때문이다.

"절대 권력은 절대 부패한다."라고 한다. 위법하다고 남의 편은 잡아넣으면서 자신들은 같은 짓을 저지르기 때문이다. 특히나 절대 권력자 주변의 인물이나 함께 했던 동행자들이 설치는 경우 틀림없이 그런 부패를 순환시킨다.

절대 권력과 싸우면서 외롭고 힘들게 견뎌냈던 사람들이 권력을 쥐고 나면, 그 보상을 어떻게 받을까에 함몰되면 필연적으로 실패한다. 나쁜 정권이나 집단으로부터 원하는 것을 쟁취했으면 다시는 그런 일이 일어나지 않도록 고리를 끊어야 하고 어떤 보상도 원치 않는다면 부패하지 않는다.

우리가 매번 보듯이 그런 사람들은 절대 순순히 물러나지 않는다. 대통령이나 정치적 수장으로부터 그 보상을 꾸준히 요구한다. 백의종군

하면서 뒤에서 돕고 지지 한다면 그 정권이나 집단은 성공한다. 문제는 그런 참된 사람들은 무능하게 판단하고 무시하거나 경계 대상이기에 중히 쓰지 않는 것이다. 그런데 우리가 경험했듯이 어렵게 권력을 쟁취하고 세상을 바꾼 집단의 공헌자들이 먼저 부패한다. 다시 말해 측근이 일을 저지른다. 측근을 중시하거나 같은 생각을 갖고 살아왔고 살아갈 사람들을 데리고 자신들이 꿈꾸던 세상을 실현하고자 함을 누가 비난하겠는가. 그리고 그 꿈꾸던 세상을 이루기 위해서는 같은 생각과 뜻을 갖는 사람들이 곁에서 보좌하는 것은 당연한 일이다.

교육 권력도 나쁜 버릇을 너무도 쉽고 당연하게 차용했다. 교육감 곁에서 같이 가기 위해서, 중심부에 남기 위해서 지지자들이 원하지도 않았던 원칙을 만들어서 무리하게 밀어붙인다. 상식이 되다시피 한 인사 원칙을 고친다거나 또 다른 편법을 택해 원하는 것을 취하면서 그것이 원칙에 반하지 않는다고 강변한다. 개정한(?) 인사원칙에 합당하기에 문제가 없다는 것이지만 문제는 자격이 미달한 자를 위해 원칙을 거기에 맞게 고친다는 데에 있다.

그런데 이미 준비한 사람들은 해당하지 않거나 기회가 주어지지 않는다는 것이다. 심지어 다른 사람에게는 그 원칙이 잘못되었다고 하는 것이다. 이것이 같은 자[尺]를 갖고 사람이나 대상에 따라 달리 측정한다는 것이다. 어떤 대상에게는 100cm가 되고 어떤 대상에게는 99cm가 되는 것이다. 누구에게는 고무줄 자를 써서 길이를 더 길게 측정하거나 줄이고 누구에게는 철제 자를 쓰면서 만약의 부정에 대비하겠다는 것이다. 이것은 신뢰와 공평을 깨는 행위이다. 그러니 능력 있는 선생들이 '너희들끼리 잘해 먹어라.'라는 심리가 발동하여 조직이 효율적으로 움직이지 않게 되는 것이며 그 피해는 고스란히 학생들의 몫이 된다.

상대를 인정하고 같이 간다는 것, 즉 상생하는 것만이 이중 잣대의 늪에서 헤어날 방안이다. 상생하지 않고 같은 집단끼리 패거리를 이루면 실패한다. 자기편에 대한 절대적 지지는 견제와 균형을 잃게 되어 잘못되어 가는 과정을 스스로 알기가 힘들다. 그것이 결국 절대 부패 권력을 만든다.

많은 교육 가족은 희망에 부풀었던 때가 있었다. 이제 어떤 사적 잣대에 의해 이득을 보는 일이 교육계에서는 사라지나 했다.

구관이 명관이라고 이구동성으로 불만을 터뜨릴 때 그들만의 관행을 다시 만들고 패거리는 더욱 견고해지는 실태를 보면서 한숨을 지어야 했다.

'스펙은 중요하지 않다.'라고 말하면서도 상황에 따라서 그 스펙을 말하는 것을 보면서 머리가 나쁘지 않고는 저럴 수가 없다고 좌절했던 적이 있다. 말을 함부로 한다는 깃은 거짓말한다는 것과도 일맥상통하고 과거에 했던 말을 뒤집는다는 것이다. 또 지키지 못할 말을 했거나 잊었든지 둘 중 하나다. 내 편에게는 스펙이 필요 없고 배제할 사람이 우리 편과 겨루고 있을 때는 필요하다고 말한다. 필요에 따라서 왼쪽 호주머니에서 꺼내 들고 또 다른 필요가 생기면 오른쪽 호주머니에서 꺼내 드는 것이다.

내 편에 대한 믿음, 늘 같은 생각을 똑같게 하는 사람들끼리의 집단, 자신들이 신봉하는 논리를 공유하며 만나고 같은 생각을 하면서 잘 모르는 집단과 개인과는 상종하지 않는다. 이는 생각을 바꾸지 않겠다는 것이다. 뇌과학자들의 주장처럼 "생각을 바꾸는 것이 뇌의 입장에서는 고통이어서 바꾸는 것을 피하려 한다."가 아니고 '우리끼리'가 깨지는 것이 두렵기 때문이다.

현명한 리더는 만나보고 판단하고 아둔한 리더는 믿고 나서 판단한다. 이러니 생각을 바꿀 수가 없는 것이다. 자기 판단으로 믿었던 사람에 대한 확증을 견고히 할 따름이니 바른 판단이 발 붙일 수 없는 것이다.

그런 리더는 정의도 실현할 수 없고 공정에 대한 잣대도 필요 없으며, 청렴도 말할 자격이 없다. 공정하면, 즉 자[尺]가 항상 같은 자[尺]면 신뢰는 따라오는 것이다. 과정이 정의롭지 못한데 어떻게 결과가 공평할 수 있겠는가. 아이들만을 가르치면서 살아가고 있는 선생들은 먼 나라의 얘기이니 그런 아픔을 참고 견딘다. 아니 그냥 외면하니까 그런 사실도 모르는 것이다.

그런 와중에 득을 취하려고, 눈에 들기 위해, 한 자리 구걸하기 위해 어떤 일도 마다하지 않은 선생들을 보면서 "나는 아이들만 열심히 가르치면 돼"라면서 절념絶念하는 선생들은 사람이기 때문에, 선생이기 때문에 참고 사는 것이다. 교육 권력은 그것을 즐기면 안 된다. 아둔하기까지 한 권력은 필연적으로 실패한 권력이 될 것이기 때문이다.

매사 기준이 바람의 방향에 따라 흔들린다. 지금의 화려한 파티가 언제까지 계속될 것인가. 파티 후의 아수라장이 눈에 보이는 듯하다. ■

우리에게 청백리는 없는가?

 청백리라 한다고 재물에 대한 욕심이 없고 곧고 깨끗한 관리를 말하는 것은 아니다. 그랬으면 오죽 좋으련만 난 그냥 깨끗하고 합리적이며 모두를 '우리'라는 생각으로 위하는 권력자를 말하고 싶다. 아니다. 그것도 욕심이라면 조직원이 편하게 자기 일을 묵묵히 할 수 있도록 기댈 언덕이 되어주는 것으로 만족하겠다고 전제한다.
 옛말에 '곳간이 가득 차야 예절을 안다.'라는 말이 있다. 인간은 경제적 여유, 즉 생활이 안정되어야 비로소 도덕과 예절을 생각할 수 있다는 뜻이다. 궁핍하고 배고픈 상태에서는 예의나 도리를 지키기 어렵다는 현실적인 인간 본성을 드러낸 속담이지만, 가난이 불편하다는 것이고 사람 구실은 돈이 한다는 격언이다.
 또, '배가 불러야 도덕도 있다.'란 말도 있다. 굶주린 사람에게 도덕을 말해도 공허할 뿐이다. 최소한의 생존이 먼저라는 뜻이나 가난 앞에 염치를 따지는 것은 배고파 보지 못한 사람의 사치스러운 말이다. 가난은 죄가 아니지만 숨길 수 없고 예절을 생각 못 하게 한다는 것이다. 의식주가 해결돼야 인격이 있다는 것이다. 억울하고 안타까운 일이지만 인간의 인격과 교양까지도 기본적인 삶의 안정 위에서 빛을 발한다는 뜻이니 금강산도 식후경인 셈이다.
 여기서 논하는 가난은 법정 스님께서 말씀하신 가난과도 같은 듯하나 근본적으로 다르다고 본다. 다만 그 가난을 어떻게 생각하느냐에 따라 달라질 수 있겠다. 즉 법정 스님께서는 가난을 경외하신 성인이시다. 특히 마음의 가난을 말씀하신 것이다. 우리가 가난함을 두려워하는 이유는 아무래도 마음의 욕심 때문이리라. 그래서 그 가난은 재물과의 관계인 것이다. 비교하는 것이 죄스럽다.

그래서인지 언제부턴가 우리는 가끔 이렇게 말한다. "관리자는 경제적으로 여유가 있는 사람이면 좋겠더라. 그래야 허천대지 않을 테니까." 지금 이 말이 옳거나 유효한지는 의문이다.

유사한 옛말을 살펴보면 '재물 앞에 충신 없다.'와 '먹이 앞에 충견 없다.'라는 말이다. 재물은 임금님에게 충성하는 것보다 우선이고 아무리 말 잘 듣는 개도 먹고 있을 때 건드리면 주인도 문다.

세상이 변했다. 생각도 변하고 진리도 바뀌고 옛 격언은 지금에 와서는 그 의미가 무색하다. 범죄는 가난에서 오는 경우가 많다는 데 경제사범은 돈 있는 자들의 전문 범죄인 것 같다.

"왜 돈이 그렇게 많으면서 저런 범죄를 저지르지?" 할 때가 한두 번이 아니다. 어느 사람 같으면 저 정도의 권력이 있고 재산이 있으면 그것으로 만족할 것 같고 존경하는 사람, 은혜 입은 사람, 좋아하고 친한 사람들에게 도움도 주고 밥도 살 수 있으며, 고품격 인격을 뽐낼 수 있을 것 같은데 이해할 수 없을 뿐만 아니라 안타까울 때가 있다.

오래 정치인으로 핍박받고 권력 주변부를 전전하며 살던 사람이 권력 중심부로 진입하면 그간의 고생을 생각하면 아무런 미련 없이, 욕심 없이 정치를 잘할 것 같은데 그렇지 못한 정치인이 많다. 그런 정치인의 몰락을 보면서 어처구니없고 허탈하다.

살면서 권력과 돈의 주위에서 서성이다 보니 내 생각이 순진할 따름이라는 사실에 절망한다. 특히 교육 권력에 대해서 그렇다. 어차피 정치인은 '후흑학'을 천착해야 하니까 상관없지만 너무 잦다 보니까 실망을 넘어 버렸다.

이런 문제는 돈과 권력의 관계를 살펴보면 참 흥미롭다. 훌륭한 리더가 탄생하면서 우리는 희망에 부풀었다. 인사 등 몇몇 문제를 제외하면 박수를 받았다. 인사 문제야 인사권자의 권한이고 선거에 도움을 준 사람을 중용하는 것은 당연하기에 그렇다.

더구나 그들은 확고한 철학이 있는 듯 보였다. 모든 교직원은 열린 기회 앞에 신명 나게 일할 수 있으리라 생각했다. 그 기대는 시간이 지나면서 거품이 꺼지기 시작했다. 요직은 끼리끼리 돌려막았다. 그래서는 안 되는 것이었다. 기대에 찬 교직원의 눈동자와 불가능할 것 같은 선거에서 이기게 만들어 준 시민들의 기대를 생각하면 그러면 안 되는 것이었다.

인간이라면 신세 지면 갚는 것이 인지상정이다. 동양 문화권에서는 더욱 그렇다. 시간이 가면서 거칠어졌다. 그 상황을 본 대부분의 교직원 들은 눈을 돌렸으나 눈치 빠른 이들은 잽싸게 변했다. '찬스'를 쓰기 위해 혈안이 되었다. 결국 그 '찬스'라는 용어는 그런 기회주의자들로부터 확인됐다.

교육 가족과 시민들의 전폭적인 지지에 힘입어 등장한 교육 권력은 '찬스'를 잘 못 사용하여 레드카드를 받았고 비참하고 부끄러운 모습으로 생각도 모습도 형편 없이 변하여 퇴장해야 했다.

'처음처럼'이 참으로 어려운 모양이다. 초심이 지켜진 권력은 거의 없었던 것 같다. 교육청 간부와 교장을 주된 공격 대상으로 삼았던 그들이 상황이 바뀌어 그 역할을 담당하면서 "해보니까 그것이 안 되더라. 그렇게 할 수밖에 없었던 것 같더라."라고 했다는 말이 회자하면서 쓴웃음을 지어야 했지만, 독은 깨진 뒤였다.

청백리는 정녕 없는 것인가란 물음은 언제까지 유효할까? 다시 새겨 보자. "창고가 가득 차야 예절을 알고, 의식이 풍족해야 영욕을 안다(倉庫實則知禮節, 衣食足則知榮辱)"라는 말은 사마천史馬遷의 '사기 열전' 두 번째 편인 관안열전管晏列傳에 나오는 말이라고 한다. 지금으로부터 2천1백 년 전 중원의 춘추전국시대나 지금이나 사람 사는 이치와 모습은 그다지 변하지 않았나 보다. 최소한 재물과 권력 면에서 그렇다.

 우선은 자신과 가족의 생계를 위해 노력하다가 원하는 것이 해결되면 여유 있게 생활하다가도 다 만족하면 욕심이 커져서 오히려 빼앗으려 드는 것이 인간인 모양이다. 사람들이 이익 추구에만 골몰하는 것에 대해 혐오했지만, 가난을 싫어하고 이익을 구하는 것이 인간의 속성이니 그만 한숨으로 대신할 수밖에 없다.

 "천하 사람은 모두 이익을 위해 기꺼이 모여들고, 모두 이익을 위해 분명히 떠난다."

 라는 사마천의 글은 그냥 나온 게 아니다. 단순히 현실주의적인 관점이 아니라, 사람의 본성에 대한 깊은 통찰의 결과다. 현세를 감동하게 할 청백리가 기다려진다. ■

광주교육, 겉만 타고 속은 익지 않았다

고구마를 활활 타는 장작불에 구우면 십중팔구 겉은 타고 속은 익지 않는다. 그러나 장작불이 타고 난 뒤 재에 묻어둔 고구마는 시간이 걸리긴 해도 겉도 타지 않을 뿐만 아니고 속도 잘 익는다. 아무리 급했더라도 장작불에 고구마를 굽는 우는 범하지 않아야 한다.

이는 단순한 사실을 얘기하고 있지만 그 함의를 따지면 심오하다. 즉, 겉으로 보기에는 다 된 것 같지만, 실제로는 아직 준비가 덜 되었거나 본질적인 변화나 성숙이 이루어지지 않았다는 뜻이다. 이는 형식주의나 겉치레에 대한 비판으로 외형은 그럴듯하나 실제 내용이나 본질은 부실하다는 의미다. 겉으로는 열심히 일하는 척하지만 실제로는 성과가 없고 제품이나 제도 또한 포장만 그럴듯함이다.

또 미성숙이나 성급함에 대한 경고의 의미도 있다. 내실을 다지지 못했는데도 마치 완성된 것처럼 행동하는 것에 대한 경계를 의미한다. 아직 경험이 부족한데도 자만하거나, 제대로 준비되지 않은 상태에서 일을 시작하는 경우와 비교된다.

이어서 인내와 진정한 준비의 중요성을 강조하는 데서 나온 말이다. 올바른 성장은 외형이 아니라 내면의 성숙에서 비롯된다. 사람을 평가할 때도 겉모습이나 말보다는 진정한 실력과 인격을 봐야 한다는 교훈을 준다. 교육적 함의를 생각해 본다면 교육이나 학습에서 단기적인 결과만을 좇으면 안 되고, 깊이 있는 내면의 이해와 성장을 추구해야 한다는 교훈이 담겨 있다.

이 질문을 확장해 본다면 '겉도 타지 않고 속도 잘 익으려면'이란 비유가 가능하다. 이는 정책의 형식과 실질, 단기성과 장기성, 보여 주기와 실효성 사이의 균형을 어떻게 잡아야 하는지를 묻는 말로 해석할 수 있다. 이 관점에서 정책 입안과 실천에 있어 겉도 타지 않고 속도 잘 익게 하려면 몇 가지 필요한 핵심 요소들이 있다.

첫째, 철저한 기초 조사와 문제 진단이 있어야 한다. 두 번째, 장기적 비전과 단기적 실행계획의 조화를 찾아낼 수 있어야 한다. 세 번째, 현장성 있는 실천 전략이 필요하다. 아무리 좋은 정책도 실천 단계에서 현실과 맞지 않으면 '겉만 타는' 결과를 낳을 것이다. 네 번째, 인기 위주가 아닌 실효성 중심의 판단이 있어야 한다. 보여 주기식 정책은 틀림없이 실제 효과는 미미하다. 다섯 번째, 가장 핵심적인 요소로 지속 가능한 피드백과 수정 메커니즘이 가동되어야 한다. 한 번의 시행으로 전체가 완성되지는 않기에 꾸준한 점검과 개선이 필요하다.

이런 논리들을 나열하고자 하는 이유는 궁극적으로 요즘 돌아가는 광주교육의 실상을 보면서 교육계에 몸담았던 사람으로서 걱정을 말하고자 함이다.

언론 보도나 감시 기관에서의 평이 '밀월 기간도 없이' 난타당하고 있기 때문이다. 출범하면서부터 서툴거나 설익은 정책을 시행하려 했다. 아니 어떤 정책이 있기는 했나라는 의문이 들 정도였다. 참신한 정책으로 개선하려 하기보다는 전임 교육감의 정책과 인사들을 무조건 배제하려 하다 보니 무리가 있었다. 그런 배제는 시간을 두고 평가한 뒤 대안을 놓고 다음에 할 일이다.

아무리 그래도 속된 말로 '깡그리 바꾸려는 생각'을 할 수 있었을까.

그 결과 스스로 올무에 목이 걸려 발버둥을 쳤지만 그럴수록 목은 조였다. 교육정책 및 인사에 거의 문외한 사람들의 진용은 밀려오는 파고를 피할 겨를도 능력도 없이 오롯이 맞아야 했다.

인수위원회 구성부터 문제였다. 특정인의 사적 관계에 따라 구성했다는 후문이 설득력을 얻었다. 관심이 있는 사람들은 '어, 왜 저런 사람이?' 했다. 그 이유는 뭐였을까. 안타깝게도 자기들만의 구역을 정해 놓고 아무도 들어오거나 핵심적인 일에 동참하는 것을 견제하려 했기 때문이다.

인수위에서 정책들을 걸러낼 수 없었으니 이미 배는 '물에 띄워진 것이 아니고 뭍에 세워둔 것'이었다. 인수위원회 동안 전입 간부들로부터 핵심적인 내용을 질의하거나 문제점들을 지적해 내지 못했다. 필자도 참여했으나 역할은 지원하고 행사나 치르는 것이었다. 의도된 구성이었다. 꼼수는 뛰어났지만, 디테일은 허접했다.

그런 상황에서 어찌 좋은 정책이나 실행 가능하고 새로운 교육행정이 연착륙할 수 있는 기반을 만들겠는가. 기초 조사나 선행 정책들을 비교하면서 조사와 진단이 이뤄질 수 없었다. 구체적이고 실행할 수 있는 정책, 현장의 목소리나 전문가의 조언도 듣지 않으려는 '독차지' 심보로 인해 광주 교육정책은 사상누각이었다.

실제로 어떤 정책이 있었다고 하더라도 능력이 안 된 자의 전횡과 무지는 흔들림을 알지도 못하고 늦게야 알았어도 속수무책이었고, 여전히 고치지 않으려는 불통은 계속됐다. 출범하자마자 각종 악재에 시달리고 감사원 감사를 받느라고 아무 일도 할 수 없었다. 그런 데다 소문대로 특정인의 휘둘림에 중심을 잡지 못했다. 만약 소문이라면 그 소문은 어디서 나왔을까. 요술 부리는 굴뚝이 있나 보다.

출범 당시 일부 주요 간부는 전문성이 없는 사람이 대부분이었고 과거 일머리가 없다는 이유로 배제된 인사도 있었다. 나중에 소문의 진상을 그대로 보여줬다. "그래, 저 정도면 잘 이끌 수 있는 인사로 포진됐어. 무난하다." 라는 안정감을 줘야 하는데 제대로 정책을 펼치지도 못하고 자리를 옮기는 등 허둥지둥 갈피를 잡지 못했다.

　겉만 타고 속은 익지 않은 군고구마처럼 외형상 익은 것처럼 보일 수 있을지 몰라도 결코 속은 익지 못했다는 평가다. 실책이나 사법 위험에 아무것도 하지 못하거나, 나아가지 못해 속은 생것인 광주교육이 된 것이다. 더구나 막무가내가 쳐다보고 있으니, 소신은 일찍이 물 건너갔고 철학도 빈곤하고 용기도 없고 지원 세력도 없으니 모두 진정 익기 전에 탈 수밖에 없었다.

　교육은 백년대계인데 호주머니에서 덥석덥석 내놓은 계획들은 실상이 없는 뜬구름이 될 수 있다. 집단지성을 통하여 나온 정책들이 잘못 됐다고 판단되면 또다시 집단지성에 의지해야 하는데 백약이 무효인 호통치는 것으로 대처하려 했다. 가정도 이렇게 돼서는 아이들이 제대로 성장하지 못할 것은 불을 보듯 뻔하다.

　겉만 타고 속은 익지 않은 군고구마 같은 광주교육은 역대 가장 부끄러운 교육행정이란 평가에 귀 기울여야 한다. 광란을 막기 위해 인적 청산을 확실히 하고 지금이라도 철저히 전문가나 외부와의 소통을 통해서 바로 잡으려고 노력해야 한다. 그냥 그만 멈추려거든 그 사람들과 가고, 더 멀리 가고 싶다면 다 함께 소통하면서 가야 할 것이다.

　어느 한 명의 놀음에 놀아난다는 것은 주인인 학생과 위임자인 시민을 무시하는 일이다. 시간이 걸리더라도 고구마를 장작불이 남긴 뜨거운 재에 구어야 한다. 그래야만 초·중등 교육을 바르게 이해하지 못한다는 오명을 그나마 씻을 수 있는 길이다. ■

절망 중 위로는 구세주다

전국체육대회에서 역대 최고의 성적을 내고 보람된 마음으로 내려오고 있었다. 학교에서 전화가 와서 최고의 성적이니 내일 아침에 조촐한 축하 파티를 교무실에서 하기로 했다는 것이다. 그리고 과일이나 간단한 다과도 마련했다는 전갈이었다. 김제 요금소를 지나는데 교육청 인사 담당 장학사가 전화를 걸어왔다.
"교장 선생님 어디입니까?"
"지금 내려가고 있네."
"도착하시면 어디에 계실 겁니까?"
"늘 다니는 사우나에 갈 거네"
"제가 전해드릴 서류가 있습니다. 사우나 앞에서 기다리겠습니다."
나는 짐작하고 있었다.
전국체육대회 중 전화를 걸었다.
"징계는 징계고 메달은 메달이니까 노력해 주소."
호주머니에 직위해제를 넣고 만지작거리면서 메달을 독촉했다. 진즉 처리하려고 했는데 전국체전 때문에 미뤘다는 것이다. 눈물겹다.

감독들과 지도자들이 독하게 맘먹고 시합에 임했다고 한다. 그것이 자신들의 실수로 징계당하는 교장을 돕는 길이라고 했다는 것이다.

사우나를 하고 나오니 기다리던 장학사가 서류 봉투를 건네주면서 말했다.

"교장 선생님, 내일 아침부터 출근하시면 안 됩니다."

"교장실 책상이라도 정리해야 되지 않겠는가."

"안 됩니다. 나가시면 안 됩니다. 그리고 교장 선생님 꼭 소청하십시오."

그렇게 해서 4개월 동안 학교를 한 번도 나갈 수가 없었고, 이제까지 나의 삶은 일시에 무너져 내렸다. 가능한 최대한 양형을 높여 징계했다. 무지하고 용감했다.

견디기 힘든 시간이었지만 그래도 견딜 수 있었던 것은 체육 중·고등학교 교직원들과 지인들의 간절한 응원이었고, 하루가 멀다고 퇴근 후 위로의 자리를 마련해 준 것이다. 그리고 위로의 전화가 4개월 동안 그치지 않았다.

절망 중에 오는 최고의 위로였고 구세주가 되었다. 선생님들의 위로가 없었다면 내가 4개월을 잘 견뎠을까 하는 생각이 든다. 아파트 창가에 서서 별별 생각을 했다. 내가 극단적인 선택을 한다고 변할 사람이 아니기에 견뎌내고 기회를 엿봐야 한다는 생각으로 견뎠다. 선생님들은 나를 진정으로 원했지만, 또 하급지로 전보함으로써 선생님들과의 약속도 지킬 수 없었다. 잔인하게 마지막까지 짓밟았다. 대인배였다면 징계는 징계고 '어쩔 수 없었다.'라고 전화라도 있어야 했다. ■

다른 곳을 바라본다

프로 야구 경기가 1982년 3월에 출범하면서 한반도는 들끓었다. 프로 야구가 생기기 전에는 고교야구가 붐을 이루고 있었다. 1979년 12·12 군사 반란과 1980년 5·18 광주 민중 항쟁을 통해 정권을 잡은 전두환은 정권의 정통성에 시달렸다. 어떻게 하면 국민의 관심을 정치가 아닌 다른 곳으로 향하게 할까를 궁리 중에 회심의 프로 야구 창립이란 카드를 내밀었다.

마침내 지역을 연고로 하는 프로 야구가 전두환의 뜻에 따라 모기업이 상시 노동자 3만 명 이상의 기업을 대상으로 작업에 들어갔다. 연고지 배정에 서울은 MBC 부산은 롯데, 충청권에 OB, 전라권에 해태, 대구·경북에 삼성 등을 지정하였다.

일부 의식 있는 학자들은 스포츠의 정치적 이용에 대한 음모를 간파하고 반대하였지만, 문제가 되지 않았다. 전두환이 한 축에서 음흉한 음모를 꾸미고 있었으나 국민은 아랑곳하지 않았다. 지역연고제를 표방하면서 '우리 편 이겨라.'는 구호는 정통성이 결여된 정권을 생각할 겨를을 주지 않았다. 쿠데타 세력의 의도는 적중했다. 그들은 흥분하는 국민을 두고 다른 곳을 바라보고 있었다. 관심을 돌리는 데 성공했다.

"다른 곳을 바라본다."라는 문구는 어떤 대상이나 방향이 아닌 다른 방향을 향해 시선을 돌린다는 뜻이지만, 문맥에 따라 다양한 함의와 상징적 의미를 지닌다.

첫째, 관심과 집중의 전환으로 현재의 사안, 사람, 장소 등에 관한 관심이나 집중을 거두고, 다른 대상을 주목하게 한다는 뜻으로 더 이상 현재의 관계에 연연하지 않고 다른 사람이나 가능성에 마음을 두었다는 의미가 되는 것과 같다.

두 번째로 탈피 또는 회피의 표현이라 할 수 있다. 직면한 문제나 현실을 회피하거나 벗어나려는 심리상태를 나타내는 것으로 어떤 것에 흥미를 잃고 이상향이나 도피처를 찾고 있다는 의미로 해석될 수 있다. 눈길을 피하는 것과도 상통한다.

세 번째, 새로운 가능성에 대한 탐색일 수 있다. 기존의 길이나 방식에서 벗어나 새로운 가능성을 모색하거나 전환점을 찾으려는 태도가 여기에 속할 수 있다. 새로운 진로를 탐색하는 의미가 되는 것이다.

네 번째, 관계나 충성도의 변화로써 한 조직이나 집단, 대상에 대한 충성이나 애정이 느슨해지고 다른 대상에게 마음을 기울이는 상황을 의미한다.

다섯 번째, 예술적·철학적 측면에서 기존 질서나 가치관에 대한 비판과 재해석, 혹은 새로운 시각을 추구하는 태도로써 예술가가 다른 곳을 바라본다는 말은 기존의 미학에서 벗어나 독창적인 세계를 창조하려는 시도로 볼 수 있다.

문학적 관점에서 단순한 시선의 이동을 넘어서 심리적, 상징적, 서사書史적 전환을 내포한다고 할 수 있다. 이는 문학 속 인물의 내면, 갈등, 세계관의 변화 등을 섬세하게 포착하는 장치로 활용되는 것을 볼 수 있다.

내면의 변화 혹은 각성 측면으로 인물이 기존의 세계에 대한 환멸이나 지루함을 느끼고, 내면의 새로운 갈망이나 진실을 발견하는 계기로 작용한다. 카프카의 『변신』에서 '그레고르'의 시선은 점점 가족에서 자신 내부로 향하는데 이는 내면적 행위로 현실과의 단절을 나타낸다고 보인다.

현실 도피 또는 이상 추구의 관점에서 현실이 고통스럽거나 무의미하게 느껴질 때, 인물은 물리적 혹은 심리적으로 '다른 곳'을 향한다. 이는 이상향Utopia 혹은 상상의 세계를 향한 동경일 수 있다.

김춘수의 시 「꽃」에서 '내가 그의 이름을 불러주기 전에는 그는 다만 하나의 몸짓에 지나지 않았다'라는 구절은 시인이 기존의 시선을 거두고 다른 세계를 바라보는 행위로 읽힌다.

서사적 전환점의 암시 측면에서 한 인물이 '다른 곳을 바라보는' 순간은 종종 이야기의 분기점이며, 새로운 결단 또는 갈등의 시작이다. 알베르 카뮈의 『이방인』에서 '뫼르소'는 태양과 바다를 응시하며 존재의 무의미를 자각하고, 세계에 대한 인식을 바꾸게 되는데, 이는 시선을 돌리는 행위를 통해 서사의 전환이 일어나는 순간이라 할 수 있다.

존재의 소외와 갈망으로 해석해 본다면 '다른 곳'은 종종 자기 정체성의 상실이나 소속되지 못한 세계를 의미하며, 시선을 그곳으로 돌리는 것은 인물의 소외감과 갈망을 드러낸다. 이는 우리 인간관계에서 빈번하게 일어난다. 그럴 줄 몰랐는데 의외로 의리를 배신하고 은혜를 모를 때 더 이상 그에게 관심이나 도움을 주지 않으려 할 때 '다른 곳을 바라본다'라고 할 수 있다. 실망으로 인해 관심을 접은 것이다.

일반적으로 상대방과 이야기하는데 시선이 다른 곳을 바라본다는 것은 그 이야기가 가치가 없어 무시하거나 듣기 싫다는 의미가 있다. 우리는 관계 속에서 늘 상대의 눈동자를 볼 필요가 있다. 그 눈동자 속에서 그 사람의 생각을 읽을 수 있기 때문이다. 그래서 말할 때는 그 사람의 눈을 쳐다봐야 핵심에서 멀어지지 않는다. 이미 다른 곳을 바라보고 있는데 계속 집착하는 것은 추醜함만 더해지는 것이고 눈치가 없는 것이다. 때론 범죄로 가기도 한다.

 그렇지만 눈을 맞춘다는 것이 결코 쉬운 일이 아니다. 성격과 평소 습관 등에 따라 다르겠지만 나로서는 눈 맞추는 데 어려움을 겪는다. 눈길을 마주할 때 그 눈동자에서 '무엇을' 느낄까를 생각하면 일종의 두려움이 있다. 상대의 눈동자에서 느끼고 볼 수 있는 것뿐만 아니라, 나의 눈길에서 상대가 '무엇을' 느낄까를 생각하면 나의 마음을 들킬까 두려운 것이다. 이는 감정을 능수능란하게 왜곡하고 위장에 익숙하지 못한 사람들의 공통점일 수 있다.

 어떤 사람의 의중을 파악한다는 것은 쉬운 일이 아니다. 마음속에 있는 생각, 머릿속에 있는 의도 등을 파악할 길은 막연하다. 그래서 독심술이란 기술이 나왔다. 말을 들으면서 맥락을 찾기도 쉽지 않다. 그러나 눈은 거짓말을 못 하는 것 같다. 기쁘고 놀라고 슬프고 사랑하고 분노하는 것을 눈동자는 그대로 나타낸다. 그런 면에서 눈빛을 가난, 재채기, 사랑에 끼워줘야 할 것 같다.

 눈은 희로애락을 숨길 수 없는 인체의 기관 중 유일한 곳이라고 해도 과언이 아니다. 시선의 이동은 어떤 징조와도 같은 것이다. 눈을 돌리는 것은 효용성이나 가치가 소멸했다고 볼 수 있다. 눈길을 잡아두는 것은, 새로움과 호기심이 마르지 않도록 하는 것이다. 권태가 생기고 사랑이 식음은 더 이상 신비로움이 없기 때문이다. 눈이 보고 뇌가 판단하기에 눈동자는 판단과 변화의 시작점이다.

 대화의 물꼬는 눈맞춤부터다. 눈길을 피하거나 동공이 흔들리면 대화는 실없거나 종결될 수밖에 없다. 그래서 어떤 것도 단순하게 바라보지 말자. 의미를 발견하고 그 속에서 주는 예감을 찾자. 같은 곳을 바라본다는 것은 같은 꿈을 같이 꾼다는 것이다. 같은 곳을 바라보면서 다른 생각을 하는 것은 기망欺罔이다. ■

이미 앓고 있다

아들 두 명을 키우면서 공부와 관련하여 크게 걱정하지 않았다. 학원 보내고 과외를 시킬 여력도 없었지만 꼭 시켜야 하나 생각했다. 다행인지 몰라도 애들도 그것에 연연하지 않았다. 초등학교 때 피아노, 태권도, 서예학원을 잠깐 보낸 적은 있다. 중고등학교 때는 학원은 거의 보내지 않았던 것 같다.

어느 날 아내가 심각하게 말했다.

"아들이 고3인데 학교 한 번이라도 찾아가 봐야 하는 것 아녜요?"

그 말에 많이 켕겼다.

발길이 내켜 하지 않으나 학교를 찾아갔다. 나중에 아들한테 원망이라 듣게 되면 어쩌나 하는 걱정도 있었다. 정말 어렵게 담임 선생님을 면담한 것이다. 그리고 난 어떤 기대를 하고 있었다. 그것은 담임 선생님께서 이렇게 말씀하기를 기다렸다.

"조금만 더 하면 1, 2등급이 될 것 같습니다."

담임 선생님께서는 친절하게 말씀하셨다.

"아버지께서 선생님이라고 들었는데 구태여 찾아오시지 않아도 되는데 오셨습니까?"

"아, 죄송합니다. 그래도 진즉 찾아뵀어야 했는데…"

내 표정을 내가 알 것 같았다. 그리고 아들이 대학이나 갈 수 있겠냐고 물었다.

"네, 선생님! 아들은 앞으로 사회생활을 잘할 아이입니다. 너무 걱정하지 마십시오."

라는 말에 얼굴이 화끈거렸다. 전혀 예상 밖이었다.

학교를 나오면서 곰곰이 생각했다. '사회생활을 잘할 것이다?'

공부는 서울 갈 수준은 아니지만 성격이 좋아 앞으로 사회에 나가면 뭐든 잘할 수 있다는 의미로 들렸다.

둘째도 같은 고등학교에 다녔고 고 3 담임도 같은 선생님이셨다. 그러나 찾아가지 않았다. 진학 상담일 수 있지만 내키지 않았다. 언감생심이지 'In Seoul' 하면 등록금이며 하숙비를 어떻게 감당할지 걱정했다.

두 녀석 다 효자는 못 되는지 학비가 저렴한 국립대학을 못 갔다.

애들이 원하는 대로 두고 봤다. 속은 상하지만 그렇다고 뾰족한 수도 없고 아이들 마음에 상처 될까 아무런 말도 할 수 없었다.

이제 성장하여 결혼도 하고 밥벌이를 잘하고 있다. 첫째는 담임 선생님 진단처럼 회사에서 인정받고 있다. 둘째는 아버지의 뒤를 잇고 있으니 그 또한 괜찮다. 화려하게 살지는 못해도 이웃과 잘 어울리고 밝은 표정이고 부모님을 존경하며 언제든 달려올 수 있다. 사돈댁에 뺏기지도 않았다.

어린아이를 고시급 강의 학원으로 몰고 있는 부모들은 어떤 생각일까. 서울뿐만 아니라 광주에도 그런 학원이 있다. 학원이 수요가 있으니 유지될 것이다. 초등학교 때 수능 수준의 영어 문제를 풀고 있다는 것이다. 어느 하늘 아래 사는 아이들일까.

초등 저학년 학생에게 이런 학습을 시킨다면 발달단계에 맞지 않은 과도한 압박으로, 성장기 아동의 신체적 건강과 정신적 안정에 모두 심각한 악영향을 줄 수 있다. 당연히 이때는 놀이, 휴식, 기본 학습 균형이 필요한 때이다. 장기적으로 볼 때 학습의 역효과, 정체성 혼란으로 성인이 되어 자기 주도성과 자율성이 부족할 수 있다. 물론 정신건강 문제로 우울증, 불안장애, 강박적 성향을 띨 수 있다.

"행여 내 아이가 정신질환 병인이 꿈틀대고 있지 않을까? 아니 이미 앓고 있지 않나?"

라고 의심하고 세심히 살펴볼 일이고 작은 이상 행동도 놓치는 일이 없어야 한다는 경각심이 들것도 같은데, 그런 부모님들의 특성은 그런 생각 못 한다. 신기하게도 아무것도 모르는 아이들은 엄마의 지휘에 잘 따른다.

어린 나이에 경쟁의 틈바구니에서 상대를 경쟁 상대로만 생각하고 친구를 이겨야만 내가 실 수 있다고 생각힌다. 경쟁의 개념은 모르지만 이겨야 한다는 것은 안다. 부모의 요구에 따라서 망연히 하는 그 자체가 비정상이다. 이 나이쯤이면 친구를 안아주고 나눠 먹고 도와주는 것이 심성의 바름이고, 학교 앞 문방구에 설치된 놀이 기구에서 푹 빠져 쭈그리고 앉아 게임도 할 나이이다. 친구가 보고 싶고 친구 집에서 놀이도 하고 때론 같이 자고 싶은 마음을 갖고 있는 것이 정상이다.

부모님을 늘 가까이하고 친구와 어깨동무도 하면서 귓속말도 하고 얼싸안으며 성장해야 할 아이들이다. 사람을 가까이할 때 바르게 성장한다. 사랑하는 마음은 가까이 있을 때 생기고 귀에 대고 말할 때 정이 더 든다. 그런데 그런 아이는 모두가 멀다. 떨어져야만 안심한다. 나보다 멀찍이 뒤처져 있을 때 안도하고 가까이 있다고 생각하면 불안하다. 나 혼자 특별하게 잘하여 멀찍이 앞서가야 하는 것이다. 학원에서 다른 친구와 같은 책상에 앉아 수업을 듣고 쉬는 시간이면 까불지만, 그건 물리적 환경일 뿐 심리적으로는 멀기만 한 것이다. 엄마가 없을 때의 행동을 보면 영락 없이 어린이지만, 엄마를 본 순간 그 모습은 어디로 가고 주눅이 든 몸짓과 불안한 눈빛으로 엄마를 만난다. 어떻게 바른 성장을 기대할 수 있겠는가. 그 순간 어린이의 눈은 엄마의 지휘봉만 응시한다.

그런 부모들은 아이 인성은 우주 밖의 일이라고 생각한다. 우정, 의리, 사랑, 도움, 나눔은 필요 없는 단어들이다. 그런 것은 없어도 만들어 준다. 부모는 언제나 말한다.

"지금 그런 것 필요 없어. 네가 의과대학에 들어가면 다 할 수 있어."

태권도 학원에 가고 싶고 친구들과 놀이터에서 놀고 싶어 하면 똑같이 말한다.

"네가 판사가 되면 그때 운동해도 충분히 건강할 수 있어."

학원 버스를 기다리면서 놀고 있는 또래들의 모습을 살짝 비켜서서 바라보고 있는 내 아이의 모습을 상상해 보자. 차가 오면 끌려가듯 올라타서 차창을 통해서 또 한 번 아이들이 뛰노는 모습을 흘겨보고 함성을 듣는다. 아이는 다른 아이들이 놀고 있는 낯선 세상을 동경해서 곁눈질하고, 엄마는 내 아이가 제대로 가는지를 감시하기 위해서 뒤에서 바라본다. 서로 다른 곳을 바라보는 것이다.

성적은 일등이지만 가슴은 말라 있고 만족은 꼴등인 아이. 바로 내 아이다.

건강이란 성장 단계에 따라 움직임이 있을 때 유지되고 증진된다. 건강은 나중에 소유할 수 있는 것이 아니다. 정신건강은 더 그렇다. 놀지 모르는 요즘 아이들. 그들이 성장하면 노는 방법을 모른다. 물론 그들만의 고급문화와 스포츠를 즐길 것이다. 그러나 그것은 놀이에서 배울 수 있는 것들이 없다.

여기서 말하는 놀이는 놀이문화를 말하는 것이다. 끼리끼리 만드는 삶의 산물을 말하는 것이다. 함께 정하고 지키고 승복하면서 어울리는 것이다. 문화를 향유 못 하는 부富는 물과 양분을 빨아올리지 못하는 나무와 같다. 그런 나무는 그늘을 만들지 못한다.

그런 아이들의 가장 큰 장애는 성장하면서 늘 불안하다는 것이다. 가끔 학교에서 그런 아이들을 발견한다. 갑자기 이상 행동을 하는 학생들의 발자국을 따라가 보면 부모님들로부터 한껏 기대받은 아이였다는 것을 발견하게 된다.

그 불안이 자신을 옥죄게 되는데 그 결과 회피하는 쪽으로 기울게 된다. 도움을 청할지도 모른다. 자신이 없고 기대를 충족하지 못하면 눈을 돌려버리는 것이다. 마침내 허허벌판에 홀로 서 있는 것이다.

그런 행동은 인간다움을 협박하는 것이고, 안 되는 이유에 대한 어떠한 설복이 있더라도 인정하지 못한다. 항상 엄마의 목소리만이 귓전에 맴돌고 일등을 하지 못하면 숨어버린다. 자물쇠를 만들고 그 안에 자신을 가둬버린다. 눈을 감고 있으면 아름다운 모습과 친구들과의 추억이 보이는 것이 아니라, 앞으로 진격하라는 손짓과 진군의 나팔 소리만이 귀를 때린다.

내 자식은 그렇지 않을 것이란 확신은 어디서 오는지 모르겠다. 내 아이는 그런 환경을 능히 견딜 수 있다고 어떻게 장담할 수 있다는 말인가. 내가 낳았으니 내 것인가. 인간은 소유물이 아니고 인격과 추억은 남이 만들어 줄 수 없다.

한 번쯤은
"그래, 그래도 돼, 실수할 수 있는 거야. 기다려 보면 때가 또 오게 돼 있어. 조급해 하지 마."

이런 엄마의 느긋한 기다림은 아이가 성장하였을 때 여유를 갖고 살 수 있게 만든다. 기다림이 즐겁고 쉼을 만드는 지혜가 생긴다.

또 한 번쯤은 이렇게 해야 할 필요가 있다,

"친구 가족과 함께 캠핑이라도 가자. 그래서 좋은 추억을 만들자."

그런 경험은 내가 힘들 때 위로를 주고 힘을 준다. 그것이 추억이라는 기억 주머니다. 무엇이든지 성공하면 갖게 된다고 한다면 추억이란 것이 있을 수 없다. 추억이 없는 사람은 늙어서 버겁다. 형제와도 친구와도 가까이할 수 없어 외롭고 쓸쓸히 살아가는 자식의 모습을 하늘에서 내려다보겠다는 것인가.

한 인격체는 많은 모습으로 존재한다. 그 가운데 하나만이 나라고 생각하는 사람은 없을 것이다. 좋은 모습, 잘못된 모습, 성공하는 모습, 좌절하는 모습, 울고 웃고 환호하는 모습, 도움을 주고받는 모습, 그런 모습들이 다 모여 비로소 나란 인격체가 되는 것이다. 어느 하나만을 집어 들고서 '이것이 너야'라고 하는 부모가 있다면, 그렇게 키운다면 작은 바람에도 흔들리고 자신의 힘으로 나의 틀림을 고칠 수 없으며 지나다 걸려도 쉽게 넘어지며 하찮은 것에 실망하고 토라지며 집착하게 된다.

그런 사람은 어려서부터 이미 앓고 있었다. 이런 현상은 학대라는 '좀'이 만들어 낸다. 부모님의 욕심으로 몰랐을 뿐이다. 그런 것이 '만분의 일'이라 해도 내 자식이 그 대상이니 무서운 일이 아닐 수 없다. ■

교육 권력에 대한 견제

직선 교육감 선출 제도가 시행된 지 벌써 12년이 된다. 더구나 광주는 진보 교육감이 당선되어 기대감을 더 키웠다. 시민의 기대를 업고 출발했지만, 그 기대는 충족되었는가?

성경을 모르는 사람들도 자주 인용하는 구절이 있다. "네 시작은 미약하나 네 나중은 심히 창대하리라. (욥기 8:7)" 믿는 자라면 이 구절을 금과옥조로 삼아야 함은 마땅한 일이다. 독실한 신자는 이 구절의 참 의미를, 신학적 의미를 꿰차고 있어야 했다.

이 구절의 전체 의미를 살펴보자. 이 말은 '욥'의 친구 '빌닷'이 한 말이다. '욥'은 큰 고난을 받고 가족, 재산, 건강을 잃고 고통 가운데 있었다. 그때 친구 '빌닷'은 '욥'에게 "네가 하나님 앞에서 정직하게 회개하고 간구한다면, 지금은 시작이 미약해 보이지만 결국 하나님께서 너를 크게 회복시켜 주실 것이다"라고 말했다는 내용이다.

이는 단순히 '작게 시작해도 나중에는 잘된다'라는 일반적인 격려가 아니라, 하나님께 「회개하고 의롭게 살면」 끝내 복을 받을 것이란 조건부 약속의 성격을 가진다고 신학자들은 말한다. 여기서 중요한 점은 회개를 권유하는 맥락이다. '욥'의 친구들은 '욥'의 고난을 보면서 그가 죄 때문에 이런 벌을 받는다고 생각했다는 것이다.

'빌닷' 역시 같은 관점에서 "네가 죄를 회개하고 하나님께 돌아오면,

하나님은 다시 너를 번성하게 하실 것이다"라고 말한 것이다. 따라서 '네 나중은 심히 창대하리라'라는 말은 단순한 위로나 예언이 아니라, '지금의 불행은 네 잘못 때문이다. 그러니 회개하라.'라는 충고 혹은 비판에 가까운 뉘앙스다.

신학자들의 해석이 욥기 전체에서 중요한 점은, '욥'은 실제로 잘못이나 죄가 없음에도 불구하고 고난을 겪었다는 것이다. '빌닷'을 포함한 친구들의 말은 인간적인 인과응보의 논리, 죄는 벌, 회개는 축복에 치우쳐 있었고, 결과적으로 '욥'의 상황을 올바르게 해석하지 못했다는 분석이다.

그러나 우리는 이런 신학적 해석보다는 일반적 해석에 더 의미를 두는 것 같다. 즉 '작게 시작해도 끝은 크게 번성할 것이다.'라는 희망의 메시지를 전하고자 하는 것이다. 따라서 이 구절은 단순한 성공 격언이라기보다는, 고난과 죄, 회개와 번영을 연결 짓는 권면의 발언으로 이해하는 것이 맥락상 맞을 것이다.

여기에 이런 성경 구절을 인용하는 까닭은 교육감이 성공적으로 임기를 마칠 수 있었을 텐데 그렇지 못한 것이 아쉽고 가끔은 사필귀정이란 생각마저 들기 때문이다. 3선 선거 때 출구 조사에서 패하는 수모를 잊지 않고 그동안의 실정을 돌아보면서 반성하고 회개했을까에 대한 의문이 들기 때문이다. 하나님께서는 그때 엄한 경고를 했음에도 깨닫지 못한 것이다. 결과적으로 교육 가족과 대부분 시민은 만족보다는 실망이 더 컸다는 사실이다. 시민을 비롯한 교육 가족을 '유혹만 해놓고 이용만 한 것은 아닌가'라는 생각이 든다.

새로운 리더가 출발할 때 교육계의 썩은 관행들이 다 타파되고 살맛 나는 세상이 오나 생각했다. 그런데 시간이 가면서 어느 시대보다 더 무소불위의 권력을 휘둘렀다는 것이 교육계 원로들의 평가다. 시작은 창대했으나 끝은 미미한 결과를 초래한 것이다.

  이렇게 된 데에는 중요한 이유가 있다. 즉 그 권력을 견제할 세력이 없었다는 것이다. 교육 권력에 대한 견제가 필요했다. 다음으로는 개국 공신들의 헌신과 봉사가 부족했다는 것이다. 회전문 인사는 물론이고 마구잡이식 징계를 통한 교직 사회의 숨통을 조여놨던 일이다. 장학사들은 어떻게 하면 교감 연수를 빨리 받을까에 골몰했다. 그 이유는 업무상 실수를 저지르면 강등되는 현실을 걱정했기 때문이었다.

  교육감은 시민이 직접 선출하는데 제대로의 견제 세력이나 기관이 없다 해도 과언이 아니다. 국정감사나 시의회의 사무감사, 교문위 등이 있으나 그것으로 교육 권력을 견제하기에는 역부족이고 이는 유명부실하다는 것을 보아 왔다. 더구나 교육 전문가가 부족했다. 그렇다 보니 어떻게 추궁해야 할지 정확한 요지를 몰랐고, 교육 권력은 그때만 잘 견디면 그 이상의 추궁은 걱정 없다는 사실을 누구보다 잘 알았다. 그러니 긴장하고 다시는 그런 일이 일어나지 않도록 개선할 생각이 부족한 것이다.

  예산집행, 인사, 정책 등에 있어 늘 무리함이 있었으나 일회성 지적에 그쳤고 시간이 지나면 그 권력의 의도는 그들만의 정당화로 시정是正의 행정은 볼 수 없었고 되풀이되었다. 심지어 교육부 감사에서 큰 지적을 받고도 시간을 끌며 그냥 넘기고, 일부 언론이나 시의회의 지적을 받고도 뭉갰다. 그렇게 하고도 그 주역은 재빠르게 교육장으로 영전하게 된다. 그런 현상을 보면서 교육 가족들은 절망했다. 결국은 무관심이란 성공적 명약을 만들어 놓고 뒤에서는 끼리끼리 속닥였다. 그런 측면에서 언론, 시민단체 등도 거기에 대해서 책무를 다했다 하기 어렵다.

  아래로부터의 건의라는 위장 전술은 일견 신선해 보이기까지 했으나 거기엔 교직원의 사기를 죽이는 독 묻은 가시가 있었다. 부당한 힘에 바탕을 둔 것이었다. 그 힘을 견제할 어떤 집단도 없었기에 그 명분은 정의로 둔갑했다.

그러나 이제 그렇게 외면만 해서는 안 된다. 문 앞에서 마냥 망설이기만 해서는 교육 발전에 도움이 되지 않는다. 교육계의 원로들이 뜻을 모으고 대안을 만들어 견제하지 않고는 후배들은 교육 권력에 무시당하는 수모를 감수해야 한다. 선배들이 나설 때가 됐다. 어떤 방법으로라도 도와주고 보호해 줘서 그들의 열정을 끌어내 교육력 제고에 온 힘을 다할 수 있도록 돕는 것이다.

어떤 사람이 교육감이 되더라도 교육계 선배들은 그 견제의 역할을 해야 한다. 그래야만 잠들어 버린 광주교육을 깨울 수 있을 것이다. 결국 교육청 평가, 청렴도 평가, 학생 성적 평가에서 그 결과들이 속속 나타나고 있다.

교육청 평가는 악을 쓰고 회초리를 들면 우수하다는 평가를 끌어낼 수 있다. 그러나 학생 실력과 청렴도 평가는 그렇지 않다는 점은 두 평가의 본질적 차이에서 비롯된다. 강압적인 방식은 단기적으로 목표를 이루게 할 수 있지만, 실력과 청렴도는 조직 구성원의 신뢰와 자발적인 참여가 기반이 되어야만 가능하다. 특히 선생님들의 사기는 헌신을 부르고 궁극적으로 학생 실력과 맞닿아 있다.

늘 말이 많았던 인사에서 능력 중심이 아닌 정실 인사가 이루어지는 이유는 조직 내 소통 부족에서 기인하는 경우가 많다. 능력보다는 내 편만 찾아서는 좋은 인재를 발탁하기 힘들다.

'높은 곳은 춥다.'는 옛 시어를 생각해 보자. 그곳은 추울 뿐만 아니라 외롭고 무서운 곳이다. 오르는 그 과정도 중요하지만, 내려가는 과정 또한 그에 못지않다. 어쩌면 내려가는 과정이 훨씬 어려울 수 있다. 그땐 그를 도와주고 대변할 사람들이 재빨리 다른 곳을 쳐다보기 때문이다. 박수받으며 내려온다는 것이 어렵다. 내려와서 외로운 사람, 진정한 원로로서 대접받지 못한 것처럼 측은한 일은 없을 것이다. 아무런 힘이 없어도 사람이 따른다는 것은 존경이란 말 대신 달리 해석하기가 힘들다. ■

눈물 흘리는 선생님

 봄이 무르익은 듯 퇴근 시간임에도 햇볕이 제법 다사로웠다. 서둘러 퇴근할 요량으로 가방을 챙겨 들고 교장실을 나서는데 한 선생님이 교장실 문밖에서 서성이고 계셨다. "선생님, 무슨 하실 말씀 있어요?"
 했더니 대답 대신 힘없이 쳐다보는 눈가에 눈물이 아직 마르지 않은 모습을 볼 수 있었다.
 "저희 반에 저를 힘들게 하는 학생이 있습니다. 그렇다고 사고를 치거나 소위 문제아 기질이 있는 것도 아닙니다. 다만, 지각이 잦고 이유 없이 반항하는 정도입니다. 그런데, 그 학생보다 그의 아버지가 더 힘들게 합니다."
 말씀을 이어가면서 또다시 눈에 눈물이 가득 고였다.
 "오늘도 학교에 오셔서 막무가내로 저를 윽박지르고 상소리를 하고 갔습니다. 너무 힘들어 교장 선생님께 상의를 하고 싶었는데 교장실 문을 두드릴 용기가 나지 않았습니다. 또 교장 선생님께 혼날 것 같았고요."
 세상에 이럴 수가 있는 것인가. 교장이 어떤 자격으로 선생님들을 혼낼 수 있을까. 이해가 되지 않았다. '혼낸다.'라는 표현에 마음이 아팠다. 어떤 위로도 이 선생님에게는 도움이 되지 않을 것 같고 가식으로밖에 비치지 않을 것 같았다.

말씀을 다 듣고 나서 조심스레

"선생님, 그 아버지 전화번호 좀 알려주실 수 있을까요? 그리고 절대로 미안하다고 사과하지 마세요. 선생님 잘못 아니니까요."

했더니 화들짝 놀라면서

"안 돼요. 또 쫓아와 난리를 칠 거예요."

다시 달래듯이 말씀드렸다.

"걱정하지 마세요. 저에게 생각이 있습니다. 그리고 또다시 그런 행패를 부리면 곧장 교장실로 전화하세요."

라는 말씀을 드리면서 전화번호를 요구했다.

약속 장소로 가는 것을 포기하고 그 아이 아파트 근처로 갔다. 그리고 번호를 눌렀다. 짜증이 배인 목소리가 흘러나왔다.

"안녕하세요? ○○학생 교장입니다. 잠시 만나 드릴 말씀이 있습니다."

단호히 거절했다.

"무엇 때문에 당신을 만나요?"

"저 아파트 앞에 와 있습니다."

"저 밖에 있어요."

"그래요? 그러면 근처 찻집에서 기다리겠습니다. 오실 때까지 기다리겠습니다."

20여 분이 지나 지친 표정의 학생 아버지가 나타났다. 단박에 알아볼 수가 있었다. 뭔가를 경계하는 것 같기도 하고 제대로 항의하려는 것 같기도 하고 표정을 헤아리기가 힘들었다. 일어나 자리를 권했다. 시간을 빼앗아 죄송하다고 최대한 예의를 갖춰 말씀드렸다. 밖이 아닌 집에서 나온 것이 틀림없었다.

오늘 담임 선생님을 만난 얘기와 함께 학교에 대한 불만이 있으면 교장이 대신 해결하겠다고 말씀드렸다. 바로 대꾸가 튀어나왔다. ○○이는 참 착해서 사고도 치지 않는데 담임 선생님이 문제아 취급을 한다고 했다. 그래서 참을 수 없어 찾아가서 사과를 요구했지만 들어주지 않았다고 했다. 그리고 앞으로 사과하지 않으면 계속 학교에 가겠다고 했다.

애기를 다 듣고 나서
"혹시 ○○이를 하루에 몇 시간이나 보시나요? 그리고 얼마나 이야기하십니까?"
라고, 물었다. 대답은 저녁에 나가 일을 하다 보니 아이 얼굴을 볼 시간도 대화할 시간도 별로 없다고 대답했다.

아버님! 담임 선생님은 ○○이와 8시간 이상을 같이 생활하고 ○○이에 대한 학교생활이 모두 기록되어 있습니다. 죄송한 말씀이고 동의하지 않으실 수 있겠으나 아버님보다 담임 선생님이 ○○이에 대해서 더 많이 알고 계십니다. 아버님과 어머님이 저녁에 식당에 계실 때 집에서 컴퓨터게임을 너무 많이 하여 아침이면 늦잠을 자고 자주 지각하는 것입니다. 담임 선생님은 ○○이에 대해서 누구보다도 관심이 많으십니다. 담임 선생님에 대한 불만은 ○○이의 말만 듣고 판단하신 거지요? 담임 선생님은 ○○때문에 많이 마음 아파하고 계십니다. 앞으로 더 관심 두고 지도하실 것입니다. 담임 선생님을 믿으시고 맡기시면 될 것 같습니다. 그 외에도 많은 이야기를 나눴다.

다음날 1교시가 끝나고 담임 선생님이 교장실로 찾아오셨다. 얼른 표정을 읽었다. 매우 밝은 표정이었다.

"교장 선생님, 어제 ○○이 아버지 만났어요? 어제저녁 느지막이 전화가 왔어요."

"네? 항의 전화요?"

했더니, 그동안 매우 죄송했고 아들에 대해서 너무 몰랐다고 사과했다는 것이다. 쉬는 시간 10분이 금방 지나갔다. 뒤 교정으로 향하는 선생님의 뒷모습은 한 마리 나비가 너울너울 날아가는 것처럼 상쾌하고 가벼워 보였다. ■

선생님은 누구로부터 위로를 받을까?

어떤 교장 선생님과 얘기 중에 내가 아는 선생님을 소개했다. 그랬더니 뜻밖의 반응이었다. "네? 그 선생님이요? 제가 평교사 시절에 같이 근무했었는데 참 불편했어요. 아이들 픽업한다고 상당히 비협조적이었거든요." "선생님도 아이 키웠잖아요? 아이를 픽업할 사람이 없으니까 끝나면 바로 가는 수밖에 없을 것 아니에요?"

시간이 지난 후 같이 만날 기회가 있었다. 그 이후 그 교장 선생님은 말씀하셨다. "교장 선생님, 제가 오해했더라고요. 그때는 누구나 그랬을 것인데 제가 이해가 부족했던 것 같아요. 정말 많이 변했더라고요." "아, 그래요? 변한 것이 아니고 상황이 변한 것이겠지요. 원래 그랬겠죠?" 그 교장 선생님은 지금이면 제가 도와줬을 것인데 위로의 말조차 못 했다고 했다. 같이 모인 선생님들끼리 한참을 웃었다.

아이들과 학부모, 동료로부터 상처를 받은 선생님은 누구로부터 위로를 받아야 할까. 선생님이 학생들로부터 무참히 상처받을 때 동료 교사마저 감히 끼어들 수 없는 지금의 학교 교실, 누군가로부터 위로를 받거나 하소연하면 헤어나기가 쉬운데 아무에게도 터 놓고 말할 수조차 없다는 것이다.

그런 하소연은 자칫 '무능하다'라거나, '오죽하면' 등의 비난으로 돌아오기 일쑤다. 교육 당국에 하소연한다? 그것은 어리석은 판단이자 순진한 생각이다. 다행인지 불행인지 교사들은 그런 사실을 학습 효과를 통해서 잘 알고 있기에 아예 그럴 생각마저 없다. 교장과 교감에게 도움을 요청한다? 모두가 손사래를 친다. 오히려 자신이 불이익을 당할까 안절부절못한다.

"못 들은 것으로 하겠습니다."라든가, "선생님 그냥 받아들이시고 사과해 버리세요. 그것이 피차 편합니다." 라고도 한다.

교육감 직선제가 도입되면서 우리들은 꿈을 꿨었다. '이제 우리가 제대로 인정받고 아이들을 가르칠 수 있겠다.'라며 환호했다. 그렇지만 교권 인권과는 상관없이 다음 선거에서 당선을 위한 표 앞에서 허망한 꿈이 되어버렸다.

교권을 지켜주겠다는 입에 발린 소리만 하지 일이 벌어지면 어차피 그들은 '약자 우선'이란 논리로 눈을 감고 보고 귀를 막고 듣는다. 누가 약자의 입장인지를 가리지 않는다. 그래서 혼자 외로이 싸우거나 포기하거나 무작정 빌어버리는 상책(?)을 택한다.

승진을 꿈꾸는 선생님은 필수적으로 근무평정을 잘 받아야 한다. 누구 예외 없이 절박하다. 어떻게 해서든지 소위 '일등 수'를 받아야 한다. 그래서 가끔은 비겁해지고 때로는 상상하기 힘든 일도 생각하게 만든다. 그때가 됐을 때 "내가 왜 승진하겠다는 생각했지?" 라고, 후회하지 않은 선생님은 별로 없을 것이다. 그 일이 너무 힘들어서 승진을 포기하거나 근무평정으로부터 자유로운 전문직 시험을 준비하는 경우가 허다하다.

그런 이유로 피하는 힘든 일을 자진해서 한다. 일을 도맡아 하는 교무부장을 하겠다고 나선다. 그나마 다행인 것은 승진할 때가 됐다는 사실을 알고 알아서 배려해 주는 교장도 있고 그래서 작은 고마움의 표시가 있을 수도 있다.

어느 초등학교에서 일어난 사건을 적어 본다. 차마 입에 담을 수 없어서 교육청의 일 처리에 관한 내용만 적고자 한다. 그 교장이 했던 악행만으로도 충분히 배제 징계를 할 수 있었다. 그리고 피해 선생님은 다른 학교로 옮기기만을 원했다. 도저히 그 학교에서는 견뎌낼 자신이 없었기 때문이다.

결과는 어떻게 됐을 것 같은가? 다 잘 됐으리라 생각하는가? 천만의 말씀이다. 교육청에서 조사를 시작하니 그 교장은 선생님이 선물을 제공했다고 구체적으로 진술했다. 그러니 나만 죽을 수 없다. 선물 제공자도 같이 처벌해야 한다는 주장이었다.

어떻게 처리했을 것 같은가. 선물을 제공했으니 이는 공익을 위한 내부고발이 아니라는 것이다. 그럴 수 있다. 자의든 타의든 선물을 준 것은 사실이니까. 그러나 그 선생님은 그 교장을 피해서 근무하기를 원했을 뿐인데 금품 제공 등의 일이 있으면 그 교장을 배제 징계할 수 있다고 유도했다는 것이다.

이 무슨 날벼락인가. 그 선생님은 결국 중징계당했으며 하고자 했던 교장을 할 수 없게 되었다. 자기 잘못을 인정해야 하니 자칫 손가락질 받거나 자신의 작은 실수라도 있으면 이는 공익제보가 아닐 수 있어서 선뜻 내부고발이 이루어지지 않는다. 그래서 이런 사람들을 보호하는 법이 생기는 것이 아닌가.

선생도 사람이지만 다툼에서도 선생일 수만은 없다. 일반인들과 똑같이 반응할 수밖에 없다. 그런데 그런 일이 벌어지면 '선생이 어찌?' 한다. 대부분 사회적 분위기는 교사에게 우호적이지 않다. 교사는 그저 편한 직업 정도로 인식하는 예도 있다.

교사가 처한 사실을 정확히 알릴 필요가 있다고 생각한다. 하루에 수업 서너 시간 하는 것이 전부가 아니라는 사실을 알아야 한다. 단순노동과는 매우 다르다. 책임과 의무가 따르고 보다 좋은 수업을 위한 준비시간은 본 수업 시간보다 오히려 더 많은 시간이 소요된다.
　출근하면 하루가 어떻게 지나가는지 모를 정도로 바쁘다는 사실을 일반적으로 모른다. 더구나 생활 지도를 하다 보면 소위 진이 다 빠진다. 자식 말만 듣고 판단하고 따지고 들면 선생님들은 어찌할 도리가 없다. 경력이 짧은 선생님들은 그저 하늘만 쳐다보거나 자괴감에 눈물을 흘릴 수밖에 없다. 가장 심각한 것은 학부형은 담임 선생님보다 자기 자식에 대해서 더 모르는 경우가 많다는 것이다.
　그래서 동료 교사들끼리 위로받고 의지하며 묵묵히 가르쳐야 할 뿐이다. 불려 가 조사받고 시달리느니보다 '이것이 선생이 가야 할 길이냐.'라고 포기하는 편이 오히려 편하다. 그래서 어떻게든 그런 일에 처하지 않아야 한다. 그러기 위해서는 스스로가 용납할 수 없는 일이지만 피해야 한다. 상당히 비겁하고 선생이 되려고 다짐했을 때의 심정하고는 아주 동떨어지지만, 텅 빈 교실 뒤에 주저앉아 세차게 고개를 휘저어 버리는 것으로 참아야 한다. 살아남기 위한 처절한 포기이다.
　몰래 눈물 흘리고 괴로워하지만, 다 포기하는 수밖에는 결론은 없다. 비록 동료가 위로해 주고 상처를 보듬어 준다고 하더라도 다음날 출근하면 유쾌하지 않다. '저 선생님, 오늘 괜찮나?'하고 쳐다보는 눈길이 너무나 부담스럽다. 최고의 방법은 혼자서 감당하는 것이다. 그리고 "나는 감정의 동물인 사람이 아니야." 라고 자기 가슴을 치면서 외치는 길뿐이다.
　대한민국의 교육행정 이렇게 가서는 안 된다. 최소한 부당하게 대우받거나 억울하게 처벌받지 않을 권리가 있음을 인정해야 한다. 교육 권력을 시민의 손으로 선출하다 보니 보기 민망한 경우가 일어난다. 어느 쪽 편을 들어야 재집권에 유리한지, 표가 되는지부터 따진다. 최소한 교육 권력이 선생을 선생 그대로만이라도 인정해 줘야지 처벌을 능사로 하여서는 안 되는 것 아닌가.

 학부모의 힘에 굴복하고 심지어 학교장의 눈치를 보면서 생활해야 하며 학원강사보다 더 선생 취급받지 못하는 이 현실 앞에 정부와 교육청은 무엇을 해줘야 하고 어떤 것을 요구하여야 하는가. 오히려 교사에 대해 잠재적 범죄자 취급하는 경우를 우리는 어떻게 받아들여야 하는가.

 그런데 왜 우리들은 그런 취급을 받아야 하는가. 민주적 절차도 무시되고 의사도 받아들여지지 않은 현실을 우리는 어떻게 설명해야만 이해가 가능한 것인가. 자식이 부모를 믿고 의지하듯이 교사는 교장과 교육행정을 믿고 의지해야 하지 않겠는가. 누구는 호의호식하면서 누릴 것 다 누리는데 선생들은 소신껏 교육할 수도 없는 이 현실을 어떻게 받아들여야 하는 것인가. 선생은 누구로부터 위로를 받을까? 아무리 물어도 물어도 끝이 없는 물음이 계속될 뿐이다. (어느 흐린 날에) ■

학교경영의 초석

학교경영의 성공 여부는 학교장이 어떤 생각을 하고 임하느냐와 교사의 자발적 의지 여부가 좌우한다고 본다. 즉 학교장의 지도력 행태가 교사의 적극적 참여 동기가 된다고 본다. 학교장의 잘못된 지도력으로 하여 교사들의 교육 의지가 가변성을 갖는다는 것을 익히 보고 듣고 있다.

이는 교사의 사기와 직결되고 직무만족의 원소이다. 교사가 차별과 소외를 느끼면 아무리 실력 있는 교사라도 그 능력을 다 발휘할 수 없다. 교사의 열정을 끌어낼 수 있는 환경을 조성하고 적극적으로 참여할 기회를 보장하는 분위기는 화목하고 문제 해결을 협력해서 하고자 하며, 그 해결에 동참하게 된다. 교사들에게 집단지성을 발휘할 수 있도록 기회를 부여하고 해결 방안과 그 노력을 적극적으로 지지하는 학교장은 구성원으로부터 신뢰를 받게 된다.

어쩌면 맡기고 응원만 해도 된다. 먼저 나서서 방법을 제시하고 그 과정을 일일이 점검하는 것은 교장이 자신에 대한 과신과 교사에 대한 불신이 있기 때문이다. 교직원으로부터 신뢰가 쌓이면 바라만 보는 것이 오히려 효과적이다. 선생님들이 해결 방안을 찾다 어려움을 겪으면 그때 개입해도 늦지 않다.

경험은 교육에 있어서 절대적 자산이다. 그러나 성찰 없는 경험은 독이다. 사색이 없는 경험은 변화를 거스른다. 과거에 성공한 경험은 더욱 변화를 혐오한다. 교사나 관리자 모두 절대적으로 경계해야 한다. 더욱 자신의 성공 경험을 후대나 교사에게 강요하거나 평가의 잣대로 삼아서는 안 된다.

이와 관련하여 학교장은 교사들이 자기 능력을 끄집어내고 싶게 만들어야 한다. 학교장이 자기 철학이나 경험을 주입하려 해서는 학교경영은 실패한다. 교사 집단이 즐겁게 동아리를 만들고 연구하고 그 결과를 나누고 공유하고자 하는 학교 분위기가 된다면 성공한 학교경영이 될 것이다. 학교에서 일어나는 모든 일에 동참하고 같이 해결하고자 하는 적극적 참여 의식은 화기애애하고 믿음이 있는 교무실 분위기를 만들어 내고 그 원동력은 모두 학습력 제고로 이어지는 것이다.

"교육의 질이 교사의 질을 능가할 수 없다." 함은 교사의 능력이 교육의 가늠자로써, 임용고사가 실시되고 난 후 공립학교에 임용되는 교사의 질은 매우 높다는 것이 공통된 견해이다. 그런데도 공립학교의 대학입시 성적이 사립학교와 비교해 비교적 낮음은 출발점이 다르다는 것 등의 이유를 들 수 있으나, 그 이유가 공감을 얻지 못하는 것은 우수한 교사 집단이 능력을 발휘하기 위한 준비나 동기가 부족하고, 의욕 상실을 부추기는 제도 등이 가로막는다는 데 동의하기 때문이다.

이와 같은 학교경영의 성패가 학교장의 경영철학과 깊은 상관이 있다고 보면 어떤 학교장을 초빙하느냐는 단위 학교에 있어 매우 중차대한 문제가 아닐 수 없다.

학교장이 학교경영에 성공하기 위해서는 첫째, 확실한 비전이 제시되어야 한다. 둘째, 누구나 공감하고 동참할 수 있는 목표(장기, 중장기, 단기)가 제시되어야 한다. 목표는 학교장 혼자서 설정할 것이 아니고 구성원 모두가 의견을 제시하여 설정하여야 한다. 셋째, 학교 구성원들이 쉽게 접근하고 실천할 수 있는 실현 가능하고 타당한 실천 계획이 제시되어야 한다. 넷째, 목표나 목적을 실천하여 이를 시각화, 스토리화할 수 있는 계획이 있어야 한다. 다섯째, 결과 분석을 위한 팀이 설치되어야 한다. 여섯째, 분석을 통한 재처방과 피드백할 기회가 필요하다.

학교장은 관리보다는 경영자로서 학부모가 학교경영에 참여할 수 있는 구체적인 안을 갖고 있어야 한다. '학부모만 한 놀이터, 학부모만 한 교과서가 없다'라는 말과 같이 학부모가 학교경영에 참여하고 자식들을 양육하는 데 필요한 정보를 제공할 기회를 마련, 일정 부분 학생 교육에 참여할 기회가 제공되어야 한다.

학생들의 발달단계를 정확하게 인지하고 그 단계에 맞는 교육적 처방을 함으로써 창의적이고 자율적인 인간으로의 교육이 지향되어야 한다. 무엇보다 학생 건강은 학생들이 지속성을 유시하고 지구력을 요구하는 입시 공부에서 실패할 확률을 줄이는 역할을 한다. 규칙적인 적당한 운동은 뇌세포 활성화에 최적의 처방이며, 파지把持력 보지保持와 집중력 향상을 위한 대안이다. 운동프로그램을 만들고 실천할 수 있도록 교직원의 중지를 모아야 한다. 학교 교육 환경을 개선할 수 있는 재원 확보를 위한 노력과 그 정보를 찾아 만들어 내는 능력이 있어야 한다.

지역 사회와 유관 단체로부터 학교의 각종 이익을 위한 '활동 기동력'이 있어야 한다. 학교폭력과 관련한 지구대, 학생 문화예술 감각을 통한 하이컨셉을 위한 예술단체와의 협약 등이 그것이다.

KBS2의 추적60분 내용을 발췌하면 사교육을 많이 받는 학생들은 유독 우울하고 표정이 어둡고, 그들은 창의력측정을 위한 도형을 제대로 채우지 못한다는 것이다. 창의력이 형성되는 영·유아기에 주입식으로 배우는 영어는 오히려 사고를 경직시키기 때문이라고 분석한다. 또한 국어 영어 수학 사교육 시간이 길면 길수록 우울증과 공격성이 높아진다는 것을 확인할 수 있었다.

결국 발달 시기에 맞는 교육을 함으로써 장기적으로 바람직한 사회인으로 성장할 수 있다는 사실을 증명하고 있다. 발달 시기를 무시한 사교육은 오히려 뇌세포를 파괴할 수 있는 심각한 정신건강 장애를 초래할 수 있다.

모든 학생, 교사가 멘토를 둘 수 있도록 한다. 멘토는 다다익선이다. 특히 교장도 그 대상이 되어야 한다. 그러기 위해서 학교장의 자질이 문제가 된다. 멘토링이 가능한 교장이 되어야 한다.

사교육으로 인해 학생들의 정신건강이 위협받고 자기 학습 주도력이 현저히 떨어져 창의적으로 문제 해결을 할 수 없는 학생들을 위한 프로그램이 필요하다. 이 프로그램에는 학부모와 학생이 같이 할 수 있는 방향으로 기획하는 것도 바람직하다.

교육에 있어 시행착오는 대체로 관용과 인지상정의 관점에서 접근되었다. 그러나 최첨단 과학이 주도하는 현대 교육에 있어서 시행착오는 교육행정 실패의 직접적인 원인으로 작용한다. 교육 사후봉사(A/S)는 이 시대에 바른 용어가 아니다. 시행착오에 대한 피드백 처방의 시간이 없다. 그래서 현대에 있어 교육의 지향점은 사전봉사(B/S)가 되어야 한다. 사전에 찾아가서 서비스하여야 교육력을 높일 수 있다. 학부모와의 의사소통은 '비포어 서비스(B/S)'의 기본 기능이라 할 수 있다. 단 한 번의 시행착오도 용납되지 않는 시대에 우리는 살고 있다. 교육에서만큼은 시행착오는 안 된다.

학교에서 직원 간의 화목함은 학습력과도 직결된다. 교직원들의 불화로 교실이 무너지지 않아도 학생들의 가슴은 뚫리게 된다. 교권 침해의 가해자가 교사 집단이 상당하다는 사실도 유념해야 할 것이다.

문제의 답을 못 맞히는 것에 대한 두려움을 없앨 수 있도록 수업을 도안해야 한다. 우리 교육이 정답만 찾는 방법을 지향하다 보니 수업 시간에 문제에 대한 답을 제대로 말하지 못하는 것을 가장 부끄러워한다. 그러다 보니 새로운 것에 대한 도전과 남과 다른 답을 말하는 것을 주저한다. 문제 풀이식 교육으로 답은 딱 하나이다 보니 그렇다. 답을 여러 가지로 말할 수 있는 문제 해결 능력이 필요하다는 것에 모두가 동의하면서도 시도하지 못한다.

그런 시도는 위험하고 많은 시간이 필요하며 적확한 답을 제시하지 못함으로써 오는 교육 소비자들로부터 비난이 두려운 것이다. 여기에서 탈출하기 위해서는 평가의 방법부터 바꿔야 한다. 평가 방법의 변화 없이는 교수 방법이 바뀔 수 없다. 평가 방법 변화의 혁신이 바로 미래를 대비할 수 있는 교육의 대변혁이라 할 수 있다.

우리는 미래 교육이 어떻게 바뀌고 미래 사회에서 필요한 인재는 어떻게 육성해야 할까에 대한 천착과 함께 심도 있는 고민을 함께 나누지 않으면 미래 교육이 어떤 방향으로 바뀌고 미래에 필요한 인재는 어떤 학생이어야 하며 그것을 위해서 어떻게 교육해야 하는지를 준비할 수 없다.

학교장은 미래에 대한 예측과 변화의 대처 방안 등에서 선생님들보다 먼저 고민하고 청사진을 펼칠 수 있어야 할 것이다. 그러는 가운데 학생들이 자신이 하는 일에 대한 존중감, 타인에 대한 배려, 학업에 대한 긍정적 태도와 가치 계발이 중요성을 알고 화두를 던질 수 있어야 한다. ■

꽃자리

그렇게 원하던 직장에 취직한 아들이 늦은 퇴근 후 식탁에 앉아서 핸드폰을 만지작거리고 있는 모습이 예사롭지 않아
"힘드니?"
라고, 물으니,
"아빠 나 공무원 할까?"
하는 것이다.
"공무원 연봉이 얼마인지나 아니?"
라고 했더니 말문을 닫는다. 직장 생활하면서 그런 고민 한 두 번 하지 않은 사람이 어디 있겠는가?
어느 날 모두 퇴근한 사무실로 들어서니 어느 직원의 컴퓨터에 포스트잇이 많이 붙어 있는 것을 보게 됐다. 얼마나 많은 일을 해야 하기에, 잊지 않고 일을 처리하기 위해서 붙여놓은 것들이다. 일일이 다 읽어봤다. 힘든 모습이 보이는 듯했다.

그 가운데 눈에 띄는 쪽지가 보였다. 컴퓨터 오른쪽 위에 큼직한 노란 포스트잇이다.

"구시렁대지 말고 하자. 니가 할 일이다."

그것을 보는 순간 느낌이 크게 왔다. 안타까운 마음과 고생한다는 생각, 그리고 어떤 고뇌가 보였다. 의자에 앉았다. 포스트잇을 한 장 뜯어,

꽃자리

구상

앉은 자리가 꽃자리니라
네가 시방
가시방석처럼 여기는
너의 앉은 그 자리가
바로 꽃자리니라.

이렇게 써서 그 포스트잇에 덮어씌웠다.

다음날 그 여직원이 과장실로 와서,

"과장님, 과장님이 써 붙였죠? 과장님이 아니면 그럴 사람이 없는데요. 과장님! 저는 괜찮아요. 걱정하지 마세요."

라고 말하고 돌아서 가는 뒷모습과 눈엔 회한과 눈물이 고여 있는 것을

봤다.

젊었을 때는 세상사를 내 맘대로 할 수 있으리라 생각하지만, 시간이 지나고 세월이 흘러 나이가 들면 아무리 애를 써도 자기의 능력을, 조건을 쉽게 벗어날 수 없음을 느낀다. 그러다 보면 모두 지나간다.

우리들은 살아가면서 '있어야 할 자리'를 성공과 부와 명예를 보장해 주는 그런 자리로만 생각한다. 내가 있는 그 자리를 다른 사람들이 부러워하는지는 모른다. 그렇다고 희망이 없다고 판단되는 그 자리에 무작정 머물라는 것은 아니다. 떠날 때를 알고 자리를 박차고 나서는 모습은 또 얼마나 아름다운가? 그것은 대단한 용기이기도 하다.

사람들은 세상사에 절망하면서 포기할 줄 아는 지혜를 얻게 된다. 그 지혜로부터 "고민은 하되 번민은 하지 말며, 절망은 하되 포기는 하지 말라"는 충고를 한다.

내가 구상 선생님의 '꽃자리'를 좋아한 이유는 여러 가지이지만 그중에서 으뜸은 처지를 인정하고 만족하면서 참고 견디면 새로운 보람이, 기회가 올 것이라는 확신과 내 처지를 두고 불평불만 해봐야 아무런 도움이 되지 않는다는 경험 때문이다.

자신의 자리에서

"왜 나는 더 좋은 학교를 나오지 못했을까? 더 좋은 직장을 갖지 못했을까? 우리 부모님은 왜 하필 벽촌에서 태어나서 비싼 땅을 물려주지 못하였을까?"

하면서 남의 자리를 기웃거릴 때 고통과 절망은 가중되고 계속되는 것이다.

초라해진 회진항에 서서 한재골을 쳐다보면서 지난 나의 발자취를 살펴봤다. 만족하며 살았는가. 만족하며 살아야 한다. 옛날 나의 처지를 생각하면 지금의 나를 감사해야 한다.

한재골 할미꽃은 올해도 어김없이 척박한 땅 그 자리에서 꽃 틔우며 수줍고 세련되지 않은 손짓을 하고 있다. 어릴 적 시집간 누나 집을 찾아 어둠과 추위와 배고픔을 밀치며 넘었던 한재골에 만남과 웃음이 넘치고 있었지만, 할미꽃의 오롯한 소박함을 만지면서 노력도 앞바다를 향해 토했던 내 한숨은 어떤 자국을 남겼을까. ■

촌지의 추억

촌지寸志의 본래의 뜻은 흔히 결혼·장례식, 명절, 승진 축하 등에서 '작은 성의로 드리는 돈'이라는 뜻으로 쓰이지만, 이 말의 본래 의미와 유래를 살펴보면 조금 다르다.

寸(촌)은 길이 단위로 아주 짧고 작음을 뜻하며, 志(지)는 정성, 의지를 뜻한다. 이 뜻을 모르는 사람은 거의 없을 것이다. 그런데도 이렇게 따져보는 이유는 과거의 부끄러운 기억 때문이다.

즉, 촌지는 본래 '작은 정성'이라는 의미다. 돈 자체가 아니라, 상대방에게 드리는 사소하나 정성 어린 마음을 가리킨다. 예컨대 작은 뜻, 하찮지만 간절한 마음을 나타낼 때 사용했다는 것이다. 즉, 자신을 낮추어 "제가 드리는 것은 큰 것이 아니며 작은 성의일 뿐입니다"라는 겸양이다.

조선 시대와 이후의 한국에서의 사용 유래를 보면 한국에서도 같은 의미로 받아들여져, 스승이나 윗사람에게 감사의 마음을 전할 때 "작은 뜻을 드립니다"라고 했다는 것이다. 점차 작은 뜻은 작은 돈 봉투라는 인식으로 변했고, 오늘날처럼 결혼식 축의금, 조의금, 명절 선물 비용 등을 '촌지'라고 부르게 된 것이다.

현대의 의미 변화를 보면 원래는 '정성'이 중심이었으나, 거의 '돈 봉투'의 완곡한 표현으로 자리 잡았다. 특히 교사나 공무원에게 감사한다며 돈을 건네는 소위 '촌지 문화'는 한국 사회에서 부정적 맥락(뇌물, 청탁의 뉘앙스)으로 사용되고 있다.

촌지는 '촌심寸心'을 의미했고 한자어 '촌지寸志'는 일본의 영향을 받은 일문 한자 표현이라는 견해도 있다. 즉, 한국에 전해 내려온 형태가 일문 한자를 통해 유입됐다는 이야기다. 훈장에게 정당하게 드리는 교육료나 곡식 등의 의미로도 사용되었다는 기록도 있다. 즉, 경제적 교환이 아니라 정당한 대가 또는 성의의 표현이었다. 한편, 일부 문헌에서는 중국 고전의 표현, 예컨대 삼국지의 고사에서 나오는 '방촌(方寸)', 즉 '사방 한 치의 좁은 땅'이 인간의 마음을 비유하는 말로써, 이 역시 마음속의 작은 고마움의 표현이다.

촌지는 사실 그 본래의 뜻이 바래 몰래 거래하는 부정한 돈거래로 인식된 것이다. 특히 교육계에서 관행으로 여기기도 했다. 그 잘못을 주는 사람, 받는 사람을 탓하지는 않겠다. 그러나 받지 않았어야 하는 것은 주지의 사실이다.

직선 교육감 선거가 등장하면서 진보 교육감은 촌지 근절을 내걸고 당선됐고 그것을 주요 실적이라고 홍보했다. 그때부터 선생님들은 고개를 들 수 없었다. 선생님 모두의 부끄러움으로 몸 둘 바를 몰랐다. 물론 새천년에 들어서서 '촌지 근절'이란 자성의 목소리가 있었고 사회 분위기도 더 이상 촌지를 받지 않는 추세였다.

담임 여부와 과목에 따라서 많이 달랐다. 난 과목이 체육인 관계로 그런 일이 없었다. 그런데 어느 날 체육관으로 어느 어머님이 찾아오셨다. 뭔가 느낌이 이상했다. 체육실로 모시지 않고 체육관 귀퉁이에서 만났다.

"선생님, ○○○엄마입니다. 제 딸이 반에서 1, 2등을 하는 데 체육 성적이 좋지 않습니다. 서울 교대에 가야 하는데 걱정입니다. 담임 선생님께서 체육 선생님을 찾아가 보라고 하시더라고요."

그러면서 책을 봉투에 넣었다면서 건네줬다. 깜짝 놀랐고 너무 불쾌했다. 그 안에 뭔가가 있다는 짐작이 갔다. "이거 뭐 하시는 겁니까?" 강하게 쏘아붙이고 당장 체육관 밖으로 나가라고 소리쳤다. 그 학부모는 고개를 숙이고 죄인처럼 도망가듯 돌아서 나갔다.

중학교 동창회에 나갔다. 대학원을 다니다 보니 시간이 없어 거의 나가지 못했는데 친구들이 전화해서 핀잔을 줬다. 학생회장이 나오지 않으니, 동창회가 시들시들하다는 것이다. 너무 미안해서 나갔다.

졸업 이후 처음 본 친구들도 꽤 있었다. 그 가운데 눈에 띄는 여자 동창이 있었다. 어디선가 본 듯했다. 그 친구도 놀란 표정으로 쳐다봤다. 이구동성으로 "야~너?" 그랬다. 두어 달 전 체육관에 찾아온 그 학부모였다.

"어쩐지 어디서 많이 봤다 생각했지. 넌 내 얼굴을 제대로 쳐다보지도 않더라."

친구들도 우리의 대화에 관심을 표했다. "어야~ ○○ 자네 그때 봉투에 뭐가 있었는가? 촌지였지?" "뭘 부끄럽게 여기서 그 말을 하는가?" 그 친구가 어찌할 바를 몰라 했다.

"내가 만약 그 봉투를 받았으면 부끄러워서 자네를 어떻게 보겠는가?" 생각할수록 끔찍한 일이다. 정말 받았더라면 그 친구는 '너도 어쩔 수 없는 놈이구나.' 했을 것 아닌가.

그녀의 남편도 교육청에 근무하고 있다고 하였다. 남편에게 호되게 당하고 너무 창피해서 죽을 뻔했다고 하니까 "요즘에 그런 선생님이 있어? 내가 한 번 만나 봐야겠네." 했다는 것이다. 그래서 창피당하지 않으려면 절대 만나지 말라고 했다는 것이다.

그 친구의 딸은 원하는 대학으로 진학했다. 그 학생이 원하는 대학에 가지 못했다면 난 친구에게 진짜로 미안할 뻔했다. 동창 골프 모임에서 만나면 여지 없이 그 얘기를 하고 배꼽을 잡곤 한다. 친구들은 덩달아 거들곤 한다.

"야! 그 돈 굳었으니 오늘 저녁은 ○○이가 사라." ■

교사의 정체성

교사라는 명칭은 언제나 무겁다. 그것은 직함이 아니고 하나의 삶의 태도이기 때문이다. 교사의 정체성이란 지식 몇 줄을 전달하는 기술에 있는 것이 아니고 삶의 자리에서 어떤 빛을 내는가에 있다. 교사는 말보다 존재로 가르치며 가르친 지식보다 그 선생님의 마음이 학생들의 기억에 남는다.

나는 교사를 어두운 길 위의 등불로 생각한다. 학생들이 아직 보지 못한 길목을 밝히고, 그 길이 어디로 이어지는지 알려주기에 앞서 스스로 묻고 걸어갈 수 있도록 빛을 비춰주는 존재다. 교사가 해야 할 일은 답을 내리는 것이 아니며 질문이 사라지지 않도록 지켜주는 일이다. 그 길에서 학생은 배움의 주인이 되고, 교사는 곁을 지키는 동반자가 된다.

교사는 삶의 모범이 되어야 한다는 중압감에 사로잡혀 있다. 교과서 속 지식은 언젠가 잊히지만, 교사의 말투, 태도, 눈빛은 오래 남아 학생의 앞날에 본보기가 되기 때문이다. 학생은 교사의 수업을 배우는 것이 아니라, 교사라는 사람을 배운다. 따라서 교사로서의 정체성은 교실에서 나누는 문장보다도 교사가 살아내는 하루의 무게에 더 가깝다.

그리고 교사란 늘 함께 배우는 사람이다. 아이의 눈빛 속에서 내가 보지 못한 세계를 발견할 수도 있고, 그들의 서툰 말 속에서 다시 보고 묻고 깨닫는다. 교사의 정체성은 완성된 상태가 아니라, 매일 다시 다져지는 과정이다. 아이와 함께 성장할 수 있기에 교사는 학생일 수 있다.

결국 교사의 정체성은 지식의 전달자나 규율의 관리자라는 좁은 한계를 넘어선다. 그것은 아이와 세상 사이에서, 때로는 다정히, 때로는 단호히 서 있는 존재, 함께 배우고, 함께 넘어지며, 함께 일어서는 사람, 그리하여 삶의 증언자가 되는 사람이다. 그 자리에 교사의 참된 정체성이 있다고 믿는다.

교사의 정체성은 고정된 말뚝이 아니라, 늘 가지 많은 나무이다. 그 뿌리가 깊이 내려 있다면, 바람은 단지 가지를 흔들 뿐 뽑아내지 못한다. 문제는 그 바람이 너무 거세어 송두리째 꺾이고 뿌리마저 위협할 때다.

첫째 바람은 제도의 압력이다. 시험 성적과 수치로만 교육의 성과를 재려는 사회는 교사를 '성장을 돕는 자'가 아니라 '점수 관리자'로 축소한다. 교사는 아이의 눈빛보다는 성적표의 숫자에 더 오래 시선을 두게 되고, 그 순간 교사의 정체성은 흔들린다.

둘째 바람은 사회의 시선이다. 교사를 전문가로 존중하기보다는 서비스 제공자로 대하는 인식은 교사의 존재감을 가볍게 만든다. 학부모의 요구, 사회의 기대는 끝없이 늘어나는데, 정작 교사의 목소리를 들으려는 귀는 점점 줄어든다. 그 불균형 속에서 교사는 자신이 누구인지 혼란을 겪는다.

셋째 바람은 학교라는 현장의 무게다. 가르치는 일보다 잡다한 업무가 더 많고, 동료와의 협력보다는 고립이 더 큰 현실은 교사를 스스로 '혼자 싸우는 사람'으로 만든다. 공동체 속에서 길러져야 할 정체성은 홀로 버티는 생존의 태도로 왜곡된다.

넷째 바람은 시대의 변화다. 인공지능과 디지털 학습이 교사의 자리를 대신하려는 듯 다가올 때, 교사는 자신이 여전히 필요한가를 묻게 된다. 아이들의 손에 쥐어진 스마트 기기는 교사의 권위를 가볍게 넘어서려 한다. 그 속에서 교사의 정체성은 '대체될 수 없는 것'을 끊임없이 증명해야 하는 숙명을 짊어진다.

이 모든 바람을 견뎌야 하는 것이 선생의 숙명이다. 그래서 깊게 뿌리 박고 극복한다. 그러나 정말 견딜 수 없는 것은 가르치기 위해 몸부림치는 가운데 발생하는 일들을, 실수와 과오로 보는 시선과 그렇게 몰아가는 선출된 교육 권력의 폭력성 때문이다. 그런 폭력이 교사 의지의 날개를 꺾는 것이고 외롭고 억울하여 정체성이 흔들리게 된다. 교육 권력은 이 사실을 절대로 간과해서는 안 된다.

그러나 이 모든 바람에도 불구하고, 교사의 정체성은 무너지지 않는다. 왜냐하면 교사의 본질은 지식의 전달이 아니라 세상과 사람을 잇는 관계이기 때문이다. 시험 제도도, 사회의 시선도, 기술의 발전도 그 자리를 대신할 수 없다. 교사의 정체성은 흔들리지만, 뽑히지 않는다. 그것은 흔들림 속에서 오히려 더 깊어지는 뿌리와 같다. ■

무언가 이루고 싶다면 무엇을 버려야 하는가?

　나는 사건이 터지고 나서부터는 사람이 아닌 사물이었다. 사람 취급을 하는 것이 아니라 어느 한 장소에 격리된 사물이었다. 지하 창고에 방치된 책걸상이었다. 습한 곳에서 햇빛이라곤 받을 수 없으며, 어쩔 수 없을 때 대체되기 위해 쟁여진 책걸상이고 탁자였다. 햇빛을 보지 못하니 곰팡이에 노출될 위험도 컸다.
　거기서 발버둥 치면 점점 녹이 슬고 그 녹은 못의 역할을 할 수 없도록 나무로부터 이격을 시시각각으로 부추긴다. 그리고 마침내 스스로 부서져 책걸상의 모습을 없애 버린다. 다 부서지지 않고 환한 세상으로 나와도 부식을 견디지 못하여 삐걱대고 뒤틀리니 정상적인 책걸상으로 역할도 할 수 없다. 중학교 때 창고로 책걸상을 바꾸러 갈 때 그렇게 느꼈다.
　사람으로의 변화는 많은 시간이 필요하고 혼자만의 극복이어야 하지만 다시 사람으로 변했을 때는 자신도 주위도 초라하게 변한 후이다. 그 권력의 집단에 속했고 속하려고 후안무치했던 사람들은 어쩔 수 없이 사물로 변해 녹이 슨 사람의 모습으로 위장하지만, 그들의 마음은 고름이 흐르고 뼈조직은 관절염을 앓고 있는 손가락처럼 뒤틀리고 굽어 버린 뒤이다.
　성경 말씀처럼 감당할 만한 고통일 수 없고 이기고 나면 변한 자신을 발견할 것이란 희망은 아예 없었다. 쓸모없는 고물을 만들기 위해 휘두르는 권력 앞에, 선생이며, 한 사회적 역할을 짊어지고 있는 공인으로서의 인간을 무참히 부숴버리는 망치 앞에서 어쩔 수 없이 나락으로 추락하는 하찮은 사물일 뿐이었다.

어느 날 사물로 변한 모습을 자각했을 때 인간으로서 나를 대하기가 힘들었다. 사람이 사물로 변함은 인격의 말살이 있을 때만 가능하다고 감히 주장한다. 예전 사람을 사물로 보는 시선 앞에, 회피 앞에 나란 인간은 속절 없이 좌절할 수밖에 없고 그 좌절은 자신을 사물로 생각하게 만들고야 말았다.

아킬레우스는 그 과정을 잘 알고 있었고 스스로 무너져 가는 과정을 잘 알고 몰락하는 과정을 잘 알고 있었다. 그들의 가혹한 계획 앞에서 이 또한 지나가리라는 성경 말씀도 하등의 위로가 될 수 없었다. 그 패거리들의 음모는 한 인간을 사물로 변화시키는 데 그렇게 성공하는 것이다.

그 과정을 잘 견뎌 지나가더라도 스스로 강해지기란 쉽지 않다. 맛있는 빵을 만들기 위한 반죽보다 더 어려운 일이다. 그 뒤로도 아킬레우스 패거리는 끝없이 그 상처를 되 파고 그들 휘하에서 목숨 부지하는 외견상 부여된 위장 권력과 눈치 권력을 부여받거나 그 권력을 탐하는 자들은 과감히 인간으로서의 시선을 변질시켰다.

그런 사물로써의 과정을 겪고 나면 설사 벗어난다고 하더라도 세상의 어떤 변화나 고통과 슬픔에 감각을 잃어버린다. 또한 자신에게 문득 들이닥친 상황을 있는 그대로 인정하기가 힘들어진다.

비만한 권력은 그렇게도 열망하던 교육을 오염시켰다. 보수보다 더 한 만용과 탐욕의 도낏자루는 시시각각 썩어갔다. 그 비만은 예측의 촉마저 시들게 하고 날로 숨은 차는데 왜 숨이 차는지를 몰랐다. 무엇을 버리고 취해야 하는지 몰랐고 그 버림의 가치마저도 망각한 것이다. 썩은 도낏자루를 휘두를 때마다 도끼는 허공에 휘돌고 기름 범벅이 된 자루만 손에 남아 있었다. 아둔한 권력의 몰락은 버릴 것과 취할 것을 구별 못 하는 데서 시작된다. ■

뛰지 말아요

거의 날마다 출근 시간이면 교실 뒤 주차장에서 어린 아들과 실랑이를 벌이는 여선생님의 모습을 보게 된다. 선생님이 출근하는 차에 아들을 태우고 와 주차장에서 내려 근처에 있는 유치원으로 혼자 가라고 사정한다. 엄마가 등에 가방을 둘러메 주면서 재촉하지만, 그때마다 아들은 데려다 달라고 떼를 쓴다.

그리고 뒷문 쪽으로 바쁘게 뛰어가는 모습을 본다. 우연히 그 선생님과 뒷문 출입구에서 맞닥뜨렸다. 평상시 뒷문 쪽으로 가지 않은데 그날따라 하필이면 그 앞에 있었다. 일부러 지키고 있었다는 오해를 살까 사실 나도 당황했다. 나를 보고 소스라치게 놀라면서 뒤로 나자빠질 뻔하지 않은가.

"왜 그렇게 놀라세요?"
"늦었습니다."
"아직 수업 시작 안 했는데요? 뛰지 마세요. 아이를 키우다 보면 그렇게 시간에 허덕이는 수가 허다하지요. 어린아이가 혼자서 가다 사고라도 나면 어쩌려고요. 앞으론 조금 늦어도 데려다주고 오세요."

그 선생님은 학년 실로 올라가 펑펑 울었다는 얘기를 들었다. 다른 샘들이 놀라 무슨 일이 있었냐고 물을 수밖에 없었고 방금 일어난 일에 대해 말씀하더란다. 정말 고마워 눈물이 난다고 대답했고 그 말끝에 교무실은 갑자기 조용해졌다는 것이다. 모두가 자기 일처럼 느끼면서 아이들을 열심히 가르쳐야겠다는 각오를 하는 것처럼 말이다.

나와 마주치는 순간 담임과 학년 주임의 임무를 다하지 못했다고 생각했던 모양이다. 만약 그 자리에서

"왜 이리 늦은 것예요? 애들 조회 전에는 오셔야 할 것 아닙니까?"

라고 다그쳤다면 그 선생님은 얼마나 민망했을 것인가. 퇴근하여 남편에게 왜 나만 아이를 등원시켜야 하냐고 한바탕 싸우기라도 할 것이닌가.

다그칠 필요가 없다.

병을 낫게 하는 약이 여러 가지 있지만 그중에서도 가정 효과적인 약이 있다. 그런데 그 병에 맞는 약을 모르면서 약만 먹으라고 하면 어떤 결과가 나올까.

그 병에 듣는 약을 먹으려면 의사의 문진과 진단이 필요하다. 의사도 환자와의 대화가 병의 증상과 실마리를 푸는 데 크게 도움이 된다고 말한다. 자신이 전문가라고 해도 조언이 필요할 때가 많다. 전문가이니까 물어볼 필요 없을 것 아니냐고 생각할 수 있을 것이지만 구태여 물어본다는 사실을 생각해 볼 필요가 있다.

선생님들과 대화하는 까닭은 선생님 자신의 문제뿐만 아니라, 학생지도, 학급 운영, 육아에 이르기까지 해결할 수 있는 열쇠가 거기에 있기 때문이다. 하지만 선생님들은 관리자와의 대화를 달가워하지 않는다. 누구의 잘못인가.

사실 누구의 잘잘못을 따지려는 것은 아니다. 선생님들이 대화에 소극적이고 피하는 경향이 파악되면 자신의 대화 방식에 대해서 다시 성

찰할 필요가 있다. 문제를 안고 있는 사람과 그 문제를 해결해 줘야 하는 상황에서 누가 더 말을 많이 해야 하는가. 당연히 선생님이다. 관리자는 더 많이 들어야 한다.

그런데 관리자 대부분은 더 많은 말을 하고 덜 들어주는 경향이 있다. 그러면 대화의 결과는 요구가 되어버린다. 애로점을 들어주고 풀어주는 처지에 있는데 주객이 전도되니 선생님들은 교장, 교감과 대화하는 것을 달가워하지 않는다. 선생님 처지에서 들어주고 선생님의 처지에 자신을 치환하면 대화는 자연스럽고 심지어 웃음이 있는 대화가 될 수 있다. ■

영웅이 되고 싶은 아이들

 학교에서 일어나는 일 가운데 가장 곤혹스러운 일은 만용으로 학생들에게 영웅 행세를 하려는 아이들과 맞닥뜨리는 일이다. 이런 일이 일어나면 시종일관 위엄을 잃지 말아야 한다. 기로 제압하는 것이다. 동공이 흔들려서도 안 된다.
 초임 학교에서 있었던 일이다. 여선생님께서 체육실로 달려오셨다. "학교 뒷동산에 쇠 파이프를 든 학생들이 여럿이서 우리 반 애를 잡고 위협하고 있어요. 어서 가 주세요." 썩 내키지 않았지만 그래도 체육 선생이기에 해결해 줄 것이란 기대로 오셨는데 몰라라 할 수가 없었다.
 뒷동산에서는 이미 일이 벌어지고 있었다. 우리 학교 학생들이 쳐다보는 가운데 그들은 영웅처럼 행세하고 있었고, 우리 학생은 이마에서 피가 흐르고 있었다. 그 모습을 보니 눈에 불이 튀었다. 그 애는 '선생님, 도와주세요.'라고 울부짖었다.
 쇠 파이프를 빼앗았다. 이들은 내가 운동복을 입고 있는 것을 보고 주춤거리더니 체육 선생님이란 것을 눈치채고 금방 고개를 숙였다. 4명을 앉히고 자초지종을 물었다. 읍내 있는 학생들인데 우리 학생이 자기네 학교 여학생과 사귄다기에 혼내주려고 왔다는 것이다.
 그들을 화해시키고 서로 잘 지내겠다는 약속을 받아 냈다. 그 이후 그 학생은 하숙집에 놀러 와서 고민을 털어놓곤 했다. 애들이 보는 앞에서 자기가 처참하게 구겨졌다며 자존심 상해했다. 또 아무리 노력해도 선생님들이 인정해 주지 않는다는 것이다. 사실 이미 그 애는 학생들 사이의 대장이었고 골치 아픈 학생으로 낙인찍혀 있었다.

겨울이면 바닷가에 접해 있는 학교는 북서풍이 직통하였다. 드셀 뿐만 아니라 유독 추웠다. 그 추위 속에서 겨울방학도 없이 육상부를 지도했다. 그런데 급성으로 부비동염이 와서 2월에 수술해야 했다.

그 아이는 하숙집으로 여러 통의 편지를 해 왔는데 병가 중이어서 볼 수가 없었다. 출근하여 보니 편지 내용이 퍽 마음에 걸렸지만, 신학기가 되고 정신없다 보니 읍내로 진학한 그 애에 대한 신경을 쓸 수 없었다.

그 애의 주검은 바닷가에서 발견됐다는 소문이 들려왔다. 진즉 그 애를 찾아보지 못한 후회가 하늘의 태양을 볼 수 없게 하였다. 여전히 그 드센 바람은 짙은 갯내를 싣고 운동장 귀퉁이 낙엽들을 떠밀고 다니고 있었다.

학교 축제가 학생교육문화회관에서 열리고 있었다. 로비가 웅성거렸다. 달려가 보니 한 학생이 손에 칼을 들고 설치고 있었고 모두 새파랗게 질려 있었다. 서서히 다가갔다. 흉기를 휘두를 기세였다. 난 묵묵히 다가가면서 손을 내밀었다. 그는 기세등등하여 다 죽이겠다고 악썼다. 머릿속엔 아이의 공격에 어떻게 방어할까에 대한 생각으로 가득 찼다. 계속 손을 내밀고 칼을 달라는 제스처를 취했다. 의외로 쉽게 제압했다.

교감 선생님께 그 학생을 내가 알아서 할 테니 맡겨달라고 말씀드렸다. 이미 학교에 나오지 못하는 징계 중이었다. 그 애도 대장이었고 학교 적응을 전혀 못 하던 학생이었다. 학교에 나오면 먼저 날 찾아오기로 약속했다. 그 애는 겁먹은 표정으로 몇 번이고 확인하는 것이다. "저 퇴학 아니지요?"

이런 아이들의 나쁜 버릇을 잡는 데는 몇 가지 요령이 있다. 관중이 있으면 더 발악하므로 보는 아이들이 없도록 해야 한다. 그리고 무시하고 영웅 심리를 없애는 것이다. 그런 아이들은 거의 과시하고 싶은 마음이 크다.

그는 며칠 후 등교하자마자 찾아왔다. 그리고 약속했다. 하루에 5분씩 앞당겨 학교 나오기로…. 그렇게 10일만 약속 지키면 지각하지 않을 거라고 말해줬다. 그 애는 약속을 지켰고 나는 그 애에게 특별하게 관심을 줬다. 체육 수업이 끝나면 기구 정리하는 책임을 줬고 자랑스럽게 그 일을 잘했다.

시간이 흘러 교육청에 근무하면서 일과가 끝나면 사우나에 가는 것이 루틴이었다. 어느 날 사우나 끝난 뒤 목이 말라 1층 맥줏집에서 생맥주 한 잔을 시켜 목을 축이고 있었다.

앞에 한 청년이 나타나서 "문종민 선생님 맞죠?" 하는 것이다. 의아한 눈빛으로 쳐다보니까 "선생님! 저 ○○예요. □□중학교…."

축제장에서 흉기를 들고 소란을 피웠던 그 애였다. 놀랐지만 무척 반가웠다. 그는 아르바이트하던 아가씨를 불렀다. 내 앞에 나란히 서서 "선생님, 제 여친입니다. 잘하면 결혼할 것입니다." 맥줏값을 한사코 받지 않으려 했다. "너 결혼하면 여자친구랑 같이 한 잔 하자. 내가 살게…." 손을 잡아 주고 나오는데 어둠이 짙게 드리운 밖이 갑자기 환해지는 기분이었다.

2층 1학년 복도에서 악쓰는 소리가 들렸다. 급하게 뛰어 올라가니 앳된 남학생이 흉기를 들고 소란을 피우고 있었다. 모두 복도에서 교실로 들어가게 하고 그 녀석과 둘이 만 대치했다. 그리고 잽싸게 손목을 잡고 흉기를 빼앗았다.

그 애가 1학년 교무실에서 진술서를 쓰고 있었다. "덩치가 큰 아저씨가 칼을 빼앗았다." "이 녀석아! 아저씨가 아니고 교감 선생님이야."

그 녀석이 올려다보는 눈빛이 놀란 듯 휘둥그레졌지만, 아무런 오염이 되지 않은 옹달샘처럼 맑기만 했다. 담임 선생님께 엄지척해 보이고 내려왔다. 담임 선생님이 교무실로 와서 부모님과 상담 후 결정하겠다고 했다. "잘 타일러 보세요."라는 말이 나올 뻔했다.

그 녀석은 초등학교에서 '짱'이었는데 중학교 들어오자, 타교 출신과의 서열 싸움에서 밀렸다는 소문이 돌았다. 담임 선생님도 모르게 그 녀석을 자주 만났다. 그 아이는 차츰 자신을 인정하는 모습과 서열 싸움에 관심이 없어 보였다.

그 애 엄마로부터 전화가 걸려 왔다. "교감 선생님! 우리 애가 많이 달라졌어요. 아침에 늦잠으로 인한 지루한 싸움이 없어졌어요. 감사합니다."

대부분 그런 아이들은 아침에 제때 일어나지 못하는 공통점이 있다. 습관이 된 것이다. 그 습관의 이유는 늦게 자는 데서 생긴다. 습관은 습관으로 잡을 수밖에 없다. 즉 새로운 습관을 만들어 과거의 습관을 이길 수 있도록 지도해야 한다. 다음 날부터 갑자기 일찍 일어나라 하면 그 습관을 고칠 수 없다. 눈에 보일 듯 말 듯, 자신이 의식할 듯 말 듯이 고쳐야 한다. 결국 방법과 시간, 그리고 기다림과의 싸움이다. ■

불확실한 것이 가장 무섭다

어린아이를 고시급 강의 학원으로 몰고 있는 부모들은, "행여 내 아이에게 이상 병인이 꿈틀대고 있지 않을까? 아니 이미 앓고 있지 않나?"라는 의심을 하고 자세히 살펴볼 일이다. 작은 이상 행동도 놓치는 일이 없어야 한다. 훗날 사회적 비용을 생각하면 당연한 대처이다.

이미 경쟁의 틈바구니에서 상대를 경쟁 상대로 생각하고 친구를 이겨야만 내가 살 수 있다고 생각하게 만드는 부모는 아무리 접어 생각해도 할 일이 아닌 것 같다. 이 나이쯤이면 친구를 품어주고 도와주는 심성이 정상이고 친구를 보고 싶고 친구 집에서 놀이도 하고 때론 친구 집에서 같이 자고 싶은 마음을 갖고 있는 것이 정상이다.

조인트 슬리핑joint sleeping이란 용어가 있다. 아무리 이해할 수 없는 사람도 3일간만 무릎을 끼고 잠을 자거나 생활하면 이해할 수 있다는 의미다. 같이 생활하면 누구나 친해질 수 있다는 뜻이기도 하다. 그런 중요한 성장 시기에 부모는 말한다. "지금 그런 것 필요 없어. 네가 의과대학에 들어가면 다 할 수 있어." 태권도 학원에 가고 싶고 친구들과 놀이터에서 놀고 싶어 하면 똑같이 말한다. "네가 판사가 되면 그때 운동해도 충분히 건강할 수 있어."

그래도 그 아이는 엄마의 지휘하에 학원 버스에 오르거나 승용차에 올라서도 한쪽 눈은 친구들이 놀고 있는 곳에 초점을 두고 한쪽 눈은 엄마의 얼굴에 초점을 맞춘다.

　신체 건강은 성장 단계에 맞는 움직임이 있어야 한다. 마음 건강도 시기에 따라 발달의 차이가 있다. 건강은 나중에 소유할 수 있는 것이 아니다. 정신건강은 더욱 그렇다.

　이런 현상은 1등급을 위한 준비가 아닌 1등급을 만들어 놓는다는 개념이다. 일반학생들은 만들어 놓은 1등급을 파고 들어갈 수 있을까. 아니면 만들어 놓은 1등급은 시간이 흐른 후에도 유효할까. 1등급 효과의 시효는 언제까지 가능할까. 지금의 그 지식이 15년 후에도 유익한 지식일까. 그러나 어느 정도 시간이 흐르면 그 질서는 대부분 무너지는 것을 본다.

　한가지 예를 들어본다. 어느 정도 나이가 든 사람은 알 수 있는 세계적 성악가 '마리아 칼라스'가 있다. 1923년에 미국에서 그리스계 미국인으로 태어나 1977년에 비교적 젊은 나이에 사망한 그녀의 노래를 듣고 감동하지 않은 사람은 없을 것이다.

　그녀의 어머니는 배우나 가수가 꿈이었다. 다행히 딸 마리아 칼라스가 그 자질이 있음을 발견하고 성악을 비롯한 음악 공부를 억지로 시켰다. 자신이 이루지 못한 꿈을 딸에게서 얻으려고 지나치게 강요했다는 것이다. 마리아 칼라스는 즐겁게 엄마의 뜻을 좇았을까. 우리 엄마들의 4세 고시를 강요하는 아이들은 어떤 마음일까를 가늠해 보자.

　훗날 그녀는 어머니를 맹비난했다. 뛰어난 성악가였지만 엄마의 강요를 보람 없고 지긋지긋한 고생의 날이었다고 회고하면서, "그런 강요를 할 수 없도록 하는 법률이라도 있어야 한다. 부모는 자녀에게 어린 시절을 빼앗으면 안 된다."라고, 말했다.

　20세기 최고의 소프라노로 평가받은 그녀는 "내가 다시 태어난다면 발성을 이렇게 하지 않았을 것이다."라고 했다는 것이다. 이는 어린 시절 배운 발성이 잘못되었다는 의미로 읽힌다. 그 사실을 알면서도 자신을 끝없이 다듬었기에 최고의 자리를 지킬 수 있었다. 여기서 수십 년 전의 방법이 지금까지 유효한가에 대한 의문에 해답을 건질 수 있게 한다.

이런 아이들의 가장 큰 장애는 성장하면서 늘 불안해한다는 것이다. 가끔 학교에서 그런 아이들을 발견한다. 갑자기 이상 행동을 하는 학생들의 발자국을 따라가 보면 부모님들로부터 한껏 기대받았던 아이였다는 것을 발견하게 된다. 어릴 때 마리아 칼라스의 부모처럼 부모의 과도한 기대가 있었다는 사실이다.

그 불안이 자신을 옥죄게 되는데 그 불안은 회피 쪽으로 기울게 된다. 자신이 없고 기대를 충족하지 못하면 눈을 돌려버리는 것이다. 책임 전가는 습관이 됐고 급우들과도 어울리지 못하고 그런 성격에 친구들은 그를 경계하게 되는 그 사실이 불만이고 감정 조절을 어렵게 만든다.

구체적으로 "7세 고시 학원" 현상은, 유아기에 지나치게 성취 지향적이고 경쟁적인 교육을 주입하는 것을 가리키는 사회적 은유이다. 이런 상황에서 자라난 아이들은 성장 과정에서 여러 심리·병리적 문제를 경험할 수 있다고 말한다. 즉 심리적 차원에서의 부정적 현상으로 너무 어린 나이에 시험과 경쟁에 노출되면 '실패에 대한 두려움'이 만성화되어 불안장애나 시험 불안으로 이어질 수 있다는 것이다.

또, 일등하는 것이 부모님으로부터 사랑과 인정의 조건이 되면, '나는 있는 그대로 소중하다.'라는 자기 가치감이 약해져 성취와 성적에 의존하는 자존감 구조가 형성될 뿐만 아니라, '내가 원하는 것'과 '부모·사회가 원하는 것'을 구분하지 못해 성인이 되어서도 자기 정체감을 확립하기 어렵다는 연구 결과들이 있다.

특히, 지속적인 실패 경험이나 타인의 기대에 부응하지 못하는 경험이 축적되면 무가치감과 무력감으로 이어질 수 있다. 또한 완벽해야 한다는 압박감이 강해져 강박적 학습행동, 강박장애로 발전할 위험이 있다는 주장이 있다.

무엇보다도 또래와의 자유로운 놀이와 사회적 경험이 부족하면 대인관계 기술이 부족해지고, 성인이 된 후에도 회피적 성격이나 대인 불안으로 이어질 수 있다. 그뿐만 아니라 어린 시절부터 과부하 된 학습 경험은 성인이 되어서 일찍 소진消盡을 겪게 만드는 요인이 될 수 있다.

창의성과 자율성 결핍으로 끊임없는 정답 추구와 규율 속에서 창의적 문제 해결 능력, 자기 주도성이 억제되기 마련이다. 여기에 더하여 관계의 도구화로 인해 성취 중심 환경에서 자란 아이는 타인을 협력의 대상으로 보지 않고 경쟁의 대상으로 바라볼 수 있다.

마리아 칼라스의 어머니처럼 세대 간 악순환으로 인한 자신이 경험한 교육을 또다시 자녀에게 반복하여, 부모와 같은 사회적 계단을 밟아야 한다는 사회적 불안과 경쟁의 악순환을 강화할 위험도 있다.

총체적으로 "4세 고시 학원" 문화는 단순히 조기 교육 과열에 그치지 않고, 장기적으로는 아이들의 불안·우울·강박·소진 같은 정신 병리적 문제와 자율성·정체성 발달 저해라는 심리적 문제를 낳을 수 있다.

실증적으로 한국교육개발원(KEDI) 보고서에 따르면, 조기 사교육 참여 아동은 불안과 스트레스 수준이 또래보다 높게 측정되었으며, 학습 동기 역시 '내적 동기'보다는 '외적 보상(부모의 칭찬·비교)'에 크게 의존하는 것으로 나타난다는 결과를 내놓았다. 이는 장기적으로 학습 회피, 번아웃burnout으로 연결될 위험이 있다.

일본의 "주니어 하이스쿨 입시 학원(중학교 입시 학원)" 연구에서, 초등학교 때부터 학원 경쟁에 내몰린 학생은 중학교 시기에 우울 및 무기력을 더 자주 경험했고, 또래 관계에서 사회적 위축이 뚜렷했다고 보고 되고 있다.

  미국 심리학회(APA)는 어린 시절 과도한 학업·특기 활동에 참여한 아이들이 청소년기에 불안장애와 수면 문제를 겪을 가능성이 높다고 보고했다. Deci & Ryan의 자기 결정성 이론Self-Determination Theory에 따르면, 조건적 자존감을 가진 아이는 성인이 되어서도 타인의 인정 없이는 자기 가치를 유지하지 못하고, 우울·대인 불안·회피적 성격을 보일 확률이 높다고 보고한다.

  4세 고시 학원의 단기 효과는 성적 향상, 집중력 훈련이 가능한 것으로 보이지만 장기 부작용으로 불안, 우울, 강박, 대인관계 위축, 자율성 결핍, 창의성 저하가 나타날 수 있다는 연구 결과들을 볼 때 우리 아이도 언젠가는 그런 부작용에 시달릴 수 있다는 불확실성에 부모들은 관심을 가져야 한다. 조심할 것은 세대 영향으로 성취를 중시하는 부모가 되어, 다시 자녀에게 같은 압박을 전가함으로써 성장하여 성공하더라도 그 후유증은 예외가 될 수 있다.

  아이가 태어날 때 손·발가락이 하나라도 없으면 어쩌지? 하는 두려움이 얼마나 컸던 지 생각해 보는가. 어떤 욕심도 없으니 건강하게만 자라달라고 기도했던 기억은 지금은 무효인가? 훗날 내가 아이를 지켜주지 못하는 상황에 아들이 장성하여 부모를 원망하면 어쩔 것인가.

  세상은 그렇더라. 일이 터지고 나면 제도가 바뀌고 잘못되고 나면 그때야 후회하더라. 바뀐 제도가 나에게는 아무런 필요가 없고 후회는 가장 어리석은 자의 선택이라고. 이미 나의 아이는 잘못되어 버렸는데…

  4세 고시 학원 같은 조기 경쟁 교육은 당장은 성과가 있어 보일 수 있지만, 연구의 공통점은 장기적 심리적 비용이 훨씬 클 것이란 예측을 가능하게 한다. 불확실함이 가장 무서운 이유다.

  '자전거 타는 풍경'의 '아빠가 미안해'란 노래를 들어보라. 얼마나 두렵고 가슴 아픈 일인지를…

『손을 잡고 나란히 걷기엔
가야 할 길이 너무 비좁다 했지
모두 함께 나누며 살기엔
부족한 세상이라고 말해 왔어

느끼기보다는 많이 알아야 한다고
친하기보다는 이겨야만 한다고 가르쳤지
그래서 아빠가 미안해

네가 지닌 꿈과 장점들을
있는 그대로 인정하지 않았지

이루지 못했던 나의 꿈을
어느새 너에게 강요해 왔어

꿈꾸기보다는 영리하게 살라고
맞서기보다는 모른 척 따라가라 가르쳤지
그래서 아빠가 미안해

어지럽고 탁한 세상에
숨이 막혀 답답하고 지쳐도
어딘가에 있을 너의 꿈을
찾길 바라

하고 싶은 일이 있으면
더 높이 올라가야 한다고 했지
주위를 둘러볼 시간에
한 걸음이라도 빨리 뛰어라 했지

잘살기보다는 많이 가져야 한다고
추억보다는 내일만이 중요하다고 했어
그래서 아빠가 미안해
그래서 아빠가 미안해』■

자식 이기는 부모 없다

 사람들이 가기 싫어한 곳을 세 곳만 들라 하면 학교, 경찰서, 병원을 든다고 한다. 학교는 자식이 문제를 일으켜 불려 가는 경향이 짙고, 경찰서는 범죄와의 관계로, 병원은 아파서 가게 되니 싫어할 수밖에 없을 것이다.
 자식이 문제를 일으켜 학교에 나오신 부모들을 보면 두 가지 유형으로 나뉜다. 첫째는 자식에게도 선생님에게도 쩔쩔매는 모습을 본다. 선생님께는 죄송한 마음에서 그런다고 하더라도 잘못을 저지른 자식 앞에서 오히려 학부모가 죄인인 듯하다. 또 다른 유형은 오히려 학교 측에 책임을 전가하고 항의하는 경우이다.
 자녀와 함께 얘기를 나누다 보면 자녀에게 끌려다닌다. 부모로서 단호함이란 찾아보기 힘들다. 그런 학부모는 그래도 괜찮다. 후자의 경우 자녀에게 낙인찍히는 언행을 하는 경우도 많다. 또는 자녀보다 더 심하게 학교 측을 공격하는 상황에서는 부모가 자식을 바르게 이끌기는 어렵겠다고 생각한다.
 그런 부모는 어디에서고 자식 편이다. 부모이니까 당연히 자식 편에 서야 하지만 그 모습을 본 자식은 부모를 모방하여 자기 잘못을 합리화시키거나 보편화시키려 든다. 대개 그런 학생과 부모는 "왜 나만 그래요?"이고, "왜 내 아들한테만 그렇게 대하는 거요?"이다. 어떤 경우든 그런 학부모는 자식한테 진 것이다.

　자식 앞에서 옳고 그름을 가리면서 잘못이 있다면 자식이 보는 앞에서 사과하는 모습을 보여 주는 것은 억지가 통하지 않는다는 사실을 행동으로 보여 주는 교훈과도 같다. 막무가내로 자기주장만 하고 상대를 무시하는 모습은 자식에게 나쁜 성공 경험을 하게 만들어 세상을 부모의 행동처럼 그렇게 살아가려 한다.

　부모는 자식 앞에서 정당한 일에 당당하게 맞서고 잘못된 일에 대해서는 용기 있게 잘못을 인정할 때 자식은 옳고 그름에 대한 판단을 정확히 할 수 있는 기준이 생기는 것이다.

　아이의 자존심을 위해서 선생님 앞에서 부당하게 처신한 뒤 자식을 데리고 나와서는 자식의 잘못을 나무라서는 도덕적 기준이 흔들리면서 일단은 '아니다.'라고 부정하는 부정적 태도가 형성되는 것이다. 아직 정오에 대한 판단 기준이 약한 아이는 부모가 했던 그 행동으로 인해 모방의 묘약에 지배당하게 된다. 엄마가 자신의 기를 살려주기 위해 억지를 쓴다고 판단하는 것이 아니고 '일은 저렇게 해결하는구나.'라는 몰염치가 기억에 똬리를 튼다. 부모의 등을 잘못 보여 준 것이다.

　그런데 자식이 성인이 되고 결혼하여 부모가 됐어도 여전히 이길 수 없다. 자식의 처지에서는 부모가 됐음에도 부모를 이겨 먹는 것은 보기 민망하다. 학교에 불려 온 부모님에게 거칠게 대하는 애들을 보면서 속으로 "네가 부모 맘을 알 때는 결혼하여 네 아이를 키울 때이다."라고 중얼거리지만, 부모들은 그때가 되도 이기지 못하고 자식은 부모의 맘을 헤아리지 못한다.

　자식을 이기는 비결은 어릴 적부터 바르게 대하는 태도를 보여야 한다. 원칙이 변하는 모습을 보이거나 옳지 못한 일에 타협한다거나 염치 없는 모습을 보이지 않는 것이다. 내 부모님의 성격상 나의 이런 행동을 용서하거나 관대하지 않을 것이란 학습효과를 극대화하는 것이다.

퇴직하신 선배 동료들은 "야, 내가 퇴직하였는지를 어떻게 알고 투자를 권하는지 모르겠다."라는 말씀을 많이 한다. 교직이 아닌 다른 친구들을 만나면, "야! 너 절대 퇴직금 받아서 투자하지 말아라."라고 충고한다. 그 말끝에 선생 출신들은 100% 당한다는 사족을 붙인다. 세상 물정을 모른다는 것이 그 이유다.

그렇게 선생들은 겨우 살 집 하나와 퇴직 연금으로 만족하며 살자고 다짐한다. 사실 연금이 생활하는데 여유를 줄만큼은 아니다. 그래서 조금은 삶이 불편하다. 그렇지만 거기에 맞춰 살면 그럭저럭 구차함은 면하면서 살 수 있다. 일반적 걱정처럼 자식에게만 당하지 않으면 부부간에 잘 살 수 있다는 것이다. 그런 걱정이 씨가 됐는지는 몰라도 교직 동료들의 입장을 보면서 참으로 안타까울 때가 많다.

어느 날 돈벌이를 한다는 것이다. 사무실에 앉아서 일을 하는 것이 아니고 그저 돈을 벌 수 있는 일은 가리지 않고 한다. 십중팔구 자식을 이기지 못한 경우다. 어쩔 수 없다는 말이 여기서 나온다.

대학 은사님, 중·고등학교 은사님, 동료 교사들이 자식으로 인해 생긴 빚을 갚아야 하는 처지에 놓이게 되면 평생 모아 마련한 집을 담보 잡히고 또 다른 수단을 통해 빚내서 자식의 고통을 해결한다. 돈벌이라도 하지 못하면 연금으로 그 빚 갚느라 처참한 노년이 된다.

독일 격언에, 초년 출세, 중년 상처, 말년 빈곤을 가장 경계해야 한다고 했다. 아무래도 가장 서러운 것은 말년 빈곤일 것이다.

내가 존경했던 중학교 은사님은 자식 사업비를 주시기 위해 퇴직금까지 일시불로 받았는데 불행하게 사업이 잘못되었고, 선생님은 병을 얻어 타계하셨다. 사모님은 5일 장에 나오셔서 시장 한 귀퉁이에서 푸성귀를 팔고 계신다는 것이다. 그 모습을 선배가 보시고 한 바구니를 다

사고, 용돈 드리고 돌아서는데 눈물이 나서 힘들었다는 것이다.

"자식이니까 어쩔 수 없다."라는 하소연은 말할 수 없는 회한에 체포되어 끌려가는 쓸쓸한 뒷모습을 보여 준다. 자식 이기는 부모 없음은 죽을 때까지 진리고 숙명이다. ■

똑같은 일을 하면서
다른 결과를 바라는 것은 미친 일이다

처음 이 문장을 읽고 망치로 머리를 맞는 충격을 느꼈다. 교육청에서 하는 일이 늘 똑같은 일을 하고 똑같은 생각 속에 살고 있다고 생각했기 때문이다. 결제 올라온 것을 보면 작년에 했던 일을 그대로 복사하는 수준이고 그렇다 보니 날짜를 고치지 못하는 실수를 저지르기도 한다. 그렇다. 같은 일을 반복하면서 다른 결과를 기대하는 것은 미친 짓이다. 우리는 미친 짓을 하는 것이 아닌가 하는 생각이 들었다.

정책 또한 그렇다. 정책은 있지만 그 정책을 집행하는 이들의 행동은 전혀 동떨어진다고 생각했다. 이 또한 직선제가 되면서 당선되기 위해서 급조된 정책들이어서 입안자나 그것을 실천에 옮기는 자나 철학이 없기는 매일반이란 생각이 들었다.

이 말을 알베르트 아인슈타인의 말이라고 들었기에 '과연 아인슈타인이구나'라는 생각했다. 그러나 아인슈타인의 저서나 강연 기록에서는 확인되지 않는다고 한다.

어찌하든지 경영·심리·자기 계발 분야에서 널리 인용되었다고 하며, 이 말의 진정한 의미는 "변화를 원한다면 행동부터 달라져야 한다"라는 메시지를 강조하는 맥락에서 쓰였다고 하니, 우리가 더욱 관심이 가는 격언과 같이 귀한 문장이다. 상황적으로는 "내가 말하는 대로 하라고 하면서 행동은 그것과 다른 것"과 "행동은 바꾸지 않으면서 결과만 바뀌기를 기대하는 모순"을 초래하고 있다.

일하면서 가장 힘든 것은 눈치가 없다고 핀잔을 들을 때다. "너는 말끼를 참 못 알아듣는구나."라고 말할 때다. 이는 내가 이렇게 말하더라도 너는 그렇게 하면 안 된다는 뜻이다. 알아서 기고 알아서 비위 맞춰야 한다는 것이다. 그것은 상급자의 전형적인 책임 회피용 전략이다. 어떤 일이 벌어지면 했던 말을 증거로 대고 의도는 숨기는 능력이 미달한 리더의 정형이다.

그럴 때면 어렸을 때 동무들과 놀이를 하다가 "내가 언제 그랬냐?"라고 억지 부리던 장면이 생각나서 아이들 장난인가 하는 생각을 할 때가 많았다. 그런 리더는 자기 능력으로 그 위치에 서지 못하고 묘한 찬스를 써서 직함을 구한 사람들이다.

아인슈타인은 "우리가 문제를 만들 때 사용했던 같은 사고방식으로는 그 문제를 해결할 수 없다."라고 했다. 이는 문제와 사고방식의 연관성으로 어떤 문제가 생겼다는 것은 그럴만한 사고방식, 가치관, 패턴이 있었다는 것이다. 문제 만들 때의 그 사고방식을 유지한다면 그 문제를 반복할 뿐으로 기존의 틀을 벗어나 혁신적 사고, 전환적 사고를 할 수 없다는 것이다. 즉 단순히 행동을 바꾸는 것이 아니고 생각 구조 자체를 새롭게 해야 한다는 메시지이다.

아이가 공부는 열심히 하는 데 성적은 늘 그 자리라면 공부하는 방식을 바꿀 필요가 있다. 같은 행동으로는 다른 결과를 얻을 수 없듯이 무언가 바꾸고 싶다면 행동부터 바꿔야 하는 것이다. 이렇듯 근본적 변화를 위해서는 사고방식을 바꿔야 하고 표면적 변화는 행동의 변화가 있어야 한다. 문제 해결과 사고방식 전환이 필요하다.

헤라클레이토스는 "사람은 같은 강물에 두 번 발을 담글 수 없다. 그 강물도 같지 않고, 그 사람도 같지 않기 때문이다."라고 말했는데 이 또한 세상은 끊임없이 변화한다는 철학적 통찰을 담고 있다. 변화는 불가피한데 그 변화를 두려워하는 자는 기득권 세력이다.

소크라테스는 "변화의 비밀은 낡은 것과 싸우는 데 에너지를 쓰는 것이 아니라, 새로운 것을 만들어 내는 데 집중하는 것이다."라고 말했다. 낡은 과거의 사고의 틀을 과감히 벗고 새로운 것을 창조하는 방식을 추구해야 한다.

톨스토이는 "모두 세상을 바꾸려고 생각하지만, 정작 자기 자신을 바꾸려고 생각하는 사람은 없다."라고 했는데 자기 변화를 먼저 시도하는 자는 흔하지 않다.

이런 관점에서 교육정책은 반복성에 의한 변화의 한계가 있다. 우리나라만이 아니고 많은 나라에서 교육정책은 비슷한 틀을 반복하는 경우가 많다. 교육은 백년지대계란 말이 이 시대에 어느 정도 유효한가에 대해서 의심해 볼 필요가 있다. 졸속도 경계해야 하지만 보수적 관념에서 벗어나야 하는 이유도 충분하다.

이런 정책이 이미 한계와 문제점을 드러냈다는 사실에 동의하지 않을 사람은 없을 것이다. 그런데도 똑같은 정책 방향을 유지하면서 학생들의 창의성을 키울 수 있는 방향으로 가야 하고 교육 불평등을 해소해야 한다고 주장한다면, 그것은 변화 없는 반복 속에서 다른 결과를 바라는 모순이다.

결국 지금의 변화 없는 교육정책으로는 절대 결과를 바꾸지 못한다. 지금과 같은 시험 제도로는 사고력·창의력을 기를 수 없고, 교원 행정업무 부담 완화 없는 교사 평가는 수업 질을 높이지 못할 것이다. 늘 교육부 정책을 받아서 실천하는 지금의 정책을 반복한다면 즉 하향식 정책 결정만 반복한다면 현장 교사들의 자율성과 전문성은 달라지지 않을 것이다. 희망 고문과 같고 비효율적이며, 오히려 교육 현장의 피로와 불신은 가중되기만 할 것이다.

교육정책의 혁신 없이는 교육의 결과도 달라지지 않을 것이다. 평가 패러다임의 변화 즉 점수 중심에서 과정 중심·역량 중심 평가로 완전히 바뀌어야 한다고 목소리는 높지만, 메아리는 없다. 교사 본연의 수업·연구에 집중할 수 있는 환경을 외치지만 여전히 부족하며, 미래 사회 역량-창의성, 협력, 문제 해결력-을 조장할 수 없고, 정책 결정 구조가 학교·지역 단위 자율성 확대를 추구하지 않으면 '신심信心이 없이 입으로만 외는 헛된 염불'이 계속될 것이다. ■

망설임

정년퇴직 이전부터 나의 글을 모아 한 권의 책으로 남기고 싶었다. 그래서 한순간도 허투루 보내지 않고 생각을 메모했다. 그 메모의 분량을 기어코 따지자면 단 하루도 기록 없이 넘긴 적이 없다고 해도 과언이 아니다.

나는 일정 등 계획에 대해서는 큰 관심이 없었다. 그냥 간단하게 약속을 기억할 수 있도록 써놓으면 됐다. 그렇지만 내 기억에 약속을 잊거나 늦은 적은 거의 없었다. 약속을 어기거나 늦는 것에 대해서는 알레르기 반응이 나타날 정도였다.

내 느낌은 늘 달랐다. 어쩔 땐 수 페이지의 분량을 쓰기도 하고 며칠간을 이어서 쓰기도 했다. 술에 취해 귀가 하더라도, 너무 취해 몸을 가누지 못할 정도면 다음 날 아침에라도 썼다. 앉으나 서나 멈추거나 걷거나 내 머릿속은 생각으로 가득하였다. 그래서 늘 고개를 숙이고 걷는 습성이 생겼는지도 모르겠다.

그렇지만 그럴 때마다 다시 읽으면서 없애거나 대폭 내용을 달리 표현했다. 밤에 쓴 연애편지는 아침에 읽으면 보낼 수 없듯이 순간적 생각은 늘 절제력을 상실한다. 다음날 읽으면 그 무분별함이 보인다. 보내지 못하는 연애편지처럼 대부분을 지웠다. 그런데 지금 생각하니 그때의 격정이 옳았다는 생각에 지운 글이 그립기도 하다.

책을 내겠다는 생각의 과정에 악마와 같은 훼방꾼이 지체하게 했다. 그러다 문득 세월이 흘러 "너 뭐 하고 있니?"라는 자책이 날 다급하게 했다. 그래서 다시 펜을 잡곤 했다.

그런데 그 자책으로 다시 글을 정리하는데 시시각각 날 흔드는 생각이 힘들게 했다. "왜 꼭 글을 써서 책을 출판하려 하느냐?" "네 글이 읽힐 것 같냐?" "그런 글은 차고도 넘쳐"라는 생각과 망설임이 포기의 끈을 조였다. 그래서 포기했다가도 문득 외로움처럼 내 글이 그리우면 다시 생각을 고치곤 했다. 이런 시간이 나를 너무 지치게 했다.

내가 존경하는 선배 교장 선생님과 그 형님이 좋아하는 편집국장 출신 동생과 생고기에 소맥을 하면서 나의 고충을 말했다. "오늘도 글을 정리하다 왔는데 '내가 책을 꼭 내야 하는가.'란 생각에 힘들었다."라고 했더니 "형님! 쓰시고 출판하십시오. 형님 자식들이라도 읽을 겁니다." 자식들이란 제한에 마뜩잖았지만, 그 말에 용기가 났고 지금 술기운이 넘치는 시간에 이 제목의 글을 핸드폰에 쓴다.

난 항상 결정이 늦은 편이다. 그 이유는 너무 신중愼重을 기하는 데에 있다. 그 신중함은 실수는 줄이고 진중함이 있지만 기회를 놓치게 한다. 신중함을 줄이는 것은 뻔뻔함이란 만용이 필요할 때가 있다. 좋게 표현하자면 당차게 나가고 결과를 두려워하지 말자는 자기최면이기도 하다.

실수하지 않은 사람은 실수를 두려워하고 실수를 자주 하는 사람은 실수를 즐긴다. 그랬다. 선생으로 퇴직한 사람이 학생들에게 해야 할 충고를 이제야 나에게 하고 있다. 실수를 두려워하면 어떤 시도도 하지 못한다. 세상에서 가장 나쁜 일은 시도마저 하지 않음이다.

이 배경에는 망설임이 있다. 망설임은 "이리저리 생각만 하고 태도를 결정하지 못함으로 인해 추구하고자 하는 본분을 잃어버리는 것"이다.

나란 사람은 도대체 어떤 심리·사회적 형벌을 받는 것인가?

 망설임은 욕구와 두려움의 충돌 관계이고 또 사회적 관계에서 가장 두려운 이익과 손해처럼 상충하는 요소들 사이에서 균형을 잡으려는 매우 소극적 마음의 움직임이다. 즉, 단순한 소극성 이기보다는 심리적 조율 과정이라고 정의하고 싶다.

 더 소극적으로 들어가면 즉각적인 결정을 피함으로써 위험을 줄이고, 더 많은 정보를 확보하려는 무의식적 자기방어적 기제라고 생각한다. 사실은 인간 본래의 방어적 기제라고 할 수도 있을 것이다. 인간은 불확실성을 본능적으로 경계하기 때문에 약간은 비루하지만 망설임은 생존적 본능이라고 미화하고 싶다.

 그 망설임에 대한 나의 방어는 단순한 선택을 앞두고 '망설인다'라거나 그 선택이 나의 가치관이나 정체성과 연결된 중요한 문제라고 외칠 수 있지만 그래도 나의 성격적 큰 결함이라고 생각한다.

 아무리 선지자들이 '망설임은 자기 이해를 심화시키는 계기가 된다.'라고 하지만 나에게는 큰 약점이다.

 사회적 의미로써의 나의 망설임에 대한 결함은 가끔
 "나로 인해 타인이 어려움을 겪으면 어쩌지?"
 라는 소위 고급 표현으로 사회적 배려라고 하는 알량함을 앞세우고자 하는 극히 이기적 발상이라고 할 수 있다. 무어라 하더라도 진정 나의 망설임은 우유부단함의 결정체라고 판단한다.

 이는 겸손도 아니고 배려도 아니며 타인에 대한 존중도 아니다. 결국은 용기 없는 결단력 결핍이다. 이제 생각하면 내 자신뿐만 아니라 선생으로서의 비판으로 받아들이고 싶다.

 나에게 왜 이런 병적일 만큼의 망설임이 자리 잡았을까. 이는 학창 시절 부모님과 선생님들, 심지어는 동료에게까지 받았던 단순한 신뢰에 대한 나의 부채감이었다는 생각을 한다. 결국은 망설임, 신중함은 나의 신뢰에 대한 보답이었던 것 같다.

 사실은 누구도 내가 그런 부채가 있다고 생각하지 않았는데 자신이 만든 헛된 기준이자 표상이었다.

 이런 나의 부채감은 숙고, 신중함, 위험 회피, 타인 고려 등으로 나의 이익을 챙길 수 없었고 결국 소중한 기회 상실, 심지어는 책임 회피, 나에 대한 불신으로 고착화를 이끌었다는 푸념이나 불만이 있다. 결국 나의 역할에 자기 신뢰 저하와 불신으로까지 번졌다고 생각한다,

 결론적으로 망설임은 단순히 결정을 지체하는 소극적 행위가 아니라, 내 자신의 보호와 신중함이란 자신감 결여로 나타났고 아무도 생각하지 않고 인정해 주지 않은 나에 대한 옛 추억으로 회귀하고자 하는 발버둥이었다.

 마리아 칼라스의 '내가 다시 태어난다면 발성을 이렇게 하지 않았을 것'이란 회고처럼, 내가 다시 태어난다면 욕을 먹더라도 뻔뻔한 얼굴로 문댈 수 있는 기질을 만들 것이란 지체된 반성을 한다. ■

선생님의 선물

부풀어 핀 벚꽃이 눈처럼 흩날리고 길바닥에 널브러져 봄바람에 이리 저리 휘몰리고 있었다. 벚꽃이 피는 봄이 오면 많은 생각이 수많은 꽃 잎처럼 일렁인다. 더구나 벚꽃은 동백꽃처럼 뚝 떨어지는 꽃도 아니고 들국화처럼 문드러진 줄기와 함께 고꾸라지는 꽃도 아니다. 그렇다고 장미꽃처럼 계절을 업신여기며 무시로 피는 꽃 또한 아니다. 야속하게 도 애먼 사람 가슴 설레게 반짝 피어 하늘하늘 지는 꽃이기에 그렇다.

그 꽃길을 한 소년이 책보자기를 둘러메고 내닫고 있었다. 쏜살같은 속도에 발등에 걷어차인 벚꽃이 후르르 뒤따르고, 양철 필통 속에 홀로 갇힌 몽당연필 딸랑대는 소리가 가쁘게 따랐다. 신문지에 싸인 뭔가를 껴안고 무릎까지 찬 개울물도 아랑곳없이 첨벙첨벙 뛰는데, 반대편에 서는 이부제 수업에 늦은 누나가 허둥지둥 스쳐 지나갔다.

하얀색이 누렇게 바랜 수건을 머리에 쓰신 어머니가 호미를 든 채로 사립문에 서 계셨지만, 들입다 밀치고 방으로 뛰어 들어갔다. 이마에서 는 소금기 짙은 땀방울이 후드득 떨어졌다. 가까스로 숨을 고른 뒤 떨 리는 손으로 신문지 포장을 뜯었다.

소년의 눈이 휘둥그레졌다. 뜻밖에 그 안에는 동아 전과가 들어있었 다. 소스라치게 놀란 소년은 훔친 물건이라도 된 듯 장롱에 가지런히 누운 옷을 헤집고 잽싸게 묻었다. 가슴이 진정되지 않았다. 면장과 지서장 아들이나 갖고 있을 법한 전과가 어찌하여 그의 손에 들어왔는지 머리를 흔들어 보았지만 이해가 되지 않았다. 그러다 문득 선생님의 말씀을 떠올렸다.

"종민아, 이것 집에 가서 꺼내 보아라."

얼굴이 검게 그을린 소년은 선생님의 다정한 말씀과 그윽한 눈빛의 의미를 도무지 모르겠다는 듯 그저 두 눈만 껌벅거릴 뿐이었다.

다음 날 선생님 얼굴 뵙기가 두려웠다. 감히 '선생님 고맙습니다.'라고 말할 용기가 없었기 때문이다. 슬금슬금 눈치를 보면서 피했지만, 선생님은 아무렇지도 않은 것인지 모른척하신 것인지 한결같았다.

음악 시간이 되어 옆 교실에 있던 풍금을 낑낑대며 들고 오는데 선생님은 물끄러미 쳐다보실 뿐 여전히 내색하지 않으셨다. 풍금 앞에 앉으신 선생님의 마른 어깨가 들썩이고 뭉뚝한 손가락이 건반 위를 뛰어다녔다.

"둥근 해님 간밤에 용궁에 가고 아침 바다 동쪽에 떠오를 때 방실방실 해님의 예쁜 웃음은 아침 바다 동쪽에 꽃이 핍니다." 음악책에도 없는 동요를 연주하시면서 한 소절 한 소절 따라 부르게 하셨다.

뱃가죽이 등에 붙을 무렵 소년은 음악 시간에 배운 어쩐지 슬픈 동요를 읊조리며 걸었다. 뜸부기는 띠밭에서 알을 품고 파란 쑥은 지천으로 널렸지만, 보리는 아직 푸르기만 하니 모두가 숨쉬기조차 버거운 보릿고개를 헐떡거리며 넘어가고 있었다. 논둑 밭둑에서 삘기를 뽑아 허기를 달래며 집에 도착하니 어머니는 대나무 평상 위에서 거친 메밀을 한 움큼씩 집어넣으며 맷돌을 돌리고 계셨다. 맷돌에서는 어머니의 한숨과 한 서린 가난이 가루가 되어 나왔다.

겨우 메밀 죽 한 그릇을 게 눈 감추듯 먹어 치우고 어머니에게 '선생님의 선물'을 보여드렸다. 외면하다시피 하시는 어머니의 눈에서는 언뜻 눈물이 비쳤다. 얼마나 염치가 없었으면 못 본 척하셨을까.

이후에도 선생님은 선물에 대한 말씀이 없었고 가끔 등을 도닥거리며 지나치곤 하셨는데 그럴 때면 힘이 절로 솟았다. 전과는 보물단지 모시듯 장롱에 숨겨 놓고 숙제 등 필요할 때만 꺼내 보았다. 숙제는 전과에 거의 답이 있었지만, 소년은 발표하지 않았다. 선생님께서는 전과를 보고 발표하는 것을 아실 것이기에 아예 발표하지 않았다. 학교에 가져가서 자랑을 하고 싶은 마음이 굴뚝같았지만 참았다. 애들이 어디서 났냐고 물으면 대답할 말이 생각나지 않았기 때문이다.

이윽고 선생님이 된 그는 잊고 살았던 선생님을 찾을 생각을 하고 친구에게 그 이유를 설명하던 중, 선생님이 자기 집 작은 방에 세 들어 사실 때 쌀을 꿔서 밥을 짓곤 했다는 의외의 말을 하였다. 순간 머릿속이 멍해지고 가슴이 뜨끔뜨끔 아프더니 가늘고 긴 신음만이 터져 나왔다.

선생님을 쉽게 찾을 수 없었다. 선생님이 생각날 때면 학생들에게 '선생님의 선물' 얘기와 더불어 동요를 불러주곤 했다. 그의 책상에는 항상 만년필이 있었다. 비록 선생님께서 사 주셨던 만년필은 아니었지만, 왠지 만년필은 그를 지켜주고 행운을 가져다줄 것만 같았다. 그리고 만년필로 글씨를 쓰면 정성과 애정이 흘러나왔다. 성적표 통신란도 만년필로 썼다. 그의 사랑이 전해지는 듯했고 자신처럼 매 학년 성적표를 장롱 속에 소중하게 간직할 것만 같았기 때문이다.

어느 날 선생님께서 지척의 사립중학교에 근무하고 계신다는 소식을 들었다. 친구와 약국에 있는 건강 음료를 몽땅 사 들고 찾아갔다. 선생님을 본 순간 언뜻언뜻 그때의 모습이 보였다. 인사를 했더니 '누구세요?'라며 멀뚱한 표정으로 일어서는 선생님은 여전히 큰 키는 아니었으나 목소리는 그대로였다. 어렵사리 알아보신 선생님은 '아~~' 라고 탄식을 쏟으셨다. 교무실에 계신 선생님들이 생경한 광경에 넋을 잃은 듯했다.
 식당으로 모신 뒤 주인과 다른 손님들께 양해를 구하고 상을 한쪽으로 밀치고 친구와 함께 큰절을 올렸다. 굵은 주름이 둘러싼 눈에 눈물이 그렁그렁 하였다. 그 모습에서 쉽지만은 않았을 세월이 엿보였고 어이하여 덩달아 서러움이 복받쳐 올랐다. 보고 있던 손님들이 손뼉을 치고 주인아주머니도 앞치마로 눈물을 훔치고 있었다.
 선생님은 중학교 교사가 된 사연과 역정에 대해서 말씀해 주시면서도 선물과 가르쳐 주셨던 동요에 대해서는 기억하지 못하셨다. 선물 설명과 함께 동요를 불러드렸더니 비로소 기억을 되찾으신 듯, 깊은 눈 속에서 눈물이 애처롭게 헤적이는 것을 볼 수 있었다.
 "선생님, 고맙습니다. 그 전과와 그 추억이 교직 생활 내내 저를 지켜주었고 지탱해 주었습니다." 세월이 그토록 흐른 후에야 차마 하지 못했던 고맙다는 말씀을 드렸다.
 그는 전과의 추억이 서린 고향을 찾았다. 가을 하늘은 사뭇 창창했지만, 옛 학교는 가히 왜소했고 몸뚱이만 남은 벚나무는 가쁜 숨을 몰아쉬고 있었다. 밤이 되니 고향의 별들이 선생님의 깊은 눈동자에서 흐르던 눈물처럼 반짝거리기 시작했다. '선생님의 선물'을 생각하는 동안 찬란한 별빛은 소낙비처럼 나의 기억으로 쏟아져 내렸다.

 ◇ 이 글은 오래전 투고를 위해 쓴 수필이었으며, 마침내 대덕초등학교가 개교 100주년을 맞아 은사님을 모시고 감사패를 전달할 기회가 생겼고, 100년사에 모교나 은사님에 대한 글을 실을 수 있는 공간을 만들었기에 이 글을 게재했다. 주인공 은사님은 올해로 89세를 맞으신 유태현 선생님이시다. 그런데 야속하게도 정정하셨던 선생님은 100주년 행사에 오신 지 두어 달 후에 바삐 이 세상을 떠나셨다. ■

어느 담임 선생님의 편지

교감 선생님!

선생님께서는 제가 이제까지 보아 온 관리자 중에서 교사의 입장을 가장 잘 이해해 주시는 분이라 생각하여 긴 글을 올립니다.

저희 반 아이들에게 일어난 이 사건을 조사하는 과정에서 어제 학생부장님께서 가·피해자 간 일치된 사실을 확인하기 위해 대면 조사를 하신다고 하여 아이들을 데리고 갔습니다. 분명 피해자는 남학생입니다. 돈을 세 차례 빼앗겼고, 그 과정에서(가해자는 그 상황이 아니라고 합니다.) 남학생의 성기를 주먹으로 두 차례 때렸습니다.

이 사실을 확인하는 과정에서 피해 학생은 매우 고통스럽고 괴로울 것이 분명할 진데, 그 피해 학생을 윽박지르고, "말이 되냐? 남자가 너보다 더 작은 여자에게 당했다는 게?"라며, 아이를 더욱 수치스럽게 만들고 있는 과정에서 담임으로서 몹시 고통스러웠습니다.

저는 가·피해자의 담임으로 조사 과정에서 중립을 지켜야 한다고 생각하지만, 키 큰 남학생이 여학생에게 폭행과 갈취를 당했다는 말은 단지 그 여학생만의 힘이 아니라는 것을 모르시는 것 같았습니다. 그 과정에서 무력한 저 때문에 아이들이 보호받지 못한다는 사실에 참으로 괴로웠습니다.

저희 반 또 다른 남학생도 성기를 맞은 적이 있다고 하자, "언제?" "작년에요." "그걸 왜 이제 말해, 이 새끼야, 나가"라고 소리를 질렀습니다. 그 남학생이 나가면서 한마디 하더군요, "경찰에 신고하고, 기자한테 말해버릴 거야."

선생님, 학교(성)폭력을 처리하는 과정에서 저는 이렇게 답답하고 속이 터지고 머리가 아픈 적은 처음입니다.

엑스포 관람을 가는 과정에서 저희 반 피해 학생이 혹시나 힘들어하면 어쩔지 하는 마음이 들어 불안합니다. 서둘러 처리하는 것이 가·피해 학생이든 부모님들에게도 바람직할 것 같습니다.

선생님, 저는 반 학생 한 명 한 명을 사랑합니다. 어서 아이들이 고통받지 않고, 협박도 당하지 않으면서 예전처럼 해맑게 웃는 즐거운 반이 되었으면 하는 바람입니다. 최소한 학생이 '힘들어요'라면서 저에게 말했다면 왜 힘들어하는지 그 이유를 알아보려고 노력하는 교사가 되어야 한다고 생각하고요.

교감 선생님, 제가 이제 가지고 있는 마지막 카드는 교감 선생님 한 분이십니다. 도와주세요. 그리고 다시는 피해 학생이 조사받는 과정에서 어느 학생이라도 이런 식으로 취급받는 경우가 없었으면 좋겠습니다. 선생님께 지금 제가 하는 행동이 너무 무례했다면 저를 혼내주세요. 그리고 알려주세요. 그러면 고치도록 노력하겠습니다. ■

조인트 슬리핑

　우리는 생각이 다르고 생활이 다르며 행동이 다른 사람들끼리 모여 집단을 이루면서 살아간다. 특히나 다름이 상시로 존재하는 교직 사회에서 그 차이를 극복하면서 살아간다는 것은 간단치가 않다. 그래서 내면적으로는 항상 갈등과 논란이 존재하고 다툼이 있으며 이기가 작용할 수밖에 없다. 그러나 그것을 병폐라고 한다든지 비정상이라고 할 수만은 없다. 다만 어떻게 극복하면서 다름에 대한 차이를 줄이면서 살아가느냐가 관건일 뿐이다. 그런 것들 때문에 우리는 절제된 언어를 사용해야 하고 감정 또한 조절하면서 살아가지만, 그 요소들은 잠복하여 있거나 비항구적으로 봉합되어 있을 뿐이다.
　교직 사회처럼 응집력이 약하고 사고와 행위가 자유로운 집단도 드물 것이다. 말은 있으나 대화는 부족하고 컴퓨터와의 대화는 있으나 사람과의 질편한 대화는 진정 없다. 쪼개진 대화는 있으나 합쳐진 대화는 어렵다. 이런 것들이 교직 사회의 인간관계로서의 특징이기도 하다. 그래서 교직 사회 집단을 쓰레기통 모형이라고 할 수 있겠다. 여러 요소의 의견들이 쓰레기통에 뒤죽박죽되어 섞여 있다가 어떤 계기로 인해 정리가 되고 해결이 되니까 말이다.
　과연 우리는 어떤 계기가 있어야 할까를 생각해 본다. 그 계기를 어떻게 마련해서 대화도 하고 배려도 하고 같은 생각을 할 수 있도록 할 수 있을까? 항상 같은 공간에 있어도 해결이 안 되니 어떤 관계가 있어야 그 공간을 초월할 수 있을 것인가.

　한 이불을 덮는다는 것과 한솥밥을 먹는다는 것은 같이 산다는 의미일 것이다. 같이 산다는 것은 많은 것을 이해할 수 있다는 전제가 있어야 하고, 서로 위해줄 수도 있으며 무시하지도 않아야 한다. 어떤 말에서도 상처받지 않아야 한다. 아니 상처받을 말은 있지만 상처는 없을 것이다. 가정에서의 이런 실천은 사회생활의 기본이다.

　그러면 가족이 아니면서도 같이 사는 의미를 찾으려면 어떤 길이 있을까. 한결같은 생각이지만 같이 여행하면 되겠다. 그것도 당일이 아니고 한 사흘만 했으면 좋겠다. 그래야 같이 산다는 의미를 느낄 수 있지 않겠는가?

　조인트 슬리핑이란 용어가 있는지는 모르겠다. 그러나 난 자주 쓰는 말이다. 아무리 이해하지 못하고 싸우고 원수처럼 지내도 3일간만 서로 껴안고 무릎을 끼고 잠을 잔다면 모두 다 이해하고 사이가 좋아질 것이란 의미의 표현이다. 아무리 이질적인 요소를 갖고 살아가고 있다고 하더라도 같이 자고 먹는 동안에 무언가 동질감을 느낄 것이고 상대에 대해서 새로운 면을 발견하고 놀라운 장점을 찾게 될 것이다. '1박 2일'이란 텔레비전 프로그램에서 느끼는 것은 재미있기보다는 그 멤버가 아무래도 '평생 가족처럼 살겠구나.' 하는 것이다. 매주 조인트 슬리핑을 하기 때문이다.

　방학을 즈음하여 학교에서 교사 연수를 당일로 다녀오기로 했다. 참 아쉬운 결정이었다. 이 학교 새내기 교감으로서는 선생님들을 새롭게 알 수 있는 절호의 기회라고 생각하고 있었기 때문이다. 비록 1박 2일이라 하더라도 숙식을 같이할 수 있으리란 생각에 기대가 컸다. "얼마나 많은 새로움을 발견할 수 있을까? 뜻밖의 능력을 누가 어떻게 보여 줄까?" 등, 자못 큰 기대가 무너지는 순간이었다. 역할보다는 관계가 그립다. 조금은 비어있고 손해가 있어도 그냥 모른 척 넘어가 주는 그런 사람들의 사회가 그립다.

　오늘따라 어린 시절 우리 집에 자주 놀러 와서 같이 자고 먹던 친구들이 생각난다. 그들을 만나면 예나 지금이나 한결같이 반갑기도 하고 애절하기도 하다. 애절함을 느끼는 관계는 아무에게서나 생길 수 있는 감정이 아니지 않는가. 아무리 격조했어도 격이 없다. 언제라도 같이 껴안고 잘 수 있는 친구들이다. 다 큰 사람들이 한방 쓰기도 어려운데 조인트 슬리핑 할 수 있다는 것은 너무도 특별한 의미다. ■

힘내세요, 선생님!

우리 학교 선생님께서 오늘 또다시 휴직하신다. 내가 이 학교 오기 전에 이미 휴직 중이셨던 선생님이 1년이 지나 복직하셨고 아픈 사연으로 또 휴직하신다.

선생님이 행복해야 학생들이 웃을 수 있어서 가능하면 선생님의 편에서 바라본다. 힘든 평교사 시절을 생각하면서, 선생님들의 고통을 몸으로 느끼면서, 학창 시절 나를 가르치셨던 우리 선생님들을 생각하면서 생활한다.

내가 선생으로서 이 자리에서 이렇게 근무하리라는 생각을 하지 않았다. 장학사가 되고 장학관이 되고 교감이 되는 생각을 처음엔 하지 않았다. 교만하기 그지없었던 나로서는 당연히 교수가 되고 정치도 하면서 세상을 호령하리라 생각했다.

교장 공모에 들러리 서고 난 뒤 큰 시련을 삼키고 있는 나에게 선생님께서 편지를 주셨다. 편지를 받아본 지가 얼마만 인가. 그 사치스러운 시련과 허영과 거짓에 찬 꿈을 말끔하게 거두게 만드는 편지다.

『문종민 교감 선생님! 처음 업무 분담하러 왔을 때 교감 선생님을 첨 뵈었어요. 그때는 학교가 어색하고 불편했어요. 지금은 집에 갈 때 교감 선생님 모습을 다시 한번 보고 퇴근을 합니다.

힘든 휴직 기간을 지나고 기쁘고 설레었지만, 변화된 학교 분위기에 혼란스러웠던 저에게 교감 선생님께서는 항상 열심히 들어주시고 부족한 저에게 따뜻한 눈빛과 조언을 해줘서 지금까지 행복하게 잘 지냈습니다.

　짧은 시간 동안 교감 선생님 같은 훌륭한 분을 모시게 되어 정말 영광이었습니다. 짧은 이 시간이 너무나 아쉽습니다. 힘든 결정에 따뜻한 다독임을 주셔서 더욱 눈물이 났어요.

　교감 선생님! 감사드립니다. 살면서 꺼내 볼 수 있는 행복한 기억들 잘 간직하고 갑니다.』

　아! 가슴이 뜨겁다. 제발 무탈하게, 남처럼 건강하게 뛰어다닐 수 있는 아이를 분만했으면 좋겠다. 상담하면서 하염없이 눈물 흘리시던 모습을 떠올리니 가슴이 아리다. 자신이 그렇게 아프면서도 다른 선생님과 학생들에게 미안해서 휴직하기 힘들다던 선생님! 무슨 소용이랴! 그 아픈 가슴을 생각해야 하지 않겠는가?

　내년이면 나도 이 학교를 떠날 것이고 선생님께서는 뒷산 찔레꽃이 필 무렵 복직하실 것이다. 항상 밝게 웃으시던 선생님! 그러나 가슴 속엔 소금기 짙은 눈물을 갖고 계시는 선생님! 푸른 잔디밭에서 아이와 함께 뛰어다니는 모습을 보고 싶다. 신이 있다면 그 선생님에게서 남몰래 흘리는 눈물을 거둬갔으면 좋겠다. ■

사랑하는 우리 선생님!

세월호 사건이 '4월은 잔인한 계절이다'라는 시 구절을 세계에 여지없이 증명해 보이고 나서야 만휘군상萬彙群象이 태동의 증거를 내보이는 5월이 되었다. 바쁜 일상에서 휴일이 되면 가까운 산이라도 한번 올라가 보자. 신비롭고 아름다우며 형형색색의 가녀린 나뭇잎이 숨을 쉬는 것을, 초록빛이 그렇게도 저마다 다른지를 확인할 수 있을 것이다.

5월이 되면 우리들을 가르쳤던 선생님들이 유난히 생각난다. 스승의 날이 있기에 그런지 아니면 너무도 훌륭한 선생님들이 주위에 계셨기에 그런지는 모르겠다. 누구나 가슴속에 간직하고 있는 선생님이 한 분 정도는 있을 것이다.

생각하면 할수록 가슴 저미는 기억들과 함께 그 선생님은 뇌리에 똬리를 틀고 나에게 인생의 나아갈 길을 가리키고 계신다. 한 번도 빗나가는 생각이나 행위에 대해서 가만히 두지 않으신다. 또, 마음에 채찍으로 자리하고 앉아 계신다.

가난이 무엇인지도, 가난이 그렇게 사람을 불편하게 만드는 것인지도 모르던 나이에 우리에게 희망을 꿈꾸게 해 주셨던 선생님들이 계신다.

당신은 남의 집에서 쌀을 꾸어 밥을 지으면서도 전과를 선물해 주셨던 선생님. 그 전과를 장롱에 넣어두고 날마다 꺼내 보았고 더럽혀질까 두려워 연필 자국도 낼 수 없었던 때를 생각하면 지금도 가슴이 매스꺼울 정도로 울렁거린다. 극장이 어떻게 생겼는지도 모르던 시절에 「사운드 오브 뮤직」이란 영화와 함께 그 영화 주제가 일부를 표현해 주시면서 그렇게도 도시의 문화를 우리에게 전달해 주기 위해 노력하셨던 선생님. 토마토를 썰어주시겠다고 칼을 잘못 돌려 손바닥을 베시고 흘리던 그 피가 나의 손에서 흐르는 것처럼 가슴 아프게 하셨던 선생님. 처음으로 떡갈비를 사주시면서 흐뭇하게 쳐다보시던 선생님. 선수 신발(스파이크)을 사주시지 못해 나의 손을 잡고 굵은 눈물을 흘리시던 체육 선생님.

그런 선생님들이 우리 대덕에 계셨습니다. 주실 줄만 아시고 달라진 못하는 그런 선생님들이 계셨습니다. 사람은 그가 태어난 곳의 특성에 따라 성격이 결정된다고 한다. 우리 선생님들께서는 착하고 아름답게 대덕의 특성을 만들어 주셨습니다. 그래서 오늘의 우리들이 이렇게 살아가고 있습니다.

그런데 선생님! 오늘도 그때의 그 선생님의 모습으로 서 계시는데, 스승의 날을 없애느니, 다른 달로 옮기느니 야단들입니다. 어쩌다 선물이라도 받을라치면 영락없이 파렴치한으로 찍히고 마는 세상에서 겨우 숨을 몰아쉬면서 선생님을 생각하니 차라리 세상이 야속하기까지 합니다. 그래서 비겁하게 스승의 날에 출근하지 못하고 휴무일로 정하는 학교도 있습니다.

지금의 선생님들이 굳이 옛날의 우리 선생님 같지 않아서 그러리라 체념합니다. 그랬을 것입니다. 노골적으로 촌지를 요구하는 그런 선생님들이 있었을 것입니다. 저도 그런 경험이 있습니다. 촌지를 들고 온 학부형으로부터 그런 유혹을 당한 적이 있습니다. 나중에 알고 보니 그 학부형이 중학교 동창이었습니다. 그 생각을 하면 소스라쳐집니다. 받았으면 얼마나 부끄러웠을까 생각하면 말입니다. 지금은 그 동창과 그 애기를 하면서 같이 웃고 말지요.
 그런데, 선생님! 그런 선생님들을 찾아뵙지 못하고 있습니다. 전과를 사 주셨던 초등학교 3학년 담임 선생님께서 광주에 살고 계시는 데 찾아뵙지 못하고 있습니다. 아니 미국에 살고 있는 친구와 함께 십수 년 전에 한 번 뵈었을 뿐입니다. 저뿐만이 아니라 많은 제자가 그렇게 살고 있을 것입니다.
 그러나, 선생님! 그런 나의 선생님들은 행복하십니다. 사무치게 선생님을 그리워하는 제자들이 많이 있기에 말입니다. 그 많은 세월이 흐른 뒤에도 가슴속 켜켜이 선생님의 흔적을 간직하고 살고 있는 제자들이 있기에 말입니다.
 아름답게 늙어 가셨으면 좋겠습니다. 선생님을 사랑하는 제자들이 있음을 정녕 잊지 않으셨으면 좋겠습니다. 비록 눈앞에 나타나 선생님의 손을 잡지 못하는 스승의 날이 되더라도 선생님! 행복한 생각으로 깊게 옛날을 추억해 보십시오.
 대덕의 그 큰 다리를 생각해 보십시오. 초등학교를 둘러싼 아름드리 벚나무를 생각해 보십시오. 중학교 앞 신작로를 생각해 보십시오. 만국기가 펄럭이던 운동장을 생각해 보십시오. 아직도 거기엔 우리가 사랑한 선생님이 계십니다. 아직도 거기엔 해맑은 제자들의 함성이 있습니다. -스승의 날에- ■

같은 길, 다른 생각

우리는 어려서부터 편을 가르며 놀았다. 내 편, 네 편으로 갈려 다투고 앙탈 부리고 타협하고 정해지지 않은 규칙을 지키면서 놀이하였다. 정확하게 정해지지 않았지만 거의 상식적으로 규칙을 지켜야 한다고 생각했던 모양이다. 그리고 놀이가 끝나면 그냥 형제처럼 다독이면서 각자 집으로 갈렸다. 그리고 다음 날도 마찬가지로 놀았다. 규칙도 스스로 정했고 벌칙도 스스로 정했다. 그리고 심판도 스스로 했다. 그래서인지 불만은 순간이었다. 그리고 인정할 줄 알고 질 줄도 알았다.

그런데 성장하면서 패거리를 알았다. 나를 보호하기 위해서, 내 이익을 지키기 위해서 패거리를 만들고 내 편을 만들었다. 이 패거리는 내 것, 우리 것만을 고집하는 고약한 특성이 있다. 따라서 내 편이면 원칙에 벗어나도 괜찮고 남이 상처를 입어도 상관없다. 우리 기준에 들지 않으면 적대시하고 다른 패거리는 옳지 않다는 신념을 세운다.

운동권이 아니면 '너희가 정치를 어떻게 알아?' '너희가 어떻게 민주주의를 해?'라고 판단한다. 운동권 출신이니까 '너 같은 사람들은 안보를 포기했잖아?' '너 같은 사람들은 운동권 기질로 발목만 잡잖아?' 한다. '진보집단이 아니니까 민주주의를 제대로 실천하지 못하지. 보수집단이 아니니까 애국을 모른다고 말한다.' 같은 생각으로 뭉친 집단은 같은 집단 구성원 간의 서로 신뢰하고 충성하고 배려하고 위하지만, 다른 생각을 갖는 사람이나 집단을 무시하고 배척하고 소외시킨다. 그래서 집단 내에서 일어나는 갈등을 부정적인 시각으로만 접근하고 도움이 안 되고 자신들을 해할 거라는 생각을 하게 된다.

일사불란하게 일 처리하는 것은 결코 좋은 현상은 아니다. 무조건 옳다는 생각이기에 커다란 실수를 가져올 수 있다. 다양한 생각과 의견이 있어야 그 실수를 줄이거나 없앨 수 있다. 그래서 갈등은 어떤 집단 내에서도 있어야 한다. 그래야만 집단지성이 효과를 발휘하고 협력이 이익을 극대화될 수 있는 것이다. 다양한 시각이 있어야 다양한 생각이 나오고 그 다양성 속에서 최선을 찾을 수 있는 것이다. 서로가 다른 생각을 존중하고 갈등을 조절하는 가운데 같은 방향으로 일을 추진할 수 있을 때 그 동력이 커지는 것이다.

여기에서 남과 더불어 갈 수 있고 함께 이익을 공유하고 배분할 수 있는 것이다. 다양성을 인정하고 끌어내는 것이 그것이 진정한 지도력이다. 강압적인 분위기, 그런 생각을 하게 하는 집단은 겉모양은 좋을지 모르나 내용은 한없이 부실하고 조잡하다. 열과 성을 끌어낼 수 없고 분열과 복지부동을 부추긴다.

같은 생각을 요구하는 리더와 집단은 기준과 적용에도 애매하고 다르다. 나와 같은 생각을 하는 사람에게는 가능한 적용이라고, 나와 생각이 다른 사람에게는 불가능한 적용이라고 주장한다. 다른 생각을 무시하고 터부시하면서 하는 의사결정은 쳐다보면서 웃지만 돌아서면서면 처량하다.

내 편만의 이익을 추구하는 리더는 그 치부를 가리기 위해 다른 사람에게 무리한 적용을 강제한다. 속내를 모르는 사람들은 대단히 엄하고 청렴하다고 할 것이다. 그러나 내 편을 위해 감추는 치부를 위해 또 다른 사냥감을 찾아 쉬지 않고 눈을 돌린다. 밟히면 너의 잘못이고 피하면 다행이다. 그래서 아무도 덫이 무서워 모르는 길을 가지 않는다. 보이는 길로만, 내가 다니는 길로만 다닌다. 고개를 들면 목이 베일까 봐 다소곳이 고개를 숙이거나 엎드려 있어야 한다. 왜 이렇게 같은 길을 가면서도 다른 생각을 하는가. 교육이 정치를 닮아간다. ■

요령과 시행착오와의 관계

 요령은 적당히 해 넘기는 잔꾀라 할 수 있고 시행착오는 손다이크가 발견한 학습 원리의 하나로써 학습자가 목표에 도달하는 확실한 방법을 모르는 채 본능, 습관 따위에 의하여 시행과 착오를 되풀이하다가 우연히 성공한 동작을 계속함으로써 점차 시간을 절약하여 목표에 도달할 수 있게 된다는 원리이다.
 사족을 달자면 시행착오는 그 원리에 의해 시행과 착오의 악순환을 줄이는 것으로써 이론이나 논리를 바탕으로 계획적으로 일을 수행하는 가운데 나타나는 잘못을 바로 잡아가는 과정을 말할 것이다. 반면에 요령은 과학적 사고나 실험적 연구 없이 우연히 해본 결과를 바탕으로 나름대로 어떤 법칙이나 방법을 찾는 것이라고 비약할 수 있겠다. 그러나 교육에 있어서 요령과 같은 방법이 시행착오의 원리로 둔갑한다면 어떤 피해가 올 것인가?
 베이컨은 "존재할 만한 어떤 공리도 논증만으로는 형성될 수 없으며 오직 경험적 관찰로부터 '절차에 따라 적절하게' 끌어낼 수 있다."라고 주장했는데, 이는 실험적 방법을 중요한 철학적 기초로 보았다. 그래서 중세기에 침체하였던 지식이 추진력을 얻게 된 것이다. "일반적 사실이나 원리를 전제로 하여 개별적인 특수한 사실이나 원리를 결론으로 끌어내는 추리 방법"으로부터 벗어나게 된 것이다. 여기에서도 실험적이거나 계획적인 경험의 중요성이 엿보인다.

  귤화위지橘化爲枳의 경우를 이렇게 해석해 보자. 즉, 강남에서는 귤이 열리는데 강북으로 옮겨 심은 나무에서는 탱자가 열리면 그 실수나 현상은 기후나 토양을 경험하거나 실험하지 않았기 때문이지 않겠는가. 즉 과학적 사고나 실험을 거치게 되면 강북으로 옮겨 심어 탱자가 열리는 실패를 겪지 않아도 됐을 것이다.

  교육계에서도 비슷한 양태가 나타나고 있다. 검증되었다거나 원리로서가 아닌 자신들이 처한 현실과 불만의 대상이 되었던 내용들을 검증이나 실험적 과정을 거치지 않은 채로 정책화시켜서 무리와 함께 부작용을 초래하고 혼란스러운 정책으로 선생님들이 힘들어하고 있다.

  과거의 잘못된 정책이나 이론으로 학생들의 변화에 악영향을 미쳤다면 새롭게 고치는 것은 당연하지만 검증되지 않은 것으로 새로 만든다는 것은 신중할 필요가 있다. ■

나란히 걷는다는 것

아침 햇살이 교정에 가득 차면, 학교는 수많은 발걸음으로 깨어난다. 복도에 울려 퍼지는 아이들의 경쾌한 발자국, 교무실로 향하는 동료 교사들의 단단한 걸음, 운동장을 가득 메우는 웃음 섞인 발소리까지. 그 속에서 '나란히 걷는다는 것은 무엇일까.'라고 문득 묻는다.

점심 식사 후 동료 선생님과 함께 교정을 걸을 때면, 서로 다른 보폭과 속도를 지니고 있다는 사실을 발견한다. 그러나 대화를 나누면 어느새 발걸음은 자연스럽게 맞춰진다. 억지로 보폭을 줄이지 않아도, 서두르지 않아도 된다. 마음이 통할 때 걸음도 하나의 리듬을 만들어 낸다. 한 사람은 두 박자, 한 사람은 한 박자, 그 순간, 우리는 단순히 길을 걷는 것이 아니라, 같은 방향을 바라보며 같은 생각을 품고 있다는 느낌을 받는다.

아이들과의 관계도 그렇다. 학생들의 걸음은 종종 앞서가고, 교사의 걸음은 뒤에서 묵묵히 따르기도 하지만 중요한 것은 속도 차이가 아니다. 서로의 리듬이 일치하고, 같은 각도로 하늘을 바라보고, 같은 꿈을 향할 수 있다면 그것이 곧 '나란히 걷는 것'이다. 아이들이 내다보는 미래를 교사가 함께 응시하고, 교사의 관심 속에서 아이들이 안심할 수 있다면 그 길은 이미 함께 걷는 길이 된다.

나란히 걷는다는 것은 때론 빠르게도, 빠르면 느리게도 향하는 것이다. 이는 배려이자 서로의 다름을 존중하면서도 자연스레 조화를 이루는 것이다. 앞서지도 뒤처지지도 않고, 끌고 끌려가지 않아도 되는 관계. 곁에 있다는 사실만으로 발걸음이 가벼워지는 순간, 우리는 진정한 동행을 경험한다.

학교라는 작은 사회 안에서 동료와 학생이 함께 성장하고, 웃음을 나누며, 서로의 길을 가리켜 줄 때, 비로소 '나란히 걷는 것'의 의미는 완성된다. 그것은 단순한 걸음이 아니라, 서로의 삶을 지켜주고 곁을 내어주는 끈적한 약속이다.

물리적 행위 그 너머의 상징성이 있다. 단순히 두 사람이 옆에 서서 이동하는 동작이 아니고 관계의 조화와 균형이다. 서로 맞추려고 애쓰지 않아도 자연스럽게 걸음이 함께할 수 있다는 것은, 이미 내적 리듬과 방향이 통하고 있다는 증거다.

또 속도와 보폭의 일치는 잘 이겨진 반죽이다. 서로가 각자의 자연스러움에서 조화를 이룬 상태다. 이런 시선과 생각의 공유와 함께 심리적·정신적으로 나란히 걷는다는 것은 결국 관계의 동등함과 함께 편안함을 뜻한다. 산들바람이 불어오는 쪽으로 동시에 눈을 돌리는 상태는 신뢰와 자유로운 친밀감이다. 학생과 동료 선생님과 발맞춘 동행은 가슴 벅차고 갓 구워낸 고소한 맛의 빵이다. ■

행동 풍부화

인간은 지루함을 싫어한다. 생명체는 모두 그렇다. 본능적으로 단순한 반복을 싫어한다. 매일 같은 운동을 하고 같은 음악을 듣고 같은 말과 업무를 반복한다면 당연히 지루함을 떨칠 수 없을 것이다. 같은 길을 걸어도 어느 날은 새로운 카페 간판 하나가 눈에 띄고, 평소 듣던 음악 대신 낯선 리듬이 흐르면 기분이 바뀐다. 이처럼 작은 변화가 삶을 활기차게 한다. 이를 학문에서는 '행동 풍부화'라고 부른다. 동물의 복지를 위해 만들어진 개념이지만, 사실 우리 인간에게도 그대로 적용되는 원리다.

운동을 예로 들어보자. 처음에는 결심이 단단해도 러닝머신 위에서 똑같은 동작을 반복하다 보면 어느새 발걸음이 무거워진다. 하지만 요가를 넣거나, 주말에 자전거를 타거나, 음악을 바꿔 듣는 것만으로도 몸은 새로운 자극을 받고 마음은 덜 지루해진다. 운동을 습관으로 만드는 힘은 강도보다 다양성에 있다. 결국 지루함을 넘어서는 작은 변화가 꾸준함을 만든다. 행동 풍부화는 지루함을 넘어서는 작은 변화다.

아이들의 학교생활도 그렇다. 매일 같은 패턴 속에서 생활하고 지겨울 정도로 외우는 것을 반복하면 학습에 대한 흥미를 잃고 일탈을 엿보게 된다. 일탈은 지루함과 무관심, 소외로부터의 탈출이다. 그 학생이 원래 일탈을 좋아해서가 아니다. 일탈이 심한 학생에게 어떤 새로운 역할을 주면 분명히 관심을 보인다. 이는 거기에 집중하면서 흥미를 느껴 일탈이란 방법밖에 몰랐던 자신을 다른 방향에서 바라보게 만든다. 그래서 교육과정은 다양해야 하고 일탈처럼 가끔 교육과정 외의 시도로 아이들의 지루함을 깨워 새로움에 대한 신선함을 느낄 수 있도록 해야 한다. 골치 아픈 학생을 지도하는 방법으로 행동의 풍부화를 적용하면 의외로 쉽게 선도할 수 있을 것이다.

직장도 크게 다르지 않다. 하루 종일 같은 보고서만 작성하거나 같은 방식으로 고객 전화를 받다 보면, 누구라도 기계가 된 듯한 피로를 느낀다. 그런데 그 안에 조금 다른 역할이 들어오면 이야기가 달라진다. 단순히 수치를 입력하던 직원이 품질 개선 아이디어를 내고, 고객 응대 중 문제 해결책을 직접 제안할 기회를 얻는다면 그 사람은 더 이상 단순한 '수행자'가 아니다. 스스로 의미를 발견하는 '참여자'로 바뀐다.

선생님의 일상은 예측불허로 다변하지만, 지루함의 다른 방향인 다변함에 지친다. 선생님들의 일상에 변화를 줄 수 있는, 행동 패턴을 자극할 수 있는 프로그램에 대해서 생각할 필요가 있다. 자주 일상에서 탈출할 수 있도록 하여야 하지만 그럴 수 없는 것이 학교생활이다. 그렇더라도 일 년에 두어 번 실시하는 선생님들의 야외 연수 등을 이 점에 착안하여 프로그램을 적용할 수 있도록 이끄는 것은 학교장의 몫이다. 단순히 떠나서 식사만 하고 돌아오는 과정의 풍경은 선생님께 전혀 새롭지 않다. 그래서 그런 연수를 꺼리게 된다. 예를 들어 특정 장소로 간다면 그 지역에 있는 전문가(음악, 문학 등)를 초빙하여 관심사를 듣는 등 작은 경비로도 알찬 연수를 할 수 있다. 연수를 다녀오면 새록새록 생각이 나고 또 다음을 기다릴 수 있는 특별한 기억을 선물해야 한다.

운동에서든 직무에서든 행동 풍부화는 우리에게 이렇게 말한다. "다양성을 주어라. 선택지를 넓혀라. 그러면 몰입은 저절로 따라온다." 또 이렇게 속삭인다.

"반복을 두려워하지 말되, 반복에 갇히지도 말라. 작은 변화를 길 위에 흘려라. 그러면 삶은 새로운 숨결을 찾는다."

 작은 변화가 반복을 견디게 하고, 반복 속에서도 성장의 의미를 발견하게 만든다.

 결국 행동 풍부화는 단순히 동물원이나 연구실에서만 필요한 개념이 아니다. 매일의 삶, 일터, 그리고 우리의 몸을 다스리는 습관 속에서도 살아 숨 쉬는 지혜다. 심지어 습관을 치료하게 하기도 한다. 그 지혜를 받아들일 때, 우리는 지루함에 갇히지 않고 조금 더 오래, 조금 더 즐겁게, 자신을 단련해 나갈 수 있다. ■

뉴스 따라 하기

 나는 체육 선생이어서 아이들과 함께 뛰고 달리며 땀을 흘리는 것이 일상이다. 그러나 운동장에서 마주한 아이들의 모습은 단순히 몸의 움직임에만 머물지 않는다. 휴식 시간, 문득 대화를 나누다 보면 아이들이 자기 생각을 제대로 말로 표현하지 못한다는 사실을 발견하게 된다. 그러니까 자기 의사를 정확히 전달할 수 없다. 자기 의사 전달이 안 된다는 것은 상대로부터 인정받을 수 없고, 때론 오해의 소지도 있다. 상대가 잘못 알아듣기 때문이다.
 체육은 단순히 신체적 근육을 키우는 과목이 아니다. 정신적 건강까지 아우르는 전인 교육의 한 축이다. 몸을 단련하며 마음을 바로 세우고, 공동체 안에서 협력하는 법을 배우는 자리다. 그래서 수업 틈틈이 다른 과목에서 다루지 못한 이야기도 함께 나눈다. 아이들이 마음을 열고 자신을 표현하는 힘을 길러주고 싶기 때문이다.
 아이들에게 종종 숙제를 내준다. 뉴스를 보고, 마음에 남는 문장을 한 줄 외워 그대로 흉내 내어 말해 보라는 것이다. 뉴스 따라 하기다. 중요한 것은 문장의 마지막 단락을 또렷또렷하게 표현하는 일이다. 말의 마지막을 분명히 하면 생각도 힘을 얻는다. 그 작은 훈련이 아이들의 발표력과 자신감을 키워 주리라 믿는다.
 체육관에서 땀방울이 맺히듯, 아이들의 말재주에도 맑은 빛처럼 빛나

기를 바란다. 그 빛은 결국 자신을 표현하는 힘, 삶을 살아가는 힘이 될 것이다. ■

몰입할 수 없는 아이들

　요즘 아이들은 단 몇 초를 기다리지 못한다. 생각하고 기다려서 길을 찾는 애들은 많지 않다. 아니 그렇게 할 줄 모른다. 심심하고 아무것도 하지 않을 자유가 몰입할 수 있고 구체적 꿈을 꿀 수 있게 한다. 그런데 몰입할 시간이 없다. 몰입은 어떤 일에 지속할 수 있는 시간과 비례한다. 몰입의 정도가 깊을수록 그 상태를 오래 유지할 수 있고 몰입이 약하면 집중이 사라진다.

　아이들이 몰입을 경험하려면 시간적 여유와 심리적 공간이 필요하다는 사실이다. 그러나 작금의 현실에서 많은 아이는 방과 후 학원, 과외, 다양한 프로그램으로 일정이 꽉 차 있다. 그래서 심심함에서 스스로 탐구하거나, 한 가지 일에 깊게 파고드는 경험을 하기 어려워졌다. 즉, 아이들이 몰입할 수 없는 구조가 형성되고 있다.

　학부모는 아이들의 미래를 위해 많은 학원을 보내지만, 이는 결과적으로 아이들의 주체적 몰입 경험을 차단하고 있다는 사실을 망각하고 있다. 짧고 단편적인 활동에 분절적으로 참여하다 보니 한 가지를 깊게 경험할 시간이 사라진 것이다.

　아이들이 혼자 있을 때 '심심하다'라는 상태를 견디지 못하도록 사회가 구조화되어 있다. 디지털 기기(스마트폰, 태블릿 등)나 외부 자극이 즉시 제공되면서, 내적 몰입을 경험할 가능성이 줄었다는 것이다. 깊이 사고하여 답을 찾는 것이 아니고 급하게 답을 찾게 하는 AI 등장이 몰입할 생각도, 필요도 느끼지 않기에 스스로 사고할 창의력은 시들어 버렸다.

성적, 스펙 중심의 환경에서는 아이들이 결과만을 중시하게 되고, 과정 속 몰입은 뒷전으로 밀린다. 몰입을 가능하게 하는 "실패-시도-재도전"의 여유가 허용되지 않는 상황을 부모가 만든 것이다.

그렇게 몰입의 기회와 경험이 없다 보니 창의적 사고를 할 수 없는 것이다. 창의적 사고는 오랜 시간 한 문제나 주제에 몰두하면서 형성되게 되는데, 현재의 아이들은 짧은 시간 단위로만 사고하도록 길러지고 있는 구조적 문제가 존재한다.

몰입은 긴 시간 집중의 훈련을 통해 강화된다. 그러나 분절적 경험은 짧은 집중 습관만을 남긴다. 주체적으로 탐구할 기회를 잃음으로써, 아이들은 스스로 목표를 세우고 성취하는 내적 동기가 약화할 뿐만 아니라 심심함을 견디지 못하여 여유를 모르는 아이들은 끊임없이 외부 자극을 찾아 헤매며, 이는 장기적으로 불안·의존적 성향을 강화하게 된다.

허공에 지르는 외침이고 부모로부터 관심을 받을 수 없더라도 한 아이 손이라도 잡아 줄 수 있는 대안을 제시하자면 학원과 외부 활동을 줄이고, 아이가 스스로 시간을 채워 나갈 기회를 줘야 한다. 무계획적이고 멍때리는 시간이 오히려 몰입과 창의성을 낳는다는 사실을 다시 주지하고 싶다.

다양한 경험도 중요하지만 한 가지 활동에 장시간 몰두할 기회를 마련해 주어야 한다. 그래서 독서, 합창, 노작을 통한 만들기, 실험 등의 기회를 만들어 주는 것은 장기적으로 아이들이 사유의 근력을 만들 수 있다.

성과가 아닌 과정 속 몰입을 인정하는 교육 문화가 필요하다는 사실이다. 실패도 배움의 일부라는 인식을 심어주어야 아이들이 몰입을 두려워하지 않고 더디게 가는 것에 안절부절못하거나 불안해하지 않을 것이다.

결론적으로 '몰입할 수 없는 아이들'은 단순히 개인적 문제가 아니라 사회·교육 구조가 빚어낸 집단적 현상이다. 아이들이 진정한 몰입을 경험하지 못한다면, 장기적으로 창의성·집중력·자율성을 잃게 된다. 따라서 아이들에게는 심심할 자유, 몰입할 시간, 과정의 가치를 존중하는 환경이 절실히 필요하다. ■

잘 맞는 옷

"그의 노래는 마치 잘 맞는 옷처럼 산뜻하고 우아한 선율을 갖고 있다. 그래서 사람은 잘 맞는 옷처럼 자기 모습은 자기가 책임지고 늘 옷매무새 또한 신경을 써야 한다." 라는 날에서 '잘 맞는 옷'의 의미를 엿볼 수 있다.

한 학생이 어느 여선생님께 매우 못되게 굴고 있었다. 불러다 왜 선생님께 그렇게 무례하냐고 물었더니 뜻밖의 말을 했다. "저 선생님 진짜 싫어요. 옷을 아무렇게 입어요. 삼옷 같은 옷을 입고 와요. 짜증이 나요." 말문이 막혔으나 틀린 말은 아니었다. 나 또한 그것을 느꼈었기 때문이다.

그렇다. 선생님은 고객(학생·학부모)을 상대하니 아무래도 외모에 신경 써야 하는 것은 당연하다. 상대에게 불쾌하거나 짜증이 나게 하는 얼굴과 차림은 생각해 봐야 한다.

옷을 고를 때 우리는 흔히 치수를 먼저 본다. 하지만 옷의 진짜 의미는 단순히 몸에 들어맞는 데 있지 않다. 잘 맞는 옷이란 몸을 넘어 마음과 삶을 감싸 안는 표상이기 때문이다.

잘 맞는 옷은 우선 몸을 편안하게 한다. 움직일 때 걸리적거리지 않고, 나의 형태를 억지로 바꾸려 하지 않는다. 몸의 흐름을 따라가면서도 단정한 선을 만들어 주는 옷, 그것이 몸에 잘 맞는 옷이다.

그러나 진정한 의미는 마음에서 시작한다. 옷을 입는 순간, 거울 앞에

선 나 자신이 낯설지 않고 자연스럽게 느껴질 때, 우리는 그 옷을 '잘 맞는다'라고 말한다. 옷은 나를 꾸미는 동시에 나 자신을 있는 그대로 받아들이게 하는 도구가 된다. 잘 맞는 옷은 그 어떤 화려한 장식보다도 나의 품격을 높이고 자신감을 준다.

또한 잘 맞는 옷은 사회 속에서 나와 타인을 행복하게 이어 준다. 자리와 상황에 어울리는 옷차림은 상대에 대한 존중의 표현이고, 나를 둘러싼 공동체와의 조화를 보여 준다. 옷은 결국 혼자 입는 것이 아니고 관계 속에서 나를 비춰주는 빛을 발한다.

잘 맞는 옷이란 몸의 크기와 유행을 넘어, 나의 삶을 닮은 옷이다. 오늘의 나를 보여 주고, 자신 있고 힘차게 걸어갈 수 있는 옷. 그것이야말로 진정으로 잘 맞는 옷이라 할 수 있다.

학교도 작은 사회이니 모습도 언어도 신경 쓰는 것이 예의다. 때론 유행을 앞서기도 하고 눈길을 끌게 할 필요도 있다. 고객(학생)이 그 모습을 보고 신선하고 상쾌한 기분을 느끼게 해 줄 필요가 있다. 난 저 선생님만 보면 기분 좋아!

강한 것만이 옳은 것인가?

'강한 것'이 '옳은 것'을 이기는 것이 정치만이 아니고, 교육 권력에서도 예외 아니다. 교육계에서 언제부터인가 그들만의 카르텔이 형성되고 주류와 비주류가 갈등하면서 잉태되는 이념의 말뚝을 박기 시작했다. 그래서 교육 현장이 진리와 인성보다는 이념이 지배하게 됐다. 우리는 거부할 힘도 의지도 상실한 채 교육의 본질을 애써 외면 하게 됐고 마침내 그들만의 세상이 됐다.

그때부터 교육에서도 중심부와 주변부가 형성됐다. 자연의 힘으로 지형이 바뀌듯 너무 자연스럽게 변했다. 태풍과 폭우가 지나면서 헝클어져 버린 자연이었다. 아니 선생 특유의 무관심이 그런 급격한 변화를 도왔다. 나도 예외는 아니었고, 공범이었다. 문제를 알면서도 해법을 제시하지 못했다. 평계 같으나 강력한 힘 앞에서 굴복한 것이다.

그들은 학교장을 타도의 대상으로 여기고 학교장의 권위를 무시하고 힘으로 겁박했었다. 무조건 반대, 반대를 위한 반대였다. 학교장은 점령군 앞에서 그저 고개를 주억거릴 뿐이었다. 진정 종국에는 그 강함이 승리하였던가? 그들이 교장이 되었을 때는 어떠했던가?

전쟁통에서도 사랑은 꽃피듯이 오히려 그런 현상이 어떤 이들에겐 기회이기도 했다. 난박에 주류로 올라섰다. 헉! 지런 선생이…. 했지만, 승승장구하는 이들도 있었다. 그런 선생은 어떤 체제에서도 카멜레온이었다.

난 늘 말했다. 그 변신과 처세도 능력이라고. 눈치껏 처세하는 것도 능력이라고. 이 표현에는 지극히 자조적이나 그래야만 했다. 나의 생활신조는 "진실은 언젠가는 평가받는다."이다. 아마 고등학교 때부터 책상 앞에 써 붙여 놓았던 것 같다. 그래서 매사에 기다리는 성향이었다.

어쩌면 초등학교 입학하고 일주일도 안 돼서 차에 돌을 던져 차창을 깨뜨렸다는 덤터기를 썼다. 기사 아저씨가 교무실로 끌고 갔고 난 담임 선생님으로부터 퇴학이란 불호령을 받고 난 후 학교를 나가지 못했다. 일주일 정도 지나 학교에 나오라는 연락이 왔다. 진범이 잡힌 것이다. 그 영향이 컸던 것 같다.

그 후 그 신조가 흔들리기 시작했다. "당신이 옳았어요."라는 평가를 받기까지 기다린다는 것은 상당히 많은 것을 포기하고 희생당하는 아픔이 있었고 그 아픔은 오롯이 내 것이었다.

눈치가 없다는 판단을 스스로 한다. 매사에 개인적으로 불편함과 비난을 감수하는 성격도 겸하여 생겨났다. 가능하면 말도, 변명도 하지 않았다. 주위에선 눈치껏 하라는 충고도 많았다.

기다린다는 신념은 기다리면 대부분 해결이 되고, 말하지 않고 듣고 있으면 말하는 사람으로부터 잘못된 점을 발견하면서 나의 단점을 고칠 수 있는 반면교사의 기회를 얻었다. 그러다 보니 남의 처지에서 생각하게 되는 버릇도 생겼다. 이는 역지사지이니 당연히 좋은 일이지만 너무 상대방 입장에 깊이 빠지면 객관적 판단을 잃게 되는 일도 있다. 역지사지도 있고 되치기도 있다.

기다림도 때가 필요하다. 일명 속도 조절이 필요함을 깨닫게 됐다. "옳고 그름을 따지면 뭐 해? 언젠가는 밝혀질 텐데"였지만 그렇게 속도 조절 못 하면 돌아오는 건 손해라는 사실이다. 이제는 바로잡고 가고 그때그때 따지고 가라고 말하고 싶다. 우리는 단지 순간순간에 최선을 다하면 된다.

시작을 소중히 여기는 사람, 중간이라는 과정을 더 소중히 여겨서 그 과정의 순간순간에 보람된 미소를 지을 줄 아는 사람, 그래서 그 끝이라는 결과에 연연하지 않고 담담히 받아들이는 사람이 행복한 삶을 살 수가 있다. 그러나 지금은 "가다 중지 곧 하더라도 가는 만큼 이익"이란 생각이다.

정년퇴직하고 이런저런 일을 하다 보니 많이 드는 생각이 '부질없다.'이다. 재직 중 평교사였든 교장이었든, 어느 날 갑자기 교육장이 되어 기사가 운전하는 공무차량을 타고 위세를 부렸든, 자연인이 된 마당에 모두가 선생이었다는 생각이다.

강해서 부러지느니 유연하여 흔들리는 세상은 나쁜가? 좋은가? ■

오늘은 걸어서 출근하였습니다

금당산 북쪽 기슭에 자리한 이곳은 아직도 겨울인 듯합니다. 오전엔 산등성이가 오후엔 무표정한 아파트가 한사코 햇볕을 가리고 긴 그림자로 짓누르고 있기 때문입니다.

다행히 집으로부터 멀지 않아 오늘은 걸어서 출근하였습니다.

'차라리 겨울에 우리는 따뜻했다'라는 시구를 생각하면서 그냥 고개 숙이고 걸었지요. 그러다 문득 고개를 드니 곁에서 걷고 있는 우리 학교 학생들도 보이고 계절이 숨 쉬는 소리도 들을 수 있었습니다.

아무리 한기가 주눅 들게 하여도 이제 눈을 더욱 크게 뜨고 더 많은 것을 살피면서 생활하고자 마음을 다잡습니다.

5년간 교육청에 근무하면서 보지 못했고 느끼지 못했던 것들이 너무 많았습니다. 교만했기에 그랬을 것입니다. 소통한다고 하면서 상대를 불편하게 하였다는 자책을 합니다. 가슴에 저 자신을 나무랄 채찍을 갖고 살겠다고 다짐하였건만 남은 것은 변명밖에 없음에 한심스럽다고 아니할 수 없습니다. 일찍이 깨닫지 못해 부끄러울 뿐입니다.

그랬음에도 이번 저의 전직에 대해서 여러 가지 방법으로 축하해 주시고 교육청 재직 시 그 많은 흠결을 감싸주셔서 황공慌恐할 뿐입니다. 다시 한번 제 우리가 깨끗하지 못하다는 것부터 인정하면서 살겠다는 각오를 합니다. 여전히 언죽번죽하거들랑 가차 없이 꾸짖음을 주십시오.

앞으로 자리를 같이할 기회가 허락된다면 영광스럽겠습니다. 결코 주저함 없이 연통 주시면 기꺼이 임하겠습니다.

항상 즐거움이 넘치는 가운데 신나는 생활이 되기를 기원합니다. 감사합니다. ■

권력은 잠시지만 품격은 영원하다

"말 위에서 세상을 다스리기는 쉬워도 말에서 내려와서는 어렵다."란 격언은 권력과 지위의 본질을 깨닫게 한다.

'말 위에서'는 권력, 지위, 권세를 상징한다. 즉, 권좌에 있을 때는 명령만 내려도 모두가 움직이고 세상을 통제할 수 있다. 그러나 말에서 내려오면, 즉 권력을 잃거나 자리에서 물러나면 사람들의 태도도 바뀌고, 자기의 영향력이 사라져 세상을 다스리기는커녕 자기를 지키기도 어렵다는 뜻이다. 이는 단순히 표면적 의미다.

또 이 격언은 권력의 덧없음과 인간관계의 현실을 지적한다. 권력이 있을 때는 사람들이 따르지만, 그 권력이 사라지면 떠난다. 그래서 진정한 리더십은 '말 위'에서가 아니라 '말에서 내려온 후'에도 존경받을 수 있는 인격과 품위를 지니는 데 있다는 비유이기도 하다.

세상을 다스리는 힘은 지위나 권세가 아니라 '덕'에서 비롯된다는 관점으로도 읽힌다. 지위가 있을 때는 외형의 권력으로 세상을 다스릴 수 있지만, 그 지위가 사라진 뒤에도 사람들의 마음을 얻으려면 내면의 덕과 인간적인 신뢰가 필요하다는 교훈이다.

요즘 선출 권력을 보면서 현대 사회에서 이 격언은 정치인, 경영자, 혹은 조직의 리더에게도 해당한다고 생각한다. 자리에서 물러난 뒤에도 존경받는 사람은 권력이 아니라 인격과 진정성으로 사람을 대했던 사람이다. 반면 권력으로만 다스린 사람은 자리에서 내려온 순간 외면은 물론 까마득하게 잊힌다.

　교육 권력(교장을 포함하여)의 정점에서 십수 년을 권좌에 있었으나 누구 하나 찾는 사람이 없고 억지로 옛날을 유지하려는 초라한 모습은 안타깝고 측은한 생각마저 든다. 이 격언은 '권력은 잠시지만, 품격은 영원하다'라는 메시지를 담고 있다.

　권불십년이란 말도 이와 유사한 의미이다. 아무리 화려한 꽃도 10일 동안 붉을 수는 없다는 화무십일홍 또한 진리를 외면하는 자에게 주는 충언이다. 권력은 반드시 쇠한다는 격언을 무시하고 권력에 취하면 내려올 때를 예상하지 못한다. 높은 곳에 있을 때가 더 힘들게 생활해야 하는데 서툴고 아둔한 권력, 즉 얼떨결에 권좌에 앉은 자는 재임 기간과 상관 없이 어리석은 생각은 변하지 않는다. ■

가뭇없을 때

얼마나 환희로웠던가? 정말 고통스러운 순간이 온통 나의 영혼을 삼키려 들 때, 아무리 발악해도 손가락 하나 움직일 힘이 없을 때, 내가 도울 수 있는 아이들이 있다는 것은 기쁨이다. 내가 다시 돌아갈 학교가 있다는 것, 그것은 나를 숨 쉬게 하는 공기였다.

징계 중이던 그 시절, 나의 매일은 짙게 드리운 안개 속이었다. 세상이 나를 잊은 듯했고, 내 존재가 가뭇없이 사라진 듯했다. 교실 문 앞에 서 있던 내 그림자는 더 이상 학습의 장으로 향하지 못했고, 아이들의 조잘대는 소리는 유리 벽 너머 세상처럼 입 모양만 보일 뿐이었다.

그때 나는 비로소 깨달았다.

'가르친다'라는 것은 단순히 수업하는 일이 아니라, 아이들과 함께 숨을 쉬는 일이고, 아이들 앞에서 한 마디 한 마디를 건네던 그 시간이 내 안의 공기를 채우고 있다는 사실을. 그 공기가 사라지자, 나는 커다란 비닐봉지를 뒤집어쓰고 그 속에서 서서히 질식해 갔다. 가슴을 뜯으며 숨을 쉬려고 바둥거렸으나 그 비닐봉지는 점점 더 쭈그러들기만 했다.

아무리 그래도 벗어날 수 없는 고통의 늪 속에서, 문득 교실 풍경이 떠올랐다. 아이들의 깔깔대는 웃음이 뿌연 먼지로 부유하던 공간, 문제 풀이를 하다 고개 드는 아이들의 눈빛, 종이 울리면 화장실로, 급식실로 쏟아져 나가는 발소리들. 그 모두가 나를 움직이게 하는 시간이었고, 동시에 나를 살 수 있게 만든 순간이었다.

　징계라는 이름의 시간은 나에게 형벌이었지만, 그 안에서 나는 '선생으로 산다는 것'의 본질을 깨닫게 되었다. 그것은 권력이나 제도의 허락으로 주어지는 자리가 진정 아니었다. 아이들을 향한 마음 하나, 배우려는 눈빛 하나에 내가 선생으로 존재한다는 것은 분명했다.

　그래서 나는 간절히 다시 학교로 돌아가고 싶었다. 아파트 창문을 열고 '나는 돌아가야 한다.'라고 소리쳤지만, 입만 벌릴 뿐 소리는 막혔다. 비난과 오해가 여전하다 해도, 다시 아이들 앞에 서서 그들의 이름을 부를 수 있다면, 그것만으로 충분했다.

　학교는 내게 직장이 아니라 뛰고 숨을 쉬는 마당이었다.

　그것이 멎는 동안 교사의 자리에서 멀어진 것이 아니라, 오히려 그 본질에 가장 가까이 닿아 있었다. 그것이 부당한 교육 권력에 대한 항의였고 나의 진실이었다.

　가뭇없던 시간 속에서 선생은 누가 만들어 주는 직함이 아니라, 끝내 아이들을 잊지 못하는 선생의 또 다른 이름이라는 것을. 그래서 어떤 현실에서도 포기할 수 없다는 것을. 내가 다시 숨 쉴 수 있는 이유도 여전히 가르칠 아이들이 있어서라는 것을. ■

선생도 사람이다

PART + 02

그리고, 또 다른 기다림

계절을 걸었다

그 강가엔 봄도 여름도 가을도 없었다. 다만 겨울만이 있었지만 어쩌면 그 계절마저도 그를 외면했다. 따스한 가슴에 안길 수도, 심지어 그의 외투 호주머니도 얼어버린 손을 외면했다. 그것은 이별의 짙은 징조였다. 강가에 이는 바람이 쉿소리를 내며 거칠게 나댔지만, 그들은 아무런 대화도 없었고 오히려 그 바람 소리가 힘든 분위기를 이길 수 있게 했다.

봄이 누런 억새 잎에서 나풀거리던 날 그들은 그 강가 기슭에 기대어 앉았다. 겨우 손을 잡고서 다른 감정을 억제하려 노력했지만, 생각은 뒤범벅이 되어버렸다. 강둑에 세워둔 승용차 차창에서 반사되는 다사로운 햇살을 핑계 삼아 대화를 이어갔다. 그렇지만 그 햇살은 금방 사라졌다. 차창의 각도는 그대로인데 태양이 이동하자 엉뚱하게 강 건너 작은 비닐하우스를 비추고 있었다.

그들의 사랑도 거울의 각도에 따라 빛이 사라지듯이 그렇게 끝날 텐데도 그 사실을 잊고 있었다. 하기야 사랑의 길을 감히 예측한다면 시작도 끝도 애절하지 않으리라. 알 수 있는 것은 늘 사랑은 처음이기를 원할 뿐, 처음처럼 그러할 수 없다는 것을 망각하는 것이다.

그것을 알지 못하기에 불나방처럼 달려들고 날개를 잃고 내동댕이쳐지고 몸을 태우고 모닥불 사위듯이 꺼져버려도 또다시 불에 뛰어드는 일을 반복하는 것이다. 이를 사랑의 묘약이라고 한다면 너무 어처구니 없는 일이고 사랑의 속성을 과소평가하는 것이리라.

그들은 사랑에 대해서 어떤 준비도 없이 첫눈에 반해 자신들의 감정을 주체하지 못했다. 볼 때마다 새롭고 만날 때마다 다음 약속을 기다리는 것이 두려울 정도였다. 목마름처럼 시간은 흘렀다. 아까운 것이 없고 부족한 것도 몰랐다. 다 줘도 아깝지 않고 다 주지 못해 안달이 났다. 부모님보다 귀하고 형제들보다 애틋했다.

그런 가운데서도 시간은 가고 사랑은 그 본색을 잃어간다. 계절이 바뀌는 것도 실감하지 못했다. 늘 그 겨울이었고 그들 가슴의 꽃밭에는 언제나 봄꽃이 만발하였다. 꽃 향으로 어지러웠고 화려함으로 망막이 아팠다. 가릴 말도 없었고 삼갈 행동도 없었다. 생활은 휘청거렸지만 그들의 사랑 앞에 모든 일은 하찮았고 되지 않은 것이 없었다.

왜 그런 사랑을 했으면서 사랑이 시작된 그 강가 겨울이 차갑기만 했을까. 춥다고 느껴도 그 사람은 자신을 그의 품에 안는 것을 주저해야 했을까. 왜 예전 같지 않다고 생각해야 했을까.

언제부턴가 그들은 과거의 그와 지금의 그를 놓고 다투고 주었던 것이 무엇이었는지를 기억하려 했다. 그렇게 오랫동안 사랑을 했지만, 그의 입이 앞으로 튀어나왔는지도 몰랐다. 왜 그때야 그런 것이 보이는 것인가. 뜨겁게 포옹하고 달콤한 입맞춤을 했어도 그 모양을 볼 수 없었다. 왜 그때야 보기 흉할 정도라고 생각하는 것인가. 이는 사랑에 균열이 생기기 시작하였기 때문이다. 마침내 앞을 가로막는 일이 벌어지는 것이다.

"현재가 싸우면 미래가 불행해지는 것"처럼 사랑도 마찬가지로 반드시 불행해진다. 이는 사랑의 진리다. 사랑에 있어서는 폭력이 오가는 것이 싸우는 것이 아니다. 과거에 보지 못한 것들이 보이기 시작하면 싸움이 시작되는 것이다. 보이는 것이 옛날과 다르다고 생각할 때 가장 폭력적인 싸움이 되는 것이다.

사랑이 시작될 때 비록 이루지 못하는 일이 있어도 두 눈을 부릅뜨고 쳐다볼 일이다. 아무리 사랑이 눈을 가린다고 하더라도 후에 눈이 가장 나쁜 판단을 하지 않도록 눈을 감지 말고 쳐다봐야 한다. 눈을 감고 숨이 막히는 사랑을 한 후 눈을 떠보라. 거목 아래서 거칠게 정사를 하고 난 후 그 뿌리에 걸터앉아 담배를 피우는 모습에서, 그 담배 불빛에서조차 끝을 예측해야 한다.

사랑을 잃는 일이 있더라도 그 사람은 잃지 말 일이다. 비록 사랑의 기쁨이 다하여 그 종말이 온다고 하더라도 사랑했던 그 사람만은 놓치는 일이 없어야 한다. 훗날 어디에서 어떻게 만나더라도 문득 그 애절했던 감정이 있었음을 기억할 수 있도록 해야 한다. 그것마저 없다면 그 사랑은 천한 장난질이다.

그 사람을 보내고 그저 상상만 해야 하는 심정, 이루지 못한 사랑은 마냥 아프지만, 그 책임이 나한테 있음을 인정하기는 쉬운 일이 아니다. 곁을 떠난 이후에도 생각 속에서만이라도 그의 곁에 있고 싶어 하는 마음, 만났던 그때를 생각하면서 계절을 걷는 마음. 그 마음 때문에 계절 또한 쉽게 그 길을 외면하지 못하는 것이다. ■

보리밥 뜸 들이기

　어머니께서 아침 일찍 일어나셔서 절구통에 보리를 찧으신 후 누나는 부삽에 갈퀴나무 불을 넣고 보리밥을 짓는다. 검은 가마솥이 달궈지고 김이 나기 시작하면 그때부터 정지문 앞에 서서 누나를 들볶는다. 빨리 밥을 달라지만, 누나는 아직 퍼지지 않았다고 투덜댄다. 지금 생각하면 꽁보리밥이어서 뜸이 더디 들었던 모양이다.
　결국 울음까지 터뜨리고 나서야 겨우 보리밥을 게눈감추듯이 퍼먹고 책보를 둘러메고 내닫는다. 산외동 큰 방죽 신작로에도, 우리 동네 구레에도, 연지 앞 논둑길에도 아무도 보이지 않는다. 연지 앞, 오산 앞, 연평 뒷길을 따라 달리노라면 눈물 반 땀 반으로 온몸은 젖고 겨우 학교 뒤쪽 개구멍에 도착하면 패잔병처럼 여기저기서 몇 명이 기어든다. 여지없이 지각생을 잡는 선생님만이 긴 작대기를 들고 기다린다.
　오리걸음 걷고 쪼그려 뛰기 하고 학교 뒤뜰 쓰레기 주워 소각장에 태우고 나서 교실에 들어가면 도시락은 뒤집히고 김칫국물은 흘러 국어책을 유채화처럼 온통 천연색으로 물들여 놓는다. 그뿐이랴! 희끄무레 바랜 교복 등판 김칫국물 자욱이 땀 냄새와 섞이면 그 냄새가 어찌하랴! 그것이 전부가 아니다. 담임 선생님께서는 걸레를 빨아 유리창 틀을 닦으라는 또 다른 시달림을 주신다.
　참으로 고달픈 하루의 시작이지만 언제 그랬냐는 듯 점심때가 되면 운동장에서 시계통 놀이에 정신을 또 놓는다. 시작종이 나고 땀과 먼지가 뒤범벅된 얼굴로 교실에 들어가면 선생님께서는 또 늦게 들어온다고 교단 옆으로 원산폭격을 시키신다. 온몸의 피가 머리로 모이고 땀이 눈을 덮으면 거꾸로 보이는 친구들의 모습이 가물거리고 낑낑대는 소리가 하모니를 이루고 한 명 두 명 나뒹굴면 그때야 책상으로 앉게 하신다.

겨우 숨을 돌리고 산수책을 들여다볼라치면 눈은 감기고 고개는 속절없이 끄덕댄다. 그도 그럴 것이 지난밤 친구들과 두 장 빼기로 온밤을 지새웠으니 어찌하랴. 졸린 눈에서는 천정에 '27 가보'가 스쳐 지나가고 '가보야'하고 잠꼬대하고 나면 선생님의 눈길은 먼지와 땀으로 뒤엉킨 내 복개 머리에 고정이다.

수업이 끝나고 종례 시간이면 선생님은 또다시 남으라는 명령이 떨어진다. 오늘의 잘못을 뻔히 알고 계시던 선생님께서는 벌칙인지 신뢰인지 등사실에서 몇 시간이고 시험지를 넘기라는 과제를 주신다. 내일 시험 칠 내용이지만 넘기면서도 차마 보질 못했다. 그때의 추억 때문인지 화투 놀이를 하면서도 옆 사람의 패가 보여도 보지 못한다.

지친 심신을 끌고 집으로 가는 중 엊그제 싸움판을 벌였던 친구가 자기 집 앞에서 형을 내세우고 기다리고 있다. 어쩔 것인가. 그 형한테 '못해본다'라는 말을 강요당하고 언덕을 넘어 동네로 향할 때면 "난 왜 말려줄 형이 없을까?" 애통해하다 보면 저녁 짓는 연기가 모락모락 피어나는 우리 집이 보이곤 했다.

나만 지친 것이 아니고 들판에서 일하시던 아버지도 어머니도 누나들도 모두 지쳐 시난고난한 모습으로 돌아오고 꽁보리밥을 짓는 누나는 이제 아버지로부터 "넌 어째 그리 느려 빠져 아직도 밥을 차리지 않는 것이냐?"고 호되게 당한다. 아침이면 동생에게 저녁이면 아버지에게 당하는 누나의 얼굴은 억울하다는 표정이 역력하다. 역시 밥이 아직 퍼지지 않았기 때문인데 그 시간을 못 기다려 준다는 표정이다.

 허기진 배를 달래며 토방에 걸터앉아 있노라면 길고 넓적한 주걱으로 꽁보리밥을 이리저리 문지르는 소리가 들린다. 검게 그을린 정제 벽을 타고 향긋한 냄새의 보리밥 김이 기어오른다. 초라한 저녁밥을 먹고 나자마자 아버지는 숭늉 타령을 또 하신다. 그때면 부엌에 있는 누나가 가마솥에 쏴! 물을 붓고 또다시 주걱으로 득득 솥 벽을 긁는 소리가 들린다. ■

유산

동네 친구의 어머님은 유별나게 욕을 많이 하시는 편이었다. 잘못을 나무랄 때는 더 심했다. "서 염병할 놈의 새끼. 호랭이나 칵 물어 갈 놈" 섬뜩하기도 했다.

얼마 전 그 친구 사무실에 갈 일이 있었다. 며느리가 와 있는데 그 친구의 말에 깜짝 놀랐다. 직원이 맘에 들지 않았는지 며느리 앞에서 거침없이 욕을 했다. 내가 놀라 며느리 눈치를 봤다. 그의 어머님이 하셨던 비슷한 욕을 하고 있었다. 그는 본인이 그런 욕을 하고 있는지 의식을 못 하는 것 같았다.

사무실에 단둘이 앉았을 때 말했다.

"야, 너, 지금 며느리 앞에서 했던 욕 생각나니?"

깜짝 놀라면서 나를 오히려 의아하게 쳐다봤다.

"어렸을 때 너의 엄마의 욕을 들으면서 너도, 나도 심하다고 흉보지 않았었니? 너 옛날 너의 어머님 같아."

그의 눈동자가 심하게 요동치는 것을 보았다.

'자식은 부모의 등을 보고 자란다'라고 했던가. 영락없이 그의 어머님의 등을 보는 느낌이었다. 부모의 일거수일투족은 그대로 자식에게 유산처럼 물린다는 사실. 나이 먹어 가면서 부모님의 모습이 점점 짙게 나타남은 어쩔 수 없는 일이지만 부모님의 나쁜 습관은 자식에게 도드라지게 나타난다는 사실을 알면 자식 앞에서는 매사가 조심스러울 수밖에 없다.

부모의 영향은 자녀의 성장 과정에서 지대한 영향을 미치니 만치 나쁜 영향으로부터 도망가게 하도록 하기 위해서는 어떤 방법이 있을까.

자녀가 자신의 정체성과 가치관을 독립적으로 형성하려면 부모의 영향을 최소화하거나 균형 잡힌 시각을 가지려는 노력이 필요하다. 이를 위해 자녀가 할 수 있는 노력을 가르쳐야 할 필요가 있다.

첫째는 자기 성찰과 독립적인 사고를 할 수 있도록 도와줄 수 있어야 한다. 자신의 가치 점검과 함께 부모의 생각과 행동이 자신에게 어떤 영향을 미치는지 객관적으로 돌아보며, 자신만의 사고방식을 형성하는 노력을 할 수 있도록 주기적인 자극이 필요하다.

두 번째로 독립적인 판단 연습이 필요하다. 중요한 결정을 내릴 때 부모의 의견을 참고하되, 자기 경험과 논리를 바탕으로 결정을 내려보는 연습을 하도록 해야 한다.

세 번째 다양한 경험과 환경을 탐색할 수 있도록 하고 여러 사람과 교류할 수 있도록 지원해야 한다. 부모의 세계관에만 머물지 않고, 다른 사람들과 교류하면서 폭넓은 시각을 기를 수 있다면 부모의 나쁜 영향을 어느 정도 벗어날 수 있을 것이다.

네 번째 학교, 봉사, 동아리, 여행 등 다양한 환경에 자신을 노출하는 것이 중요하다. 다른 가치관 접하기, 독서, 영화나 다큐멘터리 감상 등을 통해 부모와 다른 생각과 문화를 접하며 자신의 관점을 확장할 기회를 자주 만들 수 있어야 한다.

다섯 번째 부모와 건강한 거리를 유지하도록 한다. 그래서 감정적으로 독립하기, 부모의 기대나 비판에 지나치게 얽매이지 않고, 자신의 감정을 스스로 다스리는 연습이 필요하다. 적절한 의사소통을 통해 부모와 자기 생각이 다를 때, 이를 억누르거나 회피하지 말고, 차분하게 대화로 풀어가며 서로의 입장을 존중하는 방법을 선택하도록 한다.

여섯 번째 긍정적인 본보기를 찾아볼 필요가 있다. 그러기 위해 역할 모형 설정이나 부모 외에 자신이 본받고 싶은 역할 모델을 찾음으로써 여러 형태의 삶의 방식과 태도를 배우고 적용하도록 한다. 꼭 필요한 것은 멘토와의 관계 형성이 중요하다. 그럼으로써 부모와 다른 시각을 가진 조언자를 통해 균형 잡힌 언행을 얻을 수 있다.

일곱 번째는. 감정 관리와 상처 극복을 위한 노력이 필요하다. 부모와의 관계에서 받은 부정적인 영향을 극복하기 위해 자기 계발 서적을 읽거나 상담을 통해 자기 마음의 상처를 치유하도록 하는 것도 필요하다.

그러나 부모 유산을 극복할 수 있는 노력으로 부모도 완벽하지 않은 사람임을 인정하고, 부모의 행동을 비난하기보다는 이해하려는 자세를 갖추는 것이 마음의 평화를 유지하는 데 도움이 될 것이다. 부모의 영향을 완전히 벗어나기는 어렵지만, 자신만의 정체성을 찾아가는 과정에서 위의 방법들을 실천한다면 부모의 영향과 자신의 정체성 사이에 건강한 균형을 이룰 수 있을 것이다.

부모의 유산이 재산만이 아니고 부모의 습관도 유산처럼 남는다는 것을 깨닫고 자기 자식들에게 부모에게서 물려받은 나쁜 영향력이 대물림 되지 않도록 노력해야 한다. 그러나 그 노력은 간단치 않다. 누군가 옆에서 그때그때 자극을 줄 수 있도록 멘토를 만들어야 한다. 그 멘토는 부인이 될 수도 있고 남편이 될 수도 있다.

그런데, 어쩌랴! 나이가 들수록 모습도 말투도 생각마저도 딱 부모님을 닮아 가는 것을. ■

체곗돈

동네 앞에는 상당히 아담한 방죽이 있었다. 집들이 그 방죽을 동서 북으로 감싸고 남쪽은 제법 넓은 들판이 펼쳐져 있다. 그래서 동네명이 '방죽안'이었다. 행정상 동네 이름은 연동리다.

초등학교 2학년 여름이었나 보다. 방죽에서 친구들과 놀다가 고무신 한 짝을 잃어버렸다. 학교 다녀오면 아이들은 모두 방죽으로 뛰어들었다. 그날은 학교에서 오자마자 방죽에서 멱을 감다가 고무신 한 짝이 방죽으로 가라앉아 버린 것이다. 친구들과 저녁때가 될 때까지 물속을 기어다니며 찾았으나 찾을 수가 없었다.

부모님께 말씀드릴 수가 없었다. 다음날 학교에 갈 때 한쪽 신발만 신고 갔다. 그러나 그 모습을 누나에게 들켰다. 마침내 어머니께서 알게 되었을 때 어머니는 적이 걱정스러운 표정이었다. 보나 마나 신발 살 돈이 없었기 때문이었을 것이다.

고무신을 사려면 5일 시장 때까지 기다려야 했으니 걱정돼서 그러신다고 생각했다.

다음날 맨발로 가는 모습을 보신 어머니는 하늘에 대고 하소연하듯 말씀하셨다.

"조리 장시 체곗돈을 내서라도 신발 사주마."

장날이 되어 시장 한 모퉁이에서 가지를 파는 어머니께 갔다. 두 시간을 기다려도 가지는 하나도 팔리지 않았다. 그때까지 마수도 못 한 것이었다.

어머니는 내 손을 잡으시고 허름한 집 작은 문을 열고 들어가셨다.

"체겟돈 좀 내주시오. 담 장에 갚으리다."

신발 가게로 가서 타이어 표 통고무신을 내 발에 맞춰 샀다.

그 후 방죽에 뛰어들 때는 멀찌감치에 신발을 벗어놓았다. 어머니는 다음 장날에 얼마의 이자를 붙어 갚으셨는지, 갚지 못하셨는지는 관심 밖이었다. ■

하룻밤 풋사랑

　주문진항이 내려다보이는 펜션에 여장을 풀었다. 아름답다는 표현으로는 아주 부족한 풍광이다. 바다는 늘 그렇게 좋은 곳이다. 지금도 그렇고 과거에도 그랬고 앞으로도 그럴 것 같다.
　차가운 바람이 불어 코트 깃에 그녀를 감싸 안아야만 했던 젊은 날의 추억이 있는 곳이다. 한여름 밤 파도가 절벽에 애원하고 별빛이 숨이 막힐 정도로 찬란했던, 맞잡은 손을 놓지 못하고 떨어야만 했던, 그래서 후회가 현재를 고문하는 곳이다.
　아름다운 기억도, 통절할 것만 같은 추억을 소환하는 것, 그것참 함부로 할 일 아니다. 기억의 소환은 견디기 힘든 고약拷掠이다.
　친구가 고백한다. 고백 또한 소환과 같은 아픔이다.
　비가 내리던 어느 오후, 친구는 연모하던 이웃집 처녀와 두고두고 후회할 사랑을 나눴단다. 고등학교를 포기하고 아버지가 만들어 준 지게를 짊어지고 젊은 날을 방황하던 때 그녀는 온통 세상을 환하게 밝혀 준 존재였단다. 지지리도 복이 없던 그의 환희는 그다지 길지 못했단다.
　산에서 나무 한 짐을 짊어지고 내려오던 날 왠지 그 골목이 허전하고 무덥기만 하더란다. 나뭇짐을 뒤란 화덕 곁에 부려놓고 이마에 흐른 땀을 손바닥으로 대충 훑어내고 대나무밭 개구멍으로 그녀의 집으로 숨어들었으나 인적은 없더란다. 그녀가 항상 있어야 할 정제는 휑하고 댓

돌 위엔 그녀의 검정 고무신이 안 보이더란다.

그녀는 엄마의 강권으로 부산에서 원양어선을 타는 남정네 곁으로 떠나야 했고, 친구는 하릴없이 서산으로 떨어지는 붉은 태양을 무지하게 원망했더란다. 이대로는 안 되겠다는 용기의 떠미는 힘으로 부산 그녀의 집을 찾아 나섰단다. 언덕배기에 봉창이 하나 달린 집을 찾았단다. 그를 본 그녀는 마침내 풀썩 주저앉고 말더란다.

뱃고동 소리가 애처롭게 들리는 판자촌 단칸방에서 마지막 풋사랑을 나눴단다. 그녀의 완강한 버팀에 둘이서의 귀향은 물거품이 되고 코를 탱 풀고 땀기 서린 지게가 기다리는 지겨운 고향으로 돌아왔단다. 말을 잃은 그의 방황이 2년이란 시간을 삼킨 뒤 첫사랑을 찾겠다는 일념으로 마침내 부산으로 탈출하였단다.

그는 부산에서 여동생을 데리고 도망친 매제의 소개로 화장품 외판원으로 뛰어다녔지만, 그녀가 살던 동네 근처도 갈 수 없었고 라면으로 끼니를 때우기도 힘들었단다. 그러다 섬이 고향인 여인을 만나 첫사랑이 차렸던 그만한 단칸방에 신혼 방을 꾸렸단다.

그는 김포로 흘러들어 남의 땅을 빌려 양계했더란다. 비싼 임대료에 여차하면 똥값이 되는 삼계탕용 닭값에 서해안으로 떨어지는 석양을 보면서 첫사랑과 어처구니없었던 이별을 곱씹었단다.

맥주병은 염치없이 쌓이고 알코올은 혈관을 엄습하여 가끔 휘청거리게 했다. 묵호항을 향해 새벽같이 출발했는데 차는 막히고 그의 추레한 차에서는 흥겨운 트로트가 흘렀다.

"하룻밤 풋사랑에/ 이 밤을 새우고/ 사랑에 못이 박혀 흐르는 눈물…/ 손수건 적시며 미련만 남기고/ 말없이 헤어지던 아 아~~하룻밤 풋사랑"

그는 말했다.

"종민아, 느그 아부지와 울 아부지는 김포에서 농사를 짓지 않고 왜 대덕에서 농사를 지었을끄나?""

그랬더라면 남의 땅을 임대하여 양계하지 않았을 것이고 부자가 됐을 거란 의미가 아니겠는가. 이 또한 무슨 손잡이가 없는 맷돌 같은 말인가? 묵호항에 어둠이 덮고 우리의 추억이 사위듯 붐비던 인파 또한 온데간데없다. ■

시간은 기다리지 않는다

　시간이 쌓여 세월을 이루기에 시시각각을 귀히 보낸다면 그 사람의 인생은 보람된 삶일 것이다. 그렇기에 시간과 세월, 그리고 인생은 서로 깊은 관계를 맺으며 인간의 삶 속에서 중요한 의미를 지니는 것이다.
　시간은 순간순간 지나가는 측정 가능한 개념으로 째깍거리는 초침 소리로 확인할 수 있는 흐름이다. 인간의 힘으로는 어쩔 수 없이 앞만 보고 달리는 시간이 모여 세월을 이루는 것이다.
　세월은 초침의 수많은 조각으로 형성된 추억과 경험의 집합체여서 개인의 역정과 연관된 일상, 희로애락, 생각이 강물이 되어 흐르는 여정이다. 인생의 여정은 시간이라는 틀 안에서 만들어지는 덩어리이기에, 그 덩어리가 닳아지고 굳어지면 그것이 세월이란 화석이 되고 옹이가 되는 것이다.
　세월은 인생의 흐름에 따라 천차만별의 만상이며, 우리의 경험, 성취, 실패, 행복과 같은 모든 요소에 따라 모습, 색깔, 소리, 감촉, 냄새가 다 다른 것이다. 시간이 흘러가면서 그 안에 삶의 파노라마가 새겨지고, 그 과정에서 우리는 깨달음을 얻고 배움을 얻음으로써, 더 나은 자신이 되기 위해 생각과 행동을 바꾸려고 노력하는 것이다. 그 과정이 인생이다. 그러나 어찌 그것이 쉬운 일이던가? 세월에 차이고 맞고 허덕이다 보면 알게 되더라.

시간의 결정체가 삶에서 어떤 관계로 작용하던가. 유한한 시간, 기다릴 줄 모르는 시간, 좌고우면 모르는 철면피의 생활, 우리 삶은 그 시간의 우리에 갇히기에, 매 순간 특별하고 소중하기만 하다. 이 진리 또한 세월 속에서 웃고 울어 본 사람만이 누리는 특권이다.

세월은 시간이 지나면서 만들어 내는 침전물이자 인생의 궤적이다. 세월 속에 담긴 경험은 현재와 미래의 삶에 영향을 미치지만, 과거에 대해서만은 냉정하게 모른척한다. 인생은 결국 시간을 어떻게 보내느냐에 따라 다른 모습이 되는 것이다. 시간은 후퇴하거나 우회할 줄 모르는 우둔할 정도로 이기적일 뿐만 아니라 한 방향으로만 흐르는 고집통이다. 한순간이라도 소홀히 여기고 살짝 한눈만 팔아도 복수를 당한다.

인간이면 누구나 시간을 통해 자신의 목표를 추구하고, 세월 속에서 성장하며, 인생의 가치를 찾는다. 그래서 시간의 보채기로 생긴 세월은 과거를 돌아보게 하고, 앞으로의 시간을 더욱 소중히 여기게 만든다. 그렇지만 그는 과거만은 용서하지 않기에 우린 습관처럼 후회라는 진물을 흘리는 것이다.

시간을 잘 보내면 세월은 아름다운 추억과 성취의 귀한 선물을 준다. 결국, 시간은 삶의 원료이고, 세월은 삶의 이야기이기에 인생은 그 둘로 인해 찍히는 발자국이다. 그 시간이 기다려만 줄 수 있다면, 그 세월이 지난 삶에 대해 관면할 수 있다면, 뼈아픈 후회는 하지 않을 것이다. 그렇지만 관면寬免은 인생을 허투루 사는 관성을 주기에 차이는 있으나 감회感悔는 있을 수밖에 없다.

시간은 인연을 의미한다. 인연은 삶에서 맺어지는 관계와 시간이 매개체이기 때문이다. 그래서 우리는 시간으로부터 지울 수 없는 화상을 입는다. 이것이 세월 앞에 볼모로 잡힌 인생이다.

시간은 기다릴 줄 모르는 속성의 소유자이지만 생각에 따라, 인생의 깊이에 따라 속도는 다르다. 어린이는 어서 어른이 되고 싶고 노인은 나이 듦이 서럽다. 젊은이는 시간이 더디기만 하고 노인은 세월이 빠르기만 하다. 젊은이는 시간 앞에 불만스럽기만 하고 늙은이는 시간 앞에 처참하리만큼 덧없음을 안다. 그러나 젊은이나 어른이나 시간은 가차 없이 기다리지 않는다. ■

벚꽃의 운명

두 번째 저녁 약속 장소로 달리고 있는 승용차 안에서 바라본 옛 농촌진흥원 자리의 벚꽃이 만개하다 못해 짓 터져 있는 모습을 보았다. 작은 가지에 부풀어 핀 벚꽃이 똘망똘망 매달려 있고 꽃잎 사이로 마실 도는 봄바람은 온 힘을 다해 부여잡고 있는 손을 놓으라 흔들고 있었고, 벚꽃은 신음과 발버둥으로 헐떡거리고 있었다.

그 아래를 부둥켜안고 거니는 연인들은 진한 조명과 장사치들의 틀어놓은 기계 음악 소리로 꽃잎의 아픔도 닥쳐올 그들의 운명도 헤아리지 못한 듯하였다.

벚꽃 잎이 부는 바람을 이기지 못해 너울너울 지고 있는 모습이 '여름눈'을 연상케 하였고 처녀의 뿌리침인 양 기다려달라는 처절한 몸부림으로 보였다. 그 심사를 아는지 모르는지 영광 쪽 산 중턱엔 노을빛이 아직도 처연한데 즐비한 포장마차 안에서는 취객들의 고성과 허우적거림이 실루엣 되어 유흥가처럼 흔들리고 있었다.

이 꽃이 다 져도 오지 못할 것 같아 약속이 끝나면 호젓하게 걸으리라는 생각하면서 청색 신호등 따라 움직였다. 상당량의 알코올이 혈관을 들쑤셔도 그곳에 가봐야겠다는 생각을 잊지 않았는데 같이 갈 만한 사람께 전화할 용기가 없어 망설이는 가운데 술이 그만 화들짝 깨고 말았다.

바다눈처럼 공중을 부유하는 벚꽃은 조만간 모두 지고 빈 가지만 봄바람에 울고 있을 것이다. 비록 싱그럽고 보드라운 여린 잎이 그 자리를 메울지라도 그 꽃잎을 대신할 수 없을 것이고 아무리 달콤한 버찌가 검붉게 윤기를 발하더라도 그 꽃잎의 청아함을 대신할 수 없을 것이다.

늦은 시간 집에 도착해 헤드셋을 깊숙이 뒤집어쓰고 '시젤'이 부르는 'Summer Snow'를 들었다. 타이타닉의 주제곡과 함께 우리에게 상당히 귀에 익은 곡이기에 오늘은 꼭 듣고 싶었다. 감미로운 목소리도 좋지만, 그 가사가 오늘의 기분을 달래기에 안성맞춤이었기 때문이다.

환상을 좇고 이상을 꿈꾸지만, 만나고 싶은 사람이 있고 이루고 싶은 사랑이 있으나, 그저 바닷속을 떠돌다 침잠하는 플랑크톤처럼 기약 없고 속절없음이 안타까웠기 때문이리라.

모두가 운명이고 그 운명에 순응함이 진리일 것이다. 세상살이가 억지로는 되지 않기 때문이나 그렇다고 외면할 것까지도 없지 않은가! ■

잊는다고 하여 무슨 이유로 눈물이 날까

- 사랑하기보다는 그리워하자

얼마 전 대선 주자들이 누가 더 가난했는지를 경쟁하는 것 같은 내용의 신문 기사를 보면서 그들에게 지금도 가난한지 묻고 싶었다. 정치가 언어의 미학이라 하지만 지금도 가난한 사람들에게는 참으로 사치스러운 말장난으로밖에 들리지 않을 것 같다.

그런 생각 속에 어쩔 수 없이 또다시 가난했던 과거로 돌아가고야 말았다. 어찌하여 숨기고 싶었던 우리들의 부모님을 떠 올려야만 하는가.

고등학교 시절 터덜대는 신작로에서 예닐곱 시간 고생하고 나면 우리의 고향에 갈 수가 있었다. '내 아들이 공부하느라 얼마나 고생하느냐?'라는 물음은 없어도 항상 눈 속에서 그 염려를 볼 수가 있었다. 그런 말까지도 아끼던 부모님이었다. 측간에는 낡은 책이 있고, 짚 더미가 동시에 있었다. 책장을 뜯어 양손으로 비비고 나면 상당히 부드러워져 그것으로 뒤를 닦았고 그것이 없으면 짚을 손으로 비벼 사용하였다. 그것에 익숙했었고 그것이 흉도 아니었다. 우리는 모두 그랬으니까.

그런데 언제부터 그것을 잊었는지 고향에 가면서 화장지를 가져가 사용하였다. 하얀 두루마리 화장지를 본 어머니께서 '그것이 무엇이냐? 언제부터 그런 것을 썼느냐?'고 눈으로 물으셨다. 자식이 공부하여 잘 되고 그런 화장지 쓰기를 간절히 바라시던 부모님이었다. 도회지에 살면서 농사지어 만든 학비로 공부하면서 그 문화를 같이하다 보니 그럴 수밖에 없었지만, 얼마나 미안했는지 지금도 어머님의 그 눈빛이 가슴을 아프게 헤집는다.

어느 딸이 친정아버지에게 달려와 자기 아들이 놀이터에서 놀다 턱밑에 손톱자국이 났다고 가슴을 뜯으며 안타까워하더니, 그 손자가 잘못하여 할아버지 이마에 접시를 떨어뜨려 열두 바늘을 꿰맨 뒤 딸이 병원에서 하는 말이 "아버지, 이 정도면 괜찮겠네요"라고 했다고 한다. 자식을 키우면서부터 부모를 더 많이 생각하고 자신을 낳아준 부모보다 내 자식이 더 귀하다 함이 인지상정일 터지만, 그 말이 부모님을 얼마나 허망하게 만들었을까.

우리가 자라면서 부모님께 사랑한다는 말을 얼마나 했던가. 부모님 살아생전에 하지 못했던 것 같다. 마누라에게도 그런 표현 거의 하지 않는다. 우리는 부모님으로 하여 한없는 그리움을 알았지만, 사랑하였다는 말을 하고 싶지는 않다. 너무도 심한 역설일지 모르나 우리가 사랑하고 사랑받기 위해 얼마나 많은 거짓말을 했는가. 그러나 그리워함은 어떤 거짓도 미사여구도 필요 없다. 내가 내 가슴으로 느끼면 되기 때문이다. 사랑이란 위대한 단어가 사랑을 얻기 위함으로 더럽혀지는 것이 싫다.

누군가를 향하는 마음 그 간절함이 있으면 된다. 그래서 그리워함은 사랑한다는 말보다 더 귀하지 않겠는가. 사랑한다는 그 거짓말 때문에 얼마나 많은 사람이 고통받고 사는지 모르겠다. 낙엽이 지려는 순간에 누군가를 진정으로 그리워해 보자. 우리 부모님의 행적을 그리워해 보자.

차가운 바람이 옷깃을 파고드는 계절이 오면, 살을 에는 듯한 삭풍이 불어 그 옛 허름한 집 봉창이 흔들릴 것만 같을 때면, 여지없이 안타까운 기억들이 날 잡아 휘두른다. 시간이 가면 그 모습을 잊을까, 그 그리움이 변할까. 고통받고 있는 사람들을 보면, 퇴비 냄새가 나는 한적한 시골길을 걷노라면 그리움이 더한다. 좋은 옷 입고 지나가는 할아버지를 보면 그리움은 눈물이 된다. 이제 그런 그리움마저 잊고 싶다. 잊는다고 하여 무슨 이유로 눈물이 날까. 그 눈물은 죽은 자식을 가슴에 묻듯이 그 그리움을 가슴속에 깊이 묻고자 함이기 때문이다. ■

한 여름날의 꿈

　운동장도 주차장도 모두 비었다. 그 공간에 매미 소리만이 그득하다. 매미가 지치면 참새 떼들이 왁자지껄 지저귄다. 선생님들과 아이들을 대신해서 제 세상 만난 듯하다.
　운동장의 확확 찌는 공기가 교문을 따라 아파트 쪽으로 진출하다 금당산 골바람에 막혀 오동나무 밑에서 대치하고 있다. 짝 펴진 잎으로 녹음을 만들던 힘찬 오동나무 잎도 고래 싸움에 새우등이 터져 축 늘어져 있다.
　매미와 참새 떼들을 제외하고는 너무도 조용하다. 뙤약볕에 집중포화를 맞고 있는 과학실 문이 열린 듯 닫힌 듯 아물거리고 청순한 미소의 선생님 모습이 아른아른한다.
　그 귀퉁이에서 먹이를 물고 새끼를 찾는 어미 새처럼 철없는 학생들이 담배를 피우기 위해 선생님들의 동태를 살피는 모습이 오늘은 왠지 그리움처럼 보고 싶다.
　그 아이들은 이제 학교 밖에서 무방비로 담배를 피우겠지. 아무도 나무라 하지 않을 것이며 나무란들 들을 리 없을 것이다. 그렇게 떠돌다 그들은 어디로 갈까. 그들의 세계는 도대체 어떤 곳일까.
　눈을 들어 하늘을 보니 가을인 듯 구름이 높고 깨끗하다. 그 구름 밑 산비탈 미영 밭에서 열무를 뽑는 엄마의 모습이 보인다. 눈을 비껴보니 넘어진 서숙 밭이랑에서 허리를 굽혔다 세웠다가 하는 아버지의 모습도 보인다. 그리고 옥수수밭 사이로 보일 듯 말 듯 걸어가는 키 작은 모습의 누나도 보인다.

그 뒤편으로 소를 몰고 용둠벙으로 향하는 산외동 아이들도 보인다. 몇 시간 후면 망태에 깔을 베어 담아 뒤뚱거리는 소와 함께 팥죽이 끓고 있는 집을 찾아 내려올 것이다. 굴뚝에서 피어나는 연기를 보면서 종종걸음치는 모습이 아련하다.

핸드폰 소리에 깜짝 놀랐다. 꿈에서 겨우 깨어났다. 가슴은 왠지 아리다. ■

가을, 그리고 아버지

9월은 감당하기 어려운 설렘을 주지만 우유부단한 계절이기도 하다. 한낮엔 뜨거운 열기와 푸르름을 뽐내지만, 밤엔 가을의 도끼질과 풀벌레 소리에 하릴 없이 넘어질 수밖에 없는, 하여 망설임의 계절이기도 하다.

아침에 며칠 전 배달된 '예향' 9월호를 읽다가 그만 가슴이 먹먹하여 한동안 창밖을 응시해야만 했다. 초대석에 게재된 「아버지의 자리」란 인물화를 보는 순간 작가의 말처럼 이제껏 잊고 살았던 '우리 가슴 속에 있는 아버지의 모습'을 보았고 아버지의 아픔과 희생을 모두 이해할 수 있었기 때문이다.

학창 시절 한 달에 두어 번 고향 집에 가는 데 멀기도 하고 비포장도로여서 한밤중에 도착하면 부모님과 얘기 나눌 시간도 없이 자야만 했다. 일요일 아침에 눈을 뜨면 하숙비가 밀렸다는 말을 어떻게 해야 하나 수없이 망설이다 막차 시간이 다 되어 겨우 말씀을 드리곤 했다. 그러면 비로소 어머님은 옆집으로 돈을 꾸러 가시고 아버지는 애먼 삽을 어깨에 둘러메고 밭으로 나가셨다. 용돈을 충분히 주지 못하거나 줄 수 없을 것을 알기에 자리를 피하신 것이다. 그리고 할 일이 없는 큰 밭 귀퉁이에 서서 힘없이 차부로 향하는 아들 뒷모습을 보면서 주름진 눈가에 무거운 눈물방울이 맺혔을 것이다.

그런데 오늘 아버지의 눈에 고였을 그 눈물을 확인할 수 있었다. 석탄이 범벅이 된 얼굴에 처연한 표정으로 뭔가를 응시하는 눈물이 가득 고인 광부의 눈으로부터 정녕 밭둑에 서서 눈물을 참고 서 계셨을 아버지의 그 모습을 보고야 말았다.

가을이 되면 아버지의 모습이 더욱 선명해진다. 튼실하게 영근 볏단을 짊어지고 논둑길을 아슬아슬하게 걷는 모습, 수수밭 고랑에 자란 잡풀을 맨손으로 뽑아내던 모습, 아버지 손처럼 쩍쩍 벌어진 서숙 밭에서 듬성듬성 난 열무를 뽑던 모습, 메밀밭에 서서 연한 메밀대를 데쳐 된장에 무쳐 허기 채울 생각을 하시는 아버지의 모습이 뇌의 깊은 곳에서 흐물거렸다. 한때 아버지의 그 모습이 부끄럽기도 했다.

가을이 한창 익을 때 시골의 한적한 찻집에서 차를 마시다가 멍석을 깔아 놓고 콩을 두드리고 계시는 할아버지를 보았다. 흰 고무신이 누렇게 변한 것으로 보아 할머니는 돌아가신 것 같았다. 쉴 새 없이 두드리는 어깨는 방망이 무게가 버거운 듯 리듬을 잃곤 하였다. 무릎을 꿇고 두드리다 보니 고무신 한 짝은 멀찍이 나뒹굴고 또 한 짝은 반쯤 벗겨진 채 발끝에 걸려 있었다. 허름한 바지춤은 엉덩이에 겨우 걸려 있고 짙은 주름살에 파묻힌 눈동자는 누군가를 기다리는 듯 망연했다. 오죽 기다렸으면 우물물처럼 깊어 보였다. 도와드리겠다고 나섰더니 생경하게 쳐다보는 그 표정에서 또 다른 아버지의 모습을 발견했다.

농사일로 찌든 아버지를 둔 자식들은 대부분 아버지의 존재가 부끄러웠다. 아니 대부분이 아닌 나는 그랬다. 초등학교 때부터 대학에 이르기까지 아버지는 한 번도 입학식과 졸업식에 오지 않으셨다. 응당 못 오실 것이고 차라리 나타나지 않기를 바라는 마음이 더 컸다. 양복 한 벌도 없이 5일 장이나 시제 모시러 가실 때는 항상 한복만 입으셨던 아버지는 거주하시는 장흥 그리고 큰댁이 있는 보성 외에는 어디도 못 가셨다. 그러니 서울, 광주는 언감생심이었을 것이다.

눈만 뜨면 밭으로 나가셨던 아버지는 나에게 만큼은 밭에 나오는 것을 원치 않으셨다. 언제나 그러셨다. "네가 일을 하면 두벌 일을 하게 하니 그냥 나오지 말아라."

라고 하셨다. 그러나 아버지께서 일하고 계시는 밭에 함께 있을 때가 있었다. 넓디넓은 밭이랑을 보면서 나는 걱정하곤 했다.

"언제 다 해요?"라고 물으면 이렇게 답하셨다. "게으름은 눈에서부터 나온다."

그 말씀은 내가 성장한 이후 어떤 일을 접할 때마다 생각이 났다. 그래 이놈의 눈이 분량을 따지지. 그저 묵묵히 하다 보면 끝날 때가 있을 것인데 눈으로 어림잡고 지레짐작으로 해 지기 전에는 다 못할 것으로 생각한다. 눈이 탈이다. 그 넓은 논에 못줄을 대고 수없이 허리를 굽혔다 펴기를 반복하다 보면 그 광활한 들판도 어느덧 벼가 다 심어지는 것을 보면서 언제 끝날지 하는 쓸데없는 걱정은 심신을 지치게만 할 뿐이다. 농부의 경험이다. 어차피 할 일이면, 누가 대신할 일이 아닐 것이면 끝날 때를 걱정할 것이 아님이 틀림없다.

논이 없었던 우리 집은 가끔 소작하는 것이 고작이었기에 논농사가 거의 없었다. 그래서 아버지는 밭에 '산두'를 심었다. 산두는 밭벼를 일컫는 말이다. 산두를 베서 쌀밥을 한 두어 끼 먹을 때의 맛을 지금도 잊지 못하고 있다. 일반 벼보다 낟알이 더 컸던 것 같다. 산두가 익어 쌀밥을 먹을 생각도 좋지만, 밭에 뜸부기가 집을 짓고 알을 낳았을 때 그 알을 얻는 기쁨은 그보다 더 컸다. 그 이후로는 난 항상 선두 밭과 띠밭을 여수는 버릇이 생겼다. 아버지는 산두가 익기를 나는 뜸부기가 둥지를 만들고 알 낳기를 기다린 셈이다.

대학생 때에는 우리 집 같은 벽촌을 이해하고 우리 아버지 같은 촌부를 흔쾌히 아버지라고 불러줄 사람과 사귀고 싶었다. 일종의 자격지심이 심했다. 같이 학교에 다니는 친구들은 내가 어느 귀한 집 자식이라도 되는 줄 알았다. 옷도 신발도 유행을 앞서가는 것으로 입고 신었기에 외모가 그렇게 비췄을 것이다. 그때부터 철저하게 자기 얼굴과 모습은 스스로가 책임져야 한다고 생각했다.

대학을 졸업하고 군에 입대하고부터 아버지에 관한 생각을 달리하기 시작했다. 측은하고 안타까운 생각이 문득 들어 서 제대하고 돈을 벌면 한복 아닌 양복을 사드리고 서울 구경도 시켜드리고 싶었다. 아들 집도 가보고 딸 집도 가보도록 해야겠다고 다짐했다. 무슨 얼토당토않은 기대란 말이냐.

시간은 그렇게 되기를 기다려 주지 않았다. 군대 복이 상당했던 나는 침대에서 혼자 취침하곤 했다. 일반 전화도 있는 방이었다. 새벽에 전화벨이 울렸다. 아랫집 아재가 우체국까지 나와서 전화한다고 다급히 말했다. 난 "아버지구나." 했다.

맞았다. 아버지께서 돌아가셨다는 전갈이었다. 묘하게 차분함이 밀려들었다. 예견했던 일 같았다. 고속버스를 타고 내려가는 동안 숨 쉬는 일 외엔 아무것도 생각할 수가 없었고 하려 하지 않았다. 뎅그런 눈만 굴릴 뿐이었다. 집이 가까워지면서부터 심장이 요동치기 시작했다.

망연히 앉아 계신 어머님을 보고서부터 슬픔이 엄습하기 시작했다. 그동안 아버지에 대해서 했던 생각들이 너무도 후회스럽고 늦게 정신차린 아버지에 대한 불효를 만회하여야겠다는 생각에도 호된 채찍을 가하기 시작했다.

퍼붓던 비는 안장을 끝내자 그쳤다. 천관산을 휘감고 있던 비구름이 빠르게 달아나기 시작했다. 아랫배미 논에서는 뜸부기가 뜸!뜸! 하고 울어대고 산두를 갈았던 그 밭에는 풀들이 빠르게 고개를 쳐들고 있었다.

  며칠 전 고향 집에 갔다. 온갖 추억이 서린 고향 하늘은 여전히 창창했다. 어둠이 내리니 도시로부터 탈출한 별들이 마구 밀려들었다. 별빛이 그날의 눈물처럼 일제히 아버지 산소로 쏟아져 내렸고 또 한 번 소연蕭然함에 치를 떨어야만 했다. ■

그리운 사람은 떨어져 살아야 하는가?

내 고향 집 아래 방죽 둑엔 쉽게 볼 수 없을 정도로 크고 고령인 이팝나무가 있다. 서울에서 조경하는 친구를 만나서야 이 나무가 이팝나무라는 사실을 알았으나 그전에는 먹감나무라고 불렀다. 아마도 가을이면 검게 익은 열매 때문에 그렇게 불렀었던 모양이다. 여느 이팝나무의 꽃봉오리 하고는 감히 견줄 수 없이 탐스럽고 우아하다. 작년만 해도 꽃봉오리가 수면에 닿을 정도로 늘어진 채 그 자태는 여전했다.

그 나무는 어떤 총각이 우리 누나 목욕하는 것을 훔쳐보았는지, 누가 동네 입구 수기나무 숲에서 사랑을 속삭였고, 닭서리를 하여 시장에 내다 팔았으며, 실연으로 가슴 쥐어뜯으며 미친 듯이 산외동으로 내달았는지, 한밤중에 여인네 앙가슴같이 부드러운 자운영을 몰래 뜯어다 무쳐 먹었으며, 누가 여름날 팥죽을 돌라 먹었는지 등을 속속들이 알고 있다.

그는 수백 년 동안 그 자리에 서서 동네에서 일어난 모든 일을 알고 있었지만, 배고픈 아이들은 당집 뒤 떫은 땡감 나무에는 가을이 깊도록 때까치처럼 매달리면서도 먹감나무엔 5월이 되어 꽃이 피는 그 한 철 겨우 눈길을 줄 따름이었고 꽃이 지면 또 외로웠다.

그런데 그 나무가 기억했던 사람들은 지금은 없다. 고향을 떠나 어디론가 흩어져 떨어져 살고 있어서다. 그들은 아린 추억과 아름다운 풍경을 가슴 깊이 구겨 넣은 채 고향이 없다는 듯이 외면하며 살아가고 있다.

우리 어머님께서도 떨어져 사시다가 그 꽃이 피던 시기에 다시는 오실 수 없는 아주 먼 곳으로 가셨고 지금은 그 나무가 건너다보이는 곳에 계신다. 희디흰 꽃봉오리는 상여에 목을 맨 종이꽃처럼 슬펐고 그래서인지 아무도 그 꽃을 꺾으려 하지 않았다.

어머님 기일을 맞아 올해에도 변함없이 피어 있을 것이란 기대로 고향을 찾았으나 그 나무는 푸르름만 간직한 채 꽃을 피우지 않았다. 이상한 일이다. 언제고 꽃이 피지 않은 적이 있었던가? 민속적으로 볼 때 꽃 피는 모습으로 그해 벼농사의 풍흉을 알 수 있어서 치성을 드리는 신목으로 취급했다고 하는데, 그렇다면 올 벼농사가 걱정이다. 아마 고향을 떠난 이들을 기다리다 지쳐 그만 개화 시기를 놓쳤거나 지난겨울이 너무 추워서일 것이다.

아니다. 어린 시절 한설을 피해 양지바른 논둑 아래 모닥불을 껴안고 떨 때도, 솜으로 누빈 옷의 소매가 콧물로 눌 듯 얼어붙던 때도, 허리춤까지 눈이 쌓여 눈대중으로 걷던 해에도 5월이면 어김없이 피었다. 그렇다면 기다림에 지쳐 정신을 놓았음이 틀림없다. 세상사가 그러려니 하고 살아가야지 그토록 오랜 세월 기다렸으면서 이제야 노기를 발한단 말인가. 왜 그렇게 많은 모습을 보이고 떠나 이제는 돌아오지 않는다고 한탄한단 말인가. 설마 애꿎은 농심만 울리려는 것은 아니겠지.

다시 올 수 없는 부모님이나 여기저기 떨어져 사는 누님들, 추운 겨울 따끈한 두부로, 더운 여름 혀까지 넘어갈 것 같은 핀 엿으로 추렴하던 친구들, 제사에도 오지 못하는 동생. 명절 끝에 어김없이 검정 봇짐 하나 들고 이웃집 언니 따라 객지로 떠난 후 반백 년을 채운 사람들, 그들은 아무래도 이곳을 못 잊을 텐데 무엇이 맺혔기에 못 온단 말이며 그들의 발걸음을 그리도 망설이게 한단 말인가?

그렇게 짱짱하던 먹감나무가 숨을 헐떡거리면서 희멀건 눈동자가 하늘을 쳐다볼 힘조차도 없는 모양인데 이제는 한 번쯤 와서 저간의 사연을 들려줘야 하는 것이 아닌가.

그러는가 보다, 그 말이 옳다. 짓무르도록 그리운 사람들은 항상 멀리 떨어져 있어야 하나 보다. 그렇다고 바람처럼 왔다가 동네 한 바퀴 돌지 않고 가버리면 어떡한단 말인가. 먹감나무는, 고향의 산천은 그토록 기다리는데 돌아와 허리춤 풀고 막걸리 두어 말 비울 수는 없는가. 세월이 묻어 나무토막처럼 거칠어진 손발을 지닌 고향 지키는 사람들과 한 이불을 덮고 하룻밤 잘 수는 없는가. 지금도 여전히 초라하게 누워 계시는 조상님 묘 벌에서 목 놓아 울어봐야 하지 않겠는가.

누군가를 보고 싶어 회진을 돌아 신상에 갔다. 많이도 변했는데 마음의 흔적은 여전하다. 그러나 그곳에도 그리운 사람은 영락없이 멀리 떨어져 있었다. 꼭 그 이유를 물어야 할까마는 가슴이 답답하다. 문절망둑 회무침이 있고 초꼬지 불이 있던 시절, 노를 젓든 그는 지금쯤 어디에 머물고 있단 말인가? 구성진 그의 노랫소리는 돌아오지 못할 메아리던가. 어서 돌아와 회진 원 둑을 걸어가는 모습을 보고 싶다. 그리운 사람은 떨어져 살아야 하는가? ■

끝이 없는 길

그대 잊으려 한 것
끝없는 길 걷는 것
그것 그대 보고 싶음의 발버둥입니다

하도 한이 되어 잊고자 함이요
생각하면 서러움이 사무치기에
눈을 감으려 할 뿐입니다

세월은 그대 잊는데 효험 좋은 약이련만
아무리 걸어도 여전하니
세월은 아무래도 약이 아닌 모양입니다

뜨겁고 때론 아픈 그리움이
여정의 가슴 속에 납덩이로 가라앉아 있는
그 길 끝 없는 길입니다

낙엽이 구르고 쌓이고
밟히고 썩어도 변함없는 길
불후의 기억으로 절인 길입니다

정든 그 임 발자욱 보이지 않아도
여적 작은 흰 고무신 흔적 서려 있는 길
그 길 끝 없는 길입니다 소중하기만 한 길입니다

비가 눈으로 내리던 그 길
해진 치마폭에 싸여 걷던 길
걸어도 걸어도 산모퉁이 돌고 돌아도
그 길은 늘 저만치였습니다

엄니 떠난 길 그 길은
수십 년이 지나도 어찌 늘 저만치입니까
그 길 따라 엄니 체온 따라갑니다

아!
그 길 끝이 없는 길입니다
가없는 그리움 길입니다
힘들었지만 아름다운 기억의 길입니다

엄니 길은 대나무 길입니다
그만큼에 매듭 있고 청결하고 반듯합니다
엄니가 물려준 잘 마른 대나무 가슴에 똬리 튼 회초리입니다

그 길 끝이 없는 그 길
가없는 그리움의 그 길
힘들었지만 아름다운 기억의 길입니다 ■

기다림의 미학

　세상을 살아감에 있어 오는 기다림은 대상에 대한 배려이자 깊은 사랑의 과정이다. 사랑 하는 사람을 기다린다는 것은 존중이고 배려이다. 부모가 자식의 성장을 기다리고, 사랑하는 사람이 타고 올 배를 선창에서 기다리는 것, 나의 진실이 평가받기 위해 기다리는 것은 많은 고충과 마음의 갈등이 있어야 하고, 제자가 깨닫고 성공하는 것을 기다리는 것은 스승의 지혜와 헌신이 있어서이다. 기다림에 대가를 바라는 것은 순수함이 바랜 색종이고, 기다림으로 깊어지지 못하는 관계는 조급함이 설치는 나쁜 관계이기 때문이다. 그러나 어쩌랴! 기다림의 빛깔은 너무나 다양하여 종잡을 수 없으니 말이다.
　기다림은 더 나은 것을 위한 준비 단계이니 만치 결코 시간 낭비가 아니다. 그것은 더 좋은 것을 맞이하기 위한 준비 과정이며, 우리의 내면을 단단하게 만들어 주는 소중한 시간이다. 인생에서 가장 아름다운 순간들은 기다림 끝에 찾아온다. 그러므로 기다림 자체를 이해하는 지혜를 갖는 것이 중요하다.
　기다림은 성숙이고 성장이며 바람이고 순수한 기대다. 더 큰 행복으로 보답받기 위해서는 기다림의 강도나 빈도에 조급해 하지 않음이다. 기다림은 때때로 설렘과 기대를 주지만, 반대로 깊은 아픔과 고통을 주기도 한다. 아무런 확신도 없이 막연히 기다리는 것은 고통일 수도 있다.

　기다림은 상대가 있다. 인간관계이든 자연의 섭리이든 원하지 않은 기다림은 재앙이다. 누군가의 강요 때문에 기다리는 것은 악이다. 확신이 서지 않을 때, 지쳤을 때, 초조하고 불안할 때는 그 대상을 다시 생각하고 냉정히 판단하는 것은 기다림의 심술에 대비하기 위함이다.

　기다림의 가장 큰 생채기는 배신이고 오해다. 거짓이 위장할 때, 잘못 들어선 길, 일방적인 상상, 무턱대고 기대하는 것은 실망과 상처도 크다. 시간이 해결해 줄 것이라는 의지는 도저히 열매를 맺을 수 없는 관계이고, 스스로 헤쳐나오기 힘들고 의욕도 인내도 쇠잔하게 된다. 얽매이는 것은 치료가 아니고 집착은 더 깊은 상처가 된다.

　상황 판단이 늦거나 잘못되면 기다림은 썩는다. 기다림은 일방일 수 없고 소유할 수도 없다. 기다림에 자유를 줘야 한다. 기다림은 놀랍게도 생명체이다. 상처도 입고 아프기도 하고 쉬기도 해야 하고 확인도 해야 한다. 소유했다고 생각할 때 변형되고 깨진다.

　아무리 그래도 그것이 주는 깊은 의미와 가치는 우리가 생각하는 것보다 훨씬 크다. 그 결과는 분명한 제시를 주기 때문이다. 현대 사회가 빠른 속도와 즉각적인 만족을 추구하고 요구하지만, 진정한 결실의 가치는 기다림 속에서 자라나기 때문이다.

　사랑하는 사람을 속절없이 기다렸으나 오지 않았다고 후회하거나 그를 미워할 것인가.

　"무슨 이유가 있겠지. 어쩌면 내가 약속 일을 잘 못 알았을 수도 있어. 깜박 잊었을 수도 있어."

　라면서 내일 다시 그 자리에 와도 여전히 기다린 사람이 없다고 하더라도 서둘러 전화하거나 이유를 묻지 않는 마음, 그 마음은 더 깊은 사랑을 키울 수 있을 것이다. 상대가 언젠가는 진심을 알아줄 때까지 바라봐 주는 진득함과 그 이유를 묻지 않음은 순수한 기다림이기에 가능하다.
　미련하다 할 수 있다. 어리석다 할 수 있다. 그렇다고 나의 기다림을 후회할 일은 아니다. 나의 선택이었고 스스로가 그를 그렇게 기다릴 가치가 있었다고 판단했기에 그렇다. 어쩌면 나중에라도 우연한 만남이 이뤄졌을 때 미워하지 않을 수 있기 때문이다.
　기다림은 덜 익은 자신을 농익게 하는 과정이다. 성숙하게 만드는 호르몬이다. 기다리는 과정은 단순한 시간이 흐르는 것이 아니라, 그 속에서 우리의 마음이 순수해지는 과정이다.
　기다림이 나무의 나이테처럼 쌓이고 그 모양이 정교하게 나타나지 않은 것도, 그 과정이 덥고 춥고 습하고 가물었던 그 시간을 나타내는 것이고 방향에 따라 토양에 따라 그 영향이 다르기 때문일 것이다. 인간도 어떤 기다림 속에서 살았느냐에 따라서 몸과 마음의 성숙한 모습이 다양하게 나타나는 것이다.
　거절하고 반항하더라도 기다림 속에서 순리와 지혜는 생긴다. 욕심을 낸다고 1년에 두세 개의 나이테가 생기겠는가. 어른도 예외가 아니고 어린이라고 덤이 없다. 살아가는 동안은 기다림 속에서 새롭고 경이로운 모형을 갖추고 튼튼한 뿌리를 얻게 된다. 결국 기다림은 시간이다. 시간은 세월이고 연륜이 된다. 아름다운 연륜은 기다림이 주는 아름다운 나이테의 흔적과도 같다.
　선생으로 산다는 것은 아이들과 함께 산다는 의미다. 하루 24시간 중 8시간 이상을 아이들과 함께 있고 그 이상을 아이들을 위해 일을 한다. 인생의 황금기인 20대에서부터 완숙기인 60대까지를 그들과 생활하면서 얻은 지혜는 기다림이었던 것 같다. 그들의 바른 성숙을 돕는 것은 기다려 주는 것 외에 달리 답이 없다.

또 다른 모습의 기다림이란 그렇다. 웃는 모습 뒤에 증오가 감춰져 있고 가까이할 수 없는 존재이면서도 혼자 두면 화를 낸다. 오해와 편견에도 민감하고 이기와 거짓에는 더욱 거칠게 반항하는 존재다. 위대하고 감사하고 행복한 존재이지만 늘 그 반대의 무리와도 함께 다닌다. 때를 기다릴 줄 알고 화해도 할 줄 안다. 그러나 절대로 일방적으로 희생하기를 거부한다. 이것이 기다림의 미학이다.

슬픈 기다림

눈보라가 휘몰아치는 고갯길을
언젠가 그 사람 넘어간다면
눈 무덤이 되더라도 기다릴게요

낡은 배만이 떨고 있는 선착장에
당신이 날 만나러 올 것 같으면
어둠이 장막을 쳐도 기다릴게요

당신과 함께 걸었던 그 강가를
이렇게 바람이 순하고 햇빛이 여릴 때면
당신이 행여 올지 거기 갈게요

무릎 끼고 마주 앉았던
천변 버드나무 아래 돌 벤치

당신 생각 내 생각일 거라며 거기 갈게요

기다림이
얼마나 아름다운지
오죽 소중한지
어느 만큼 고통을 감내해야 하는지

이별의 상흔 없이는 아무도 알 수 없고
기다려 보지 않고는 감당할 수 없는
그래서 기다림은 아무것도 기대하지 않습니다
어차피 슬픈 기다림은 기다림뿐이니까요! ■

닮아간다는 것은

살다 보면 닮아간다는 말을 자주 하고 듣는다. 어느 정도 세상을 살다 보면 불현듯 '맞아! 그래, 그래.' 할 것이다.

정년퇴직하고 나면 가장 두드러진 일은 집에서 생활하는 시간이 많아지고 부부간 같이하는 시간 또한 늘어난다는 것이다. 많은 사람이 비슷하겠지만 나처럼 쓸데없이 바쁜 사람은 더욱 그렇다. 돈도 안 되는데 뭐가 그리 바쁘냐고 한다. 그럴 때마다 연금 타면 되지 무슨 돈이냐면서 민망한 웃음으로 넘긴다.

그렇게 집에서 보내는 시간이 많다 보니 마누라의 모습이 새롭게 보이기 시작했다. 안쪽 치아가 기울어졌는지도 몰랐다. 연애할 때는 콩깍지가 끼었었고 현직에 있을 때는 바빠서 그것을 볼 여력이 없었으며, 퇴직하고는 온통 선거라는 팔자에 없는 외도를 했던 까닭에 제정신이 아니었다. "결혼 전에는 두 눈을 부릅뜨고 보고 결혼 후에는 한쪽 눈을 감고 보라"는 미국 속담에 백배 공감이다.

그것만이 아니었다. 그동안 보지 못했던 여러 가지가 눈에 거슬리고 성격 또한 생경했다. 힘들었다. 숨이 막힐 지경이었다. 아무리 생각해도 이상했다. 내가 문제였을 것이다.

국회의원 선거가 끝난 뒤 바로 모교 100년 기념 사업에 몰두하고 100년사 편찬을 위해서 동분서주하였다. 그 일이 끝나고는 두 끼는 집에서 먹을 정도로 집에 있는 시간이 늘었다. 더구나 뜻하지 않게 졸도를 한 사건 이후로는 모임도 줄이고 자중하기에 이르렀다.

그래서인지 마누라와의 혼자 겪는 갈등을 어떻게 해결할까에 고심하는 시간이 늘었다. 나는 누구에게나 잘못이나 약점 등을 지적하지 못하는 성격이다. 그냥 참고, 때가 되면 풀리거나 스스로가 해결되는 쪽을 선호했다.

세상을 지성으로 살 수 있다고 생각했다. 물론 지식과 지성의 차이가 엄청나지만, 선생으로서 지식보다는 지성이 우선이라는 철학을 갖고 살았기에 그랬는지도 모른다. 거기에 나의 지혜는 메마른 사막과도 같았다.

결국 메마른 지혜에 오아시스를 만들기 시작했다. 내가 마누라를 닮아야겠다고 생각한 것이다. 나는 급하지 않으면 '천천히' 하는 성격이고 마누라는 무조건 '당장' 해야 하는 성격으로 '지금'을 말한다. 매사가 그렇다. 부부가 살다 보면 닮아간다고 한다. 모습까지도 닮아가고 심성도 닮아간다고 한다. 그렇다면 차라리 마누라를 닮자고 생각한 것이다.

우선 닮는다는 것은 포기하는 것으로 생각한다. 진정한 포기는 내가 나에게 그만두라고 명령하는 것이고, 내가 누군가의 약점에 대해서 관대해지자는 것으로 생각한다.

'닮아간다는 것이 포기하는 것이다.'라는 생각은 역설적으로 들릴 수 있다. 보통 우리는 닮아간다는 것을 서로를 이해하고 가까워지는 과정으로 생각하지만, 그 과정을 포기하는 개념으로 버무리는 것은 순전히 나만의 생각이다.

시간이 지나면서 서로 영향을 주고받아 생각, 감정, 행동 방식이 비슷해지는 것, 그것이 닮아 가는 것이고 그렇게 되기 위해서는 포기 없이는 불가능하다는 것은 상당히 까칠한 표현일 수도 있다. 닮아간다는 것은 단순히 비슷해지는 것이 아니라, 서로의 차이를 인정하고 양보하며 조화롭게 살아가기 위해 자신의 일부를 내려놓는 과정이라는 의미로 해석하면 좋겠다.

사실 닮는다는 것이 외적으로 표정이나 말투가 비슷해지는 경우가 많지만, 더 중요한 것은 성격이나 태도가 닮아간다는 것이다. 이는 상대방을 이해하고 배려하는 과정에서 이루어지는 것이며, 결국 서로의 차이를 극복하고 조화를 이루는 방식임이 틀림없다는 지성에 매료된 나로서의 어설픈 표현이기도 하다.

이 과정에서 한쪽만이 희생하는 것이 아니라, 서로가 조금씩 자신의 고집을 내려놓는다면 아름다운 일일 것이다.

결론적으로 닮아간다는 것은 단순한 동화가 아니라, 관계 유지를 위해 나의 일부를 포기하고 상대의 일부를 받아들이는 과정이다. 즉, 포기는 단순한 단념이 아니라 조화를 위한 양보라는 점에서 긍정적인 의미로 볼 수 있다. ■

바닷가의 추억

　좋은 사람들과 저녁 식사를 하고 들어오는데 문득 어디에선가 귀에 익은 노래가 흐른다. 기보이스의 '바닷가의 추억'이란 노래다. 중학교 3학년 때 서울에 있는 여학생이 편지에 이 가사를 적어 보냈었다.
　전국체전에 출전하여 식성이 까다로운 난 선수단 숙소에 있지 못하고 동대문 운동장과 가까운 왕십리 누나 집에 따로 있었다. 근처에 있는 성동공고에서 시합을 위한 컨디션 조절을 하고 들어왔더니 급하게 누나가 손목을 끌어당겼다. "아! 어떤 여학생한테 전화가 왔는데 낼 10시에 계림 극장 앞에서 보자 하더라. 누구냐? 응?"
　누나는 만면에 오진 미소를 머금고 집요하게 이것저것을 묻기 시작했다. 사실 난 누군지 몰랐다. 그래서 이름이 누구냐고 되물어야 했다. 메모장을 들고 와서 이름을 말하는데 전혀 모르는 이름이었다. 하긴 깡촌놈이 어찌 감히 서울 여학생을 알 턱이 있었겠는가.
　다음날 누나는 장소를 친절히 설명하면서 시간 맞춰 나가라고 재촉했다. 누나의 성화에 떠밀려(?) 나갔다. 계림 극장은 동대문 운동장 건너편에 있어서 쉽게 찾아갈 수 있었다. 두리번거리고 있는데 한 여학생이 나타났다.
　문종민? 화들짝 놀라 차려 자세가 되고 말았다. 갈래머리에 책가방은 두 손으로 다리 앞에 다소곳이 위치시키고 그 옆엔 또 다른 여학생이 서 있었다.

　난 등에 '대덕중'이라고 새겨진 운동복을 입고 그 여학생들이 이끄는 데로 따라갔다. 내가 다니던 중학교는 사립학교로서 재정이 열악해서 였는지 아니면 기대하지 않았었는지 운동복을 제공하지 않았다. 그래서 누나에게 부탁해 서울에서 보내온 것을 입을 수밖에 없었는데 내 체구에 맞지 않고 상당히 작았다. 손목 발목이 뻘쭘하게 나왔다. 나중 사진을 보니 초라하고 촌놈 티가 나도 너무 났다. 남루하고 마른 체구인 사람의 허리띠가 허리띠 걸이에 듬성듬성 끼워졌고, 허릿살이 없어 헐렁해진 바지 곳곳이 거북스레 겹쳐있는 모양새라고나 할까.

　후에 안 일이지만 갔던 곳이 아카데미 극장 옆에 있는 빵집이었다. 제과점인 셈이다. 문제는 제과점을 처음 갔다는 것이다. 바구니에 웬 몽둥이가 꽂혀 있었다. 훗날 알았지만 그게 바게트라는 빵이었다. 빵을 몽둥이처럼 만드나 했다. 내 고향에서 먹었던 빵은 구멍가게에서 사 먹던 풀빵이 전부였기에 빵이 아닌 몽둥이로 보일 수밖에. 선배들이 후배들 군기 잡는다고 단체 벌을 주면서 자주 든 몽둥이가 그 모양새였다.

　점심은 자장면을 먹었다. 자장면도 처음 먹어보았다. 그러나 눈치껏 따라 먹을 수 있었다. 그리고 영화관엘 갔다. 그때까지 그 여학생들 이름도 소개받지 않아 누가 전화한 여학생인지 몰랐다. 둘이 나에게 얼굴을 들이대며 물었다.

　"'러브스토리' 볼 거야? '흑백도' 볼 거야?" 두 명이 각기 다른 영화를 보자는 것이었다. 참 난감했다. 극장은 광주에서 실시된 글짓기 대회에 출전하여 한번 갔던 것이 전부였을 뿐만 아니라 두 영화가 어떤 내용인지도 몰랐기 때문이다. 먼저 '러브스토리'를 보고 다음에 '흑백도'를 보기로 했다. 가설극장 맨땅에 앉아서 보던 한국 영화와는 딴판이었다. 자막을 보랴, 내용을 보랴, 제정신이 아니었다. 다만 감동적이고 슬프다는 것만은 알 수 있었다. 그때 '사랑은 슬픈 것'이란 선입견이 생겼고 후에 저주처럼 세 번이나 차이는 슬픈 사랑을 경험했다.

밤 10시가 넘어 누나 집에 도착하니 난리가 났다. 집을 찾지 못 한 줄 알았단다. 그러면서도 누나 얼굴엔 호기심으로 가득했다.

자초지종을 토했다. 나도 모르는 여학생들인데 작년에 목포에서 경기가 있을 때 응원을 와서 시합하는 모습을 봤단다. 그땐 학생들을 동원하여 응원하도록 했다. 난 2학년 때였다. 그 여학생은 3학년이었단다. 이듬해 서울에서 전국체전이 열렸는데 어느 여관에 '전라남도 선수단 환영'이란 플래카드를 보는 순간 불현듯 내 생각이 떠올랐단다. 들어가서 대덕 중학생이 출전했는지 물으니 누나 집 전화번호와 이름을 알려줘서 전화했단다. 오늘은 모처럼 '바닷가의 추억'을 불렀다. ■

눈을 들어 하늘을 보자

무거운 마음으로 걷는다. 온갖 생각들로 머릿속이 꽉 찼고 그 무게를 어찌할 수 없어 고개를 떨구고 걷는다. 오전 시간인데 많은 사람이 푸른 길을 걷고 있다. 젊은 사람들도 보이는데 어떻게 벌어먹나라는 쓸데없는 생각도 한다. 학교에 있어야 할 아이가 아버지로 보이는 남자와 걷고 있다. 왜 학교에 있지 않고 걷고 있는지 궁금했다.

문득 고개를 들었다. 연둣빛 잎이 눈에 들어왔다. 처녀 앙가슴만큼 부드러울 것 같은 잎이 앞다퉈 얼굴을 내밀고 있었다. 그 사이사이로 하늘이 보였다. 길가로 비켜서서 쳐다봤다. 한없이 넓은 여백이 있었다. 저렇게 넓은 여백도 있나 싶었다.

그래! 늘 고개 들어 하늘을 봐야 해! 하늘엔 여백도 있지만 더 많은 사연이 있지. 어떤 때는 하얀 구름이 온 세상을 내려다보는 눈 굴리는 소리가 있고, 어떤 때는 시커먼 구름이 머금고 있는 빗물이 내려갈 시간을 두고 다투는 모습도 보이지. 허름한 아파트 꼭대기 층에서 들리는 젊은 부부의 한숨 소리가 들리고 산등성이에 흐르는 계절의 모습도 보이지. 까치집은 높은 나뭇가지에 덩그러니 걸려 있고 한 마리의 까치가 그 둥지를 쳐다보면서 짝을 부르는 모습도 보이지. 그 집수리는 수놈이 할거고.

하늘을 쳐다보면 잘난 놈들의 거드름 피우는 모습만 보이는데 내려다

보면서 배웠던 교만을 버리는 지혜도 배운다. 그래서 여유도 배우고 겸손도 배우고 경외도 느낀다. 아무리 보고 싶어도 나타나지 않은 어머님의 모습도 생각만 하면 언제든지 그려볼 수 있다. 아무리 많은 그림을 그려도 내 눈에만 보이고 눈을 감으면 그만 지워지는 아쉬움도 있다.

 높은 하늘을 곧게 쳐다보며 걷다가 보니 양어깨가 펴지고 허리도 펴지는 것을 느낀다. 그래서인지 견갑근의 뭉침 현상도 완화된 듯하다. 하늘을 쳐다본다는 것은 마음의 치료는 물론 자세 교정에도 도움이 될 것 같다.

 고개를 숙이니 눈에 거슬리는 것이 너무 많다. 늘 숙이고 걷던 때는 볼 수 없었던 것들이 보인다. 아름다운 하늘을 봤더니 추한 것들이 금방 눈에 들어온다. 이 첫봄 순백의 눈에, 이제 막 움트는 새싹들의 눈에는 보이고 싶지 않은 것들이 있다. 거친 표현의 현수막은 너무도 예의가 아니고 염치없는 인간의 모습을 적나라하게 보여 주는 것 같아 부끄러웠다. 반려견의 분뇨, 낙엽 사이에 고꾸라진 담배꽁초는 처참한 모습으로 짓뭉개져 있다. 비록 지금은 비워진 의자이지만 거기서 눈을 감고 쉬고, 지나가는 사람들 구경에 여념이 없는 팔순 할머니의 자리이기도 한데, 누군가가 그 자리에 마시고 남은 큼지막한 일회용 커피잔을 두고 갔다.

 하늘을 보자. 때론 추상같은 회초리를 들기도 하고, 가없는 위로를 주는 하늘을 올려 보자. 하루가 힘들었더라도 길 가 벤치에 나와 앉아 검은 하늘의 별들도 올려다보자. 같이 살면서 데면데면하고 허허실실로 대하는 남편과 함께 나와 저녁 하늘을 쳐다보자. 아무 말 없어도 좋다. 어차피 늘 말 없기는 마찬가지지만 함께 쳐다보는 저녁 하늘은 둘의 가슴에 깊게 와닿을 노래를 들려줄 테니까. ■

국밥의 추억

　어김없이 봄날은 또 찾아온다. 그 누가 오라 하지 않아도, 어느 한 사람 목메지 않아도 계절은 어김없이 찾아온다. 그 증표로 집 화단의 영산홍이 수많은 꽃망울을 달고 있고 그 조그만 가지 사이로 훈풍이 넘나들고 있다.
　이 아름다운 계절 앞에 유난히 우리의 추억은 가슴 아프다. 지난 세월, 이 계절이 되면 배고픔을 걱정해야 하고 새로 입을 봄옷을 걱정해야 하며, 뿌릴 씨앗까지 걱정해야 했다. 그토록 보릿고개는 숨쉬기도 버겁게 넘어야 할 태산이었다.
　벚꽃이 시리게 피는 이맘때면 유난히 잊기 어려운 기억이 있다. 영광스럽게 훈장처럼 가슴속에 걸려 있는 기억이다. 그리고 그곳을 지날 때면 항상 그 기억을 더듬고 동행한 사람들과 추억을 나눈다. 그 얘기를 듣는 이들은 맞장구로 동감을 표하는가 하면 처음 듣던 아내는 이해하지 못했다. 자식들 또한 마찬가지고 그 아픔을 헤아리지도 못한다. 웃으면서 이야기하는 눈에는 아련히 눈물이 고이지만 그들은 그 눈물의 의미도 눈물도 보지 못한다.
　대덕에서 장흥읍은 왜 그토록 멀었던가. 몸도 마음도 심하게 흔들리며 도착한 장흥읍은 두려움의 존재이기도 했다. 그곳에 사는 또래들에게 기죽기 십상이었고 칠 거리의 풍경은 아우성 그 자체였으며, 방송국

드높은 송전탑은 의문의 대상이었다.

일 년마다 열리는 읍면 대항 학생체육대회는 화려한 축제였고 장흥서초등학교에서 장흥초등학교까지 가는 행진은 개선장군들의 보무였고, 각 학교에서 동원된 밴드부의 행진곡에 온몸은 둥실둥실 떠 있었다. 밴드부들의 옷차림이, 그들이 불어대는 관악기며 타악기 소리가, 맨 앞에서 휘젓는 악대 장의 지휘봉이 그렇게 만들었다. 악대 장은 부러움의 대상이었다.

칠 거리와 동교 다리는 인파로 그득했었다. 그 행사로 인해 데친 미나리인 양 지친 우리들은 정작 시합은 엉망이 되었고 화려한 축제가 끝나고 귀향하게 되면 며칠간 홍역을 앓아야 했다. 몸살이 나서가 아니고 새로운 세상에 대한 동경이었고 화려함에 대한 끝없는 상상 때문이었다. 그렇게 일 년이면 한두 번 행사로 인해 읍내를 방문할 수 있었다.

6학년 봄으로 기억된다. 학교 백일장을 통해 선발된 문예반들은 매일 오후면 늦게까지 남아 선생님의 지도하에 장흥에서 열리는 백일장 대회를 준비하였다. 지금도 가까이 살고 있는 한 녀석과는 만날 때마다 그때의 기억을 떠올리곤 한다. 술에 취하면 목소리가 유난히 커지는 녀석은 아직도 옛 그 환상에서 벗어나지 못하고 있다.

장흥 남산의 벚꽃은 어쩌면 그다지도 화려했을까. 잠깐 피었다 지는 그 벚꽃들은 우리들의 긴장된 숨소리처럼 가쁘게 숨을 들이쉬고 있었다. 잠깐의 화려한 외출이니 그럴 수밖에 없을 것이리라. 비라도 한 줌 뿌리면 금방 시들어 버리는 그들의 운명을 알기에 속삭임도 숨 쉼도 그렇게 바빴으리라.

우리들은 그곳 벚꽃 아래서 처음으로 야외 백일장에 참석하게 된 것이다. 집중할 수 없었던 것은 당연하였다. 항상 교실에서 습작하다 야외로 장소가 바뀌니 그랬고, 글 쓰는 자세가 도저히 마땅찮아 그랬다.

예쁘고 바른 글씨체가 한몫할 것이니 이것저것 신경 쓰여 몰입하기가 힘들었다. 그러나 어찌 된 일인가. 난 그 많은 학생 중에서 장원을 하였다.

우리를 인솔한 선생님의 기뻐하시는 모습을 상상해 보면 지금도 가슴이 설렌다. 내가 교직에 있으면서 선수들을 데리고 출전하여 우승할 때의 그 심정이었을 것이다.

장흥초등학교에서 시상식을 마치고 버스를 타기 위해 칠 거리로 나오면서 선생님께서는 우리에게 국밥을 사주셨다. 확실한 기억은 아니나 시커먼 사발에 말린 밥을 생각하면 국밥임이 틀림없다. 우린 게 눈 감추듯이 먹어 치웠다. 그 맛을 지금 표현하라면 금방 적당한 수식어가 생각나지 않는다.

우리나라 사람들의 식사 시간 짧은 것은 세계적인 수준이기는 하나 그때 먹어 치운 시간은 아마 이 삼 분이었을 것이다. 그리고 우리 모두의 눈은 일제히 큰 가마솥에서 끓고 있는 그 국밥의 원천으로 렌즈를 맞추고 있었다.

야속하였으나 선생님은 일어나기를 채근하셨고 그 길로 바로 버스를 타야 했다. 비가 오면 천정에서 금방 빗방울이 새 나올 것 같은 버스는 심한 요동을 치며 대덕으로 향하고 있었다.

그런데 어찌하랴! 머리는 어질거리고 속은 부글거리고 있었으니. 금방이라도 토吐할 것 같은 것을 참고 또 참아야 했다. 그 귀한 음식을 어찌 토할 수가 있었겠는가. 옆에 앉은 친구의 얼굴도 창호지 빛을 띠고 있었다. 서로를 쳐다보는 눈빛은 차라리 애절하다 해야 할 것 같다. 우리는 잘 참다가 결국 대덕 우체국 뒤 정류소에 도착하여 내리자마자 조그만 시궁창에 일렬로 쭈그리고 앉아 모두 토하고 말았다.

그 허망함과 고통을 어떻게 형언할까. 그런 기억 때문일까. 지금은 국밥을 잘 먹지 않는다. 먹을 기회가 있어도 밥을 말아서 먹은 적이 없다.

·····∞····· ·····∞····· ·····∞····· ·····∞····· ·····∞····· ·····∞····· ·····

바람이 거칠게 불고 있는 칠 거리는 삭막하기 그지없었다. 동네 어귀에 쭈그려 앉아 누군가를 기다리는 할머니의 모습인 양 쓸쓸하다. 우리를 인솔하고 지도해 주셨던 그 선생님의 얼굴도 이름도 생각나지 않음이 안타깝고, 가게 주인아주머니의 목소리는 남산 벚나무 뒤쪽에서 유령의 목소리로 메아리치고 있었다. ■

알람브라궁전의 추억

그는 고향 마을 느티나무 아래서 스마트폰으로 라디오를 듣고 있다. 바람은 싱그럽고 녹음은 짙은데 매미 소리는 그의 상념을 방해할 정도로 사납다. 좋아했고 지금도 여전히 열렬한 팬인 탤런트가 진행하는 프로그램에서 좋아하는 음악이 흐른다. "서머스노우"에 이어 나오는 "알람브라궁전의 추억"에 벌떡 일어나 앉는다.

그는 중학교 시절 친구 집을 방문하여 여느 집에서 볼 수 없는 전축에서 흘러나오는 음악을 들었다. 전축도 처음 보았지만, 음악이 생소했다. 그 음악 소리에 가슴이 턱 막히는 느낌을 받았다. 친구의 말에 의하면 제목이 '알람브라궁전의 추억'이라 했다. 그는 충격적이었던 그 음률을 잊지 않고 살면서 알람브라궁전의 모습을 상상했다.

그는 약속했었다. "우리가 60살이 된 그해 첫눈 내리는 날 이 수양버들 나무 아래서 만나기로 해. 그리고 우리 알람브라궁전에 갈 계획을 짜기로 하자." "잊지 마, 우리가 어디서 어떻게 사는지 모르더라도 보름달이 뜰 때면 그에게 서로의 안부를 물으면서 살아가자. 구름이 가리면 다음 날에, 또 가리면 또 다음 날에"

세월은 덧없이 흐르고 그의 삶은 늘 허덕여야 했다. 삶이 산들바람처럼 부드럽지도 싱그럽지도 않았다. 시시포스의 인생과도 같았다. 삶의 휘둘림으로부터 정신을 차렸을 땐 어느덧 그의 나이가 60 중반의 코뚜레를 잡고 바둥대고 있었다. 어둠 속에서 느닷없이 랜턴이 비추듯 그의 뇌리를 때리는 것이 있어 비 맞은 수탉이 물기를 털어내듯 전율로 드세게 온몸을 떨었다.

"아, 언제 내가 60이 넘은 거야? 그러면 그녀는 몇 년 전 그 장소에서 날 기다렸을까? 그 많은 시간이 흘렀는데도 난 여전히 그녀를 기다리게 했단 말이야? 아니야, 그녀도 나처럼 깜빡했을 거야. 그랬을 거야. 수양버들이 잎을 떨궈 찾지 못했을 거야."

자신의 실수를 감추려는 비겁함은 에둘러 그녀의 실수를 기정사실화하고 있었다. 그렇지만 왜 자신이 그렇게 살았는지 한탄은 발등을 찍고 있었다.

"꼭 그렇게 살아야 했단 말인가? 내가 얻었던 사회적 지위와 평판이 이제 와 무슨 소용이란 말이야? 산 위로 밀어 올린 바위는 자꾸만 다시 굴러 내리는데."

그는 출세를 위해 자신의 삶을 희생시켰다는 사실을 겨우 깨닫고 있었다. 그토록 간절하고 애섧게 헤어지며 했던 약속을 잊어버려야 할 정도로 살아야 했던 욕심이 이제 와 그의 발목에 철퇴를 매달아 놓았다. 벗어버리고자 발버둥 칠수록 덫에 걸린 고라니처럼 그의 목을 더 옥죄고 있었다.

 그녀가 어디에 살고 있는지 알기 위해 백방으로 노력했다. 소문으로 들었던 때는 그가 군대에 갇혀 있을 때였다. 힘든 군대 생활에 적응해야 했고 제대 후에는 불안한 세태에 적응하기 위해 지난날의 약속을 기억할 여력도 없었다. 그랬지만 이제라도 만나 그때의 어리석음을 사과하고 싶었다.

 인제 와서 찾고자 함이 더 어리석다는 것을 알지만 여전한 이기심을 밀쳐낼 수 없었다. 헤어짐도 서로의 인생이라고 했던 말을 기억하고 있는데 무슨 어리석음이란 말인가. 현재의 사랑이든 지난날의 사랑이든 그 색감이 어찌 다르겠는가. 그래서 모든 염치는 감히 사랑 앞에 설 곳이 없는가 보다. 노력이 헛되지 않아 그들은 원을 풀었다. 마침내 스페인 여행을 하게 된 것이다. 서로의 가족과 함께 한 비행기를 타고 떠났다.

 그와 그녀가 지체된 약속을 지키면서 수많은 이야기를 나눴지만, 가족도 그 외 누구도 둘의 관계를 몰랐다. 비록 눈으로 말하고 가슴으로 들었지만 설레고 달콤했다. 꿈에 그리던 알람브라궁전에 도착했다.

 그는 이어폰을 꽂고 알람브라궁의 추억을 들으며 구석구석을 돌았다. 여전히 기타 음은 아련함을 퍼부었다. 그녀가 중전 연못 반대쪽 끝에서 다소곳이 쭈그려 앉아 연못에 가둬진 물에 새끼손가락을 살짝 담갔다. 그도 반대편에 앉아 새끼손가락을 담갔다. 무슨 약속이었을까. 아마 다시는 생각의 단절이 없을 것이란 약속이었으리라.

 언덕눈질이었지만 내내 서로에게서 눈을 뗄 수가 없었다. 파밀리아 성당 앞에 서 있을 때는 이루지 못한 사랑과 지금까지 공사가 끝나지 않은 성당의 모습에서 왠지 동질감이 생겼지만, 설계자인 가우디는 이 세상에 없고 둘은 가는 세월 앞에서 변해 가는 모습으로 신음하고 있었다. 세월은 주름이었다.

성당이 완공됐을 때 서로의 모습을 그려보았다. 문득 그의 뇌리에 '토머스 모어'가 피부병으로 변해 가는 부인의 모습을 보며 읊은 "믿어주오. 이 모든 것이 변할지라도"가 떠올랐다. 성당 앞에서 그녀에게 큰 소리로 읊어 주고 싶었다.

[알고 계시나요/오늘 소중히 보이는 그대의 젊고 사랑스러운 매력이 사라져 버리고/나의 품에서 날아가 버린다 해도/나는 그대를 사랑할 것입니다/지금 이 순간 그대처럼/당신의 아름다운 모습이 덧없이 사라진다 해도/나의 사랑은 푸른 넝쿨처럼/당신을 지키며 자라나리니/세월은 그대를 더욱더 사랑하게 할 뿐/언제까지나 당신을 사랑합니다/해바라기가 노을 지는 그의 태양을 바라보는 모습은 똑같습니다/새벽 아침 떠오를 때처럼]

그들은 포르투갈로 가는 들판을 온통 누렇게 덮고 있는 해바라기를 바라보면서 상서로움에 숨을 죽였다. 그러나 그들의 상황은 하릴없었다. 해바라기밭에서 패키지 여행객들이 단체 사진을 찍기 위해 모였다. 그는 가족을 이끌고 잽싸게 그녀 곁에 섰다. 그의 어깨가 그녀의 어깨에 닿았다. 밴쿠버 어느 공원 조형물이 오버랩되었다. 남편이 앞에서 사진을 찍고 피사체가 된 부인의 얼굴은 남편을 향해 미소 짓지만, 손은 뒤로 뻗어 남의 남편 손을 잡은 모습이었다. 서둘러 고개를 흔들어 생각을 지웠다.

공항에 도착해 서로 다른 곳으로 떠나면서 다시는 못 볼 것을 직감으로 알고 있었지만, 손마저 흔들 수 없었다. 여행 내내 서로에게서 눈을 떼지 않았지만, 손은 늘 가족의 손을 잡고 있었기 때문이다.

"아프지 마오. 잘 늙어가오. 이 여행 정녕 잊지 말고 눈으로 나눴던 수많은 밀어를 부디 기억해 주오. 다시는 생각의 단절이 없기를 등이 서럽기만 한 뒷모습에 대고 약속하오."

꿈이었다. 기어코 허망한 꿈을 꾸었구나. 천장을 응시한 채 눈만 껌벅껌벅하고 있었다. 이별은 적응이 안 되고 늘 아픈 것, 우리는 많은 이별을 하고 결국엔 영원한 이별로 마무리되는 것. 인생은 오롯이 이별의 여정인 것이다. ■

붕어빵

　세월은 멀미 날 정도로 빠르고 병원은 환자들로 발 디딜 공간이 없을 징도다. 친구인 주치의 앞에 앉아서 잠깐 서로의 안부를 묻는다. 뒤에 기다리는 환자들 때문에 친구와 대화도 미안하다.
　"벌써 4개월이 지났네. 봄은 가고 여름이 왔구먼! 다음엔 추석 쇠고 보겠네. 그땐 여름은 가고 가을이 왔을 것이네."
　4개월마다 약을 타러 전남대 병원에 오는데 그 시간이 얼마나 빠른지 모르겠다. 3번 내원하면 1년이 순식간에 가는 기분이다.
　약을 기다리는데 여기도 약을 타려는 사람들로 붐빈다. 유리창에 붙어 서서 밖을 응시하는데 눈에 확 들어오는 풍경이 있다. 붕어빵을 팔고 있는 모습이다. 문득 5일 장 한 귀퉁이에서 떡을 파시던 어린 시절 어머니 모습과 겹쳤다.
　하루에 얼마나 팔까? 주위에 서 있는 사람들이 모두 비닐봉지를 들고 있어 많이 팔리나 싶었다. 그러나 자세히 보니 모두가 약봉지였다. 그러면 그렇지. 다 붕어빵을 산 봉지라면 꽤 벌겠지. 아무리 그래도 붕어빵 한 봉지엔 이삼천 원일 것이다. 내가 들고 있는 약봉지는 114,000원어치의 약이 들어 있다.
　약 타고 이천 원어치만 사 가야겠다. 근데 왜 이리 맘이 심란한지 모르겠다. 집 식탁엔 어젯밤 유명하다는 양림동 빵집에서 산 빵과 식빵이

아직인데,

'웬 빵을 또 사 오느냐.' 하겠지. 어찌 내 맘을 헤아리리. 뱀의 굴이 석 자인지 넉 자인지 어찌 알 것이야.

6층에 주차된 차를 몰고 내려오는데 몇 번이고 후진했다. '에구~ 50cm만 더 넓게 해놓지 않고.' 짜증이 났다. '뭐요? 50cm요? 그러면 건축비가 얼마나 더 드는 줄이나 아시유?' 군작이 어찌 대붕의 뜻을 알겠소!

점심 약속 시간을 지키기 위해 주차하고 봉지 두 개를 들고 걸어가는데 이곳저곳 아파트 창문에서 아우성이 들렸다. 창문에서 수많은 주부께서 얼굴을 내밀고 나에게 소리를 질러댔다.

"여보세요, 지금 당신이 현직에 있는 것으로 착각하지 마세요. 지금도 보너스 받고 수당 받고 출장비 받는다고 생각하시오? 이천 원이면 상추가 한 소쿠리요."

고개를 두어 번 흔들고 눈을 들어 아파트 창문을 다시 올려다봤다. 나도 할 말이 있었기 때문이다. 그러나 주부들은 안 보이고 창문도 모두 닫혀 있었다. 허상이었다. 다만 한 무더기의 구름만이 옥상 난간에 기대어 거만하게 내려다보고 있었다. 정년퇴직하고 보니 이렇듯 작은 것에도 신경 쓰이고 눈치 보인다. 자신이 작아져 버렸다는 사실을 실감한다.

발을 끌다시피 하여 현관문 비번을 눌렀다. 복돌이가 기다렸다는 듯이 짖어대는 소리가 들리고 들어서니 펄쩍펄쩍 뛰어오르면서 반긴다. 이 녀석은 내가 반갑기보다는 붕어빵 냄새가 더 좋았을 것이다. 조심스레 집안을 살폈더니 아까 함께 소리를 지르던 마누라는 없고 창문도 닫혀 있다. 운동 갔다는 사실도 잊었다. 먹는 것 외에는 별로 관심이 없는 복돌이라도 없었으면 더 소슬할 뻔했다.

붕어빵 봉지를 식탁에 놓고 한숨을 내쉬었다. 그리고 붕어빵을 꺼내 꼬리 부분을 떼서 복돌이한테 주고 한입 물었다. 다 식었다. 그 옛날 맛이 아니다. 바삭하고 구수한 맛도 사라졌다. 식탁 한쪽에는 제과점 빵과 이삼천 원 정도 할 것 같은 상추가 검은 봉지 안에서 얼굴을 내밀고 히죽 웃었다. 마누라의 잔소리 같은 기분 나쁜 웃음이다. ■

친구의 유음遺音

『난 머릿속부터 고장이 났다. 천천히 갉아먹던 울결鬱結은 결국 날 집어삼켰고, 난 그걸 이길 수 없었다. 나는 날 미워했다. 끊기는 기억을 붙들고 아무리 정신을 차리라고 소리쳐 봐도 답은 없었다. 막히는 숨을 틔워줄 수 없다면 멈추는 게 나아.

거기 서 있는 넌 누구냐고 물었다. 나라고 했다. 또 나라고 했다. 그리고 또 나라고 했다. 왜 자꾸만 기억을 잃냐 했다. 성격 탓이란다. 그렇군요. 결국엔 다 내 탓이군요. 눈치채주길 바랐지만 아무도 몰랐다. 날 만난 적 없으니 내가 있는지도 모르는 게 당연해.

왜 사느냐 물었다. 그냥. 그냥. 다들 그냥 산단다. 왜 죽으려 하느냐 물으면 지쳤다 하겠다. 그러지 말라고 날 다그쳤다. 왜요? 난 왜 내 마음대로 끝도 못 맺게 해요?

왜 아픈지를 찾으라 했다. 너무 잘 알고 있다. 난 너 때문에 아프지만 전부 다 내 탓이고 내가 못나서야.

선생님 이 말이 듣고 싶었나요? 아뇨. 난 잘못한 게 없어요. 조곤조곤한 목소리로 내 성적을 말할 때 의사 참 쉽다고 생각했다.

왜 이렇게까지 아픈지 신기한 노릇이다. 나보다 힘든 사람들도 잘만 살던데. 나보다 약한 사람들도 잘만 살던데. 아닌가 보다. 살아있는 사람 중에 나보다 힘든 사람은 없고 나보다 약한 사람은 없다. 그래도 살라고 했다.
 왜 그래야 하는지 수백 번 물어봐도 날 위해서는 아니다. 널 위해서다. 날 위하고 싶었다. 제발 모르는 소리 좀 하지 말아요.
 왜 힘든지를 찾으라니. 몇 번이나 얘기해 줬잖아. 왜 내가 힘든지. 그걸로는 이만큼 힘들면 안 되는 거야? 더 구체적인 드라마가 있어야 하는 거야? 좀 더 사연이 있었으면 하는 거야? 이미 이야기했잖아. 흘려들은 거 아니야? 이겨낼 수 있는 건 흉터로 남지 않아.
 세상과 부딪히는 건 내 몫이 아니었나 봐. 세상에 알려지는 건 내 삶이 아녔나 봐. 그래서 힘든 거더라. 부딪혀서, 알려져서 힘들더라. 왜 그걸 택했을까. 웃긴 일이다.
 지금껏 버티고 있었던 게 용하지. 무슨 말을 더해. 그냥 수고했다고 해줘. 이만하면 잘했다고. 고생했다고 해줘. 웃지는 못하더라도 탓하며 보내진 말아줘. 수고했어. 정말 고생했어. 그래, 그냥 안녕이라고 말해줘, 지나가는 말처럼, 그렇게 무심하게.』
 나의 가장 친한 친구가 돌아올 수 없는 곳으로 갔다. 그는 시골 의사였다. 혼자서 밥해 먹고 저녁에는 술 한잔하고 그렇게 살았다. 토요일 오후에 광주에 와서 거의 매주 둘이 통음痛飮했다.
 그러다 그가 연락이 안 되면 큰 변고가 있었고 그 변고를 견디다 죽을 지경이면 날 찾곤 했다. 그게 네 번이었다. 그럴 때마다 병원문을 닫고 사라졌다. 그의 아내가 타계했을 때 그랬기에 이후부터는 그냥 연락도 안 했다.
 마지막 네 번째였다. 못 본 지가 서너 달이 되었기에 연락이 오기를 기다렸다. 그의 동생으로부터 전화가 왔다. 장례식장이라고 했을 때 그의 어머님이 영면하셨다고 생각했다. 그래서 그곳에서 만나구나! 했다. 전화 내용을 곱씹으니 그게 아니었다.

장례식장에 도착했을 때 하늘이 갑자기 뻥 뚫리고 구름이 걷혔지만 이내 어둠이 도둑처럼 숨어들었다.

그의 영정 앞에 섰을 때 그의 눈은 나의 눈길을 피했다. 그의 얼굴이 유리가 깨지듯이 산산조각이 났다. 수레바퀴에 깔린 어느 고대인이 하늘을 향해 절규하듯 입을 크게 벌리고 양팔을 흔들고 있는 것처럼 보였다.

그는 그를 위해서 돈을 벌지 않았다. 아니 자신을 위해 돈을 버는 방법을 몰랐다. 왜 벌어야 하고 어떻게 써야 하는지도 몰랐다. 이 세상에서 가장 불행한 의사라고 생각했다. 모든 식구가 그만 쳐다보며 살고 있다고 했다. 그는 그래서 돈을 벌어야 하고 번다고 했다. 모든 결정은 어머니가 한다고 했다.

부인도 먼저 보냈고 아들도 먼저 보냈다. 그래도 버티면서 살아가는 것이 용했다. 그에겐 아무도 없었다. 나라도 있어 줘야겠다고 생각했다. 그는 취하면 하는 말들이 어쩐지 영혼이 없다고 생각했다. 세상은 이상하고 재미없지만 세상을 원망할 시간이 없다고 했다. 그것마저 사치라고 말했다. 착하다 못해 어리석었다.

나는 고등학교 1학년 때 그를 만났다. 같은 반이었다. 쉽게 친해지지 못한 나의 성격 때문에 힘든 시기였다. 시골에서 왔으니 아는 친구가 아무도 없었다. 점심때 교실 앞 벤치에 앉아 있었다. 그는 조용히 내 곁에 앉았다. 그리고 물었다.

"너 중학교 때 신문에 났지? 전국체육대회에서 금메달, 은메달 땄다고 사진이 크게 나온 것을 봤거든. 나는 스포츠를 좋아해서 신문 스포츠면은 외우듯이 모두 읽어."

그렇게 우리는 친해졌으며 그는 의과대학에 가기 위해 재수를 했고 나는 사범대학에 갔다. 그때부터 우린 만나지 못했다. 내가 무안으로 첫 발령을 받았을 때 큰 길가에 친구 이름이 새겨진 병원 간판을 봤다. 설마 했지만 그였다. 너무 반가워 두 손을 잡았을 땐 여전히 그의 손바닥은 축축했다. 변함없이 가운은 청결치 못했다. 어머니의 강권으로 의과대학에 갔고 적성에 맞지 않아 힘들었다고 했다. 처음 해부학 실습을 하고 온종일 토했다고 말했다. 우린 만나지 못한 시간을 보충이라도 할 요량으로 매주 만났다.

그는 표정이 늘 어두웠다. 그러나 술잔에 가득 찬 맥주가 희미한 불빛에 빛날 때 그 어두운 자리를 비추는 빛이 되었다. 재혼에 실패하고부터는 더 심해졌다. 그도 오로지 공부만 했고 세상은 배우지 못했다. 그래서 잘 사는 법도 몰랐다. 그냥 돈 버는 기계일 뿐이었다. 세상을 보는 눈도 여자를 보는 눈도 없었고, 자신을 위해 사는 방법도 또한 몰랐다. 오로지 어머니 말만이 사실이고 명령이었다.

그랬다. 출세할 수 있는 법만 가르쳤지. 누구도 어떻게 살아야 하는지에 대해서는 가르치지 않았다. 우리 사회가 그렇게 엘리트만 되면 됐지, 뭣 때문에 살아야 하는지, 공부해서 어떻게 살아가야 하는지에 대한 가르침은 없었다. 학교에서도 가정에서도 그냥 공부만 하여 좋은 대학, 좋은 학과에 가게 되면 그것으로 부모를 위해서 학교를 위해서 누구보다 공헌한 것이었다. 그렇게 지식으로만 깨달으라고 하는 세상은 참 이기적이고 무책임하고 가학적이었다. 그들이 달관한 지식에는 세상을 사는 방법에 대한 답은 없어 외울 수가 없었다. 외우지 못하면 깨닫지 못하는 그들은 외계인이었다.

판검사가 그렇다고 말한다. 그들은 공부 외에는 왜 사는지, 왜 살아야 하는지, 어떻게 사는지, 어떻게 살아야 하는지에 대해서는 아무도 가르치지 않았다. 그저 성공만 하면 모두 다 자연적으로 해결된다고만 들었고, 그들 부류는 늘 상류층에만 있기에 하류층은 어떻게, 어떤 방법으로 살고 있는지도 모른단다.

 그래서 아무런 자각도 없고, 약자나 역지사지에 대해서는 생각조차도 할 수 없다. 그래서 검사는 죄를 만들고 판사는 다른 판단을 하지 못한다. 법에 따라 재판한다고? 눈으로 먼저 판단하지 않나? 범법했으므로 벌을 준다고? 맞다. 그러나 그렇지 못하다고, 진실은 본인 외에 아무도 모르는데 그들의 판단은 늘 옳다고 말하곤 한다.

 선생도 그렇다고 말했다. "난 너만 빼고는 모든 선생을 선생으로 보지 않아. 내 아들이 아버지가 의사라고 자기 반에 넣으려 싸우는 모습을 보면서 절대 촌지를 주지 않으려 했는데, 어쩌냐? 내 아들이 부족해서…"

 우린 오로지 세상에 관한 이야기는 잘못 가르치는 부모, 학교 교육, 사회적 편견, 권력 지향적, 아부 등에 관한 얘기 들이었다.

 그러는 가운데 그는 혼 없이 던지는 말이 있었다. 그리고 실성한 사람처럼 말했다. "난 결혼도 내가 좋아한 사람과 할 수 없었어. 매물처럼 시장에 내놓았고 목줄에 이끌리어 팔리듯이 결혼했어. 그것이 지금처럼 힘들게 했어. 그 실수가 나를 혼자 외로워하도록 복수했어. 내 아이들에게만 미안했어."

 나를 좀 살려주라는 듯, 하소연하듯 내뱉는 말이 있었다. 그런 말이 얼마 후 그의 유언이 되어 내 앞에 툭 던져졌다. ■

세월에 기대어 살다

오래 살면서 하는 다짐은 헤어짐에 대한 준비이자 각오이다. 젊었을 때 새로운 만남으로 갖는 환희는 기억 속에서 사위고 헤어짐에 대한 담대함과 인고에 익숙해야 한다.

이렇듯 살아가면서 부모님을 비롯한 좋은 사람과의 헤어짐이 잦다. 친한 친구들, 사랑했던 사람, 나를 가르쳐 주신 선생님들을 보내고 기억을 지우기 위해 몸부림한다. 사랑했던 사람의 모습이 그리울 땐 찾을 수는 없고 그 모습을 찾고자 앨범을 뒤지면 어쩌면 한결같이 숨어 찍었고 똑바른 모습은 없다. 다른 사람의 모습에 섞이어 얼굴이 온전히 찍힌 사진이 없다. 대담하게 단둘이서 팔짱이라도 끼고 찍을 것을 그랬다.

이 또한 부모님 젊었을 때 모습처럼 텅 비어버렸다. 이제 잊고자 하지만 어느새 세월에 기대는 습관은 잊음에 익숙해졌다는 증거일 수도 있다. 잊는 데는 세월이 약이라 했던가? 그러나 가끔 너울너울 밀려오는 파도를 보면서 숨쉬기 힘든 느낌에서 애태움의 딱지가 다 떨어지지 않았음을 절감한다.

아쉽다 못해 가슴 아픈 것은, 고마웠다고 말씀드릴 만큼 철들기도 전에 떠나신 분들! 그렇지만 사무침이 크기에 부모님만큼 기억하고 살리라.

내 가족 중 처음으로 큰 누나가 얼마 전 부모님 곁으로 가셨다. 술만 드시고 고생만 시켰던 남편 곁에 초라하게 누우신 누님! 온통 바다에서 돈을 건지느라 고생하셨던 누님. 앞에 펼쳐진 바다는 넓기만 했지만, 누나의 마지막은 한 줌의 재였다. 그 허무함을 곱씹으며 이별에 익숙해지자고 자신에게 우격다짐했다. 이제 구순을 바라보는 형님을 뵐 때마다 어떻게 그 헤어짐을 감당할지 생각이 버겁다.

어쩌면 내 기억에 있는 나이 드셨을 때의 어머님을 닮았는지 모르겠다. 아니다. 늙어가면서 부모님을 닮아 가는 것이 아니라 이미 젊었을 때부터 닮았었는데 내가 부모님 젊었을 때의 모습을 기억할 수 없어서 그렇게 생각하는 것이다. 삶이라도 부모님과 달랐으면 좋으련만 부모님이 일구시던 그 논밭에서 왜 그만큼만 사시는지 가슴이 문드러진다.

며칠 전 견디기 힘든 일을 당했다. 처가 식구들 가운데 유별나게 좋아했던 처제가 힘든 이별을 맘대로 던지고 떠나버렸다. 항상 형부의 좋은 일에 함께 기뻐해 주고 말없이 격려해 줬던 처제였다. 자동차 규정 속도도 어기지 않던 그녀였다. 감당할 만큼의 슬픔이어야 한데, 그럴 수 있었겠다고 인정할 수 있어야 하는데, 어떤 이유로도 이해할 수 없고 용서마저 되지 않는 실로 한탄스러운 이별이었다. 뜨겁던 한 줌의 재가 식기도 전에 손바닥 만 한 잔디 아래로 숨어버렸다.

수십 년 전 막내 처제가 세상을 떠났을 때 묵묵히 앉아 계시던 장인께서 입관하는 순간 울부짖던 말이 생각났다. "하나님! 제가 무슨 잘못을 했나요? 왜 저에게 이런 시련을 주시는 것입니까?" 뼛속까지 대대로 기독교인이고 장로셨던 장인의 그 모습에서 아무럼 속절없음을 진즉 눈치는 챘다. 아무리 세월을 끌어와 짓이겨도 잊지 못할 지경이다. 그러면 안 되는 것이었다. 정말이지 세월에 기댈 힘도 없었다.

나이 들면서 무시에도, 변한 모습에도 익숙해야 하고 마누라 잔소리에도 그러느니 해야 한다. 익숙함은 세월의 작품이다. 그 세월에 기대면 잊는 것에도 익숙해진다. 인간에게 주어진 최고의 선물이 헤어짐에 대한 익숙함이고 세월에 기대는 지혜다. ■

참 바보처럼 살았군요

　세상살이가 또 인생살이가 맘대로 되지 않는다는 것을 일게 될 때는 다른 사람들과 함께 어울리면서부터라고 생각한다. 아이가 태어나 어린이집이나 유치원에 가면서부터 "응? 왜 내 고집이 안 통하지? 울어도 엄마처럼 안아주지 않네?"라고 느끼게 될 때부터 사회화는 시작되는 것이다. 사람이 되어간다는 것이다. 나이가 더 들고 초·중등학교에 가게 되면 "나보다 훨씬 잘난 애들이 있네."라고 비로소 깨닫는다.
　중학교 교무부장으로 근무할 때다. 입학 예정자를 대상으로 반 편성을 위해 배치고사를 봤다. 그 결과가 나온 이후 학부모의 거친 항의를 받았다. "이게 뭐가 잘못돼도 한참 잘못됐어요. 왜 우리 아이 성적이 이래요?" 초등학교 때는 모든 과목이 '잘한다.' 평가를 받았다면서 배치고사에 분명히 문제가 있다는 것이다.
　그러니까 초등학교 때는 시험 등수가 없었다. 그런데 등수를 매기다 보니 그때야 내 아이가 최고가 아니고 멀찍이 뒤라는 사실을 알게 됐지만 인정할 수 없다는 것이다. 소위 그때부터 부모님과 아이는 또 다른 차원의 세상살이 쓴맛을 보는 것이다.
　열심히 산다고 생각하지만, 늘 뒤지는 것을 느낀다. 만나는 사람들로부터 나에게서는 찾을 수 없는 인품과 장점을 발견한다. 생각하면 할수록 내가 살아왔던 방식이 잘못됐다는 것을 깊이 깨닫는다. 물론 세상이 많이 변한 까닭이기도 하지만 그렇다고 해도 밀려드는 후회는 또 다른 쓴맛이다.

대표적인 후회는 '기다리는 것'이다. "진실은 언젠가 평가받는다."라는 나의 좌우명이다. '언젠가'는 기다림을 의미한다. 기다림은 인내일 텐데도 그 기다림이 결정을 미루고 실행을 더디게 했다. "최선은 좋은 결정을 실행에 옮기는 것이고, 차선은 나쁜 결정이라도 실행에 옮기는 것이고, 최악은 아무것도 실행에 옮기지 않은 것"이라 했던가. 또한 "오늘 내리는 결정과 오늘 실행에 옮긴 일, 오늘 포기한 일들이 몇 년 후의 당신을 만들어 낸다."라고 말했다. 진실을 위한 기다림이 나를 적극적이지 못하게 했고 기회를 놓치는 결과를 초래했다. 최소한 사회적 관계에서는 후회스러움으로 다가온다.

지금 생각하니 참 바보처럼 살았다. 기다린다는 것은 많이 생각하고 결정하기 위한 일이기는 하지만 그것은 옛날에나 좋았던 것이고 오늘날 기다림의 평가는 가혹했다. 진실을 위해 기다린다는 것은 어쩌면 어리석음일 수 있다. 남의 입장이 돼 보는 것이 무의미하다는 사실을 알았기에, 아무도 관심을 두거나 인정해 주지도 않는다. 오히려 이용당한 측면도 있다. 실수하지 않고 상처 주지 않으려 기다렸던 것은 나만의 가치 추구였지만 부질없었다. '낭중지추'를 신봉하는 어리석음이 그렇게 만든 것이다.

여러 명이 모여 이야기할 때도 기다리다 보니 말할 기회가 오지 않았다. 내가 들이대고 끼어들어야 나에게 기회가 오는 것이다. 나의 말과 행동에 관한 결과를 생각하면 때를 놓치고 제외된다. 어떤 사람은 수없는 말들로 다른 사람이 말 한마디 못 하게 해도 자신이 스스로 대견하다고 생각할 뿐 상대를 배려하지 않았다는 생각은 전혀 않는다. 자신의 습관을 몰라서이겠지만 무지한 이기이다.

법은 멀고 주먹은 가깝다고 거칠게 말하고 끼어들어 말하는 사람을 세상은 까다로워한다. 법으로 심판하면 되는데 그 과정이 복잡하고 부담스럽기 때문이다. 그래서 우는 아이 젖 준다는 속담이 생겨났는지도 모르겠다. 사람이 선하고 능력이 있지만 울지 않으니까 젖 주는 우선순위에서 밀린다.

 시골 목욕탕에 앉아 있는데 두 사람이 얘기 중 "집안에 개차반도 한 명쯤 있으면 좋겠더라."라고 했다. 군청에 가서 악쓰고 막무가내를 부리니까 민원이 해결됐다는 것이다. 천성이기도 하겠지만 세상사가 참 비정상적이라는 사실을 알 때는 기회는 가버린 뒤다. 그리고 어리석게도 늦게야 깨닫는다. 차라리 깨닫지나 말 일이다.

 세상은 그렇다. 기다림의 결실이라 말할 진실은 세월에 묻혀 잡풀이 된다. 좋은 답을 내놔야 하는 질문은 많은데 그 답이 정답이면 살아남지 못하고 오답이면 살아남는 아이러니가 판친다. 다양하고 겸손한 말투는 거부한다. 여러 목소리가 이루는 하모니는 필요 없다. 세상살이가 그런지 모르고 사는 사람이 행복할 것이다. 그렇지만 기다림의 결실이라 말할 진실은 바보처럼 산 세월에 묻혀 말아버린 잎사귀가 됐다는 생각에 허허로운 마음은 어쩔 수 없다. 아니었다고 후회할 때는 이미 바보처럼 살아버린 뒤다. ■

작은 목소리로 말하기

언제부턴가 서로 어투가 세지기 시작했다. 아니 연애할 때도 컸는데 몰랐을 수도 있다. 목소리가 크든 입을 벌리고 잠을 자든 그게 흠으로 보이지 않았음은 사랑의 마약 때문이었을 것이다.

애인이 큰소리치지 않고 속삭여도 잘 듣고 알아차리는 이유는 뭘까. 사랑이란 묘약이 두 사람의 가슴을 하나로 만들었기 때문일 것이다. 모두가 하나라고 생각하면 말하지 않아도 알아듣고 등을 돌리고 자도 뒷모습이 아름다워 만족한다.

많은 시간이 흐르면 다툼이 잦고 목소리는 커진다. 그것은 하나였던 둘이 다시 둘로 나뉘는 과정이고 하나의 가슴이 다시 둘로 쪼개지는 과정이다. 심리학에서 갈등이 10%는 의견차이고 90%는 어투에서 온다고 주장한다. "목소리의 크기는 가슴의 거리와 비례한다."라는 주장에 100% 동의한다.

소리를 지른다는 것은 내가 필요로 하다는 역설이기도 하다. 목소리가 크다는 것은 선천적일 수 있고 환경적일 수 있다. 자신이 바라는 바가 채워지지 않거나 도움이 필요한데도 외면하고 있으면 목소리가 커질 수밖에 없다. 또한 집안에 귀가 잘 안 들리는 사람이 있었다든지 전혀 나의 말에 관심을 두지 않기 때문일 수도 있다. 아무래도 환경적인 요인이 크지만 가장 나쁜 결과를 초래하는 것은 습관적이라 생각한다.

즉 말투 문제이다. 말투에 따라서 오해도 생기고 기분도 상한다. 부부가 함께 살아가면서 목소리가 커지는 이유는 단순히 '화가 나서'라기보다는, 심리적, 관계적 요인이 복합적으로 작용하기 때문이다. 부부 사이에는 '심리적 안전지대'가 형성되어 있다. 즉, 상대가 나를 떠나지 않을 것이라는 믿음 때문에, 감정을 더 자유롭게 드러내고, 통제하지 않게 되는 경향이 있다. 심리적 안정감의 또 다른 역설이기도 하다.

가까운 사이일수록 서로에게 기대하는 바가 크다. 기대가 충족되지 않을 때 실망감이 분노로 전환되고, 목소리를 높이는 방식으로 표현되는 경우가 많다. 그래서 가까운 사람일수록 더 조심하고 거리를 유지할 수 있어야 한다. 서로에 대한 기대와 실망이 동시에 밀치고 나오기 때문에 부부는 함부로덤부로 할 사이가 아니다.

또한 부부간에 대화가 아니라 '설득' 또는 '지적'이 목적이 될 때 목소리는 키지고 가슴은 차가워진다. 설득이 고문이 되는 경우다.

부부는 서로의 작은 습관, 말투, 생활 방식에 대해 오랜 시간 동안 다양한 감정을 누적시키면서 살아간다. 그것이 참는 방식이 되어서는 안 된다. 끝까지 참을 수 없을 것 같으면 평상시 참는 습관을 들일 필요 없다. 그런 경우가 잦으면 남편과 아내는 표현 방식이나 갈등 해결 방식이 다른 방향에서 서로 간 어떤 힌트도 잡을 수 없다. 그래서 상대의 의도를 오해하거나, 말이 통하지 않는다고 느끼면 자신의 주장을 더 강하게 전달하려는 본능이 생기는데 그것이 큰소리가 되는 것이다.

하지만, 목소리가 커질수록 진짜 대화는 멀어지게 되기에 갈등을 줄이기 위해서는 말보다 마음의 높낮이를 맞추는 연습이 필요한 것인데, 그렇게 목소리가 커져 큰 다툼으로 번지면 반사적으로 반응하지 않겠다는 생각이 들고 침묵을 불러온다. 부부가 침묵이 시작되면 민감하게 반응하지만, 사실 침묵 또한 구조 신호일 수 있다. 침묵도 대화라는 성찰은 부부 관계를 더 성숙하게 할 수 있다.

그래서 침묵이 곧 대화의 부재는 아니다. 때로는 어떤 말보다 더 많은 것을 말해주는, 비언어의 언어이기도 하다.

두 사람이 마주 앉아 말이 없을 때, 그 침묵이 따뜻하게 느껴질 수도, 싸늘하게 느껴질 수도 있다. 무엇이 그 차이를 만드는 걸까.

말이 넘칠 때, 우리는 자주 서로를 오해한다. 의도를 짐작하고, 감정을 확대하고, 결국 듣는 것보다 말하는 데 급급하다. 그럴 바에는 차라리 아무 말도 하지 않는 게 더 낫다는 생각이 들 때도 있다. 그러나 의도적인 침묵은 말보다 더 날카로울 수 있다.

진짜 대화로서의 침묵은, '함께' 잠잠히 머무는 데서 시작된다. 상대의 마음이 다치지 않도록 말 대신 기다리고, 내 생각이 정리되길 바라는 마음으로 말 대신 머무는 것이 침묵이다. 그 침묵은 배려이고, 애정이며, 신뢰다.

우리는 말로만 관계를 이어가지 않는다. 때로는 조용히 옆에 있어 주는 것, 말을 꺼내지 않는 대신 존재로서 곁을 지키는 것, 그런 침묵은 가장 깊은 대화가 될 수 있다.

말이 없어도 서로를 이해할 수 있을 때, 침묵은 더 이상 거리감이 아니다. 그건 말보다 더 큰 말, 서로의 마음이 같은 높이에 있다는 증거가 된다.

익숙함을 견디는 연습, 사람은 새로움을 원하면서도, 결국은 익숙함 속에서 살아간다. 그런데 아이러니하게도 가장 견디기 어려운 것이 바로 익숙함이다.

연애는 설렘으로 시작된다. 하루에도 몇 번씩 마음이 뛰고, 상대의 말 한마디, 손끝 온도에 마음이 달아오른다. 그러나 결혼은 다르다. 설렘은 일상이 되고, 감탄은 습관이 되며, 서로의 존재는 당연함이 된다.

당연해질수록 고마움은 줄어들고, 기대는 커지며, 불만은 사소한 일에 얼굴을 드러낸다.

그러나 생각해 보면, 익숙함은 잘 견디는 사람에게만 주어지는 선물이다. 바뀌지 않는 일상에서, 같은 얼굴, 같은 대화, 같은 습관을 반복하면서도 그 안에 숨어 있는 따뜻함을 알아보는 사람만이 관계를 오래 이어갈 수 있다.

익숙함은 무뎌지는 것이 아니라, 그 안에서 새로움을 다시 발견하는 노력의 다른 이름이다. 눈에 띄지 않는 작은 배려, 익숙한 말투 속에 담긴 애정, 매일 같은 길을 함께 걷는 그 평범함에서 우리는 '함께'라는 가치를 다시 배워야 한다. 지루함을 견디는 것이 아니라, 사람을 견디는 것, 그것이 사랑의 가장 단단한 형태다.

목소리를 높이는 것과 침묵으로 일관하는 사이에서 부부는 리듬에 맞춰 그네를 타야 한다. 목소리 커지는 것에 대한 적응 즉, 익숙함과 침묵의 항용恒用적 숙고는 어떤 달콤한 말보다 귀하다. 따라서 부부는 처음과 같은 사랑을 위해 큰소리와 침묵을 정확히 해석할 수 있도록 노력해야 한다. 침묵은 작은 목소리인 것을 깨닫고 귀 기울여 섬세하게 듣고 반응하는 것, 그래서 더 큰 의미를 깨달을 수 있기에 작은 목소리는 따뜻한 가슴에서 울리는 바이올린 연주처럼 도저히 둘로 나눌 수 없는 유연함과 쪼개짐을 말끔히 하나로 만드는 접착제가 되는 것이다. ■

옹이

옹이의 사전적 의미는 "나무의 몸에 박힌 가지의 밑부분 또는 '굳은 살', 가슴에 맺힌 감정 따위를 비유적으로 이르는 말"이다.

인간이 살면서 처음으로 맞는 고통은 세상에 태어날 때일 것이다. 태어나면서 터트리는 그 울음의 원인은 처음 맞는 격리이기 때문이다. 엄마와의 끈인 탯줄이 잘리면서 홀로 숨을 쉬어야 하고 부모의 보살핌은 있으나 엄밀히 말하면 홀로 서야 하기 때문이다. 거기부터 인생의 옹이가 생기는 것이지만 그 옹이는 공평하게도 모두에게 공통이다.

옹이는 본디 나무줄기나 가지에 생긴 단단한 혹 같은 부분이다. 가지가 자라던 자리에 줄기가 계속 자라면서 생기는 것이다. 시간이 지나면서 가지는 죽거나 잘려 나가고, 그 자리에 조직을 채워 넣으며 생긴 것이 옹이이다. 때로는 상처나 외부 충격으로 생긴 부위가 아물면서 생기기도 하다. 그러니까 나무의 옹이는 상처의 흔적이고, 회복의 결과인 셈이다.

옹이는 세상살이와도 비교된다. 인생의 옹이는 인간에게 어떤 역할을 하고 어떤 도움을 주게 될까. 인생에서도 나무처럼 크고 작은 옹이를 만들어 나간다. 즉 중대한 상실이나 실수를 겪고 나서, 삶의 한 부분이 꺾이거나 방향을 바꾸게 되는 경우, 사람과의 관계가 끊어진 후 다시 혼자서 마음을 다잡고 일어설 때, 예상치 못한 시련이나 고난을 겪고 나서 그것을 딛고 회복해 나가는 과정에서, 과거의 경험이 현재의 내가 되는 데 결정적인 영향을 미친 순간들이 흉터처럼 느껴질 수 있다. 그 자리에 우리의 인격과 내공이 단단하게 채워지면서 인생의 옹이가 생기는 것이다.

옹이는 보기엔 매끄럽지 않고 때론 흠처럼 보일 수도 있지만, 나무 중에서도 가장 단단한 부분이다. 톱으로 자르기도 어렵고 끌로 깎기도 힘들다. 인생의 옹이 또한, 인간의 가장 단단해진 흔적이라 할 수 있다.

옹이는 나뭇결 속에서 독특한 무늬를 만들어 낸다고 한다. 마찬가지로, 인생의 옹이는 우리를 고유하고 특별하게 만드는 요소라고 보면 되겠다. 또한 옹이는 나무가 상처를 극복한 흔적인 것처럼 인생의 옹이도 마찬가지로 우리가 시련을 딛고 성장했다는 살아 있는 증거인 것이다.

옹이를 가진 사람은 다른 이의 상처를 더 잘 이해하고 공감할 수 있다는 사실을 깨닫는다. 그래서 옹이는 인간관계를 깊게 해 주는 다리 역할을 하는 없어서는 안 될 상처로 인해 생긴 흔적이다.

나의 교직 생활 중 옹이는 어떤 이유에서 생겼을까. 대학원 때문에 학교를 두 번이나 옮겨야 했고 휴직도 해야만 했다. 대학 교수의 꿈도 좌절됐고, 모교 교장 공모에서도 어리석게도 들러리를 서면서 탈락했다. 그렇게 정해 놓고 공모한다는 것은 상상도 하지 못했다. 순진함의 대가였다. 대부분 모교 출신으로 공모했지만, 나는 왜 예외였을까. 물론 경쟁자와의 검증에서 부족하다고 여겼을 것이다. 그랬다면 참된 공모 의미가 살았다는 생각이다. 그러나 출신 동문 교직자들이 나를 적임자로 지목하여 임했는데 정말 염치가 없었다. 어떤 분은 교육감께 사전에 말씀드렸었냐고 물었다. 난 대답했다. "당당히 경쟁으로 선발되면 되는 것이지 교육감께 말씀드렸어야 했냐."고 반문했다. 그 말을 들더니 철없다는 표정이 역력했다. 이런 아픔들은 나의 부족만이 아니었기에 견디기 힘들었다.

　파란만장했기에 나의 옹이 빛깔은 찬연할 거라고 자부하고 자랑스러운 흔적이라 여겼다. 그런데 그 옹이의 빛깔이 검정으로 변해버렸기에 하늘은 나에게 없었다. 무너져 버린 하늘은 어디에서도 찾을 수 없었다. 가장 안타까운 것은 인정할 수 없는 징계로 인해 옹이의 빛깔이 사라져 버렸다는 사실이다.

　옹이 없는 나무가 없듯이 옹이 없는 인간 역시 없을 것이다. 누가 흠 없다고 말할 수 있겠는가. 옹이가 흠으로 인해 생긴 결과라면 그건 어불성설이다. 옹이가 없다고, 흠이 없다고 말하는 사람의 삶은 사상누각과도 같은 것이다.

　살면서 생긴 옹이들은 상처의 흔적이지만, 동시에 더 강하고 따뜻하게 만들어 준 각인의 무늬이다. 지는 것이 싫은 사람에게 양보를 깨닫게 하고 강퍅한 인간에게 배려와 유연함을 실천할 수 있게 하는 트레이너가 옹이라는 생각을 한다. 우리는 그 옹이들이 자신을 특별한 인간으로 빚어주었다는 사실과, 다른 빛깔을 풍기는 사람으로 만들어 줬다는 데에 감사하여야 한다. ■

나라는 사람은…

　개인을 들여다보면 몇백 개의 자신을 볼 수 있다고 한다. 그래서 그 중 어느 하나가 자신이라고 말하기 어려운 것이다. 어떤 것이 나라고 할 수 있을까. 결국 여러 유형의 자신을 다 합쳐야 비로소 나의 모습이라 할 수 있을 것이리라. 인간이 완벽하지 못함은 많은 유형의 자신을 완전하게 묶을 수 없기 때문인지도 모르겠다. 신이 아니고는 불가능한 일이다.

　그런데 어느 하나를 선택하여 '이것이 나야.'라고 보여 주고 주장하는 것은 무리고 억지다. 그렇지만 열길 속 물속은 알 수 있어도 한 길 속 사람 속은 모르기에 속고 속이고 사는 것이다. 나 역시 예외가 아니다.

　그렇기에 '딱 이것이 나'라고 말하는 사람이 위선으로 보이는 것이 잘못된 판단은 아닌 것 같다. 어느 하나를 나로 규정하는 것은 모험이다. 차라리 그런 나의 모습이 운명이라고 낙인을 강요하면서 스스로가 낙인을 찍는 것이 편할 것 같다. 자신이 만든 올무에 스스로 걸리는 모습이다. 뭔가가 상황이 바뀌면 그 낙인을 부정하려 하는데 그 발버둥이 위선자가 되는 것이고 가짜임이 노출되는 것이다. 그럴 수 있음은 얼굴이 두껍고 양심이 새카말 때 가능하다.

　나의 좌우명이 「진실은 언젠가는 평가받는다.」이기에 나는 언젠가를 기다리면서 살았다. 그 기다림 속에 수많은 나의 모습이 있었다. 그 기다림을 애써 아름답게 포장하면서 살아야만 했다. 그래서 그 미화가 나를 특정 짓는 올무가 된 것이다. 결과는 아름다우리라 생각했다. 그 아름다움이란 '좋은 평가'였다. 기다림 속에 진실이 묻혀 있다고 생각했다. 틀림없이 조개 속에 진주가 생겼을 것이라 믿었다. 힘들더라도 그 진주는 커가리라 확신했다. 세상에서 가장 큰 진주가 될 것이라 믿었다.

언제부터 그 기다림이 날 협박하고 있었다. 안타깝게도 그 협박은 현실이었다. 극한 슬픔이 대담하게 만들 때가 있는 것처럼 기다림에 환호하고 진실을 기다리다 시난고난 포기하였다. 그 대담함도 사실은 포기였다. 그러다 보니 대담하게도 일상이 무관심으로 다가왔다. 또 포기는 타의가 아님에도, 그렇다고 강요도 아님에도 무기력에 빠졌다. 그 무기력은 망설임이고 무관심으로 변했다. 사실은 누구의 협박도 아니었다. 그것들이 나의 일부였다. 나의 일부라고 알았더라면 조금 더 빠르고 쉽고 수치심 없이 포기했을 것이다.

그런데 참으로 안타깝다. 그렇게 포기하고 나면 자유로워질 줄 알았는데 나의 마음은 더 외롭고 가난해졌다. 그렇게 마음을 까발려 털어버리면 내가 더 진실해질 수 있고 타자와도 더 가까워질 것이라 믿었는데 그것은 망상에 불과했다. 여러 나의 마음이 자꾸 방해했다.

주위에서 나는 위로가 필요 없는 사람일 것이라고 말한다. 그렇게 많은 자아와 싸우면서 외양을 위장하고 싶었던 나는 사람들의 눈에 그렇게 비쳤던 모양이다. 위장에 익숙하여 행복하고 부족함이 없는 사람으로 보였던 모양이다.

그랬다. 나는 그렇게 위장하고 살았다. 어쩌면 소설 속의 '니나 부슈만'을 생각하면서 살았다. 나에게 '왜 사느냐.'라고 고통스럽게 물으면서도 매양 웃고 있었다. 그렇게 살지 말자고 소리치면서도 그렇게 살아야 한다고 강요하는 다른 나의 자아는 나에 대한 폭력이었다. 그런 폭력에 시달리다 보면 방약무인해지고자 하는 어리석음이 급습한다. 이때를 이겨내지 못하면 세상 뻔뻔한 사람이 되는 것이다.

또 어떤 사람은 나를 파토스(격정Pathos)를 연상시킨다고 말한다. 그것은 진정한 내가 아니다. 나의 일부일 뿐이다. 어떤 사람은 약해지는 '인간다움'으로 나를 좋아했으나 결과는 가끔 힘들게 만들었다. 그렇게 실망한 그런 사람은 무관심을 통해서 안부를 물었다. 보고는 싶지만 만나지는 않겠다는 전갈인 셈이다.

"양면적인 타협처럼 구제하기 어려운 결함은 없다."라는 말에 나를 깊이 생각하게 되었다. 나의 비겁함과 우유부단함의 성격이 물씬 풍겼기 때문이다. 힘없는 사람이어서 갑질은 아니었다. 세상살이가 너무 신산辛酸함에 대한 나의 변명이다.

나는 마음이 참 가난한 사람이다. 마음이 가난하다 보니 뭔가를 훔치고 싶어진다. 범죄자 80%가 가난한 사람이라는 통계를 그냥 보고 넘길 일이 아니다. 마음이 가난한 자는 더 심각하다. "악은 작게는 나의 마음속에서부터 크게는 어디에서나 존재한다"라고 한다. 선생도 사람이기에 선처를 구하는 심정이고, 소나기를 피할 장소처럼 생각되는 말이다.

나의 선생살이는 그럭저럭 준비 없이 지났다. 닥치면 해결하면서 살았다. 파도는 파도가 재우고 산불은 맞불이 잡는 것처럼 그렇게 살았다. 또 다른 파도와 맞불이 없었다면 아무것도 해결할 수 없는 그런 선생이었다. ■

이 가을이 서글퍼지는 까닭

바람이 불고 비가 오려 하는 가을날이면 항상 찾아오는 어릴 적 기억이 있다. 양파 모종을 심던 누나가 속절없이 흘리던 눈물을 양지바른 담벼락 아래 앉아서 보았다. 보물단지처럼 안고 다니던 라디오에서 배호가 죽었다는 뉴스와 함께 흘러나오는 '돌아가는 삼각지' 노래를 들으면서다. 그 모습에서 가을날의 허무함과 죽음에 대한 아픔을 배웠었다.

오늘은 아침 4시에 집을 나섰더니 몸은 한없이 무겁기만 하다. 언제쯤 이런 입시지옥에서 벗어날 수 있을까? 입시 위주의 교육이 사라지면 교육계는 옛날 우리처럼 선생님이 존경스럽고 의지하고 싶은 존재가 될 수 있을까? 아니 그것은 아닐 것 같다. 요즘 학생들 너무 많은 정보에 함몰되어 그런 인성을 회복하기란 쉽지 않을 것이다. 수능 파견관으로 앉아 있노라니 별일이 다 보인다. 원칙을 깨뜨려 주지 않는다고 2교시부터 수능을 포기하고 돌아가 버리는 학생을 보면서 쉽게 포기해 버리는 요즘 청소년들의 심리상태를 읽어야만 했다. 아무것도 모르고 기도하고 있을 부모님을 생각하니 가슴이 저민다. 이런저런 생각에 머릿속이 어수선하다.

며칠 전 고등학교 동창생의 전화를 받고 그와 술자리를 같이할 기회가 있었다. 참으로 잘 나가던 친구였는데 그렇게 힘없이 보일 수가 없었다. 그는 애써 그런 표정을 감추려 했으나 나의 눈에 오히려 더 강하게 비치고 있었다. 지난 세월에서 누렸던 그런 영광 따윈 어디에서도 찾을 수 없었다.

벌써 우리 나이가 50이 넘었다. 6·25의 상흔이 채 가시기 전에 태어난 우리들은 참 어렵게도 어린 시절을 보냈던 것 같다. 이렇게 가을이 되면 고구마밭에서 한 뿌리라도 더 찾기 위해 혈안이 됐었다. 그것이 겨우내 지낼 양식이었으니 그럴 만도 했다. 큰 방 윗목에 두대통(뒤주)을 만들어 고구마를 가득 채워놓고 흐뭇해하시던 우리들의 부모님이 새삼 그립다. 그런데 우리들은 대부분 그런 부모님을 모시고 살지 못하고 있다. 아무리 그리워해도 볼 수 없는 그런 나이가 되었다. 이 세상을 다시 태어나도 지금 부모님의 자식으로 태어나고 싶다. 보내주신 학자금으로 여자친구와 영화를 보고 있을 시간에도 그 돈을 벌기 위해서 땅을 파야 했던 그 부모님의 자식으로 태어나고 싶다. 또 모내기를 위해 논에 물을 대고 쟁기로 논갈이할 때 떼를 지어 뒤쫓으며 가끔 튀어나오는 하지감자를 건지던 우리들의 모습이 생각났다.

자식들은 이제 대학에 다니거나 졸업하고 결혼을 시킬 나이가 되었다. 그들의 취직이나 결혼이 어깨를 사정없이 짓누르는 나이다. 한참 목돈이 들어갈 무렵에 집에서 '삼식이(직장을 그만두고 집에서 세 끼 식사하는 사람) 노릇을 하자니 마누라 눈치가 보이고 자식들을 쳐다보기가 민망하다고 한다. 정말로 정신없이 살아왔던 것 같은데, 가정과 자신의 출세를 위해서 온 몸을 던지면서 살아왔던 것 같은데, 그런 수고는 정녕 누구를 위해 했는지 헷갈릴 정도로 자신이 초라해 보이니 이를 어쩌면 좋겠냐는 하소연이 맥주병만 비우게 했다. 어느 신문에 나온 내용이 모두 자기라는 것이다.

그래도 살 집 정도는 마련했고, 늙어 마누라와 지낼 정도의 노후 대책은 있다고 한다. 그런데, 우리들은 셋방부터 시작했으며 그것마저 우리들이 벌어 마련했는데 요즘 자식들은 결혼하면서 집을 사내라고 성화를 부린단다. 그래 그 집값이 1, 2억이든가. 노후 대책으로 마련해 둔 자금으로는 자식 전셋집도 얻어줄 수가 없다고 장탄식한다. 그들이 스스로 살도록 그냥 두라고 소리 질러도 차라리 못 들은 체한다. 그럴 수 없다는 표정이었다. 집을 사내지 않으면 효도도, 모시지도 못하겠다는 그 자식들로부터 도대체 우리는 뭘 기대해야 한단 말인가.

또 15년 전 직장을 서울로 옮긴 대학 동창생을 장례식장에서 만났다. 그는 서울로 옮긴 것에 대해서 너무도 깊게 후회하고 있었다. 이제까지 자식 가르치고 생활하다 보니 교사 봉급으로 전세 살아가기도 빠듯했었는데 이제 도저히 집을 마련할 길이 없다고 하였다. 요즘 서울의 집값을 보면 어디 별천지의 하늘 아래서 일어나고 있는 가상 소설 같은 느낌이 있다. 어느 네티즌이 우리나라 어느 지역 아파트 한 채 팔면 유럽에서 고성古城을 살 수 있다고 그의 블로그에 올려놓은 것을 읽었다. 참으로 대단한 나라의 사람들이다. 그런 내용을 접하면서 서울의 그 동창이 참 안타까웠다. 그것이 어찌 서울만의 추세라 하겠는가.

지금 우리 사회에서 중추적인 위치를 차지하고 있는 나이가 우리들의 나이가 아닌가. 그런데 우린 왜 이렇게도 가슴이 허전하고 소외된 기분이 드는 것일까. 왜 바람이 차갑고 생명을 거두는 가을이 되면 이렇게도 이가 빠진 잇몸처럼 감추고만 싶은 것일까.

자식들을 모아놓고 우리 세대의 특징을 설명하고 과거의 IMF를 설명하면 우리들을 이해해 줄까. 아버지가 처한 역사적 현실을 그들은 인정할까. 하루 밥 세 끼를 챙겨주는 부인은 그동안 남편의 노고에 감사하는 맘으로 상을 차릴까. 직장에 있을 때 자식 결혼시키지 못한 남편의 마음에 쉽게 위로의 포옹을 해 줄 수 있을까. 모두가 다 나의 무능이라고 스스로 치부해 버리는 이 나이의 우리들은 앞으로 어찌해야 하는 것일까. 그의 하소연이 하루 내내 귀에 맴돈다.

  가을이 간다. 이 가을이 기어이 간다. 그 의미를 새기기도 전에 가을은 간다. 이제 세찬 겨울바람에 노출될 우리 오십 대의 모습을 생각하니 또 가슴이 저민다. 어느새 밖은 어둠으로 꽉 찼고 가볍게 흩뿌리는 불빛 밑으로 고개 숙인 수험생들이 꾸역꾸역 밀려 나가서 사악한 세상으로 사라지고 있다. ■

감춰진 얼굴

1

어느 날 꿈을 꾸었다. 만나지 못하고 살아가고 있는 친구가 나타났다. 그의 집에서 그의 어머니와 여동생이 함께 살고 있었다. 텃밭 감나무도 그대로이고, 엄청 높은 지스락도 마찬가지다. 마당에서 몇 개의 돌계단을 오르고 마루로 이어지는 집은 왠지 낡아 보였지만 옛날 그 집은 틀림없었다. 친구와 자주 머물던 행랑채도 보였다.

나보다 나이가 몇 살이 더 위지만 우리는 친구로 지냈다. 아침에 학교에 갈 때면 다른 친구에게 가방을 맡기고 그는 밭둑 아래서 용변을 본다고 했다. 그것이 사실인지는 몰랐다. 그것이 매일 반복됐고 그의 무거운 가방은 학교에 다 다다를 때까지 우리 몫이었다. 그는 그때야 헐레벌떡 나타나 가방을 받아 갔다. 친구들은 그의 뒷모습을 보면서 투덜대곤 했지만 그건 그의 등 뒤에 던지는 시늉이었다. 처음엔 책보가 아닌 가방이 신기하여 서로 들겠다고 했었다.

얼마 후 그의 집은 장터로 이사 갔다. 너무 허전했다. 그는 가끔 동네에 나타나서 소일하곤 했다. 중학교에 다녀야 했는데 자주 왔다. 자기 집은 장터 귀퉁이에서 점방을 한다고 했다. 어느 날 그는 한 번도 보지 못한 라면을 가져왔다. 점방에서 엄마 몰래 훔쳤다는 것이다. 우리는 그를 따라 늘 갔던 동네 뒷산으로 갔다. 용둠벙 아래 냇가는 커다란 바위들로 가득 찼고 늘 말랐지만, 비가 오면 커다란 물줄기가 하얗게 부서지며 곤두박질쳤다. 그날도 냇가는 말랐고 독기 품은 뙤약볕은 바위 위를 겅중겅중 뛰어다녔다.

작은 냄비를 돌로 만든 아궁이에 올리고 끓였다. 이 세상에서 가장 맛있는 음식이었다. 그러나 우리는 대여섯 명이어서 턱없이 부족했다. 국물을 나눠 마시면서 먼저 마시고도 혹시 나의 차지가 있을까 눈을 떼지 못했다. 생전 처음 맛본 라면이란 음식 맛을 영원히 잊지 못하고 있다.

그는 중학교 입학금을 마련하지 못해 포기했다고 했다. 믿을 수가 없었다. 우리 동네에 살 때는 제일 큰 집이었고 대문간도 다른 친구 집보다 더 컸으니 늘 넉넉하게 보였다. 그의 여동생은 또래 어느 여학생도 입지 못한 곱고 예쁜 원피스를 입고 다녔기에 더 그랬다. 또래의 여자아이들은 서로 쑥덕댔다.

"저 '간따구'는 얼마나 비쌀까? 부모 잘 만나서 좋겠다."

그의 아버지는 평생 앓았고 장터로 이사 가고 얼마 후 돌아가셨다. 장사葬事를 우리 동네 사람들이 치렀다. 그분은 인품이 대단한 분이셨다. 일제강점기에 대학도 나왔다고 들었으나 지병으로 가세마저 기울게 했다.

명성에 걸맞지 않게 상여는 소박했으나 만장은 수십 장이었다. 나도 만장 하나를 들고 맨 앞에서 걸었다. 상여 뒤에서 친구와 그의 여동생은 고개 숙이고 따랐다. 동네에 도착해 노제를 지내는데 그녀는 흰 족두리를 쓰고 멍하니 하늘을 쳐다보고 앉아 있었다. 그 모습이 너무나 아파 보였다. 대신할 수 없을까 생각했다. 내가 커서 그녀를 보살펴 주겠다고 만장 대나무에 얼굴을 비비면서 다짐했다.

장사 지내고 한 달 정도 지났을 때 친구가 동네에 나타났다. 그의 손은 하얀 천으로 둘둘 말려 있었다. 학교 뒤 하천 정비 사업장에서 일을 하다가 큰 돌에 찍혀서 일을 할 수 없어 왔다는 것이다. 거기서 일한 임금으로 밀가루를 받는다고 했다. 점방을 하는데 왜 거기서 일하는지 이해가 되지 않았다. 나중에 들으니 그 점방은 너무 외진 곳에 있어서 장사가 되지 않았다고 했다. 남편이 떠난 뒤 곱기로 소문난 어머니가 막걸리를 팔았고 우리 동네 남정네들이 자주 간다고 하였다.

2

어느 날 집으로 한 통의 편지가 왔다. 뜻밖에 주소가 광주였다. 친구에게서 왔다.

"종민아, 우리 집은 모두 광주로 이사했어. 나는 수피아여중 서무실에서 줄판을 긁고 등사하고 있어. 시험 문제 등사할 때 내가 알 수 있는 문제가 있는지 살피곤 해. 학교 뒤 울창한 숲에서는 우리 동네에서 들던 새들이 울고 있어. 이 학교 뒤에는 여러 종류의 새들이 살고 있어. 고향 같은 착각이 일어. 너무 가고 싶다."

그 친구는 편지를 자주 했다. 한 번도 가보지 못한 광주의 모습을 그려주었다. 가끔 중학교에 다니지 못하는 것이 몹시 아쉽다는 내용도 있었다.

"음악 시간인가 봐. '메기의 추억'을 부르고 있어. 나도 몇 번이고 따라서 하다 보니 배울 수 있었어. 서무과장이 제목도 가르쳐줬어. 다행히 음악실이 가까이 있어 많은 노래를 배울 수 있어 좋아. 그런데 가사가 내 고향을 설명하는 것 같아. 너랑 뛰놀던 '동백나무 깨' 벌안이 그립다."

어느 여름날 그 친구가 동네에 나타났다. 얼마나 반가웠던지 사장나무 아래서 얼싸안고 빙글빙글 돌았다. 느티나무 그늘에 앉아 '메기의 추억'을 가르쳐줬다.

"종민아, 네가 부럽다. 중학교에 다니고 있는 네 모습이… 광주에서 야간 고등학교에 가려고 하니 중학교 졸업장이 없어서 갈 수가 없었어. 그래서 대덕중학교에 들러서 졸업장을 하나 만들어 달라고 사정 얘기를 했는데 안 된다고 하더라. 난 아버지가 중학교 설립 유공자여서 될 줄 알았는데 교장 선생님은 아버지 얘기도 들으려 하지 않았어."

영문도 모른 동네 사람들과 친구들은 중학교 설립할 때 많은 기부금을 냈는데 중학교 교장이 야박하다고 흉을 봤다. 그냥 만들어 줘도 되는 줄 알았다.

힘없이 돌아가는 그의 뒷모습에 대고 입모습만으로 여동생의 안부를 물었다. 혀가 굳어서 소리를 낼 수가 없었다. 어떻게 사는지 너무 궁금했다. 곱게 땋아 내린 긴 머리가 눈에 선했다. 그 애는 우리 동네에 살 때도 친구들과 어울리는 법이 없었다. 그의 엄마가 대문밖에 나가지 못하게 한다는 소문이 있었다. 마당이 넓어 그 집에서 자주 놀아도 그 애는 나오지 않았다.

둥근달이 중천에 떴을 때 대문 틈새로 집안을 들여다봤다. 그 애가 나와 마루에 있는 주전자에 입을 대고 물 마시는 모습을 봤다. 그 애는 잠옷을 입고 있었다. 잠옷이 무엇인지 몰랐으나 세월이 지나니 그것이 잠옷이었다. 난 한동안 그 모습을 잊지 못하고 이사를 간 뒤에도 가끔 달이 뜨면 그 집 대문 틈새로 안을 살피곤 했다. 섬에서 이사 온 그 집도 딸이 있었고 물을 마시는 모습을 보긴 했으나 잠옷은 입지 않았다.

3

친구를 잊고 살았다. 대학 1학년 때 대학 운동장으로 찾아왔다. 군대 제대하고 나를 가장 먼저 만나고 싶었단다. 그는 말했다.
"이번 주 토요일에 수피아여중 앞에서 만날 수 있니?"
기다려졌다. 어디서 사는지, 동생이랑 같이 사는지 궁금한 것이 많았다. 약속 시간에 반갑게 만났다. 그는 나에게 같이 갈 곳이 있다고 말했다. 그의 집이러니 했다. 집안으로 들어서서 2층으로 올라갔다. 그리고 작은 다락방으로 들어갔다. 거기에는 우리 또래의 청년들이 많았다. 성경 공부를 열심히 하고 있었다. 그러나 분위기 썩 맘에 들지 않았다. 그 길로 돌아섰다. 후에 안 일이지만 그가 다닌 교회는 유명한 사이비 종교란 소문이 났고 사회적으로 큰 논란을 일으켰다.
3년이 지났다. 그가 학교에 다시 찾아왔다.
"종민아, 나 드디어 고등학교를 졸업하게 됐다. 야간 실업계 고등학교야. 졸업식에 꼭 와 주라."
졸업식에 갔다. 그의 표정은 천하를 얻는 것 같았다. 그의 곁에는 키가 훤칠하고 긴 머리에 작은 얼굴의 여자가 서 있었다. 긴 코트에 세련된 회색 둥근 모자를 살짝 빗겨 쓰고 있었다. 누굴까 했다.
"야, 내 동생이야. ○○이…"
그녀는 잇몸이 보일 듯 말 듯 환하게 웃으면서 내 얼굴에 그녀의 볼이 닿을 정도로 가까이하고 말했다.
"와~ 네가 종민이냐? 여전히 미남이구나."
약간 굵은 톤의 목소리였다. 처음으로 듣는 목소리였다. 얼굴이 화끈거렸다.
초등학교 때도 만난 적이 별로 없었는데 그녀의 말은 의외였다. 한 번도 가까이서 말하지도 않았었다. 그녀는 늘 멀리 있었고 누구하고도 말을 붙이지 않았다.
 자장면을 먹고 함께 그의 집으로 갔다. 작은 상하 방에 세 들어 살고 있었고 벽에는 그림 몇 점이 걸려 있었다. 그의 어머니는 여전히 귀부인 모습이었다. 나의 손을 덥석 잡으시면서 말씀하셨다.
 "어야~ 자네가 종민인가? 어머니 아버지는 잘 계시는가? 참 선량한 분들이었는데…"
 "네 잘 계시지요. 어렸을 때 보리쌀 꾸러 갔을 때가 생각납니다. 자주 꾸러 갔었지요."
 "그랬지. 자주 놀러 오느라. 자네가 대학생이 될 줄 몰랐네. 그 가난한 집에서 대견하다. 하긴 자네 같은 사람이 배우지 않으면 안 되지."
 가끔 그 애 집에 갔다. 그녀는 그림을 잘 그리는 화가처럼 보였다. 초등학교 때 그림을 잘 그렸던 것으로 기억한다. 가끔 사생대회에서 상을 받는 것을 보았기 때문이다. 같이 나가려고 하면 그 애 어머니는 주인집 꼬마를 데리고 같이 나가라고 했다. 자주 갔지만 갈 때마다 주인집 딸은 우리를 따라붙었다. 그녀는 검정고시 학원에 다니는 것 같았다.

4

 대학을 졸업하자마자 군대에 가게 됐다. 그리고 우리는 또 긴 이별을 해야 했다. 제대하자마자 발령을 받았고 학생들과 허둥지둥 생활하다 보니 세월은 뒤도 돌아볼 기회를 주지 않았다. 가끔은 그녀의 오빠와 함께 생각은 했다.
 어느 날 처제가 어느 사모님이란 사람 얘기를 했다. "우리 부동산 단골인데 나에게 많은 도움을 주는 사모님이에요. 건물도 우리에게 짓도록 해 줘서 돈을 좀 벌었어요. 그리고 그 건물은 우리가 관리하면서 관리비를 받아요. 한 달에 한 번 정도 같이 식사해요."

그런데 'ㅇㅇ 사모님'이라고 했다. 번뜩 드는 예감이 심상치 않았다. 그녀는 이름이 두 개였다. 집에서 부르는 이름과 명찰의 이름이 달랐다. 그 사람이 뭐 하는 사람이냐고 물었다. "ㅇㅇ 병원 사모님이에요." 설마 했다. 다음날 처제가 전화했다.

"형부, 사모님이 형부랑 초등학교 동창이라네요." 그랬었구나. 지척에서 살고 있었구나. 궁금함인지 회한인지 아쉬움인지 반가움인지 모를 감정으로 마음이 몹시 어수선했다. 처제에게 우리가 자랐던 어린 시절 이야기 해줬다. 그저 바라볼 수만 있었던 어린 시절이었다고, 우리와 다른 모습의 시골 소녀였다고.

그의 오빠에 대한 궁금증이 마음을 조급하게 만들었다. 처제에게 내가 형부라고 말하고 전화번호를 줘도 되냐고 물어보라 했다. '019' 휴대전화 번호를 건네줬다. 조급하던 마음은 어디로 갔는지 전화를 할 수 없었다. 처제는 전화했냐고 물었다. 두 달이 지났는데도 하지 않았다. '웬일이냐?'고 묻는다면 왜 전화했는지 합당한 이유를 말할 수가 없을 것 같았다. 오빠를 묻는다는 것이 왠지 궁색하게 느껴졌다. 망설임은 무한정 시간을 잡아먹는 좀이었다.

좀 먹고 있는 시간은 흘렀고 그 시간은 생각마저 늙어가게 했다. 추석이었다. 장흥 토요시장은 발 디딜 틈도 없이 붐볐다. 처제 식구랑 장인산소 들렀다가 삼합을 먹겠다고 사람 사이를 비집고 들어가서 기다렸다. 처제가 다가와서 나지막이 말했다.

"형부, 사모님이 저기 계셔요." 깜짝 놀라 처제를 따라 그곳으로 갔다. 한쪽 귀퉁이에서 기다리는 사람이 보였다. 서 있는 여자와 앉아서도 지팡이에 의지하고 있는 남자가 보였다. 그녀가 말했다. 아니 웬 할머니가 말했다. "야, 종민아. 넌 얼굴에 옛날 모습이 있구나. 곱게 나이가 들었다야."

그녀의 얼굴을 알아보기 힘들었다. 그 옛날 그 모습은 어디에도 없었다. 불어버린 몸매에 머리는 세었다. 미친! 세월이 이다지 흘렀는데 어떻게 그 세월 속에서 옛날 모습을 찾는단 말인가. 모습이 변한 것은 당연했다.

그녀의 오빠 졸업식에서 같이 찍었던 사진이 있다. 흑백 사진 속의 그녀는 실루엣 뒤에 감춰진 것처럼 보였다. 핀트가 맞지 않아 환하게 웃던 얼굴은 음영 처리된 듯했다. 그러나 훤칠한 키와 킨 코트 그리고 세련된 모자는 선명했다.

그의 얼굴은 본디를 찾을 수 없었다. 어서 그 자리를 떠나고 싶었다. "얼마 만이냐? 언제 이렇게 세월이 흘렀지? 건강해라. 내가 전화할게." 힘없이 쳐다보는 남편의 모습을 흘기면서 숨는 모습 같은 말을 던지고 돌아섰다. 식구들이 식사하는 동안 머릿속은 현재와 과거의 모습에서 구별할 수 없는 흔들림으로 동공은 한동안 안정되지 않았다.

전화를 걸었다. 전화해야 할 명분과 이유가 확실했다. 전화하겠다고 했기 때문이다.

"오빠는 어디에 살고 있니? 소문은 들었어. 목사님이 되었다며?"

그랬다. 소문은 들었다. 그러나 바람에 실려 오는 그 소문은 드센 장마철의 세찬 바람이어서 제대로 알아들을 수가 없었다. 잡음이 센 음파였다.

"응 그래, 봉천동에 있다고 들었어." 남의 말을 하는 것 같았다. "큰오빠는 어디에 살고 있어?" "묻지 마, 나 그 오빠 어디에 살고 있는지 몰라. 단지 올케 전화만 알아." 무슨 사연이 있는 듯했다. "작은오빠 전화번호 좀 알려줄래?" "몰라, 아무것도 몰라. 그냥 목사라고만 알고 있어."

몹시 언짢은 말투였다. 큰오빠한테는 '지긋지긋하다'라는 말을 썼다. "그래 알았다. 나중에 다시 전화할게." 도망치는 듯한 그녀의 목소리가 급했다. "무슨, 무슨 전화를 해. 우리가 이 나이가 되었는데, 이제야 무슨 전화…무슨 소용이 있겠어…"

전화를 끊고 나서 그녀의 마지막 말을 곱씹으며 맥락을 찾아보려 노력했으나 사진 속 그녀의 모습처럼, 식당에서 보았던 그녀의 모습처럼 그 어느 것 하나 선명하지 못했다. 초등학교 졸업 사진 속에 있는 그녀의 모습처럼 모든 모습과 기억은 실루엣으로 흔들릴 뿐이었다. 초등학교 졸업 사진은 단체 사진으로 찍어서 얼굴이 너무 작아 구별할 수가 없었다. 다만 양호실에서 찍은 사진이 있었는데 거기서 어렴풋이 다소곳한 그녀의 모습을 볼 수 있었다. 핸드폰으로 찍어 확대하려 했으나 운명처럼 무수한 파편으로 깨졌다.

처제를 만나면 가끔 그녀 이야기를 했다. 처제를 많이 의지하고 믿는 모양이었다.

"사모님이 건물을 팔고 서울로 이사 가려 하는데 팔리지 않아요."

귓등으로 들으면서도 마음에 새겼다.

"원장님이 거동도 힘들어서 사모님이 엄청나게 고생하시나 봐요. 절대 요양병원에 가지 않는다고 하네요."

귀를 세우면서 눈은 다른 곳을 쳐다보고 있었다.

아끼던 처제가 하늘나라로 갔다. 처가 식구 중에서 유일하게 맘을 쓰는 처제였다. 인정도 많고 겁도 많고 돈도 많고 체면도 아는 처제였다.

사람을 만나는 것은 운명이다. 그 운명이 삶과 생을 쥐락펴락한다. 운명을 바꿔보라고 강력하게 권했건만 운명이라고 포기하면서 깡마른 운명을 잡고, 고통을 부여안고 살다가 한 많게도 짧은 생을 거둬들였다.

장례식장에 그녀는 나타나지 않았다. 오리라 생각했다. 가는 길이 어떤 길이었는지 알릴 수 없는 사정이었기에 몰랐던 모양이다.

아끼는 마음으로 봤던 처제는 가고 흔들리는 실루엣 뒤 숨어 있던 그녀의 모습도 영원히 확인할 수 없을 것 같다. 나이 많은 친구를 만나 '메기의 추억'을 부르면서 용둠벙 가에서 라면을 끓였던 추억도 소환할 수 없게 되었다. 친구가 맹신하는 하느님의 도움으로 그를 만날 수 있다면 형이라고 부를 것이다.

언젠가는 그의 부모님이 잠들어 계신 산소에 한 번쯤 올 것이고 운이 좋다면 그의 동생과 함께 조우할 수도 있을 것이다. 그런 생각 속에 천관산 임도를 걸으면서 지척에 있는 그녀의 부모 산소를 들러보고 싶지만, 망설임으로 그냥 지나가곤 한다. 혹시 이장하고 난 뒤 움푹 파인 못자리만 있으면 어쩌지? 라는 지레짐작은 망설임을 더 응원했다. 걸으면서 내뱉듯이 나에게 중얼댔다.

"나쁜 일인지 알면서도 실행하는 것이 최악이라 하지 않았니? 그보다도 더 나쁜 것은 실행하지 않은 것이고 말이야. 너의 망설임은 늘 기회를 놓치게 했지… 그것이 최악 아니니?" ■

그립다는 것

　불현듯 잊었나 생각했던 사람이 그리울 때가 있다. 만나고 싶을 때 언제든지 만날 수 있다면 아마 보고 싶어 애가 타지는 않을 것이다. 물론 봐도 봐도 금방 그리운 사람이 있다. 예사 사람이 아님이 틀림없다. 젊건 늙건 상관없다. 그립다는 것은 아무렴, 사랑하거나 퍽 존경하는 사람한테 어울리는 표현이다. 그립다는 것은 아무렴 언제, 어떻게 올지 모르는 기약 없는 약속이다.

　사랑과 존경은 그 가운데에 공경이 있지만 경계를 구별하기 어렵다. 사랑함에 존경은 제1의 덕목이고 존경하다 보면 사랑의 잔영인 그리움이 있는 것이다. 존경은 서로에 대한 예의가 항존했기에 얻을 수 있는 귀한 사랑과 공경의 열매다.

　사랑과 존경은 기둥과 서까래의 관계다. 기둥만으로 집이 완성되는 것이 아니다. 마침내 서까래가 얽어지면 집 모양이 완성되는 것이고 그때야 서까래 위에 원하는 모습으로 예쁘게 꾸밀 수 있는 것이다. 사랑함에 존경함이 모자랐다면 헤어지고 나서도 보고 싶을 까닭이 없다. 거기에 공경이란 강력 접착제가 있으면 물 샐 틈이 없어진다. 그래서 사랑과 존경은 서로 떨어져서는 그 가치조차 논할 필요가 없다. 그 관계가 서툴면 그리움의 모습도 달라진다. 서까래를 아무렇게나 얽은 까닭이다.

진정한 사랑의 평가는 그 사랑이 이뤄지지 못했을 때 비로소 가능하다. 헤어지고 나서도 그리운 사랑은 아무래도 고귀한 사랑이었음이 틀림없다. 헤어짐의 원인이 무엇이었든지 분노가 있고 미움이 그 자리를 채우면 잘못된 사랑이었다. 이는 철저한 소유를 고집했거나 일방적으로 소유했던 사랑이었을 것이다. 어느 한쪽이 요구하고 집착하면서 이기적인 행태의 사랑을 했을 것이다.

사랑이 고결했다는 것은 곁에 둘 수 없을 때 느끼는 그리움의 농도로 가늠할 수 있다. 아무리 숭고한 사랑이었다 하더라도 시간이 지나면 잊기 마련이다. 시간이 지났음에도 불구하고 추스를 수 없다면 그건 사랑했던 사람에 대한 배려가 아니다. 진정으로 존경했다면 서로가 원하는 것이 뭔지를 알고 그렇게 해 주는 것이 사랑했던 사람에 대한 예의다. 사랑의 종착점에는 반드시 배려가 있어야 생채기가 남지 않는다. 어떤 선배가 말했다.

"난 그녀를 진정으로 사랑했고 그래서 그녀의 바람에도 불구하고 놓아주고 싶지 않아 계속 집착했더니 '저를 좀 배려해 주세요.'라고 했어. 그 말은 나에게 큰 충격이었고 더 이상 어쩔 수 없었어. 배려해달라는 말에서 그녀의 품격을 느낄 수 있었고 아프지만 헤어질 수밖에 없었어."

그 뒤로 난 그 선배를 더욱 존경하게 되었고 귀한 교훈에 감사했다. 고귀한 사랑으로 인해 자신을 해치는 것, 그건 사랑에 대한 배려가 없는 것이고 자신의 낮은 품격이다. 배려와 존경은 그리움의 뿌리이기 때문이다.

주는 사랑을 했다면 그리움은 마르지 않는다. 그리움은 도둑처럼 몰래 오기 때문에 가장 견디기 힘들다.

막연히 걷다가 문득 그 사람이 태양을 등지고 서 있던 장소가 생각날

때,

 어찌 그 사람의 그림자처럼 긴 그림자가 내 몸을 덮칠 때,

 책을 읽다가 내 생각과 같은 맥락의 글이 있을 때,

 한풍이 돌연히 불어 귓불을 스쳐 지날 때,

 시간 가는 줄 모르게 바쁜 중에 공중에 혼불처럼 창백한 보름달이 멍하니 떠 있는 모습을 볼 때,

 조용한 찻집에서 사랑했던 사람에게 들려줬던 노래가 흐를 때,

 가슴이 벌에 쏘인 듯 따끔하게 아파지는 그것, 잔잔한 파도가 밀려오다 갑자기 큰 파도 한 무리가 바위에 부딪혀 부서질 때

 헉! 하고 숨 막힘이 그리움이다.

 이렇듯 진정한 그리움은 어느 순간 주저앉을 정도로 보고 싶은 마음이다. 돌아가신 어머님 모습이 무정하리만치 드물게 꿈에 보이듯이, 어쩌다 한 번씩 생각나는 그런 사람이 있던가? 그런 사랑을 주었던 사람이 있던가? 그렇게 존경했던 사람이 있던가? 수많은 사람을 만나고 그 중에서 누군가와 사랑을 했던 사람이라면 있을 것이다. 그런 우수가 눈 속에서 꿈틀거리고 가슴에서 일렁이는 사람, 그런 사람은 언제고 만나고 싶은 사람이다.

 이런 그리움의 빈도가 낮아질 때가 온다. 세월이 갈수록 뜸해지고 그렇게 오는 것마저 밀쳐낼 때 그렇다. 어쩌다 오는 그 그리움은 차라리 아프지 않으니 마지막 눈을 감을 때 오는 그 그리움일 것이다.

 사랑과 그리움의 속성은 무얼까를 자주 생각한다. 얼마나 시공의 차이가 있는 것일까. 그렇다. 분명한 차이는 있다. 사랑과 그리움은 모두 밀접하게 연결된 감정이고 마음이 움직이는 느낌이다. 굳이 차이를 추려보자면 그 속성과 작동 방식, 감정선에서 뚜렷한 차이가 있다고 생각된다. 누구나 느끼고 알고 있는 사실이지만 왜, 이들은 어떤 속성이 있

기에 사람을 젖게도 하고 마르게도 하는지 그 모양을 보고 싶다.

사랑의 본질은 어떤 대상에 대한 깊은 애정과 헌신이자 희생이라고 생각된다. 그래서 주는 속성이 있는 것이다. 나로부터 그에게 가는 마음이다. 사랑은 지금이고 앞으로의 문제다. 지금 함께 있고 싶고, 앞으로도 함께하고 싶은 마음이다. 늘 기쁨으로 충만하고 아늑하여 같이 있으면 안도하게 된다. 그래서 상대를 위로하고 지켜주고 싶은 실천적 의지로 희생을 감내한다. 사랑의 본성은 무조건적이지만 어디 그런 사랑만 있던가. 조건적일 수도 있음이 안타까운 일이다.

그럼 그리움의 속성은 뭘까. 고등학교 시절 연애편지를 쓰면서 사랑을 'Love'로 표기했던 기억은 있지만, 그리움이 'Longing'인지는 이제야 알았다. 물론 그리움은 시제가 과거 중심이기에 그땐 과거를 회상하며 그리워할 대상이 없었기에 갈망, 열망할 일이 없었던 까닭일 수도 있었겠나.

결국 그리움은 결핍의 파편이다. 없기에 그리운 것이고 단절이어서 안타까운 것이고 아주 먼, 갈 수 없는 느낌의 거리감으로 그리워하는 것이다. 그리움은 사랑과 달리 그로부터 나에게 오는 안타까움이다. 지난때의 기억, 지금 느끼는 부재에서 오는 지난 기억에 대한 목마름일 수도 있다. 그리움은 사랑의 흔적이어서 허전하고 외롭고 애틋함이며 때론 형언할 수 없는 아픔이다. 그래서 그리움은 순전한 감정적 요소이고 회상이나 상상 속에서 이는 초겨울 스산한 바람 같은 것이다.

사랑과 그리움의 차이를 벗겨본다면 '그 사람이 오늘도 잘 지냈으면 좋겠다.'라는 바람이 사랑이고, '그 사람이 있었던 그 자리가 문득 생각난다.'라는 마음의 빈자리가 그리움이다. 그래서 사랑은 존재하는 언어이고 그리움은 존재하지 않는 관계의 언어다. 어떻게 보면, 그리움은 사랑이 만든 그림자이고, 사랑은 그리움의 원천이기도 하다. 진정한 사랑은 그리움을 동반하는 것이다. 그러나 어쩌랴! 사랑은 욕심 많게도 현재와 과거를 다 가지려고 한다.

사랑도 그리움도 운명이다. 그 운명을 좌우하는 가장 영향력 있는 요소가 사람이다. 어떤 사람을 만나느냐가 그 사람의 운명을 좌우한다. 비틀어 생각한다면 돈 많은 부모님이 있다는 것도, 선하게 살 수 있도록 이끌어 주신 선생님을 만나는 것도, 진정한 사랑을 아낌없이 줄 수 있는 사람을 만나는 것도, 만나서는 안 될 사람을 만나는 것도 운명이다.

그렇다고 운명을 못 바꾸는 것은 아니다. 바꾸는데 그 방법이 문제다. 그 운명의 행동은 매몰차서 억지로 감았던 태엽이 세차게 풀리는 것과 같고, 두 개의 지남철이 어느 거리에 들어서면 잽싸게 달라붙은 것과 같은 것이다. 비도덕적 행위를 통해 수단을 정당화시키는 행위가 나쁘다는 것을 모든 사람은 안다. 언제 어디서나 누구에게나 올바른 것이어야 한다고 우리는 생각한다. 그런데 운명이란 그런 방법을 통해서는 바꾸기가 불가능하다고 봐야 한다. 물론 어떤 기회가 있을 수 있다. 뜻밖의 만남, 횡재, 투자, 정치적 선택을 잘해서 권력을 잡아 바꿀 수도 있다. 하나 이것은 사랑으로 인한 운명과는 거리가 있다.

젊었을 때는 그런 사람이 나에게 있었는지, 누구였는지도 모르고 살아간다. 그러나 어느 정도 나이가 들어가면서 그런 사람이 생각난다. 아무래도 그 정도의 경륜과 나이가 돼야 사랑의 진위와 그리움에 대한 참 평가가 가능할 것이다.

인간은 왜 그때는 몰랐던 것이 그리도 많을까? 나의 운명을 결정지을 수도 있는 일들이 일어나고 있고, 일어났어도 그때는 몰라야만 했을까. 왜 그 사람을 잡아야 했고 또 잡지 못했을까. 그것은 아마도 신의 영역이었기에 몰랐던 것이 당연하고 몰라야 했을 것이다. 신의 권한이 아니라면 운명 또한 인간에게는 없을 것이다.

100살의 할머니께서

"젊었을 때는 세월 가는 것이 참으로 느리다고 생각했는데, 100년이 지난 지금 돌이키니 너무 빨리 지나갔다."

라고, 회고하면서 아스라이 올려다보는 저쪽 하늘 끝이 그리움이다. 세상 끝에 오면 그리움이 전부다. 그것이 추억이다. 그렇게 가물가물 떠 있는 생각과 모습이 눈을 감는 순간 빛처럼 밝아지는 그것, 그것이 그리움이다. 추억이 많으면 늙음이 풍요롭고 그리움 또한 차지다. ■

가둬둔 마음

 망설임으로 인해 이루고 싶은 것을 이루지 못한 아쉬움이 있다면 그 까닭은 뭘까. 단순히 감정을 숨기고 억눌린 결과일까. 감추고 싶은 것 때문에 마음을 가둔 것인가. 때를 기다리다 놓친 것인가. 그것도 아니라면 정신적 미성숙 때문인가. 어쩌면 사회적 체면, 부모로서의 체면, 선생이란 신분적 체면이 제일 큰 것 같다.
 사회·심리적 감정의 물리적 구속 때문에 틀에 가두고 특정 공간에 가둬 밖을 차단할 벽을 만들지 않았을까. 자신을 빛이 들지 않은 칙칙한 지하실에 격리하여 하늘을 외면했던 것이 아닐까. 의도적인 자기검열과 은폐는 아니었을까. 무엇보다도 자기 자신에게 들키지 않으려는 강박 관념이 큰 몫을 차지한다. 엉뚱하게도 그렇게 가둬두면 언젠가 심해의 조개처럼 진주라도 생길 것이란 기대를 했던 모양이다.
 자신의 의지와는 상관없이 외부의 압력과 내면의 망설임이 충돌하여 생기는 갈등으로 하지 못한 일도 있다. 긴 망설임은 발설할 수 없는 순간의 장벽이다. 이미 봄은 와 있으나, 눈 녹은 자리에 발을 내딛지 못하고 멀리서 서성이는 발걸음이다. 상당히 비겁한 발걸음이다.
 핑계 같으나 때와 미성숙의 제약 때문에 마음을 가뒀던 때도 있었다. 시도하지도 않고 시기상조라는 판단, 혹은 경험이 부족해 행동으로 옮길 수 없는 때도 있었다. 아직 여물지 않은 열매가 햇빛을 그리워하면서도 바람이 무서워 움츠리는 모양새가 나였지 않을까.
 다시 말하지만, 체면·신분의 사회적 족쇄는 나의 욕망을 가뒀고 사랑의 아름다움까지 가두고야 말았다. 자신의 사회적 얼굴을 지키기 위해 속마음을 드러내지 않는 태도야말로 오랫동안 날 가면으로 나의 본디를 가렸다. 지금 생각하면 아쉽고 안타깝다. 사랑·우정·열망 등이 사회적 경계선에 부딪혀 비켜서서 바라봐야 했던 상황. 결국 용기의 결핍으로 아무것도 얻을 수 없었다.
 시기와 여건, 사회적 제약, 내면의 미성숙이 뒤엉켜 감정이 흘러가야 할 물길을 스스로 막아버렸다. 그것은 열망과 체념이 한 방 안에 갇혀 있는 꼴이었고 언젠가 열릴 창문만을 기다리며 숨죽인 고양이었다. 난들 잽싸게 낚아채는 기술이 없겠는가. 외치고 싶다. 그렇게 하고 싶다. 껍질을 벗고 싶다. 마침내 문을 열고 나가고 싶다.

 유리창 너머로 봄빛이 부서진다.
 내 심장은 그 빛을 향해 몸을 살짝 기우려 안기고 싶지만
 갇힌 마음은 주춤거린다. 아직 열매는 푸르러 단단한 가지에 매달려 있지만
 떨어질까 두려워 바람이 스치면 숨죽이는 몸짓을 한다.
 체면이란 단단한 뚜껑과 신분이란 오래된 자물쇠가 날 격리해 그 안에 내 마음을 감추고 눈을 감는 아둔함이 막고 선다.
 한 번 나오면 돌아갈 수 없을 것 같아 망설임이 나를 막고 때가 아니란 생각이 나를 설득한다.
 그래도, 문틈으로 스며든 공기와 햇빛에 나는 하루를 산다. 언젠가, 내가 나를 풀어줄 날을 미련하게 기다린다.
 나는 늘 그렇게 내 마음을 가두었다. 스스로 만든 벽 안에, 스스로 잠

근 문 안으로 그렇게 숨었다.

　깨진 거울에서 반사되는 빛이 굴절각이 변한다고 투덜댔다. 그 빛이 심장을 두드렸지만, 나는 움직이지 않았다. 아직은 때가 아니라고, 아직은 여물지 않았다고, 자아를 가두며 시간의 손목을 잡았다.

　문이 열리면 주체할 수 없을까 봐 심저心底를 봉했다. 한 번 열면 돌아갈 길이 없을 것 같아 그래서 망설임은 성벽이 되었고, '때'라는 이름의 사천왕이 그 앞을 지켰다.

　그럼에도, 창호지로 배어드는 향기까진 막지 못했다. 그 향기는 나를 더 살아야 한다고 앙알댔고 내 마음은 그 향기를 기억하며 은근히 기다렸다.

　언젠가, 내 손으로 나를 풀어줄 그날을 언젠가는 사랑하는 그 사람을 염치없이 껴안을 그날을 하릴없이 기다리는 사람 그 사람이 나였다. 아무리 그래도 가둬둔 마음으로 숨통은 막힌다. ■

화요일 오후의 단상

학교로 전직한 지가 이제 한 달이 다 되었다. 현상을 너무 오래 떠나 있어서인지 적응하기가 그렇게 녹록하지는 않다. 하물며 선생님들이 새로운 학교에 부임하였을 경우는 어떠하겠는가? 그 마음을 이해하고 싶다.

공문 분류에 여념이 없고 선생님들의 얼굴과 업무 읽히기에 정신없는 시간이지만 틈틈이 책을 읽는 재미가 크다. 언제나 이런 시간을 가질 수 있을까 하고 바랐었는데 마침내 주어진 것이다. 쉬는 시간이면 책장을 덮고 선생님들을 기다리는 가운데 제법 두꺼운 한 권의 책을 읽었다. 전화나 방문자가 많지 않아 틈틈이 읽지만 집중하여 읽을 수 있어서 너무 좋다.

비소설을 즐기는 편이지만 전직 기념이라고 지인이 보내준 책을 읽었다. 쇼팽의 연인이었다는 선입견으로 '조르주 상드' 소설집을 읽었는데 '사랑의 요정'에서 '파데트'가 말하는 구절에서 선생님들의 모습을 읽는 것 같았다. 그녀는 이렇게 말한다.

"나는 덤불 속에 가시가 있는 것을 알지만 그래도 그 속을 헤쳐 꽃을 찾는 것을 멈추지 않을 것이다. 모든 꽃이 아름다울 수는 없으나 마음이 끌리기 때문이다. 만약 인생을 이렇게 움켜잡지 않으면 어떤 구실에 의해서도 휘어잡을 수 없기 때문이다."

모든 학생이 착하고 유순하지 않아서 그들로 하여 마음의 상처를 입기도 하지만 학생들의 가슴속 도화지는 너무나 깨끗하여 어떤 그림도 그릴 수 있어서, 아름답고 질감 넘치는 그림을 그릴 수 있도록 그들의 능력을 끌어내 줘야 하기에, 가시덤불 속에서 꽃을 찾듯이 선생님들은 멈추지 않고 사랑을 베풀고 다독거리는 것이다.

만약 선생님들의 그러한 수고와 희생이 전제되지 않으면 학생들은 바람직한 인간으로 변화하지 못할 것이고 그들이 성장하여 어떤 노력을 하여도 바른 인간성을 갖기 힘들 것임이 틀림없다. 비록 위장하여 살기는 하겠으나 그들은 항상 어둡고 불안하고 남을 경계하면서 살지 않으면 안 될 것이다.

그들이 체계적인 거짓말을 하고 자신의 약점이나 나쁜 점을 인정하지 않으며, 남의 탓으로만 돌리는 이기적이고 자아 분열적인 인간이 된다면, 그들이 주는 해악으로 인해 다른 사람이 손해를 보는 등 사회에 미치는 영향이 얼마나 크겠는가?

쉬운 일은 아니겠지만 그들이 내면적으로 자기를 성찰을 할 수 있고 자신의 문제를 인정하면서 배려하는 사람으로 성장하도록 선생님들은 도와줘야 할 것이다.

사실 그렇게 노력하고 계시는 선생님들이 대부분인데 선생님들이 갖는 고뇌나 자괴감은 왜 생겨나야 하는 것인가? 누구를 탓해야 하는 것일까. 다른 요인을 찾는 것이 조금은 무책임하다 할지라도 선생님의 노력만으로는 해결할 수 없어서 궁색한 전가轉嫁를 엿보는 것이다.

사실 선생님들이 교직 생활에서 자신의 역할을 제대로 하기 위해서 쏟는 노력은 어떤 경우라도 폄하되어서는 안 될 일이다. 요즘 선생님들의 만상萬狀이 끝 종소리에 맞춰 교무실로 바쁘게 돌아오는 슬리퍼 소리에 모두 담긴듯하여 소연한 마음이다. ■

사랑은 노력일까, 책임일까?

 사랑은 흔히 감정이라 생각한다. 그러나 감정만으로는 사랑을 오래 붙들 수 없다. 감성은 순간적이고, 변덕스럽고, 때로는 우리 의지와 무관하게 솟았다가 사라진다. 그래서 철학자들은 사랑을 단순한 정념이 아니라 인간이 타자와 맺는 관계의 양식으로 이해하려 해왔다.
 나는 누나들이 많다. 그래서 누나들의 사랑 행태가 나의 사랑 관에 적이 영향을 줬던 것 같다. 그래서 사랑이 뭔지에 대해서 집착했다. 사랑은 그토록 환희롭고 낭만적이고 마냥 행복한 것은 아니라는 경험을 심어줬다. 한 누나의 사랑을 보면서 '사랑, 참 아름답구나!' 했다. 그렇지만 그 아름다움은 머잖아 그 본디를 보여줬다.
 장끼가 묘봉에 서서 홰를 치며 까투리를 부르던 봄날 집을 찾아온 그 사람은 세상에서 가장 근사한 왕자님이었다. 도회지에 살고 있는 그는 희고 갸름한 얼굴에 쌍꺼풀이 있어 그 인상은 더 수려했다. 어린 나의 눈에는 그렇게 보였다.
 집 뒤 벌안에 둘이 누워 종다리 떠 있는 청아한 하늘을 보며 노래하는 사랑의 모습은 내 눈엔 경이로웠다. 그러나 결국 그는 결혼식도 못 올린 누나를 어린 조카와 함께 그 벌안 귀퉁이에 쭈그리고 앉아 세상을 원망하게 했다.
 그 사랑의 배신은 나에겐 충격이었고 사랑이란 도대체 뭘까가 인생의 부제였다.

  사랑은 자연스럽게 생겨나는 감정에서 출발할 수 있지만, 오래 유지되려면 의도적인 노력이 필요하다고 생각한다. 서로를 이해하려 애쓰고, 다름을 조율하고, 상황 속에서 감정을 지켜내려는 지속적인 행위가 사랑을 가능하게 한다. 그것이 노력이다.

  사랑의 감정은 흔들리고 상황은 변한다. 그래서 사랑을 유지하려면 끊임없는 조정과 적응이라는 노력이 본질적일 수밖에 없는 것이다.

  사랑은 책임이다. 그리고 약속과 헌신이다. 사랑은 단순한 감정이 아니라, 누군가를 지켜주고 함께 하겠다는 결단이기도 하다. 이때 사랑은 책임이란 얼굴을 내민다.

  젊은 세대에겐 진부할지 몰라도 윤리적 차원에서 책임은 상대에 대한 의무와 연관된다. 돌봄, 배려, 존중 같은 것들이 사랑을 단순한 감정을 넘어 삶의 태도로 바라보게 만든다.

  사랑은 노력과 책임 중에 과연 어느 쪽이 더 본질적인가? 늘 난 사랑의 본질은 책임에 더 가깝다고 생각했다. 왜냐하면 노력은 개인에 따라 줄기도 하고 늘 수도 있지만, 책임은 관계를 지탱하는 근본적인 힘이기 때문이다. 누군가를 사랑한다고 말하는 순간, 이미 그 말 안에는 "그 사람을 책임을 지겠다."라는 의미가 내포되어 있다. 요즘 세대는 '뭔 말?'이라고 할 것이다.

  그렇지만 책임만으로는 점성이 없는 물일 수밖에 없고, 노력이 없으면 그 책임 또한 공허해질 수밖에 없다. 그래서 책임이 기둥이라면, 노력은 그 기둥에 피와 살을 붙여주는 서까래에 비유할 수 있다. 그래서 사랑은 노력과 책임 중 어느 하나만으로는 온전하게 설명하기 어렵다.

  부연하건대 노력은 사랑을 살아 숨을 쉬게 한다. 사랑은 날씨만큼 변하고, 상황은 바뀌고, 감정은 움직인다. 그런 변화를 맞이하면서 서로를 이해하려 애쓰고, 다름을 절충하는 과정이 없다면 사랑은 쉽게 시들 수 있다. 즉, 노력은 사랑을 지속하게 하는 힘이다.

다시 돌아가 책임이 필요한 이유는 책임이 사랑을 흔들리지 않게 붙들어 매 주기 때문이다. 기쁠 때만이 아니라 힘들고 불편할 때도 곁에서 바라봐 주겠다는 약속, 상대의 안녕을 내 삶의 일부로 삼는 헌신, 그것이 사랑을 단순한 감정에서 보통 이상의 관계로 격상시킨다.

약속과 책임만 있고 노력이 없으면 사랑은 의무감과 무거운 짐으로 그 모습이 변형되기 쉽다.

사랑은 감정의 자연스러운 발생을 넘어서 의식적 선택과 실천으로 드러나는 것이다. 사랑에서 노력은 자기 초월을 향한 실존적 행위로 봄이 바람직하다. 즉, 타인의 행복을 위해 자신을 넘어서고, 변화를 감수하는 실존적 선택이 곧 노력이기를 바란다. 노력은 생각한 바를 실제로 행동에 옮기게 한다.

사랑과 책임을 윤리적 차원에서 바라본다면 사랑은 단순한 감정이 아니라 타인에 대한 도덕적 의무로 이해된다. "타인을 수단이 아니라 목적으로 대하라"는 칸트의 명제처럼, 사랑은 타인을 돌보고 존중하는 책임의 형식으로 실현되는 것이다.

또한 '레비나스'의 타자 윤리학에서 사랑은 타인의 얼굴 앞에서 발생하는 무한 책임의 응답이고, 원하지 않아도 부과되는 책임감이다. 그런 측면을 고려한다면 책임은 사랑을 감정에서 특별한 관계로, 관계에서 윤리로 끌어올리는 힘이다.

사랑은 노력과 책임의 서로 모자란 부분을 보충해 주는 관계다. 노력 없는 책임은 형식적이고 강압적인 관계로 변질될 수 있다. 사랑에서 엄히 경계해야 할 일은 의무감만 남은 마음이다.

책임 없는 노력은 감정 소모적이고 흔들리는 관계일 수밖에 없다. 상황에 따라 변하는 연애 감정 때문에 그렇다. 따라서 사랑은 실존적 행위로서의 노력과 윤리적 헌신의 책임이 서로를 보완할 때 비로소 온전히 성립하는 것이다.

결국, 사랑은 노력인가, 책임인가? 그 답은 둘 다이다. 노력은 사랑을 살아 움직이게 하고 책임은 사랑을 흔들리지 않게 하는 주춧돌 역할을 한다. 하나는 시간 차원에서, 다른 하나는 윤리 차원에서 사랑을 익게 한다. 결국 사랑의 본질은 "시간을 견디는 노력과 타인을 받아들이는 책임의 이중 구조"인 것이다.

홀로 떠난다는 것

다 잊고 싶어서 홀로 떠난다는 것
그것 할 일 아니다
준비 없이 주섬주섬 떠난다는 것
그것 즐길 일 아니다

부족함을 채우기 위해
넘쳐남을 비우기 위해
한을 버리기 위해 홀로 떠난다는 것
그것 차마 생각할 일 아니다

어쩌면 아무것도 견주지 않고
누구도 원망하지 않고

주저 없고 가림이 없이 곰삭힐 수 있을 때
비로소 그때 혼자 떠나는 것이다

아무도 노려보지 않고
누구도 생각하지 않을 자신이 있고
어디에서도 그저 그렇게 잠들 수 있을 때
마침내 그때 혼자 떠나는 것이다 ■

생각과 경험의 차이

　학교 뒤편에 참 조붓한 길이 숨겨져 있었다. 점심을 먹고 무작정 들어선 길인데 이렇게 다정한 길을 발견할 줄이야 감히 생각 못 했다.
　부임 이후 너무도 학교가 추워 감히 나갈 엄두가 나지 않았다. 그런데 오늘 하나님께서 따뜻한 날씨를 이곳에도 나눠주셔서 너무도 큰 수확을 한 것이다. 이제 가슴도 펴고 기지개를 길게 펴볼 요량이다.
　낙원은 있으되 진정한 낙원은 없다는 표현은 역설일까? 아무래도 낙원은 우리의 가슴속에 있을 뿐 어디에도 없다는 의미일 것이다.
　그런데 누구의 방해도 받지 않고 무상無想으로 걷고 있으니, 여기가 낙원이 아닌가 하는 생각을 하며 걷는 중에 문득 '반젤리스'의 「낙원의 정복」이란 콜럼버스 OST를 떠올랐다. 하지만 그 음조를 오롯한 이 길에 깔아 놓고 밟고 걷기에는 너무나 장중하여 어울릴 것 같지 않다고 생각했다.
　그러나 어쩌랴! 숨겨진 이 길이 이렇게 주인을 만났으니 말이다. 갑자기 땅속에서 들리는 소리가 있었다. "와아! 이제 여기도 아름다움을 알아주는 사람들이 오는구나!" 겨우 내 묻혔던 뿌리들이 들썩들썩 요동치는 것을 들을 수 있었다.
　하지만 이 환희가 얼마나 갈 수 있을까. 너무도 많은 사람이 찾아와 이들이 밟히고 뽑히고 꺾이는 일이 벌어지지 않을 것이란 보장이 없지 않은가. 이러한 길은 재해에 약하지 않겠는가. 재해란 사람들의 발길을 의미하는 것이다. 아마 인공으로 이렇게 만든 길이라면 여름 장마에 모두 휩쓸릴 수도 있는 것처럼 말이다. 다만 그 재해의 주체가 인간이 되느냐 자연이 되느냐일 뿐이다. 낙원은 이렇게 상처받기 쉬운 대상이다.

  콜럼버스가 없었다면 아메리카 대륙의 자연과 인디오는 지금쯤 어떤 모습일까. 아마도 그 낙원이 이렇게 변하지는 않았을 것이다. 4대강 사업은 어떤가? 아무리 낙원으로 만든다고 하더라도 자연재해가 일어난다면 재앙으로 다가올 것이 너무도 자명하다.

  우리는 내 주위가 항상 중심이라는 생각 못 하고 산다. 주변부라는 생각 때문에 자신을 잃고 소극적이며 비관적인 삶을 살아가는 경우가 흔하다. 가끔 장애인을 가장 심하게 차별하는 대상이 장애인 스스로인 것과도 같은 이치다. 그 주변부에 나를 행복하게 해 주고 만족하게 해 줄 수 있는 것들이 얼마든지 있음에도 그저 중심부에서만 찾으려 한다.

  주변부가 중심부가 되는 것은 섭리인지도 모르겠다. 주변부라는 생각으로 미리 포기하거나 중심부가 그들의 기득권을 위해 사다리를 걷어차는 병리적인 사회현상이 없다면, 사회권력의 횡포가 없다면 주변부의 풍요가 꾸역꾸역 밖으로 삐져나올 수밖에 없는 것이다.

  그동안은 어쩌면 주변부가 낙원일 수도 있겠다. 교육청에서 간부로 근무하다 학교로 나오니 주위에서는 자꾸 주변부로 밀려 나왔다는 말들을 한다. 그런 사람들은 주변부의 서러움이 무엇인지 알지 못할 거라고 한다. 얼마나 힘든지 경험하게 되면 깨달을 것이라고 말한다.

  그런데 그들은 중심부의 아픔을 모른다. 아니다. 바로 여기가 중심부가 아닌가? 청에 있으면 어떻게 이런 여유와 함께 행복감을 느끼고 누릴 수 있겠는가. 주변부와 중심부를 잘 못 판단하였기 때문인 듯하다. 중심부가 주변부로 옮겨오는 소리가 벌써 들린다. 주변부 사람들의 행동하는 양상이 중심부의 문화가 될 것이다. ■

말의 온도, 마음의 깊이

 어떤 말은 검은 하늘 아래 타오르는 모닥불 같아 잔영이 오래 남고, 어떤 말은 구름 낀 겨울날 바람처럼 가슴에 스산함을 드리우게 한다. 이처럼 같은 사실을 전하더라도 위로가 되는 말이 있고 희망이 되어 꿈을 꿀 수 있게 하기도 한다. 그런가 하면 날카로운 칼날이 되어 마음에 깊은 상처를 남기기도 한다. 때로는 헤어 나올 수 없는 늪에 빠지게도 한다. 같은 말이어도 어떻게 하느냐, 누가 하느냐에 따라 빛이 되기도 하고 어둠이 되기도 한다. 이는 말의 온도가 다르기 때문이다.
 그러나 마냥 따뜻한 말은 가슴을 겉돈다. 그때 필요한 것이 마음의 깊이다. 이는 지식의 양이나 교양의 격식이 아니라, 타인을 향한 존중과 자신을 향한 성찰, 그 사람의 격조, 그리고 세상을 바라보는 분별력 있는 시선에서 비롯된다.
 깊은 마음에서 나온 말은 설령 날카롭더라도 곱게 하지 않는다. 그 속에는 진심과 무게가 있어 듣는 이로 하여금 뭔가를 생각하게 하는 여운을 준다. 반대로 마음의 깊이가 없는 따뜻함은 폭죽일 뿐이고 입발림일 수 있다. 만날 때마다 '식사나 한번 합시다.'라고 하지만 나중에 만나면 또 그 말을 하는 사람이 그렇다.
 말의 온도와 마음의 깊이가 함께할 때 그것은 오작교가 된다. 맺지 못한 사랑을 연결해 주고, 사람과 사람을 이어 주며, 절제 속에 그리워하게 하는 '매디슨 카운티의 다리'가 된다. 그래서 따뜻함과 깊이가 함께하는 말은 오래 버티며 같이 손잡고 세상을 건너게 한다.

나는 오늘도 나에게 묻는다. 내가 건네는 말은 섭씨 몇 도인가. 그리고 그 말은 마음의 깊이를 담고 있는가. 언어는 기술이 아니다. 침묵도 언어이니 기술로 침묵을 가져오지 못한다. 언어는 곧 그 사람의 마음을 드러내는 빛과 그리고 그림자이다. ■

식탁 아래서 기다리는 것

　살아가면서 한결같은 인생은 없을 것이다. 많은 유산을 받아 풍요롭게 사는 사람이나 자수성가하여 작은 행복을 꾸리며 사는 사람이나 희로애락은 한결같다. 부와 상관없이, 학벌과 상관없이, 생김새와 상관없이, 소유와 무소유와 상관없이 누구에게나 예외 없이 희로애락은 대상인 것이다. 행복과 만족의 그릇 크기가 다를 뿐이다.

　행복과 불행의 차이는 식탁 위와 식탁 아래의 거리 차이다. '칼릴 지브란'의 예언처럼 식탁 위에는 행복이 넘치는 시간에 불행은 이미 식탁 아래서 기다리고 있다. 그 불행이 언제 식탁 위를 점령할지 모를 뿐이다. 그러나 언젠가는 올라온다. 다만 그 황당한 상황을 어떻게 극복하는가에 달려 있을 뿐이다. 그 극복의 수단이 돈이 될 수도 있고 믿음이 될 수도 있고 지혜가 될 수도 있다.

　그래서 지금 행복하다고 영원히 행복할 것이란 확신도, 그렇다고 오지도 않은 불행에 대하여 미리 걱정할 필요도 없다. 불행이 오지 않고 생을 마감할 수도 있다. 그러나 행복과 불행이 반드시 외형상일 수는 없다. 어쩌면 내재 된 마음의 행·불의 잔상이 더 어두울 수 있다.

　시골에 움막을 쳤다. 정년 퇴임하면 고향으로 내려가 작은 움막을 치겠다는 생각을 한시도 잊어본 적이 없었다. 내가 태어나서 자라고 부모님이 평생 작은 땅을 일구며 사셨던 곳이다. 나의 추억이 고스란히 남아 있고 나의 감성과 성격까지도 만들어 준 고향이기에 무엇과도 바꿀 수 없다. 그곳에서 소소히 글을 쓰면서, 옛 친구들을 만나면서 내 부모님의 산소를 내려다보며 살고 싶었다. 그래서 옛 부모님이 사셨던 집과 산소가 보이는 곳에 작으나 흡족한 움막을 친 것이다.

그 행복한 상상과 그런대로 무난히 교직 생활을 마칠 수 있다는 행복감이 발걸음을 가볍게 했다. 학교에 출근하면 여러 가지 일로 늘 시끄럽지만 그래도 그것이 행복이라 생각했다. 교장실에 앉아 있으면 행복했다. 교장이어서 행복한 것이 아니고 질곡의 교직 생활이 그래도 행복했다고 생각했기 때문이다.

그런데 그 행복의 자리에 순식간에 불행이 꿰차고 앉아버렸다. 나에게는 없을 것이란 일이 벌어진 것이다. 심중하지 못한 방송과 정직하지 못한 교육 권력의 공모로 만신창이가 된 것이다. 일순간에 사람이 아닌 사물로 변해버렸다. 그들의 절제되지 못한 무분별 앞에 속절없이 무너져 버렸다.

그래서 시골에서의 움막 생활이 차질을 빚었다. 그리고 소박한 꿈도 하릴없이 지체되었다. 무려 10년 가까이 멈춰야 했다. 그 마음의 상처를 스스로 보듬는데 그렇게도 많은 시간이 필요했다. 글을 쓸 수도, 노래할 수도 없었다.

그렇게 행복을 침노한 불행은 많은 시간을 앗아갔고 내 상상의 나래를 꺾어 놨고 내 성대의 근육은 작은 울림도 만들어 내지 못했다. 이런 불행을 극복하는 데는 아무것도 대신해 주지 못했다. 다만 시간이 동행해 줄 뿐이었다. 이제 시골 움막에서 정숙한 마음으로 살고자 한다.

이곳에서는 시간이 가는 것도 사람이 지나가는 것도 생을 마감하고 떠나는 것도 모두 보인다. 어릴 적 우리 집 아래에 집을 짓고 살던 아재가 작은 체구에 심한 팔자걸음을 하면서 헌 유모차에 풀을 베어 담고 바쁘게 걷는 모습을 본다. 그 걸음 뒤에서 세월을 재촉하는 소리가 걸음 걸이를 더 빠르게 하는 것도 보인다.

평생 그렇게 살고 계신다. 그 모습에서 예나 지금이나 그분의 기구한 삶을 읽는다. 그렇다고 그 아재도 '참 행복하다'라고 말했을 때도 있었을 것이다. 어렵게 장가들고 아들을 낳고 마침내 논마지기를 살 때는 행복했을 것이다. 그것이 아재에게는 가장 큰 행복이었을 것이다. 억만장자의 행복과 바꿀 수 없었을 것이다.

전날까지 염소에게 줄 풀을 베어 바쁘게 움막 앞을 지나가셨는데 구급차가 와서 가 봤더니 운명하셨다는 것이다. 행복감을 처음 주셨던 부인은 멀리 딸 집 근처 양로원에 계시고 자식들은 부모와 같은 삶을 피하고자 객지에서 살다 보니 쓸쓸하게 홀로 가신 것이다. 생과 사도 행복과 불행도 바뀌는 데 긴 시간이 걸리지 않는다.

그렇다! 우리는 그렇게 산다. 지금 이렇게 행복해도 되는 거야? 딱 오늘만 같았으면 좋겠다. 행복한데 혹시 불행이 시기하면 어쩌지? 부모님이 그러셨다.

"말이 씨가 되는 것이다. 함부로 말하지 말아라."

서양 속담에 '좋은 일 뒤에는 불운이 따른다.'라는 표현이 있다. 호사다마好事多魔와 의미가 유사하다. 또 '장미에도 가시가 있다.'란 속담은 좋은 일에는 반드시 불편과 위험이 동반된다는 것을 말한다. '높이 오를수록 크게 떨어진다.'라는 속담은 성공 뒤엔 위험이 따른다는 경고로써 초년 출세의 경계와도 같다.

또, 자주 인용되는 '머피의 법칙'인 '잘못될 수 있는 일은 결국 잘못된다.'와 같이 좋은 흐름 속에도 반드시 문제가 생길 수 있다는 경험칙이 있다. 그리스 신화의 '이카로스 효과'는 태양 가까이 날다 추락한 데서 유래한 것으로 지나친 성공 추구나 좋은 상황이 오히려 파국을 불러온다는 격언이다.

'코브라 효과'는 식민지 인도에서 코브라 수를 줄이려고 현상금을 걸자 사람들이 일부러 코브라를 사육해 더 늘어난 사건처럼, 문제 해결이나 좋은 의도로 시작된 일이 역효과로 더 큰 문제를 만든 경우도 허다하다.

이 모두가 "의도하지 않은 결과의 법칙"과 같이 어떤 조치가 의도치 않게 부정적인 결과를 불러오는 경우가 자주 일어난다는 데에 있다. 나이가 들수록 일희일비하지 않아야 한다는 생각이 든다. 행복과 불행은 누구의 편도 아니다. 다만 기다리고 있는데 인간이 모를 뿐이다. 식탁의 위와 아래의 차이일 뿐이다. ■

불행을 자초하는 삶

 새로운 것을 추구하는 것은 즐거움이자 두려움이기도 하다. 요즘 늦은 나이에 새로운 분야의 학문의 문을 두드리는 마음은 걱정이 상당하다. 그리고 주위에서 뭣 때문에 고생길을 다시 들어서서 스트레스를 자초하느냐고 힐문한다. 그러나 새로움을 추구하는 것이 오히려 또 다른 즐거움이 되니 어찌하랴. 아무런 걱정 없이, 아니 걱정을 외면하고 살아간다는 것은 수명과의 관련이기에 사람의 능력일 수도 있겠다.
 현대인들은 근심의 마술램프를 가지고 있다. 사람들은 근심이라는 거인을 스스로 불러 놓고 자신을 불행의 세계로 인도해 달라고, 고통의 길로 데려가 달라고 명령한다. 어리석게도 불행을 자초하는 것이다. 인간이 살아가면서 성공을 가로막는 장애물이 근심이라고들 한다. 근심에 빠진 사람은 절대로 성공할 수 없다는 것이다. 노벨 의학상을 받은 '알렉시스 카렐' 박사는 "근심과 싸우는 방법을 모르는 사업가는 일찍 죽는다."라고 했다.
 근심이란 말의 기원은 그리스어의 '나누다'의 뜻과 '마음'이란 뜻의 합성어라고 한다. 그래서 근심이 많은 사람의 특성은 두 마음을 품게 되어 마음의 평안이 요원하고, 감정을 둘로 나누기에 안정을 잃게 됨은 물론 감지感知의 기능을 둘로 나누니 관찰에 문제를 일으키며, 판단의 기능을 둘로 나누기에 공평한 판단에 오류를 범하기 쉬우며, 결심의 기능을 나누니 우유부단함이 몸에 배기 마련이란다.

결국 근심은 계획이나 목표를 잘 세우지 못하게 함으로써 체계적인 성취를 이룰 수 없게 만들어 실망과 실패, 오해와 의심, 마음과 육신의 병, 그 밖에 많은 불행을 일으키는 원인이 되는 것이다. 근심은 일종의 습관이기도 하다. 근심을 만들고 그 근심에 빠져들기를 밥 먹듯이 하는 사람은 그 사람의 습관 때문이다.

그 근심의 사슬에서 빠져나오기 위해서는 그 근심을 분해할 수 있는 습관을 길러야 한다. 즉, 왜 그 근심이 나를 옭아매고 있는지를 분석할 수 있는 능력을 길러야 할 것이다. 그 분석 방법을 실천에 옮기면 새로운 습관이 나에게 자리하게 될 것이다. 습관을 이기는 방법은 새로운 습관과 싸움을 붙이는 것이다.

먼저 근심을 분해할 수 있어야 한다. 즉, 근심의 원인을 파악할 수 있어야 치료할 수 있다는 것이다. 파악된 사실 없이는 혼란만 거듭되고 시간만 낭비한다. 다음으로 사실을 분석할 수 있어야 한다. 발생할 최악의 일을 판단한 후에 필요하다면 그 상황을 받아들이기로 작정하는 것이다. 그 결심만 서면 긴장이 풀리고 잃었던 것을 되찾을 수 있는 것이다. 다음은 결단을 내려야 하고 그 결단에 따라 행동할 수 있어야 하며 집중할 수 있도록 정리해야 한다.

사실 우리들이 살아가면서 스스로 닥치는 일들을 받아들이지 못하는 데서 근심은 깊어만 가는 것이다. 실로 있는 그대로 받아들이고 인정한다는 것이 말처럼 쉬운 것이 아니다. 응용심리학자인 '윌리엄 제임스'는 "그것을 그대로 받아들이자. 일어난 일을 그대로 받아들이는 것은 모든 악운의 결과를 극복하는 첫 단계이다."라고 말하고 있다. 중국의 문학가 '임어당'은 "마음의 평화는 최악의 일을 받아들이는 데서 생긴다."라고 했다. 성경에도 "너희의 모든 염려를 주께 맡겨라."라는 말씀이 있다.

　근심은 자신이 갖고 매달리고 있을 때 더욱 깊어지는 것이다. 문제에 매달릴 때는 답이 보이지 않지만, 문제를 초월해서 보면 해결책이 보인다는 것이다. 최악의 상황을 받아들이기로 각오한 사람은 더 이상 잃을 것이 없다. 물론 근심의 원천을 없앨 수만 있다면 얼마나 좋겠는가. 그러나 세상살이가 어찌 그렇게 되던가. 우리가 살아가면서 작은 배려로 인해 근심을 얼마든지 줄일 수 있다. 쉽게 내뱉는 말 한마디가 상대방을 깊은 시름에 잠기게 한다.

　부부간에도 그렇다. 조금만 신경 쓰면 그 말과 행동으로 인해 상대에게 근심을 지우지 않을 터인데, 근심이라는 가장 큰 병을 자신에게 주는 우를 우리는 스스럼없이 범한다. 좋은 음식보다는 서로가 마음을 편하게 만들어 줄 수 있다면 그보다 더 큰 건강 비결이 어디에 있겠는가. 돈 들여 약 지어 주고 시간 들여 운동하면서 건강을 관리하면 뭐 하겠는가. 단 몇 마디, 단 몇 초 동안에 주고받는 말과 행동이 필요 없이 걱정하게 하고 스트레스로 작용하게 한다면 그건 아무래도 '무지와 습관에서 오는 결과가 아닐까'라고 생각해 본다.

　근심을 극복하는 방법을 실천하는 것도 중요하지만 그 원인을 제공하지 않도록 신중한 마음을 갖는 것이 선행되어야 할 것 같다. 우리는 살아가면서 불행을 자초하는 행위가 너무도 빈번한 것 같아 가슴이 답답하고 얼척이 없을 때가 많다. ■

검은빛은 존재하는가?

　대학 때 참 좋아했던 노래가 김민기의 '친구'였다. 물론 많은 노래를 했지만 '친구'는 나의 공허함과 옛 친구를 그리워하는 간절함이 묻어 있었다. 그리고 그 가사 중 '검푸름'이 '검은빛'으로 가슴을 관통하곤 했기 때문이다. 천성인 듯 외로움을 무척 탄 까닭일 수도 있다. 물론 김민기가 '친구'란 곡을 만들게 되는 계기를 생각하면 더 끌릴 수밖에 없었다. 또 시대적 상황과 맞물려 그의 노래는 저항 의식이 짙게 드리워 있었던 이유도 있다.
　검은빛은 있는가? 라는 의문 또한 '친구'를 좋아하게 한 이유이기도 했다. 검은빛과 더불어 검은색에 대한 궁금증도 한몫했다. 검은빛이 있다는 것인가? 빛은 '시각 신경을 자극하여 물체를 볼 수 있게 하는 일종의 전자기파'이고 색은 '빛을 흡수하고 반사하는 결과로 나타나는 사물의 밝고 어두움, 그것을 나타내는 물감'으로 정의하고 있다. 그러니까 빛은 볼 수 있는 것이고 색은 만질 수 있는 것이라고도 할 수 있겠다.
　그렇다면 우리가 흔히 말하는 '검은빛'은 무엇을 의미하는가? 물리학적으로는 모순일 수 있으나, 인간의 언어와 감각 속에서는 의미를 지닌다. 검은빛이란 빛이 모두 사라져 버린 어쩌면 보이지 않음의 은유다. 우리의 눈이 붙잡지 못하는 파장대, 즉 가시광선 밖에 존재하는 빛, 자외선과 적외선, 그 너머의 전자기 스펙트럼 전체가 실상은 '검은빛'일지도 모른다.

  동시에 검은빛은 존재의 공백을 드러내는 상징이다. 화가는 그림 속에서 어둠을 그릴 때 검은색을 칠하지만, 그 색은 사실상 '없는 것'을 나타내는 잉크다. 검은빛은 존재하지 않는 빛을 빛으로 부른 역설, 즉 '없으므로 있음'을 드러내는 사색적 기호가 아닐까.

  보이지 않으나 분명히 감지되는 불안 같은 것, 삶을 휘감고 있는 듯한 묵직한 그늘, 표현하기 어려운 엄청난 무게의 감정. 이때 생각하는 무의식의 검은빛은 결핍이 아니라, 인간이 인식할 수 없는 차원을 가리키는 또 다른 빛이 된다. 영원한 안식의 빛인 듯도 하다.

  검은빛은 모든 색을 삼켜버리는 블랙홀의 심연이라 할 수 있다. 화가가 그림의 여백을 칠할 때, 그 검정 속에는 비밀스러운 이야기가 있지 않을까. 검은빛은 다른 빛을 드러내기 위해 스스로 숨어버리는 빛이다. 공명이 있는 공간에서 용트림하는 것이다. 검은빛과 검은색은 빛에 민감하고 미술에 취미가 없는 나에게는 무한한 의문이다. ■

가깝지도 멀지도 않은 우정

 우린 다섯 명이었다. 누가 봐도 형제 같았고, 한 식구 같았다. 교실 앞에만 서 있어도 애들이 "어, 누구 만나러 왔구나?"라고 물을 만큼, 늘 붙어 다니며 하루에도 몇 번씩 얼굴을 마주하고 살았다.
 세월이 흘렀다. 만나지 않은 채로 살아온 시간이 쌓였다. 웃고 떠들던 그때는 선명한데, 정작 지금은 추억을 함께 되새김질할 틈조차 없다. 아니 잊고 살고 있다. 살찐 추억이 있는데도 마른 생각을 붙잡고 살아가는 건 아닐지 싶다. 한 녀석은 너무 급히 세상을 떠나버렸고, 그 자리에 우린 모여 말없이 눈만 껌벅거려야 했다.
 앞으로 우린 얼마나 더 만날 수 있을까. 다시 젊어져 밤새도록 웃고 떠들던 시절로 돌아갈 수 있을까. 물론 그럴 수는 없겠지. 그래도 아직 시간이 남아 있다. 그러니 술잔을 맘껏 부딪치자. 그러나 너무 취하지는 말자. 이 나이에도 우리가 할 일은 있고, 서로를 기억하며 살아갈 길이 남아 있으니까.
 흩어져 있어도, 이 세상에 없어도 우린 여전히 다섯 명이다. 그 끈은 어디 가지 않는다. 묶인 끈은 풀 수 없는 끈이다. 젊은 날의 끈이다.
 돌아보면, 그것만으로도 든든하다. 귀하다.
 없는 친구가 그립다. 없었던 듯한 우정의 흔적들은 우리의 마음에 켜켜이 있다. 그리고 그 풋풋하고 야물었던 꿈이 늙었다고 하더라도 추억으로 남아 있다. 우리에게는 아직 힘이 있다. 마음의 힘은 아카시아 동산을 옮길 수 있다. 사람의 마음 힘은 목소리에 있다고 한다.

 친구들아. 힘 있는 옛 그 목소리를 데려오자. 꽉 붙잡고 놓지 말자. 당당해 보이자. 담대해 보이자. 가끔은 손을 뻗어보자. 잠들기 전에 아주 가끔, 이삼 년에 한 번이라도 손을 뻗어보자. 누가 잡히는지 움켜쥐어 보자. 없다고 생각한 그 우정은 거기 그만큼의 거리에 있다. 우리의 격조 높은 추억은 가깝지도 멀지도 않게 있다. ■

거울 속의 거울

처음 내 집을 가질 수 있었다. 교직에 들어온 지 17년 만에 명실공히 내 집을 갖게 된 것이다. 평생 어머님을 모시고 살고자 주택을 고급스럽게 지었다. 어머님의 기억과 나의 기억 속에서 가장 선명한 시골 풍경에서 소나무는 가장 큰 추억이어서 정원수도 소나무를 심었다. 그 소나무에서 매미가 울고 어머니는 그 아래서 매미 소리와 양발을 비비는 모습을 보시면서 즐거워하셨다.

화려한 외관에 비해 내부는 실용적이지 못했으나 화장실은 화려했다. 큰 거울을 마주 보게 설치했기 때문이다. 거울 속에 거울이 있어 좁은 공간을 크게 보이게 하기 위한 수단이었지만 일렬로 늘어선 무수한 나의 모습이 보였다.

그 거울 속에는 수많은 내가 존재하고 있었다. '거울 속의 거울'은 무한히 반사되는 이미지를 떠올리게 한다는 사실을 그때 깨달은 것이다. 거울을 서로 마주 보게 두었을 때, 끝도 없는 복제와 반복이 생겨나는 것이다. 이는 곧 무한, 공허, 자기 안으로의 끝없는 여행을 상상하게 하였다.

내가 바라보는 거울 속의 나는 또 다른 거울 속의 나를 바라보고, 그 너머에는 또 다른 내가 있었다. 또 다른 나는 고정된 실체가 아니라, 끝없는 반사로 여러 가지로 해석되는 나의 모습으로 모든 모습 속의 나는 다른 인격체의 존재로 보였다.

거울 속에서 반복되는 이미지는 결국 '끝'을 알 수 없는 깊이를 형성한다. 그것은 우리가 세계와 자신을 이해하려 할 때 마주하는 끝없는 의문과 질문과의 연결이다. 그런 생각 때문인지 집을 짓고서 기뻐하셨던 어머니를 생각하면 끝없이 이어지는 내 모습이 때로는 안타깝고 서러운 고독과 허무를 데리고 왔다. 그곳에 집을 짓지 않았으면 사고는 없었을 것이란 생각과 거울 속의 수많은 나는 행복과 불행의 한가운데서 늘 서성이곤 했다. 그러면서 '아르보 패르트'의 '거울 속의 거울'이란 음악을 들으면 어머니와의 억지 이별이 이루어진 집과 거울이 생각났다. 나의 마음을 대변하는 듯했기 때문이다.

그 이전에는 에릭 사티의 '짐 노 패디-1'에 흠뻑 빠져들었다. 그런데 '거울 속의 거울'을 들으면서 두 곡이 어쩌면 나의 심장을 꿰뚫는 듯 울림을 줬다. 에릭 사티 곡은 그의 아픈 사랑과 맞물려 슬픔과 우수, 우울한 감정과 낭만적이지만 절제된 정서가 단박에 끌리게 한다. 이 두 곡은 단순성과 반복성의 공통점이 있어서 나의 성격과도 잘 어울리는 곡이다.

"거울 속의 거울은 피아노와 현악기(주로 바이올린, 첼로)로 연주되는 단순하고 느린 선율이 반복되며, 마치 거울이 끝없이 서로를 비추는 듯한 울림을 만들어 낸다.

단순함의 무한함처럼 반복하고, 현악기는 천천히 길게 선율을 이어간다. 변화는 미묘하고 그 안에서 끝없는 깊이가 느껴진다. 이는 마치 거울 속에서 또 다른 거울을 보는 듯한 체험을 소리로 구현한 듯하다.

이 곡을 들으면 어쩐지 어머니와 행복했던 시간에 머물러 있는 듯한 아련함이 있다. 이 시간의 정지가 너무 외로워 울부짖고 싶지만 그렇게 할 수 없도록 절제를 주기도 한다. 시작도 끝도 없는 듯 흘러가는 선율은 듣는 이로 하여금 시간의 흐름이 사라졌다가도 무한히 이어지는 순간 속에 머무는 느낌을 준다.

화려하지도 클라이맥스가 숨이 막히게 하지도 않아서 명상을 통한 청자의 내면을 가리키고, 자기 자신과 그리고 그리운 사람과 마주하도록 하는 마중이 되어준다.

"거울 속의 거울"이라는 말과 곡이 함께 전하는 메시지는 존재의 무한한 반영과 내적 성찰이고 끝없이 이어지는 거울의 반영처럼, 인간의 삶과 자아 탐구는 한 번으로 완결되지 않는다는 진실을 슬그머니 내밀고 간다. 같은 자리에서 반복되는 듯하지만, 그 반복 속에서 우리는 조금씩 달라지고, 새로운 의미를 발견하게 되고 어느덧 어딘지 모르지만, 항상 추구하는 '그곳'에 와 있음을 발견하게 한다.

푹푹 찌는 더위는 어머님 산소 주변에도 여전했다. 움막에서 며칠간 기거를 하다 보면 하루 종일 세수도 하지 않을 때가 있다. 뜨거운 태양의 앙탈이 산등성이의 잡아낭심을 이기지 못하고 붉은 피를 토하면서 산 뒤로 떨어지면 그 더위에도 아랑곳하지 않던 채송화가 그 고운 입술을 다문다. 덩달아 호박꽃도 꽃이라고 덩달아 노랗고 큰 입술을 닫는다. 아침 햇살이 반짝이면 슬그머니 닫았던 그 입을 다시 연다.

우리는 자신을 하나의 고정된 실체로 여기지만, 거울 속의 상처럼 자아는 끝없이 투영되고 변주된다. 어제의 나는 오늘과 다르고, 오늘의 나는 내일 다시 달라진다. 거울 속의 거울처럼, 자기 자신을 향한 질문은 결코 하나의 답으로 닿지 않는다. 그 끝없는 반영 속에서 우리는 더 깊은 사유로, 더 낯선 자기 자신에게로 걸어 들어갈 때 또 다른 내가 거기서 기다린다.

거울 속의 거울을 들여다본다는 것은 곧 자기 자신을 끝없이 마주하는 일이다. 단 한 번의 성찰로는 도달할 수 없는 깊이, 단 한 번의 질문으로는 열리지 않는 진실이 그 속에 있다. 매일 같은 얼굴을 비추는 거울이 매번 조금씩 다른 나를 보여 주듯, 삶 또한 매일 새롭게 우리를 비춘다. 그리고 마침내 깨닫는다. 거울은 나를 비추는 도구가 아니라, 나를 끝없이 새롭게 만드는 또 하나의 세계임을.

   교육 또한 이와 같다. 교실은 매일 같은 자리에 있지만, 그 속에서 마주하는 아이들의 얼굴과 마음은 전혀 같지 않다. 교사의 말은 거울 속에서 반사되듯 아이들 안에서 변주되고, 아이들의 반응은 다시 교사에게 되돌아와 또 다른 의미를 빚는다. 가르침과 배움은 단순한 전달이 아니라, 무한히 반사되는 언어의 거울 놀이 속에서 이루어진다. 그래서 교육은 거울 속의 거울처럼 무한한 반영의 예술이다. ■

설화雪花

'체육 선생'이란 명명에, 목에 박힌 가시처럼 불편했던 때가 있었다. 70년 때 후반기, 80년 때 초반엔 더욱 심했다. 내가 체육교육과를 다니던 때이고 초임 학교로 발령받은 때이다. 지도 교수님은 수업 시간이면 어김없이 체육 교사의 역할과 좋은 체육 선생에 대한 교육을 빠뜨리지 않았다. "체육 선생은 '핸섬'해야 하니 자기 얼굴에 책임지고 아무 옷이나 입지 마라. 학교에서 정의의 편에 서야 한다. 궂은일에 앞장서라." 등 뇌리에 박힐 정도였다.

그 무렵에 우리 과 선배들이 교직에 처음 진출했다. 후에 졸업생들은 대부분 교수님의 잔소리(?)를 떠올리며 생활했다고 한다. 그래서인지 모든 학생과 졸업생은 그 교수님에 대한 존경심을 갖고 있었다. 아쉽게도 지금은 임용 시험 준비에 교사의 자질 운운은 사치스러운 말장난이 되었다.

그 당시 체육 선생은 학교는 물론 교장에게 고통을 주는 존재로 인식됐다. 심지어 혐오 수준이었는데 정작 본인은 막무가내였다. 모두가 아닌 일부였으리라 생각한다. 안타깝게도 나도 몇몇 그런 선생님과의 인연이 있었다.

어디 가서 체육 선생이라고 말하기가 힘들었고 무한한 자격지심에 사로잡혔다. 이제는 그런 편견을 갖는 동료 교사는 거의 없다. 나 또한 모교인 전남대학교에서 약 15년 동안 강사로 수업하면서 그 교수님의 흉내를 많이 냈다. 체육 선생님들은 자기 역할을 충실히 하고 그 신분에 맞는 일을 충실히 하여 교직원은 물론 학생들에게도 신뢰가 있어, 선배로서 그들을 가르쳤던 사람으로서 흐뭇한 마음이다.

체육 선생님들이 소위 '결혼을 잘한다.'라는 평이 있다. 그 이유는 여러 가지일 것이지만 스포츠를 다양하게 즐긴다는 것이고 가족과 함께 그것을 영위한다는 것이다. 달리 표현하자면 삶의 질이 높고 삶의 질 향상을 위한 방법을 아는 편이기 때문이리라.

스키가 대중화되기 전에 용평스키장과 무주스키장이 생기면서 적잖은 경비가 들어도 가족과 함께 다녔다. 대부분 멤버는 체육을 전공한 사람들과 특정 직업군이었다.

식구들을 매달고 스키 타는 법을 가르치고 어린 녀석들이 슬로프에서 쌩쌩 내닫는 모습을 보면서 만족감이 꽤 컸다.

순백의 눈 속에서 스피드를 즐기고 정상에서의 따뜻한 정종 한 컵은 만족이 무엇인지를 느끼게 했다. 리조트에 들어와 준비해 간 참치에 밤새워 마시는 캔맥주는 새벽 시간 리프트에 앉으면 일시에 깨곤 했다.

어느 날 의대 교수인 선배와 둘이 무주로 출발했다. 다음 날 새벽에 제일 먼저 리프트를 탔다. 밤새워 눈은 소리 없이 내렸다. 그 눈은 눈에 보이는 오물을 다 덮고 산짐승 발자국마저 모두 묻어버렸다. 바람 한 점 없는 슬로프 주위의 나무 위엔 형언할 수 없는, 태어나 처음 보는 아름다운 흰 꽃이 시야 전체에 활짝 피었다.

수줍기도 하고 순결하기도 하고 작은 점 하나도 없는 맑디맑은 얼굴을 하고 있었다. 설화였다. 리프트 타기가 두려웠다. 스키 면에 닿는 눈과의 작은 마찰 소리를 내며 아무도 지나가지 않은 슬로프를 내려가는 것도 두려웠다. 미안했다. 행여 그 아름다운 꽃잎이 점성을 잃을까. 그 모습이 일그러질까 안절부절못하였다.

우리의 목소리 울림에 설화가 잎을 떨굴까 몰라 선배와 손짓으로 대화했다. 중간에 멈춰 섰다. 그리고 오로지 손짓 대화로 번갈아 사진을 찍었다. 쌓인 눈은 우리의 침묵을 더 깊은 심연으로 삼켰다.

그때야 엄청난 진리를 깨달았다. 형형색색의 꽃보다는 오로지 한 색, 흰 꽃이 가장 아름답다는 사실을. 영혼을 잡아매는 아름다운 꽃은 작은 떨림에도 잎을 떨구는 여린 꽃이라는 사실을. 장미처럼 오래도록 피고, 국화처럼 꽃이 지고도 줄기를 붙들지 않는, 어떤 미련에 집착하지 않는 꽃이라는 사실을… ■

당신은 지금 며칠째 살고 있나요?

보통 '당신 올해 몇 살이죠?'라고 묻는다. 그런데 '당신 올해로 며칠을 사셨나요?'라고 묻는다면 불현듯 당황할 것이다. 의외의 질문이기도 하고 살아온 날들을 헤아리다 보면 하루가 얼마나 빠르게 가는지를 알 수 있기 때문이리라.

70살이라면 '내가 꽤 살았구나.'라고 수긍할 것이다. 그런데 내가 '25,000일을 살았구나.'라고 생각하면 사뭇 다른 느낌일 것이다. 연수年數로 계산하지 않고 일수日數로 계산하게 된 계기는 영화 '1,000일의 엔' OST를 들으면서다. 그러나 금방 잊어버리고 연수로 돌아가곤 했다.

이 계산법의 차이는 뭐라 생각하는가? '나이가 몇 살인가?'와 '며칠을 살았는가?'는 결국 같은 시간을 묻지만, 인식의 차이가 전혀 다르다. 단계적으로 생각해 보면, 계산 단위의 차이로 '추상'에서 '구체'로 나아간다. '70살'이라는 표현은 크기를 어림잡지 못할 정도의 덩어리 시간이다. 한 해라는 단위는 너무 커서 그 안의 하루하루는 하찮게 느껴진다.

반면 '2만 5천일'이라고 하면 하루의 무게가 훨씬 구체적으로 다가온다. 숫자 자체가 놀라워서 '오늘 하루'가 전체 중 하나라는 인식이 강해지고, '시간의 실재實在'을 체감하게 된다.

다음은 심리적 거리의 차이로 '관조觀照'에서 '체험'으로 바뀌게 된다. '몇 살'은 나를 외부에서 바라보는 관조적 질문이어서 사회적으로 정해진 나이의 틀 속에서 자신을 평가하게 된다.

하지만 '며칠을 살았나?'라는 내 삶의 체험을 세는 질문이다. 살아낸 하루하루가 쌓여 지금의 내가 되었다는 것을 깨닫는다. 그래서 이 질문은 나이에 대한 관념보다 '살아 있음의 감각'을 불러일으키고 함부로 살아서는 안 되겠다고 생각하게 만든다.

또 연 단위로 살면 '아직 남은 세월'을 생각하게 되지만, 일 단위로 살면 '지나간 하루의 가치'를 느끼게 만든다. 삶의 단순한 추억보다는 내가 어떻게 보냈던가를 생각하게 만든다. 그래서 하루하루는 귀하고 아쉽다.

시한부 환자가 '내가 몇 년을 더 살까'보다는 '내가 며칠을 더 살까'를 생각하는 것처럼 그 하루는 더없이 귀한 시간이다. 그 때문에 전자는 미래 중심의 사고이고, 후자는 현재 중심의 사고이다. 현재 중심으로 살면 소중한 하루의 깊이를 깨닫게 된다.

'1,000일의 엔'을 듣고 하루의 의미를 새삼 되새기게 된 이유도, 그 음악이 '시간의 길이'보다 '순간의 축적'을 노래했기 때문이다. 귀한 사랑이었던지 돈과 권력으로 산 무가치한 사랑이었던지를 구별하고 싶지 않지만 '3년'보다는 '1,000일'이 훨씬 안타깝게 느껴진다. 3년이라고 했다면 짧게 느껴져서 음악에서 나는 아쉬운 냄새가 덜 났을 것이고 화가 치밀어 오르는 마음도 덜 했을 것이다. 그래서 3년보다는 '1,000일'을 제목으로 쓰지 않았을까?

결론적으로 '몇 살이냐?'는 질문은 생물학적 수명을 확인하는 말이고, '며칠을 살았느냐?'라는 질문은 삶의 질감과 시간의 결을 되짚게 하는 말로 느껴진다. 따라서 이 계산법의 차이는 단순히 단위의 차이가 아니라, 삶을 바라보는 태도의 차이라 할 수 있겠다. 연수로 살면 '세월'의 흐름이지만, 날수로 살면 '매일'의 의미다.

정년퇴직하고 나서 어떤 선생님은 하루를 어떻게 보낼까가 걱정이라고 했다. 실제로 그런 사람들이 많다. 가끔은 내가 이 세상에 와서 며칠째 살고 있는지 계산해 보는 것도 의미가 있을 듯하다. 내 자식 태어난 날과 연인의 사귄 날 수를 계산하는 것처럼 문득 한 번씩 확인하면서 세월을 관조도 하고 체험도 해보자.

아무래도 나이를 먹다 보니 별별 생각을 하면서 세월을 변질시키고자 한다. 변하는 모습의 책임을 세월에 떠넘기는 발칙한 발악 정도로 생각하자. ■

기다리는 마음

기다리지 않아도 올 걸 기다리는 마음
봄이기 때문입니다
꽃향기, 새싹, 종달이까지도 오는데
오는 봄 어차피 오는데

봄이 새롭게 와서 기다리는 것 아닙니다
그 봄 그대로 오기에 기다립니다
기다리지 않아도 어차피 오는 봄이지만 기다립니다
매년 생색내고 오는 봄을 그래도 기다립니다

기다려도 오지 않을 걸 기다리는 마음
사랑이기 때문입니다
미소, 속삭임, 저윽한 눈길 어이 올 수 없는지
떠난 사랑 어차피 못 오는데
기다리는 마음은 한결같습니다

사랑이 새롭게 올 수 있어 기다리는 것 아닙니다
그 사랑 그대로 올 수 없어 기다립니다

기다려도 어차피 다시 올 수 없지만 기다립니다
기다려도 영 올 수 없는 사랑을 그래도 기다립니다

섭리와 운명의 차별입니다 ■

선생도 사람이다

PART + 03

위로와 회복

아무것도 원하지 않아도 모두 다 되었다
- 문자 메시지

행복한 시간이었다. 비록 같이 근무한 시간이 짧았지만, 우리는 가족처럼 생활했다. 교장과 직원의 관계가 아니었다. 굳이 요구하지 않아도 안 되는 일이 없었다. 그때의 기억을 깊이 간직하고 싶다.

아~~ 어쩌란 말이냐!! 어쩌죠!! 교장 선생님과 함께했던 시간이 얼마 되지도 않아 벌써 이별이라니요?? 저의 부족한 부분들 소리 없이 지켜봐 주시고~~감사드립니다. 교장 선생님의 인자하신 모습 고이 간직하겠습니다. 흐~~흐

짧은 인연이지만 삶의 여유와 향기가 느껴지는 교장 선생님을 만나 참으로 행복했습니다. 아쉬운 마음이지만, 늘 건강하시고 더욱 행복하시길 기도합니다.

교장 선생님, 좋은 아침입니다. 오늘은 정월 대보름이라는데 교장 선생님 점심시간이 되신다면 김강심 팥죽을 제가 대접하고 싶습니다. **샘과 함께 나와 학교를 지키는 천사로서 말입니다. 그 영광을 함께해 주셔요~^^*

샘! 정말 고맙습니다. 사실 제가 팥죽을 무척 좋아했습니다. 그런데 밀가루 음식에 대한 묘한 거부 반응이 가끔 있습니다. 그래서 될 수 있으면 피하려 하고요. 더구나 오늘 대보름이라고 점심 선약이 있습니다. 항상 생각

해 주심에 감사드립니다. 좋은 하루 되세요.

교장 선생님, 어제도 몇몇 선생님들과 이야기 나누었습니다. 인격적으로 성숙하신 관리자를 만나게 되어 학교 전체가 평온을 되찾고 우리 또한 업무에 전념할 수 있음에 대해 감사하다는 내용이었습니다. 거듭 감사드리며, 방학 기간 중 행복한 시간 되시길 바랍니다.

교장 선생님 학교 부임하신 뒤로 학교 분위기도 많이 좋아지고 여러모로 발전되었다고 생각합니다. 교장 선생님께서도 내년에 더욱 건강하시고 행복하시길 기원합니다. 올 한해 교장 선생님, 교감 선생님, 다른 선생님들과 함께 많은 추억 쌓고 행복했습니다 *^^*

옛 추억을 그리워하기도 하고~ 보내버리기도 합니다. 한 해 동안 좋은 만남과 인연으로 살았던 것 같습니다. 가끔 교장 선생님의 감성적인 메시지들이 바쁜 중에 쉼이라는 여유로움을 주워서 참 행복했습니다.^^*

교장샘의 순수함과 감성에 제 맘도 물들고 싶습니다.. 행복한 크리스마스 되세요^^

메리 구리수마수~맥주와 함께 즐겁고 행복한 크리스마스 보내세요~~~^^

교장 선생님, 의미 있는 성탄 축하 메시지 감동 있게 읽었습니다. 교장 선생님도 가족과 성스러운 성탄절 보내시길 기원합니다^^

이야기를 길게 쓰셔야지용^^ 정말 50년 지난 후 약속 장소에 나가서 기다린 것인지, 누구를 기다리셨는지, 장소가 없어져서 어떻게 하셨는지, 궁금하게시리…괜한 궁금증만 키우시고, 메리 크리스마스!

요새 컴퓨터가 말썽이라 어제서야 교장 선생님께서 쓰신 글을 보았습니다. (이래저래 항상 정보가 늦네요^^)

지난주 부터 머릿속이 참 복잡했더랬습니다. 생각지 못한 상황에 당황+황당하기도 하고, 이**샘 일도 무척 안타까웠습니다. 한 해 더 좋은 분들과 근무하지 못하게 된 것도, 무척 아쉬웠구요 ㅠㅠ

"신이시여, 저에게 바꿀 수 없는 것을 편하게 받아들이는 평안과 바꿀 수 있는 것을 바꿀 수 있는 용기와 이 둘을 구별할 수 있는 지혜를 주십시오."
제가 항상 되뇌는 성인의 기도문입니다. 항상 지혜가 모자라 문제입니다.^^

교장 선생님, 여러모로 배려해 주시고 걱정해 주셔서 진심으로 감사드립니다. 교장 선생님과 주변에서 걱정해 주시는 여러 선생님의 따뜻한 마음을 다시 한번 느낄 수 있어 추운 겨울이지만 훈훈해지는 기분입니다 *^^*

교장 선생님, 제가 다음 주 월요일(23일) 연가를 써야 할 거 같습니다. 그날 이사하는 날 인데요, 원래는 남편이 하기로 했는데 갑자기 출장이 생겨서 어쩔 수 없이 제가 있기로 했네요. 나이스에 연가 신청하겠습니다.^^

출장 중이시라고 하니 1층이 썰렁(?)하네요. 참 저희는 행복한 사람들이라는 생각을 합니다. 따스하고 여유로운 기운을 주시는 분이 계시기에....아부 아님 ㅋ

아! 모두 축하할 일이네요. 축하합니다. 짝짝짝. 덕분에 동백꽃과 봄꽃과 국화꽃이 어떻게 지는지 알게 되었네요. 그렇게 지고 있었군요. 문득 나는 어떻게 질까나??? 생각해 보게 됩니다.

교장 선생님. 큰일 치르시느라 너무 고생 많으셨습니다. 저도 교장 선생님처럼 인덕을 많이 쌓아야겠다는 생각과 늘 베푸시는 교장 선생님을 멘토 삼아 살아야겠다는 생각을 잠시 했었습니다. 좋은 길을 선보여 주셔서 늘 감사

합니다^^

교장 선생님~ 축하드립니다^^ 인물이 다들 훤하시더라구요~ 교회 누나(?)도 완전 미인이시고 두 아드님도 잘생기시고 신부도 예쁘고... 앞으로도 가내 두루 행복하시기를 바랍니다^^

저 지금 출장 다녀오겠습니다 ~ 그리고 10월 2일 발생한 2-6 도난 사건이 서부서 강력계에 사건 접수되어 내일 오후 2시에 조사하러 학교 온답니다. 사건발생일 학교 입구 쪽 CCTV 기록을 공문으로 제공해달라고 한다는데, 제공해도 되는지 모르겠습니다~

찔끔 비라고 일기 예보하더니 촉촉이 내리네요. 행복은 늘 가까이에 있다고 하죠.
작은 행복을 소중히 여기면서 살아야 할 것 같아요. 매일매일 행복하시길... ^^

쓰레기통을 하나 만들어 두겠습니다. 돌아오는 7일 종례하실 때 자신이 무심결에 쓰고 있는 욕이나 비속어 중에 안 써야겠다 싶은 것을 쪽지에 적어 그 통에 똑요일과 금요일에 버리라고 해 주십시오. 그러면 제가 얘들의 욕을 버리도록 하겠습니다. 욕설 없는 주간 아이들이 조금이나마 본인이 어떤 언어생활을 하고 있는지 느낄 수 있는 한 주였으면 합니다.

교장 선생님~질문 있습니당^^1학기 일지 결재 올리려고 하는데 결재선을 교장 선생님까지 할까요? 교감 선생님까지 할까요? 학교마다 다르네요^^

〈10월의 어느 멋진 날에〉 개인적으로 제가 좋아하는 노래예요~ 진로실에 앉아 일을 하는데 아름답게 울려 퍼지는 두 분의 하모니가 어느 성악가보다 듣기 좋으네요~ 직접 가서 듣고 싶은 걸 참고 있습니다^^

네~ 물론 심오한 글도 많이 쓰시지만 교장 선생님 중에 교사들과 이렇게 재미나게 단문으로 쿨을 주고받으시는 분은 몇 분 안 되실걸

요?! 하핫^^ 완전 빵 터졌어요^^ 역시 교장 선생님과는 말보다 글로 통하는 게 더 재밌어욤……홍홍홍

가슴을 울리는 교장 선생님 말씀 한 자 한 자 잘 읽었습니다. 너무 고통스러웠던 시간이 없습니다. 가소로운 얘기일 지도 모르겠습니다만, 제가 교육계에서 지향하고자 해온 바를 돌이켜 생각해 보면, 더욱 그러했습니다. 무엇 때문에 그리되었을까 생각하면 생각할수록 가슴만 막막하여 오곤 했습니다. 최대한 털어내고 생활하려 합니다. 오늘 교장 선생님 말씀 잘 새겨듣겠습니다.

저희에게 최대한 자율권과 여유를 주시는 교장 선생님, 진심으로 감사드립니다. 저희 본분을 자발적으로 성실히 수행하게 할 큰 힘을 지니셨다고 생각되며, 그러나 그것은 결코 쉬운 일이 아님을 조금은 압니다.

교장 선생님. 경찰분들 다녀가셨습니다. 3학년 6반에서 말씀하시고 복도 순회했습니다. 스포츠클럽 시간에 빠진 학생들은 그 시간 소재 파악하는 정도로 알아보려고 합니다.

학부모님 포함한 외부에서 우리 학교 시험 문제가 어렵다고들 하고, 언젠가 매스컴에서도 평어 '가'에 해당하는 학생 수가 타교에 비해서 많다고 보도했었다네요. 특히 성취평가제는 목표지향 절대평가이니만큼 학생들이 성취감을 가질 수 있도록 적극적으로 난이도 조정을 해 주시기 부탁드립니다.

오늘 공개수업 하시느라 수고 많으셨습니다. 대부분 학부모님께서 수업 참관록에 남기시기를, "참 인상 깊은 수업이었다." "선생님들께서 정말 수고가 많으시다." "아이들과 눈높이를 맞추려고 해쓰시는 모습을 느꼈다." 등 매우 긍정적인 평가가 많았습니다. 일부 학교에 대한 요구도 있었는데요, 나중에 정리해 알려드리겠습니다.

우리 교사들은 수업 공개에 일정한 부담을 느끼지만, 그러나 학교

와 학부모, 교사와 학부모 사이가 불신을 극복하고 소통하는, 서로에 대해 좀 더 이해하는 과정이 될 수 있는 통로라 여겨집니다. 정말 수고 많으셨습니다. 무더운 여름이었음에도 아낌 없이 협조해 주신 점, 다시 한번 깊이 감사드립니다.

종*이가 1교시에 수업하다 말고 학교 밖으로 나갔다고 하네요. 조 선생님 시간이어서 교문까지 따라 나가서 말렸는데 학교 안 다닌다고 하면서 가버렸다고 하네요. 담임 선생님께 연락해서 학부모 연락했을 거예요. 경찰관과 제가 통화를 해보겠습니다.

선생님 1학년 *반 담임 김*은이에요. 개인 사정으로 내일도 병가를 내게 되었어요. 직접 말씀드려야 되는데 이렇게 메시지로 대신해서 죄송해요~

교장 선생님. 내일 오전 병원에 잘 다녀오겠습니다. 배려해 주셔서 감사합니다. 이를 어쩐담~~교장 선생님이 아니 계시면 힘이 빠지는데요. ㅋㅋ 오늘 '세계 책의 날' 행사로 12시 50분에 아이들 응모권 추첨이 있어서 교장 선생님께 한 표 부탁드리려고 했는데~ 아쉽습니다.

교장 선생님, 2박 3일간 학교 일은 잊고 잘 다녀오시면 좋겠습니다. 기존 학교에 몸담고 있던 구성원으로 제가 오히려 교장 선생님께 죄송스럽습니다. 아무쪼록 스트레스 많이 받지 마시고 건강 잘 챙기시길 기원합니다.

저희가 더 송구스러운 마음입니다. 잠시 떠나 계시면 오히려 더 명료한 마음으로 편안해지시지 않을까요? 잘 다녀오시기 바랍니다.

교장 선생님, 절대 일어나지 않을 거로 생각했던 일을 때로는 제가 하는 모습에 놀라게 됩니다. 큰소리친 그 상황이 느닷없이 벌어지게 되어 우선 모두에게 죄송한 마음입니다. 그러나 이런 감정 표현이 때로는 진솔한 대화를 끌어내기도 하는가 봅니다.

감사합니다.~~ 교장 선생님의 마음을 늘 전달받으면서 행복해져 가고 있음을 학년실 곳곳에서 발견하고 있답니다. 오늘도 점심 후에 교정을 잠깐 산책하면서 벚꽃 아래 사진 찍고 있는 아이들, 운동장에서 축구하는 아이들.... 모습이 훨씬 아름다워 보였습니다. 고맙습니다. 행복하게 열심히 살겠습니다.

뭉클하게 잘 읽었으며 많이 공감합니다. 교장 선생님 부임 이후로는 한 사람도 마음 아프지 않았으면 하신다는 말씀대로 모든 게 잘 풀렸으면 하는 마음입니다.^^

교장 선생님의 따뜻한 마음을 읽을 수 있어서 좋았습니다. 교장 선생님께서 저와 함께한다는 마음에 위로받으니 한결 마음이 가볍습니다. 늘 감사드립니다^^

비록 더디 오는 봄에 몸은 춥지만, 교장 선생님의 따뜻한 위로의 말씀에 웃음이 지어집니다···. 우리 학교가 날로 새로워지고 발전하고 있음이 느껴져서 좋습니다..

네, 교장 선생님의 구구절절한 마음 쓰심을 잘 알게 되었습니다. 많이 행복합니다. 저희도 가벼운 마음으로 본분에 묵묵히 임하겠습니다.

1교시 후, 출출한 배를 어디선가 배달된 따뜻한 떡을 맛있게 깨물며 깜박거리는 몇 개의 메시지를 확인했습니다. 그저 감동입니다. 샘솟는 에너지를 주셨어요. 위로되는 교장쌤이 되어 주시겠다는 말씀!! 아마 이 글을 읽으신 모든 쌤의 마음이 어떠할지 상상이 되는군요. 가진 역량을 최대로 발휘하면서 즐겁게 생활하자 마음 다잡으며 따뜻한 말씀 기억하리라 생각해요. 편안하고 든든합니다. 감사와 사랑 듬뿍 담아 전해 봅니다....꾸벅^^

교장 선생님께!! 봄을 간절히 기다리는 마음으로 학교 출근하여 교장 선생님의 편지를 읽어봅니다. "힘든 일을 당하면 힘들어서 힘든 것이 아니고 위로받을 수 없어서 힘들다고 합니다." 이 말씀이 차디찬 제 영혼이 위로받는 것 같아 힘이 납니다. 어제 학부모독서회에 오셔서 청소년기에 용돈만 생기면 책을 사서 보셨다는 그 말씀이 기억납니다. 책을 많이 읽는 자는 마음이 여유롭고 영혼이 자유로움을 느낍니다.

교장 선생님. 저도 감사합니다. 문장 한 절 한 절이 봄날 연애편지 받은 기분입니다. 함께 생활하는 동안 그리고 헤어진 후에도 좋은 사람으로 남고 싶습니다.

비도 오고 날이 우중충해서 교장 선생님의 시상이 팍팍 떠오르실 것 같은 날이에요~ 좀 전에 학부모인 척하고 최**샘에게 진로상담 예약한다고 했더니 성심성의껏 전화를 받더라고요~ 하핫 ^o^ 30초 동안 실컷 웃었습니다~^^

교장 선생님의 보이지 않는 배려와 믿어주심이 저희를 더욱 힘이 나게 하는 것 같습니다. 감사드리며 출장 잘 다녀오세요~~~ 아, 교장 선생님 계셨네요.. 안 계신 줄 알고 이렇게 툭 문자로 보냈습니다요^^ 이런저런 업무를 알아가는 재미(?)도, 저에게 주어져서 감사의 마음을 가져 봅니다.

교장 선생님의 첫 말씀에서 선생님들이 매우 행복해하십니다. '위로를 드리고 싶다'는 그 말씀.. 감사합니다.

문종민 과장님! 오늘 교육 관련 보도 글을 읽는 중 과장님의 애끓는 심정을 담은 글을 읽고 이렇게 메일을 보냅니다. 저 또한 이번 참사를 보면서 가슴이 아프고, 날마다 애끓는 소식들을 접할 때마다 눈물이 흐르는 참담한 심경과 함께 무책임하며 원칙을 무시하고 사는 것이 아무렇지도 않게 곳곳에서 자행되고 있는 우리의 현실이 부끄럽고, 30여 년 동안 우리의 교육을 담당했던 교육자의 한 사람으로서 저 또한 그 무책임한 자 중 한 사람이었던 것 같아 심히 부끄러웠습니다.

과장님의 절절한 표현들이 또 한 번 가슴을 울립니다. 우리가 이러고도 또다시 몇 년 지나면 이 부끄러움을 잊어버리고 대강대강 시늉만 내며 적당히 살아가지 않을까 심히 걱정됩니다. 지금까지 그래왔으니까. 우리가 기억하는 인재로 인한 대형 참사가 벌써 몇 번째입니까? 아무리 과속 경제성장으로 인한 어두운 단면이라고는 하지만 이제는 우리도 그런 자족의 말은 하지 말게요.

세 끼를 배부르게 먹는 것보다 두 끼만 먹더라도 안전한 나라에서 살고 싶다고 누군가 그러더군요.

이제는 우리 교육에서부터 적당히 문화를 버리고 확실한 책임감과 원칙을 고수하는 문화를 확산시켜야 하고 우리 학생들에게도 그러한 사고방식을 어렸을 때부터 심어주어야 이 나라 앞날의 안전을 그나마 기대해 볼 수 있을 것 같습니다. 일선 교육 현장을 책임지고 있는 우리부터 바꾸렵니다. 책임지고 하겠습니다.

과장님의 글에 대한 저의 마음만 짧고 간단히 전하고 싶었는데 쓰다 보니 저의 부족한 생각까지도 드러나 버렸네요. 좋은 글 감사합니다.■

선생님들의 간절한 바람으로 잘 견뎠습니다

〈어처구니없는 징계를 당했을 때 모든 선생님은 기겁했고, 나는 4개월을 창살 없는 감옥에서 속절없이 갇혔다. 그때 선생님들의 위로는 견디고 회복하는데 특효약이었다. 지금도 이 글들을 대하면 울컥한다. 과격한 표현의 글은 빼고 그 일부만 싣는다. 오래 기억하고 싶다.〉

교장 선생님! 어떻게 지내십니까. 도저히 이해할 수 없지만 저희는 어떻게 항의할 수도 없어서 쳐다보고만 있으려니 너무 마음이 아픕니다. 참 나쁜 사람들입니다. '행복한 사람은 리듬을 듣고 가난한 자는 가사를 듣는다.'라고 합니다. 저는 교장 선생님은 행복한 사람이라고 항상 생각했습니다. 힘내십시오.

교장 선생님~ 출근길에 문득 생각나서 문자 드립니다^^ 추워지는 날씨에 감기 조심하시구요~건강도 모두 회복하셔서 좋은 모습으로 뵙길 기대하겠습니다~^^좋은 하루 보내세요~

^^건강 다 회복하시고 오셔야 합니다~모두가 한마음으로 교장 선생님 기다립니다~~~^^

교장 선생님! 얼마나 힘든 시간을 보내고 계십니까? 내내 마음만 안타까울 뿐 어찌해야 할지 몰라 아무런 도움도 못 드려 너무 마음이 아픕니다~저희들 마음 잘 아시지요?

언제 어떤 상황에서나 우리 교장 선생님을 믿고 지지하고 응원합니다~

　누구보다도 아이들이 최우선이었던 교장 선생님의 진심과 교육 철학을 너무나도 잘 알기에 안타까움 또한 더욱 크네요~빨리빨리 일이 원만하게 처리되어 우리 곁으로 다시 돌아오시길 간절히 기도하고 있습니다^^더욱 힘내시고 좋은 일 있기를~~~내일 화이팅입니다^^힘내세요!!

　교장 선생님~오늘은 조금 날씨가 풀린듯합니다. 어찌 지내시는지요. 오늘 신입생 원서 접수 마감했습니다. 총 102명 지원했네요. 이후 남은 전형 일정도 차질 없이 진행하겠습니다.

　교장샘. 저희. 에버랜드에 있습니다. 이젠. 걱정의 말씀은 더 안 드리고 싶어요! 그냥. 편안한 맘으로 대처해 나가시는 모습. 믿고. 기다리겠습니다!

　항상 존경하고 응원합니다. 불편한 마음 추스리고 굳건하게 지내시길 못하는 기도지만 빕니다. 세상 그 무엇보다 중요한 것이 건강입니다. 걱정됩니다. 건강 챙기시길..

　교장 선생님~아침 출근하여 교장실 창문 활짝 열어 신선한 공기로 가득 채워두었는데 못 나오시네요. 이렇게 좋은 날 교장 선생님과 함께 나누지 못함이 못내 아쉽습니다. 저희 모두 선생님의 마음과 뜻을 알기에 제자리를 지키면서 돌아오실 날을 손꼽아 기다리겠습니다. 감히 교장 선생님을 존경합니다. 곧 뵙겠습니다.

　많이 힘드실 텐데 학부모들이 더 귀찮게 했나 봅니다. 이번 사태 잘 마무리하시고 우리 딸들에게 사랑 많이 심어 주셨는데...저도 많이 안타깝네요. 어제 보니 건강도 안 좋아 보이시던데 힘내시고 건강 유의하세요. 더욱 발전된 광주 여자배구가 되길 누구보다 더 열심 하셨는데, 꼭 진실이 밝혀져서 명예 회복되시길 기원합니다. 저도 딸 잘 키워서, 교장 선생님께 받은 사랑 훌륭히 키우겠습니다. 저만은 죄송하다고 말씀드리고 싶네요. 힘내십시오.

　교장 선생님! 어두운 교장 선생님의 얼굴을 보니 마음이 아파 카톡이라도 해야겠다 마음먹었어요. 늘 아이들을 제일 먼저 생각하시는 여리고 순수하신 분인 걸 제가 보고 느꼈고 아니까. 저처럼 모든 쌤이 걱정할거니까 얼른 일어서세요^^뿌리 깊은 나무는 바람에 흔들리지 않아요. 우리 교장 선생님은 always sunny day가 잘 어울리는 분입니다 ♡

　선생님:) 잘 지내고 계세요? 갑자기 교장샘 생각나서요!!!! 오늘 10월의 그 많은 멋진 날 중 마지막 날이에요 ㅠㅠ 제가 보내드린 꽃은 받으셨는지 ㅠㅠ 10월 되면 그 명곡과 함께 노래 부르시던 교장샘 생각나요!! 저는 이 멋진 날에 야자 감독입니다.ㅋ 오늘 날씨 엄청 춥던데 항상 건강 잘 챙기세요:)

　오매 이런 **이들 ㄲㄲ 교장샘 힘내세요!!! 책임 있는 자리라고는 담임밖에 안 해봐서 제가 감히 그 마음 다 헤아릴 수는 없겠지만 진실과 진심은 통하는 거니까 기운 빼고 코 빼고 계시믄 안돼요!!! 제가 뭐 도울 수 있는 거 있음 뭐든 말씀하세요. 미생이기는 하지만 그래도요!!! 그리고 소청하시려면 꼭 건강부터 잘 챙기셔야 해요! 마음 건강도!!! 힘내세요!!!

　교장 선생님~ 중학교 선생님들은 모두 잘 있어요. 중학교에 많은 애정과 사랑 주셨는데 저희가 도움이 못 되어 죄송해요.

　학교예요. 오늘따라 텅 빈 운동장이 너무 쓸쓸해 보여요‥잘 지내고 계시는거죠?? 건강 잘 챙기며 지내세요.

　우리 시의 많은 교직원이 염려하고 속상해합니다. 차마 연락드리지 못할 정도로요… 감히 바라옵건대 집안의 대사를 핑계로 다 잊으시고 심신의 안정과 희망을 보셨으면 합니다. 늘 당당하고 멋지신 문종민 선배님, 존경하고 사랑합

니다. 힘을 드리지 못하고 마음만 함께하는 못난 후배를 용서하십시오. ☆

교장 선생님, 건강은 어떠신지요? 학교가 허전하고 쓸쓸하게 느껴지는 것은 교장 선생님 빈자리가 너무 커서인 것 같습니다. 요즘 배구부 아이들 집단상담 통해서 교장 선생님이 아이들을 얼마나 아끼고 사랑했는지 다시 한번 생각하게 됩니다. 곧 건강한 모습으로 뵙게 됨을 기도합니다.

교장 선생님, 오늘 뵙고 반가웠습니다. 행사 때마다 어려운 발걸음해 주신 데 대해 선생님들도 감사히 생각하세요. 주제넘은 말씀이지만 교장샘은 어깨에 힘을 주실 때 더 멋지세요. 자신감 잃지 않으셨으면 좋겠어요.

자괴감이란 것은 선생님 안의 생각이 만들어낸 사람의 맘을 갉아먹어 결국엔 자신을 가둬서 외부로 돌아가기 힘들게 하는 감정인 것 같아요. 교장 선생님은 그런 거 품고 지내지 마세요. 듣지 않겠다고 귀 막은 자들에게 들어달라고 외치지만 그들은 처음부터 들을 생각이 없었잖아요. 모든 이의 이해를 구할 수 없다면 자신을 먼저 사랑하며 위로해 줘도 좋을 것 같습니다.

정상에 선다는 것은 가장 높은 곳에 선다는 것이 아니고 세상을 참되고 선하게 산다는 것일 것이다. 멋진 교장 선생님~~!!안녕하시지요?^^ '광주시민 대상' 수상 축하드립니다.*^^*보도 자료에서 기사 보고, 반가운 마음에 연락드립니다. 그동안 체육 발전을 위해 헌신하신 교장 선생님의 노고를 알아주는 것 같아 기사를 읽는 제 기분도 참 좋습니다.

교장 선생님, 생선알 속에는 100가지 바다 맛이 배어 있다고 합니다. 교장 선생님이 그런 선생님이라고 생각합니다. 늘 새로운 모습과 말씀으로 저희를 감동시켰는데, 지금은 텅 빈 교장실을 보면서 한없는 아쉬움을 삼킵니다. ■

페이스북 발췌

일기장이 된 페이스북 글을 일부 가려내서 싣는다. 페이스북은 거울이다. 모습을 보이는 대로 꾸미지 않고, 속이지 않고 보여 주기 때문이다. 그래서 사랑한다.

속리산의 아침

　새벽에 맨사댕이로 나선다. 핸드폰도 지갑도 도통 필요 없이 홑껍덕 운동복만 걸치고 나선다. 한시라도 머물고 싶지 않은 너절한 호텔이 싫어 오기로 나선다. 연둣빛 애기 잎이 고사리손 내미느라 부산하니 행여 긁힐세라 떠오르는 해님도 조심하고 부는 듯 아니 부는 봄바람도 숨죽이니 걱정스럽기는 매한가지.
　법주사 입구에서 머뭇거린다. 매표원이 기어나와 표를 사란다. 호주머니 뒤지며 고개를 주억대도 못 들어간단다. 갈참나무 꼭대기에서 내려다보던 산비둘기가 구구대며 매정한 매표원을 힐난한다. 하릴없이 솔가리만 지르밟으며 피부에 닿는 한기를 이겨보려 빠르게 걷는다.
　반백 년 전 수학여행 와서 묵었던 여관은 늙어 손님 끊기고 입구를 관우가 되어 지키던 담임 선생님은 돌아가셨다. 건너편 도랑물은 여전하여 짜락짜락 쏟아지는 물소리는 그 옛날 친구들의 아우성인 듯하고 근처 여관에 들어 애태우게 했던 여학생들은 아무래도 많이 늙었을 것 같다. 눈치가 없는 여행객 몇이 깔깔거리며 여명을 오염시킨다. 수학여행객 잃은 속리산 아침은 소슬하기만 하다.

아버지 - 어버이날에

양의사 집에서 찹쌀 한 가마 꾸어 등록금을 마련했다. 입학도 하기 전 언 봄부터 옥양목 조각에서 땀을 짜내며 황금빛 들녘에서 남의 알곡을 담아야 했다. 싸락눈이 한풍에 쓸려 뒤란을 휘도는 때가 되어서야 천을 덧대 기운 물 샌 장화를 벗어야 했다.

배우면서 부끄러움을 알았고 공부한 뒤 가난의 실체가 보이고 교만도 함께 배웠다. 어찌해서 아버지의 모습도 보였다. 훤칠하고 잘생긴 용모는 아랑곳없이 때꼽재기 낀 모습에 한없이 작아져야 했다. 아버지가 부끄러웠고 가난이 창피하였다. 지게를 지고 남루한 한복만을 입은 아버지가 보기 싫었다.

철이 들고 남의 아버지도 지게를 지고 헤진 돔방을 입고 있는 모습이 보였다. 도회지로 나가니 아버지가 또 부끄러웠다. 아무리 보아도 돔방 입은 아버지는 없었다. 행여 양복 입은 친구 아버지 곁에 돔방 입은 아버지가 서 계실까 두려웠다.

철이 한 번 더 들었다. 동네 친구 누구도 진학 못 하고 화장품 외판원 고추 방앗간 종업원이었다는 것을 알고서야 아버지가 보였다.

서러웠다. 아버지가 떠나시고 몸서리쳐야 했다. 사는 동안 두어 번 내 손을 잡아 주셨던 그 손은 거북 등이었다. 진정 철이 들었다. "아버지 모습이 부끄러웠지? 난 네가 한 번도 부끄러운 적이 없었단다. 넌 내 아들이란다."

군 휴가 때 안산에 앉아 처음으로 아버지와 눈을 마주 보면서 얘기를 나눴다. 제대를 기다리지 못하고 아버지는 하얀 옥양목 버선을 신고 떠나셨다. 양복 한 벌 구두 한 켤레 사드리지 못했다.

내가 참 부끄럽다. 어이가 없다. 물짜잔한 놈이었다. 늘 마음이 편하

지 못했다. 뭔가 이상한 것이 몸의 어딘가에 붙어 있어 누군가 보고 수
군거릴 것만 같은 불편함.
　아버지…. 아버지가 나의 아버지로 보일 때는 내 자식의 아버지가 되
고 불현듯 아버지를 볼 수 없었을 때다. 이 어리석음이 인간 만의 것인
가! 배운 놈 만의 것인가. 아버지를 온전히 받아들이는데 반평생이 부
족했다. 알량한 자존심을 부둥켜안고 살 때까지는 아버지의 모습을 제
대로 보지 못했다. 가난도 받아들이고 현상을 바로 볼 수 있을 때는 자
존심이 사라진 뒤였다.
　남이 나의 자존심을 부추기지 않는 한 철부지 자존심은 이제 없다. 세
월의 충고가 귀에 와닿을 때 마침내 내가 보이고 위대한 아버지 가보였
다. 자존심을 자부심으로 착각하면서 산 세월, 나를 좀먹었던 자존심이
사위니 자부심이 철들게 한다.

깨어진 사랑

　검은색 바탕에 검은색을 덧칠하듯 그리워할수록 그리움은 더 짙어만
가고 도무지 변하지 않습니다. 잊혔나 하면 봄날에 움터지듯 꿈틀꿈틀
고개 쳐드는 그리움은 어찌 막을 방도가 없나이다.
　오늘도 그렇게 가는구나 하고 체념하지만, 더 큰 아픔이 부푸는 또 다
른 하루가 온다는 것을 밀어가 샘솟을 때는 도무지 몰랐더이다.
　어둠이 내려 집을 향할 때 혼자라는 생각은 감히 나와 상관없었는데
떠난 후론 그림자가 너털너털 따라 오더이다. 잠들 때 설렘은 그대 있
음이었다는 것을 혼자라는 허망함에 생각을 난타당하고 나서야 그대
없음을 절감切感했나이다.
　아무것도 할 수 없다 함은 철없는 하소연인가요. 성숙한 사랑을 하고
나니 그 두려움이 세월보다 더 무섭고 벌거벗은 마음은 어미 잃은 펭귄

보다 더 막막합니다.
 바람은 오늘따라 차갑네요. 낙엽과 함께 구석으로 고꾸라지는 모습은 무릎 싸매고 쭈그리고 있는 나의 모습입니다. 이리도 아프고 잊히지 않음은 사랑의 기억이 너무도 아름다웠기 때문입니다. 깨어진 사랑은 몫몫이지만 잊는 것은 오롯이 혼자 몫입니다.

어느 봄날의 몸부림
 이 비가 그치면 여지없이 봄은 오려나. 저 산등성 구름 걷히면 작년처럼 꽃은 피려나. 꽃은 피었으되 어느새 된서리 맞아야 할지, 쓰라림을 견뎌야만 향은 짙어지고 열매는 맺히는가? 억겁 동안 시종여일한 계절의 통증이련만, 이내 잊고 또 조급해함은 그 봄날 언약이 부질없었기 때문이리오. 그래도 은미한 변화 속에 아늑히 서려 드는 다스함이 두근거리던 그날의 당신 품을 간절히 그립게 하오. 젊은 날의 기억은 조금도 변하지 않았고 눈에 보이는 산천은 아무래도 그대로인데 아지랑이에 홀린 듯 부산히도 드나들던 조붓한 뒷동산 오솔길은 간데없고 그 벌안과 당신은 야속하게 사라졌소 영원 하자던 그 약속은 산허리에 걸린 구름이었나 봅니다. 하여 봄날의 징조를 그저 곧이들어야 하나요? 숲에서 들려오는 꿩 울음을 정분 때문이라 믿어도 될까요?
 봄날의 몸부림은 되돌릴 수 없는 애련입니다.

남의 맘을 내 맘처럼 쓴다는 것
 대학 때 육상부 회식 때 교수님께서, "고기 더 시킬 거야?" 하시기에 "아니요, 배불러요." 했더니 다른 부원들이 아쉬운 눈빛을 보내는 것을 느끼는 순간 교수님께서 "너는 왜 남의 마음을 네 맘처럼 쓰려하느냐?"

라고 나무라셨다. 네가 배불렀다고 다른 사람도 다 배불렀다고 생각하느냐는 말씀이었고 난 그 이후로 나 위주로 살지 말아야겠다고 생각했다.

합창하는데 가장 안 좋은 것은 나의 소리가 묻히기보다는 압도해야 한다고 생각한다는 것이다. 하모니를 무시한 나를 고집한다는 것이다. 나의 목소리가 아무리 아름답다고 하더라도 합창이란 사실을 생각하지 않은 어울리지 못함이다.

오늘도 어제와 같이 좋은 사람과 술 한잔을 하면서 조금은 속이 상했다. 그분은 항상 자기 위주였기에 많은 사람이 그분을 떠났다. 하지만 난 '참자. 이해하자. 그러면 그분도 곧 깨닫겠지.'라고 인내하고 기다리다 너무 심해서 나의 맘을 정확히 표현했더니 나에 대해서 서운해했다.

글을 쓰거나 노래하거나 말하면서 제일 힘든 것이 수위를 조절하는 것이다. 과한 표현을 하지 않으려고, 기분을 상하지 않게 말하려고 감정과 톤을 조절하는 것이 쉽지 않기 때문에 자제는 가장 귀한 배려라는 생각을 한다.

오늘 그동안 내 생각을 숨김 없이 말했더니 어렵게 수긍했다. 우리는 절대로 감정이 상해 관계를 상처받게 해서는 안 된다는 생각에 동의하고 가벼운 맘으로 귀가했다.

TV에서 좋아하는 음악 프로그램이 방영되고 있다. 성악 하는 팀들이 가요를 한다. 한 팀(4명)이 하모니를 만든다. 높고 낮고 거칠고 부드럽고 갑자기 한 사람인 듯 하모니가 완벽할 때 '누구 목소리지?' 할 정도로 어우러질 때, 술이 확 깨는 느낌은 멤버 누구도 '나'를 고집하지 않음이란 사실을 가슴 떨면서 깨닫기 때문이다.

남의 맘을 내 맘처럼 여기는 이기가 사라진다면 관계나 어울림에 벽이 없어지지 않을까. 취중에 포스팅하다 보면 흔들림이 클 수도 있는데 걱정이다.

Summer Wine

호흡이 부족한 것인가. 목이 메는 것인가. 지난 세월이 너무 무거운 것인가. 78살의 박인희가 노래한다. 그 세월만큼이나 가슴을 헤집는 아픔이 있다.

우리 시절의 우리는 '모닥불'을 부르며 사랑을 찾고 '목마와 숙녀'를 들으며 가슴 뜯었다. 우리를 그리 숨 못 쉬게 하고 아픔을 노래로 치유 받고 있을 때 불현듯 그녀가 우리 곁을 떠났을 때의 상실감은 내 실연보다 더 깊었다.

친구와 기타 치며 노래할 때 난 이필원이 되었고 그는 박인희가 되었다. 산수동 작은 동산 어느 모퉁이는 여름날 우리 둘만의 공연장이었다. 'Summer Wine'을 부를 때면 어느덧 몇몇이 우리를 둘러싸고 있었다.

그 친구도 박인희도 미국에 있는데 박인희는 돌아와 노래하는데 그 친구는 어찌하여 오지 않은 것인가. 못 오는 것일까. 설마 날 잊어버렸을까.

태양은 가득히

고등학생 때였던가. 알랭 드롱 주연의 영화를 본 적이 있다. 중학생 때 병원 원장의 아들인 친구 집에 갔더니 처음 본 레코드판 위에서 음악이 흐르고 있었다. 감미로웠다. 뽕짝밖엔 모르던 나에겐 그 음률이 충격이었다. 나중에 그 친구의 설명에 따르니 "태양은 가득히"의 OST였다.

고등학교를 광주로 와서 극장 앞을 지나가는데 간판에 커다랗게 아랑 드롱 얼굴과 함께 "태양은 가득히"가 그려져 있었다. 어렵게 들어가서

봤다. '고교생 관람 불가'였기에 정학을 무릅쓰고 친구와 함께 들어간 것이다. 중학생 때의 기억 때문이었고 다행히 잡히진 않았다.

톰(알랭 드롱 분)은 아마도 "자신의 현실을 부정하면서 자신이 만든 허구를 진실이라고 믿고 거짓말과 행동을 반복하는 반사회적 인격장애(리플리 증후군)자"였다. 그런데도 톰을 응원하고 친구의 시체가 떠오를 때 얼마나 실망했던가. 중학생 때 처음 듣던 "태양은 가득히"가 배경에 흐를 때는 슬프기까지 했다.

그 알랭 드롱이 88세를 일기로 타계했다. 나에게 진한 추억을 가슴에 간직하게 해줘서 고맙고 명복을 빈다.

여수 가는 길

초등학교 전국 동창회가 여수에서 모인다기 이야깃거리를 짊어지고 터미널에 도착했다. 터미널 외진 곳에 자리한 피아노! 가방을 곁에 두고 피아노 연주를 한다. 그리고 가방을 둘러메고 급하게 승차 홈으로 간다. 서두는 그 모습까지 아름답다.

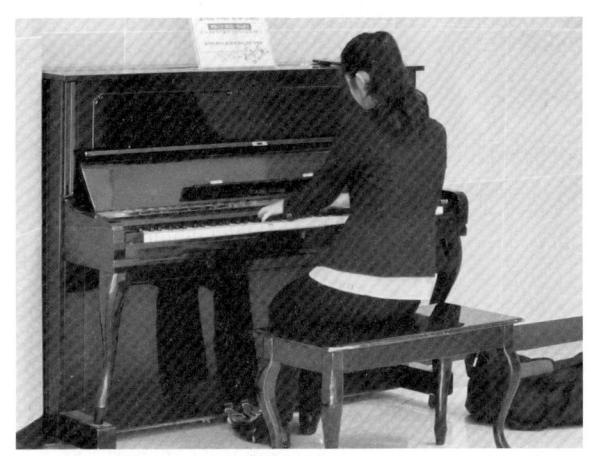

소쩍새 홀로 우는 밤

눈썹달이 지고 외딴집 힘없이 껌벅이던 등불 서둘러 꺼지고, 삭신 아파 신음하는 할머니를 하릴없이 들여다보던 허리 굽은 할아버지가, 불현듯 엉덩이를 밀어 토방에 걸터앉아 여윈 목 기둥에 기댄 채 소쩍새 울음 듣는다. 젊은 날 열기 식지 않은 여름밤, 이 할멈 찾아 담을 넘을 때 들리던 그 소쩍새 울음 신나기만 했는데, 오늘은 어이 참 구슬프게 들리어 온다. 온갖 새소리, 풀벌레 합창 다 멈추고 오롯이 소쩍새 홀로 울게 배려했다.

짝을 만나 정사 나누는 듯 소쩍새 울음 그쳤고, 들리지 않던 풀벌레 소리가 늙은 고막 두드리니 할아버지 일어나 방문 열고 들어선다. 홀로 울던 소쩍새, 떼창을 하던 풀벌레 울음이 귓전을 떠나고 할멈 앓는 소리만 온 방을 채웠다. 깡마른 손 내밀어 할멈 손을 잡으니, 등걸보다 더 거친 손이 잡혔지만, 행여 깰까 서둘러 손을 뺐다. 불 꺼진 검은 천장 응시하는 할아범 망막에 그 옛날 깨어진 사랑 번쩍 비춘다.

할아범은 중얼거린다. "그래! 사랑은 도무지 변하지 않아. 상황이 변할 뿐이지" 상황 따라 변했는데 그게 사랑이 변했다 변명하던 젊은 시절 그 억지가 어처구니없었다.

처음의 마음으로 돌아가라

정진욱 정무 특보의 출판기념회가 내일 있어 그의 책 '정진욱, 응답의 정치'를 훑어보다가 눈이 번쩍 뜨였다. 아~이리도 글을 잘 쓰는가. 이렇게 글을 억지로 만들지 않은 저자도 있구나. 했다. 그가 인용한 글을 재인용한다.

『세탁소에 갓 들어온 새 옷걸이에게 헌 옷걸이가 한마디 했다. "너는 옷걸이란 사실을 한시도 잊지 말길 바란다." "왜 옷걸이란 사실을 그렇게 강조하시는지요?" "잠깐씩 입혀지는 옷이 자기의 신분인 양 교만해지는 옷걸이들을 그동안 많이 보았기 때문이다."』

보름달이 뜨면

그랬었다. 우리는 그렇게 언약했다. 어디 있든지 보름달이 뜨면 꼭 쳐다보자. 8월 한가위 정월 대보름 기어코 달을 보자. 서툴렀던 우리 사랑 못내 아쉬워하자.

세월이 겹을 지어 이 나이가 되었어도 그 약속 잊지 못하는데 그 사람도 기억하고 있을까. 그 사람 저 보름달 쳐다볼 기력이나 있을까. 행여 저 보름달 아래 없지나 않을까?

세월이 가면

만나고 싶은 사람과의 귀한 약속을 미루고 고향에 와서 위로가 필요한 친구 집을 찾아가면서 옛길을 걸었다. '독재'를 지나니 '구렁너메'가 나타났다. 여전히 곧고 높게 솟은 나무들은 그 자리를 지키고 노송이 된 소나무만이 세월을 웅변한다.

고교 시절 이웃 동네 여학생과 약속으로 '구렁너메'를 갔었다. 한 여름밤 어둠 속에서 등을 돌리고 앉아 아무 말도 못 했었다. 왜 만나자 했을까. 누가 먼저 만나자 했을까. 이후 그녀를 단 한 번도 보거나 우연히 만나지도 못했다. 다만 이른 결혼을 했고 일찍 세상을 떠났다는 소식을 들었을 뿐이다. 그녀 친정집은 비었고 논수밭 가에는 녹슨 경운기가 붉은 피를 뚝뚝 흘리면서 돌아올 수 없는 주인을 속절없이 기다리고 있었다.

가슴만 숨이 가쁘게 뛰었을 뿐 아무 말도 못 했던 그 자리를 지나는데 그때의 오솔길은 경운기 도로가 생겼고 언제부턴가 '구렁너메'가 잘려

흉흉한 일들이 빈번히 일어난다고 인위적으로 이어 둔 둥근 다리를 보면서 그녀와의 그 자리를 다시 돌아봤다.

"그래서 일찍 떠났을까?"

고개를 흔들어 생각을 지우려 했지만 쉽지 않았다. 동네 한가운데를 지나 뚝보 아저씨 집 앞에 다다르니 지금도 잔돌이 박힌 조붓한 길이 그대로이고 언덕엔 주인 없는 작은 호박이 덩그러니 달려 있다. 호젓한 길 위에서 짙은 향수를 맛보는데 뚝보 아저씨의 마른기침 소리에 소스라쳐 오솔길을 떠나야 했다.

비달길을 돌아서니 담은 그대로인데 집은 사라지고 감나무만이 무겁게 열매를 달고 있다. 헐린 집터를 보니 어인 일인지 허전하고 이별을 참아내는 듯한 아픔이 일었다. 얇아져 버린 가슴만 남기고 떠나버린 옛 사랑처럼. 그 자리에서, 그 조그마한 초가집에서 예닐곱 명의 식구들이 누구나의 집도 그랬듯이 좁은지도 모른 채 늘 웃음소리는 담을 넘었다. 해거름 참이 되면 여지없이 초가지붕 지슭에 실린 굴뚝으로 연기는 피어나고 보리 삶는 냄새는 허기를 부채질하곤 했다. 가마솥 뚜껑을 벌리면 새하얀 김이 어머니의 작은 체구를 뒤덮었다 흐릿하게 다시 나타나면 보리밥이 차지게 익었다.

동네를 벗어나니 들판이 나타났다. 지난여름 폭우를 잘 견딘 벼가 누렇게 익어가고 참새들은 전봇대 위에서 기회를 여수고 있었다. 친구 논의 나락은 여물었고 물을 빼느라 개운하게 개를 쳐 놓았다. 아버지께서 개 친 뒤를 따라가면 누런 미꾸라지들이 많이도 튀어나왔는데 이젠 메뚜기 한 마리도 안 보였다.

친구 집 거실에 앉아 위로의 말을 건네고 엉덩이를 밀어서 소파에 걸터앉으니, 친구가 깔깔대며 말한다. "너도 늙었구나. 옛날 우리 아부지 맹키로 궁뎅이로 밀고 다닌다이~"

세월이 가면 걷는 모습부터 변한다. 뒷짐을 지고 걷고 보폭은 좁아진다. 뒷모습은 초라하고 숨차 보인다. 그림자가 뒤따르다 뒤꿈치를 밟을까 문득문득 멈춘다.

배우고 잊고 각성하고….

일주일에 두 번 정도 푸른 길을 걷는다. 병원 치료차 집에서부터 걸어간다. 걸어가는 목적은 첫째, 치료를 위함이고 다음은 운동이다. 세 번째는 걸으면서 보는 광경들을 즐기기(?) 위함이다. 많은 사람이 부지런히 걷는 모습을 본다. 세계 어느 나라 사람이 이렇게 열심히 걸을까.

산책을 즐기는 사람은 보이지 않는다. 걷는 것은 급하고 산책은 여유롭다. 급하면 놓치는 것들이 많고 여유는 꼼꼼히 살필 수 있다. 어떤 사람에게는 급하게 걷는 것보다 여유롭게 산책하는 것이 더 도움이 될 수도 있다.

걷는 모습을 보면 비장하다는 생각이 들 정도다. 그렇게 걸어 건강을 위함과 산책 중 생각하고 살피고 음미하는 여유는 어떤 쪽이 좋을까.

나는 운동을 좋아하지 않는다. 그러나 집사람의 성화를 이길 수 없어 일주일에 서너 번을 걷는다. 대충 5,500보, 약 한 시간, 약 4km다. 월산공원 오솔길 곳곳을 걷다 보면 그 정도다. 천관산 임도를 왕복하면 그 정도다. 나에게는 그것이 적당한 것 같다. 내 신체 능력이 그것이다. 그리고 그 목표를 채우기 위해 안달하지 않는다. 채우면 좋고 못 채우면 그만이다. 운동에서 욕심은 금물이다.

푸른 길을 걸으면 배우는 것이 많다. 더 중요한 것은 각성의 기회를 준다. 각성은 이미 인지했던 것에 대한 새로운 각오다. 해야겠다는 각오를 잊었다고 생각하게 만든다. 몸이 불편하여 어렵게 걷는 분들을 보면 나도 꾸준히 운동해야겠다는 각성이 일어난다. 문제는 내 몸에 맞게

'꾸준히'다.

요즘 푸른 길 주변의 상가들이 리모델링에 한창이다. 리모델링을 한다는 것은 장사가 더 잘 되게 하기 위함도 있겠지만, 그만둔 점포가 많다는 증거이기도 하다. 이 더위에 땀 흘리면서 작업하는 사람들도 힘들어 보이지만, 그보다 자영업자들의 한숨 소리가 더 아프게 들린다. 플라스틱 용기를 부지런히 넣는 모습도 그렇다. 하나에 몇 원이나 받을까.

봄 꿩은 스스로 운다

춘치자명春雉自鳴이란 말이다. 움막 뒷밭에 청보리가 제 세상을 만났다. 너무도 푸르다. 이 보리밭을 보면 몇 가지 생각이 시름처럼 엄습한다. 그 하나는 보릿고개이고 또 하나는 보리밭 가운데에서 십수 개의 꿩 알을 발견하여 허기진 배를 달랬던 기억이다. 꿩에겐 염치없었지만, 보릿고개를 견뎌야 했기에 어쩔 수 없었다. 마지막으로는 가곡 '보리밭'이다. 모 여중에서 회식 시간에 보리밭을 불러 그 소문으로 수업 시간마다 곤욕을 치렀던 기억 때문이다.

오늘 아침 일찍 잠에서 깼다. 바로 움막 옆에서 봄 꿩이 하도 울어 대서 이불을 걷어차고 나갈 수밖에 없었다. 청아하게 보리가 패고 아직 이슬은 영롱하게 매달려 있었다. 내가 보리밭 이랑에 서 있어도 장끼는 울기를 멈추지 않았다. 심지어 묏등 꼭대기서 홰를 치면서 울어 댔다.

문득 "봄 꿩은 스스로 운다."란 말이 생각났다. "봄 꿩은 제 울음에 죽는다."라는 속담에서 나온 말이다. 저렇게 울어 대니 포수의 표적이 될 수밖에 없었다. 미련하기 이를 데 없는 짓이다. 그리고 그 주위엔 틀림없이 까투리가 알을 품고 있을 것이다. 저러니 저도 죽고 알까지 앗겨 까투리를 절망케 할 수밖에. 그래서 '새대가리'란 말이 나올 수밖에.

그러나 이 격언에 대해서는 인간이 더 어리석다 할 수 있을 것이다.

한 사람의 분별없음은 수많은 사람을 낙망케 한다는 사실! 이 꺼벙한 장끼야! 그렇게 까투리 부르지 말고 알을 품고 있는 둥지 근처에서 엎드려 보초나 서거라.

도림사의 추억

지금, 눈이 내린다. 그리고 창틀에 앉는다. 태양은 구름을 제치는데…. 다만, 이 딱딱한 철골 구조물 안에 앉아 있는 것이 아쉽다. 그래서인지 도림사 뒷산에서의 첫눈이 생각난다. 예비고사가 끝난 주 토요일 첫사랑과 4명이 함께 그 산에 텐트를 쳤다.

그 밤 달은 너무도 밝았고 우리들은 잠을 이룰 수가 없었다. 숨소리만 들렸다.

견딜 수 없어 텐트 밖으로 나왔더니, 온 천지가 하얀 눈으로 뒤덮여 있었다. 그 짧은 시간에…. 달이 구름에 점령당하면 밤은 까맣고 눈은 반복해서 하얗게 내리곤 했다. 온밤을 하얗게 새웠다. 꽁꽁 언 기타 줄을 깨워 노래를 불렀다.

'눈이 내리네.' 이 노래를 들으면 가슴이 식어버린 사람도 다시 뜨거워질 것이다.

돈 벌기에 바쁘고 서서 기다리기는 힘들고

아침에 일찍 샤워하고 병원엘 갔다. 정형외과/신경외과에서 엑스레이 찍고 처방전 받아 병원에 접해 있는 약국에 들어갔는데 환자가 말 그대로 빽빽하다.

어떤 나이가 드신 환자는 밖에서 쪼그리고 앉아 계신다. 이 약국 손님은 대부분이 관절, 뼈, 신경 관련 환자들일 것이다. 병원이 관절 전문 병원이니까. 나도 밖에서 인터넷 검색하면서 기다렸다. 어떤 환자께서 하

시는 말씀,

"연뱅하고 혈압계까지 고장났는디 수리도 안 하고, 고장 났다고만 붙여놨네. 돈은 오살나게 범시롱 구식 텍텍 묶은 것을…. 이놈의 병원 생전 안 올랑마" 병원하고는 상관없(?)는데. 내 차례가 되고 약을 타면서 주제넘게 한마디 했다.

"모두가 서 있기 불편한 환자들인데 이렇게 서서 기다리게 하면 됩니까?"

약사, 죄송하다는 말 없는 것은 물론 쳐다보지도 않는다. 내가 알고 있는 약사들은 다 천사들인데…. 천사들은 이렇게 말했을 텐데…. "죄송합니다, 월요일이어서 손님이 많네요. 앞으로는 더 신경을 쓸게요." 오늘 나답지 않은 신경질을 부려본다.

한강을 생각한다

몇 년 전 작가 한강의 강연을 들으면서 크게 주목했던 건 그의 서정적 감성과 역사에 대한 통찰, 약자와 사랑을 기저에 둔 창작, 고뇌, 처절할 정도로 절제된 표현 때문이 아니고, "늘 방안은 책으로 가득했고 자다 눈을 뜨면 주위는 온통 책이었다."

라는 말이었고, 최근에는 그의 노벨 문학상 수상의 충격도 있었으나, 또 다른 감명은 그가 작사 작곡한 노래를 들으면서다.

시는 궁극적으로 노래로 귀결되기에 시인이 노래하는 것이 놀라운 것이 아니고, 모든 사람에게 위로를 주는 노랫말 또한 그가 시인이었기에 당연하지만, 그의 노래엔 끊길 듯 이어지는 가는 떨림이 내내 이어지는데, 이는 긴장 때문이 아니고 살기 위해서 몸부림치는 떨림으로 들렸기에 그랬다.

동물(사람)이 외부 충격으로 죽음에 이를 때 심하게 떤다고 한다. 살기 위한 몸부림이다. 그의 노래 속의 떨림이 바로 그 몸부림으로 들렸으며, 그의 떨림으로 인해 상처 입은 생명체가 회생할 것 같은 생각이 들었기 때문이다. 또한 그가 본 폭력으로부터 피해자들을 구해내고 죽은 자를 불러내 그 가해자들을 용서하라는 우렁찬 외침으로 들렸기 때문이었다.

교육감님, 안종일 교육감님!

당신을 처음 뵀을 때가 제가 초임 무안 현경중학교로 가기 전 무안교육청에서였습니다. 그러셨지요? "좋은 놈 보내주라니까 쯧" 저는 그 말씀의 의미를 몰랐습니다. 나중에 들으니 체육 선생이 얼굴은 하얗고 복장은 제 맘대로고…. 그래서 실망하셨다는 후문이었습니다.

그날이 81년 6월 24일이었습니다. 그 후 1개월 지나서 학교로 저를 보러오셨지요?

저는 부임하자마자 육상선수들과 미치고 말았지요. 그래서 6개 시군 육상대회에서 전 종목을 휩쓸다시피 했었지요. 그렇다고 교육장님께서 그 황톳길을 마다치 않고 학교까지 찾아오시다니요? 그뿐이셨나요? 교육장님 차 트렁크에 쌀가마 싣고 가난하기만 했던 선수들 집을 찾아다니지 않으셨던가요. 그리고 순천교육 장으로 가셨고 저도 따라 순천으로 갔었지요. 또 전라남도 교육청 학무국장으로 가셨고 저도 기어코 광주로 따라갔지요.

체육 중학교에서 제가 필요하다고 해서 갔었고 저를 축하해 주신다고 본촌동 골짜기까지 오시다 차량 펑크로 곤욕을 치르기도 하셨죠.

무안에서 결국 교육감배 시도 대항 육상대회에서 어떻게 군세가 가장 약한 무안교육청이 광주시 교육청을 제치고 우승했겠습니까? 기적이었죠. 그러나 전폭적인 지원 때문이었죠.

우린 그 인연으로 편찮으시기 전까지 매달 만났었죠. 무안교육청 전문직 모임인 '한집회'에 한참 어린 저를 끼워주신 까닭이었죠. 그런데 이렇게 황망히 가시다니요? 가슴이 아픕니다.

교육청 장학사로 처음 갔을 때 상황실에 초대 교육감 사진이 걸려 있었습니다. 그 사진을 볼 때마다 마음을 다잡곤 했지요. 저도 교육감님처럼 괜찮은 교육자가 되기 위해서 말입니다.

부음을 받은 후 저녁 모임 식사를 하고 달려갔습니다. 그런데 교육감님 영정 사진 외에 아무도 없었습니다. 가슴이 터지는 기분이었습니다. 내일은 정녕 외롭지 않으실 것입니다.

진정한 나의 표상이었던 교육감님! 사모님께서는 저에게 말씀하셨습니다. "저 양반은 욕심이 없어서 돈도 없어요. 퇴직하실 때 퇴직금도 일부만 연금으로 받았어요." 욕심이 없어서가 아니라 청렴하셨기 때문이었겠지요. 김구 선생님 기념사업회 이사장을 하시면서도 교통비도 받지 않으셨죠. 저희가 그렇게 권했지만 웃기만 하셨죠. 그런 분이셨습니다.

지금 밤 12시가 넘었습니다. 아드님께 잘 모시라는 부탁 말씀만 드리고 힘없이 나왔습니다. 우리 교육계의 진정한 어르신께서 가셨으니, 누가 어른 노릇이라도 할 수 있을까요. 제 생각엔 없습니다. 어림도 없습니다. 괜찮으신 교육감은 이미 안 계시고 그런 품격을 갖춘 분이 없습니다.

아~ 아쉽습니다. 큰 별이 떨어졌습니다. 우리 광주교육은 텅 비었습니다.

존경하는 안종일 초대 교육감님! 편안히 가십시오. 광주교육을 굽어살펴 주옵소서….

이제 건널목에서 뛰지 않는다

아들이 싱가포르에서 일주일 출장으로 2년 만에 귀국했다. 몇 달 전 손녀들 보러 갔었지만 느낌이 다르다. 장남은 차남과는 성격이 달라 많은 얘기를 한다. 둘째는 직장에서의 일은 어떤 일이 있어도 안 한다. 첫째와는 2박 3일 있으면서 상당히 많은 얘기를 했다. 내일부터 본사에서 강의해야 해서 준비에 바쁘지만, 오늘 아침 식후 '복돌이'를 비롯하여 넷이 뒷동산을 걸었다.

언젠가 이 길을 걸으면서 물었다. "너는 회사에서 뭘 잘하니?" "첫 번째는 내가 술을 제일 잘 마셔." 그 말에 너무 어이없어 하늘을 올려다봤다. "그 담은 엑셀 프로그램을 제일 잘한다고 자부해, 그리고 P.T도 제일 잘한다는 평이야." 그 말끝엔 아들 얼굴을 올려다봤다.

누구나 그러겠지만 자식 하는 일은 늘 미덥지 않다. 특히나 공부를 잘했거나 좋은 대학을 졸업한 것도 아니어서 직장 생활하는데 걱정이 컸다. 오늘도 사회생활은 성적순이 아니라는 데 서로 동의하면서 걸었다. 그런데 문득 이런 말을 꺼낸다. "건널목을 건널 때는 늘 아버지 생각을 해. 정년퇴임을 하시고 난 후 '이제 아빠는 건널목을 건널 때 뛰지 않아.'라고 하셨던 말씀을…." "늦지 않았어도 아빠 생각하면서 건널목을 뛰어서 건널 때가 있어." 퇴직 전엔 그렇게 바쁘게 살았던 모양이고 비로소 여유를 찾았다는 의미였을 것이다.

난 누군가를 기다리게 해서는 안 된다는 생각과 대체로 밖에서는 잘하지만, 집에서는 잘 못하는 스타일이었고, 지금도 여전하다. 그런데 두 아들이 닮았다. 아들들만큼은 날 닮지 않기를 바랐었다. 조금은 이기적이고 살짝 사기성도 있고 눈치 잘 살피고 손도 잘 비비고. 건널목에서 늦었어도 서두르지 않는 여유 등등. 내려오면서 '눈치'라는 책의 내용을 말해줬지만, 글쎄~

누님, 잘 가십시오

오늘 밤 이달이 왜 이리 서럽기만 하나. 차갑고 무심한 조각달이 찬달이 되기 위해 서쪽으로 기운다. 그래 달아, 그래도 넌 그렇게 다시 온달이 될 수 있으니 얼마나 행복하니. 그 행복이 왜 나에겐 서러움으로 다가오는 건지. 오늘, 이 밤이 이렇게 서러운 건 너 때문만이 아니란다. 내 누님은 가셨고 다시는 내 눈앞에 올 수 없기 때문이란다.

내 누님을 떠나보낸 것이 이토록 서러운 것은, 10여 년의 치매 세월 동안 아끼던 큰아들이 알코올 병원에 갇혀 있는지도 몰랐고, 내 동생아 내 동생아, 하면서 아끼던 나에게 '누구세요?'라고 물었을 때의 상실감 때문이다. 내 가슴은 너덜너덜해졌다. 그래도 시집가서 고생하던 집 주소는 몇 번이고 외우고 또 외우던 모습, 곱디고운 목소리로 온종일 동요를 부르던 모습. 그 시절이 얼마나 사무쳤으면 마지막 순간까지 집 주소만은 잊지 않으려 했을까.

누님, 누님! 잘 가세요. 평안하세요. 제발 그곳에 가서는 시장 한구석에서 행상은 하지 마세요. 달아. 서럽기만 한 달아! 부디 내 누님 묘소에는 슬픈 빛만은 내리지 말아다오.

어떡하면 이 약점을 극복할까?

바쁜 토요일이었다. 오전 가곡 교실에 갔는데 처음 본 사람이 '어머~ 과장님! 오랜만이네요. 잘 계셨죠?'라고 반갑게 인사를 하는데, 어쩌나~ 잘 모르겠다는 거다. 점심 식사 갔는데 비슷한 상황이 또, 이후 차 모임에 갔는데, '집사님, 여기서 뵙네요.' 하신다. 친구 병문안으로 병원에 갔는데 또~ 친구 마중으로 송정역에 갔는데, 어쩌랴!

이 정도면 병증이다. 진즉 나의 약점으로 알고 있어서 미안하다고 말씀드리면, "괜찮아요, 정치할 일도 없는데" 하시면서 넘겨주신다. 사람 쳐다보기가 힘들어 거의 스쳐 넘기고, 두 사람이 서 있어도 먼저 본 사람만 보고 옆에 선 사람을 안 보는 못된 버릇…. 고쳐보자, 또 고쳐보자 해도 여전히 어려운 〈사람 쳐다보기〉…. 그러나 마중을 나간 친구들을 만나 너무 즐겁게 하루를 보낸다. 기다리는 동안 '마중'이란 가곡을 몇 번이고 읊조렸다.

꽃눈이 내린다

꽃이 진다는 것을 아쉬워함은 사나운 욕심이다. 다음 주에 오면 그땐 잎은 지고 연둣빛 새순이 돋아 있을 것이다. 이 꽃이 지지 않으면 과일이 열리겠는가? 수많은 벌의 날갯짓 소리! 군중이 권력이듯 엄청난 수의 꿀벌 앞에 감히 말벌이 침노하겠는가.

꽃눈이 내리기 시작한다. 세상은 공평하다. 벚나무처럼 꽃이 아름답고 낙엽까지 화려하면 어떨까. 대부분 꽃이 아름다우면 낙엽은 보잘것없고, 낙엽이 아름다우면 꽃은 볼품없다.

보성역에서

기차가 드물게 멈추던 그 작은 역에 도착하면 바람은 왜 그리 차가웠는지. 피 냄새 진동하던 국밥집은 지금도 있으나, 그때의 그 집인지는 쌓인 세월의 기억으로는 알 수가 없다. 다만 지게 받쳐 놓고 선짓국으로 허기를 때우던 아버지의 모습은 여전히 선명하여 따스한 한 그릇 선짓국과 아픈 기억이 겹쳐, 가슴 깊이에서 헤적인다.

소삽한 분위기의 역전은 여유 없는 이들의 발걸음 소리와 맥 풀린 목소리가 휘몰리던 공간 그곳 어디엔가 내 어린 날의 웃음과 눈물이 버무려 있다. 아득히 먼 곳에 떼어 두고 온 시간처럼 이제는 돌아갈 수 없는 그 자리에서 따뜻했던 선짓국의 기억이 가득 차오른다.

보성역, 나에게는 아픈 추억의 역 그리운 그곳, 내 마음속에 영원히 머물러 있다.
몸이 슬프기만 했던 아버지가 망연히 서 계셨던 역전.

바람에 실려

구절초가 천관산 자락 이곳저곳에 흩어져 피려니 너무 외로워 함께 모여 피었다. 저 멀리 바다도 보이고 저수지도 내려다보인 곳에 자리를 잡고 피었다. 아름다운 빛깔의 꽃잎은 아름다움의 대가로 찬바람에 그냥 스러질지라도, 그 줄기는 문드러질지언정 얄미운 바람을 견디리라. 이 좋은 곳에 서서 문득 생각에 잠긴다.

사랑했던 기억들만 외면할 수 있다면 그저 좋을 것만 같다. 꽃이 눈부시게 아름다운 나무가 단풍마저 그렇다면 얼마나 불공평하겠는가. 자연은 그것을 허락하지 않는다. 인간 또한 그러하리니 나에게 주어진 그 하나에라도 감사할 일이다.

음악을 사랑하는 사람이라면 환호와는 상관없이 노래함에 감사할 일이고, 아이들을 사랑해서 선생이었더라면 내가 어떤 제자를 어떻게 가르쳤는지 자랑할 일은 아니라고 해야 하리.

제자를 사랑해서 했던 당연함을 내가 그렇게 했음을 만족하면 된다. 그것으로 나를 자랑하거나 그것으로 다른 이익을 취하려 말 일이다.

선생은 가르치는 시간마저도 그림자처럼 제자의 뒤에 서서 바라봐야 하니, 교단을 떠났으면 더욱 그럴 일이다.

며칠 전 교사인 제자의 페북에 몸 곳곳이 아프다는 글을 읽고 화들짝 놀랐다. 내가 가르친 육상선수였던 그가 나처럼 그렇게 아프다니 운동이 원인일 것이다. 한영애의 '바람'이란 노래를 몇 번이고 들으며 산길을 걷는다.

늙음이 두려운 이유

 오른발엔 고통을 왼발엔 고뇌를 매달고 오른손엔 애착을 왼손엔 애증을 움켜쥐고 갑니다 뒤태는 갖은 세월을 지고 머리 위엔 만사 여생을 이고 발걸음은 한평생을 끌고 갑니다 양손은 만감萬感이 무거워 뒷짐에 맡기고 처연한 뒷모습 초요招搖하게 걸어갑니다 무얼 얻으려 오늘도 걸어야만 하는지 무표정한 얼굴에는 이유가 없습니다. 다만, 짐을 짊어지고 가려 할 뿐이요 늙음이 남 짐 될까 두려울 뿐입니다.

 요즘 건강 이상 증세로 힘들다. 중요한 모임까지 못 갔더니 선배 하시는 말씀, "귀하도 노환인가?"라면서 껄껄거렸다. 정말 나이 때문인가?

 근육통이 심해서 병원을 옮겼더니, "스트레스받은 것들이 많소? 생각을 너무 복잡하게 하지 마세요." "불면증 있소?" "아니요. 쉬이 잠들지 못합니다." "그것이 불면증이에요." 엑스레이 찍고, 채혈하고 수면제 등을 받았다. 오늘 병원 갔더니 아무 이상 없으니 아무 일도 없는 듯이 지내란다.

선생님! 죄송합니다

 선생님! 생전의 핸드폰이 신호는 가는데 받는 사람이 없습니다. 100년사 모두 발송하고 홀로 계시는 사모님께 선생님 몫을 드리려고 전화를 몇 번 드렸지만, 대답 없는 울림만이 있을 뿐입니다.

 선생님께서 말씀하셨다. "우리 집은 월산동 다이소 바로 뒤에 있다." 책을 들고 찾아가서 겨우 찾았는데, 아무리 벨을 눌러도, 대문을 두드려도 누구도 나오지 않았습니다. 벨은 닳고 닳아 먼지가 뿌옇게 앉았고 전력량계는 겨우 '8'이어서 전기도 거의 쓰지 않은 것으로 보였습니다.

 선생님 댁을 확인할 수 있었던 문패는 다 바래서 겨우 선생님 존함을 읽었습니다. 선생님께서 하늘나라로 가셨다는 사실이 실감이 났습니다. 그 앞에서 한동안 서성거리다가 헛헛한 마음으로 돌아왔습니다. 선생님! 죄송합니다. 선생님 영전에 헌정하였던 가본을 바꿔드리려 했는데 막연합니다. 어떡하든 연락처를 찾아 사모님께 꼭 전해드리겠습니다. 부디 하늘나라에서 평안히 지내십시오.

목화 솜이불과 어머니

미영밭 고랑에서 거친 열무를 뽑아 보리밥에 젓갈을 얹어 볼테기 터지게 쌈을 싸 먹던 기억. 그리고 피지 않은 미영을 까먹으면 달콤함이 입안 가득 퍼졌다. 하얗게 핀 미영을 따 장터에 나가 솜을 타서 이고 오시던 어머니 모습.

고등학교를 도회지로 진학하고 첫 겨울, 어머니께서 갓 타온 솜으로 정성 들여 지어 주신 이불 보따리를 완행버스에 실었는데 도착해서 보니 차 뒷공간에 뒀던 이불과 요가 없어졌던 기억. 홑청 또한 옥양목 천에 풀을 빳빳하게 먹였다. 하숙집 아줌마가 빌려준 군 담요 한 장으로 한겨울을 보냈었다. 어머님께서 이불을 잃어버린 일을 말씀드리지 못했기에 끝까지 모르셨다. 말씀드리면 다시 지어 주시겠지만, 그 안타까워하시는 모습이 눈에 걸렸기 때문이다. 이제 그 미영 밭은 보기 힘들고 관상용으로 심은 미영 밭에서 아름답고 아픈 기억에 한동안 서성인 오후였다. ■

선생도 사람이다

PART + 04

덧붙이는 글

【나를 보는 눈】

가장 존경하고 닮고 싶은 문종민 선생님

제자 안남표

　선생님께서 제 인생에 선물처럼 다가오셨던 그날이 아직도 생생한데, 어느덧 35년이라는 세월이 흘렀네요. 사랑과 헌신으로 수많은 제자를 이끌어 주시고, 제 인생의 멘토가 되어주신 선생님께 감사의 마음을 전할 수 있다는 사실이 저에게는 더없는 영광입니다.
　1990년 3월, 광주체육고등학교 3학년 재학 시절 처음으로 선생님을 만났습니다. 그때까지 저는 공부도, 운동도, 예술도 어느 것 하나 두드러지지 않았던, 그저 꿈을 찾고 그 꿈을 이루기 위해 조용히 작은 성을 쌓아가던 내성적인 학생이었습니다.
　당시에는 코치가 따로 없었기에, 선수 시절 청소년부 한국 신기록 보유자였던 선생님께서는 감독과 코치의 경계를 넘나들면서 온 마음을 다해 선수들을 지도하셨습니다. 또한 바쁜 일상에서도 선생님께서는 짬짬이 기타를 치며 노래 부르시고, 글쓰기를 좋아하신, 문학을 사랑하던 감성적인 분이셨고, 배움에는 끝이 없다는 것을 학생들에게 몸소 보여주셨습니다.

1990년 5월 어느 날, 선생님께서 저에게 물으셨습니다. "네 꿈은 뭐니?" 저는 선뜻 대답하지 못했습니다. 불과 1년 전, 다른 선생님에게서 들었던 차가운 말 몇 마디, "네가 뭘 한다고?" "그게 되겠어? 참." 그 말들이 떠올랐기 때문이었습니다.

그 몇 마디의 말들은 내성적이었던 저를 더욱 작아지게 했고, 어느새 저는 꿈을 용기 있게 말하지 못하는 학생이 되어있었던 것입니다. 한참을 망설이고 나서 작은 목소리로 말씀드렸습니다.

"체육 교사가 되고 싶어요." 그러자 선생님께서 말씀하셨습니다. "너라면 충분히 할 수 있어!" "내가 도와줄게." 따뜻하지만 힘이 실린 선생님의 말씀 한마디는 내성적이었던 아이의 가슴에 작은 불씨를 일으켰고, 꿈을 향해 힘차게 달려갈 수 있게 만들었습니다. 꿈에 그리던 교단에 서고, 저는 깨달았습니다. 아이의 인생은 믿음과 격려의 한마디로 바뀔 수 있다는 것을요.

그날 이후, 선생님은 제 마음속의 영원한 롤 모델로 자리를 잡았습니다. 저 또한 선생님처럼 학생들에게 힘이 되어주는 교사가 되기 위해 노력해 왔습니다. 그렇게 28년 동안 제 꿈을 따라 걸어오며, 이제는 자신의 목표를 향해 묵묵히 나아가는 학생들에게 작은 불씨와 디딤돌이 되고자 합니다.

작은 저에게 용기를 심어주시던 그날의 선생님을 얼마나 따라가고 있는지 알 수 없지만, 저는 지금도 학교 현장에서 선생님을 닮은 진정한 교사로 거듭나기 위해 꾸준히 노력하고 있습니다. 제 교직 인생의 등대가 되어주신 선생님 진심으로 존경합니다. ■

군고구마처럼 마음이 따뜻하신 분

동료 최현진

교직 생활을 하면서 수많은 분을 만났지만, 그중에서도 문종민 교장 선생님은 제게 특별한 분으로 남아 있습니다. 교사로서 가장 행복했던 금당중학교에서 교감 선생님과 1학년 부장 교사로 만났지요. 바쁜 일상이었어도 선생님들의 어려움을 늘 경청해 주시고, 조언보다는 공감으로 마음을 훈훈하게 했지요. 돌이켜 생각해 보면 우리 행복의 한가운데 교감 선생님의 배려가 있었기에 가능했습니다.

요즘 학교 현장이 예전보다 훨씬 심각한 상황이지만 십수 년 전에도 정도의 차이는 있었지만 늘 살얼음판이었습니다.

"선생님, 선생님, A가 유리창을 주먹으로 쳐서 박살을 냈어요."

3층 우리 1학년 실의 담임 선생님들 사이에서 관심 학생 A가 또 B랑 한 판 뜨고, 난리를 친다며 우르르 신입생들이 학년 실로 뛰어왔습니다. 급하게 1층 교무실에 계시는 교감 선생님께 SOS를 쳤지요. 성난 멧돼지가 되어 흥분한 A의 뒤를 서두르지 않고, 기다려 주는 듯, 졸졸 따라가며 진정시키니, 학생들이 이렇게 수군댔지요.

"야, 야, 저 아저씨 A 아빠야?"

1층에 계시는 교감 선생님을 신입생들이 잘 모르니 그럴 만도 했지요. 어떤 상황이든지 선생님들이 도움을 요청하면 쏜살같이 현장에 출동하셔서 조용히 수습해 주셨습니다. 저희를 믿고 부족한 점보다 가능성을 먼저 봐주시고, 가까이에서 지켜보며 묵묵히 도와주시는 모습 속에서 '진정한 리더'의 품격을 배웠습니다.

그리하고는 티를 내지 않고 늘 교사들의 어려움을 살피고 도와주시니 그 따뜻한 마음에 우리는 그저 행복했습니다.

쌀쌀한 바람에 옷깃을 여미는 계절이면 그리워지는 군고구마! 15년이 지났지만, 문종민 교감 선생님과의 인연을 떠올리면 군고구마처럼 마음이 따뜻해집니다. 꿈이겠지만, 다시 그런 행복한 시절이 온다면 명예퇴직을 취소하고 돌아가고 싶습니다. 그 온기를 다시 느끼고 싶습니다. ■

벚나무 꽃 아래서 손 흔들어 주던 친구, 문교장

김만흠(중학교 동기동창, 전 국회입법조사처장)

문교장은 형 같은 친구다. 초등학교 1년 선배이면서 중학 동기다. 기억하고 있을지 모르겠으나 중2 때였던가, 내가 웅변대회에 나가는데 그 원고를 써주기도 했다. 보통 그런 원고는 선생님이 써주셨다. 중학 시절에도 그런 글을 써낼 정도로 성숙했고, 글솜씨가 있던 친구가 이번에 단행본으로 책을 낸다. 이미 여러 권 터뜨렸을 수도 있을 건데, 단행본은 처음인 모양이다. 책임을 맡았던 모교인 대덕초등학교 100년사 집필에 에너지를 쏟느라고 그랬나? 그 덕분에 500페이지가 넘는 <대덕초등학교 100년사>를 받아볼 수 있었다. 글만 잘 쓴 게 아니다. 전국체전 금메달에 학생회장도 했다. 그에게 능력의 한계가 어디까지일까를 생각했다.

향우회 문집에 실린 글들을 읽으면서 문교장의 감성 가득한 글 결을 느낀다. 평소 생활에서도 그런 글을 잘 담아낸다. 나이가 들면 세속에 물들어 감수성이 메마르게 된다는 데, 청소년 시기의 감성을 그대로 유지한 듯하다. 누가 뭐래도 체육인 출신이니 몸은 '테토남'이겠지만, 가슴은 '에겐남'이란 비유가 알맞겠다.

청년 시절과 40~50대엔 별로 만나지 못했지만, 최근 10여 년 전부터 이래저래 만나고 소식도 주고받는다. SNS 시대인지라 페이스북을 통해 서로의 동정을 안다. 활동 무대인 광주와 고향 대덕을 오가면서 교육계를 비롯해 사회 활동에서도 비중 있는 역할, 좋은 일들을 하는 것 같다. 문교장이 움막으로 표현한 대덕 천관산 아래 집에서 글도 쓰고 고향의 정을 느끼며 행복한 퇴임 생활을 한다. 마음을 망치는 정치평론을 쓰며 여전히 비슷한 생활을 하는 나와 비교한다면 더 행복한 문교장의 2막, 3막 인생이다.

몇 년 전 고향 장터에서 다른 친구와 함께 막걸리를 적잖게 마신 후, 천관산 아래 움막에서 2차를 하던 날. 집 앞 조명에 빛나는 벚꽃 활짝 핀 나무 아래서 잘 가라고 손 흔들던 문교장을 담은 사진이 2020년 4월 초의 페이스북 포스팅으로 남아 있구먼. 정겨움과 그리움이 담긴 사진이네.

중학생 때 양파밭과 아담한 문교장 집이 아련한 기억 속에서 혜적이네. 몇 년 전 문교장 대덕 집에 들렀을 때, 천관산이 아담한 별장(움막 아님)을 감싸고, 멀리 월정 뒷산에 펼쳐지던 아름다운 일몰과, 집 앞 마늘밭을 덮은 비닐에 반사된 석양의 아름다웠던 장면이, 문교장 생활과 흡사하다고 생각했네.

책 속의 글은 아름답게 나이 들어가는 자네 모습이 잘 그려졌을 것 같네. 그리고 '선생도 인간이다.'란 사실이 새삼 큰 의미로 다가오는 시간이네. ■

【기고문】

걸어온 길을 보면 걸어갈 길도 보인다

　바야흐로 '정치의 계절'이다. 설 연휴 동안 고향 밥상머리 정치의 격렬한 논쟁은 정치 문외한에게도 공명이 컸다. 그들의 열변은 이렇다.
　정치 행위는 일상일진대 특정한 때가 되면 '정치 계절'이란 용어가 등장한다. 아마도 정치 실종 현상으로 선거철이 아니면 국민이 정치로부터 철저히 격리되고, 선거철이 되면 원하지 않은 정치행태와 선택을 강요받기 때문일 것이다. 그런가 하면, '정치가 요즘만 같으면 좋겠다.'라고 말하는 사람도 있다. 그 이유를 '정치인들이 허리 숙여 인사하고 쫓아와서 손을 잡아 주기 때문'이라고 말한다. 그러나 안타깝게도 그 계절이 지나면 그들은 뒷짐을 진 채, 공수(拱手)하고 허리 숙인 유권자들을 내려다볼 것이다.
　법을 지키는 것이 정치인의 도리라면, 약속을 지키는 것은 의무라고 생각한다. 그래서 정치지도자가 갖춰야 할 자질 가운데 으뜸은 약속이행이고, 그 가늠은 공약을 최대한 지키는 것이다. 여기서 '최대한'이라 함은 모든 공약을 다 지킬 수 없다는 의미도 포함하고 있다. 공약을 지킬 수 없을 때 그 이유를 솔직하게 고백하고 양해를 구하는 진솔함이 필요하다. 무리하게 지키려 하면 국민이 더 큰 고통을 감내해야 하기 때문이다. 진솔함은 진정한 용기의 발로이기에 여느 정치인에게 바랄 수 있는 덕목이 아니다.

지도자로 선택받는 과정에 있어 수단이 정당해야 하고 방법이 합리적이어야 함은 두말할 나위가 없다. 목표 달성을 위해서 동원되는 수단이 불공정하거나 꼼수가 끼어들어서는 안 된다는 것이다. 어떠한 어려움이 있어도 굽히거나 포기하지 않은 실천력과 인내력이 있는 정직한 지도자를 우리는 원한다.

하지만 그렇지 못한 지도자가 추앙받거나 선택받는 아이러니가 일어난다. 목적 실현이란 명분 아래 수단의 위장이 정당화되는 악순환은 언제쯤 끊길까? 잘못된 수단의 개선을 위해서 우리가 해야 할 일이 무엇인지 곰곰이 생각해 봐야 할 시점이다.

사람 대부분은 시간이 지나면 자신의 기억에 대해서 회의한다. 더구나 뚜렷하지 않은 근거에 의해서 그 기억이 오염될 경우는 더욱 그렇다. 그래서 낯이 두껍고 양심이 시커먼 지도자는 우리의 기억에 세균을 투척하여 간섭을 시도한다. 자신의 약속을 뒤집기 위한 사전 포석일 것이다. 그렇게 속이다 보면 도덕적 기준은 모호해지고 윤리적 판단은 기준을 잃는다.

그 좋은 사례가 누리과정 예산 문제다. 대체로 "사회적 합의를 끌어내기 위한 노력이나 대안 제시도 없이, 오직 한 곬으로 '거짓 언어'를 동원하여 기억을 훼손하고 있다"라는 것이다. 보육은 정부 몫이고 정부가 책임져야 한다고 공약했다면 그 약속을 지켜야 한다. 이는 정치인의 의무이기 때문이다.

결국, 이런 행태는 '우리의 기억은 진짜 기억일까?'라는 의심하게 함으로써, 정오(正誤)의 판단을 유보하거나 그르치게 만든다. 이런 야만적 속성을 눈치채야 한다. 그래야만 지도자들이 꼼수를 부리거나 수단의 정당화를 위해 양심을 팔지 않을 것이며, 부당한 요구에 대한 안간힘을 '반란'으로 규정하지 못할 것이다.

유권자의 최고 정치 행위인 투표에 이르러, 지도자가 되려는 자가 책임을 감당할 수 있는지를 오롯이 살펴야 하고 과거 언행의 행적을 온전히 좇아야 한다. 그 이유는 '걸어온 길을 보면 걸어갈 길도 보이기 때문'이다. ■

버리는 아픔, 변화의 두려움

곳곳에서 봄이 오는 소리가 요란하다. 할미꽃 움트는 소리, 자갈 밭둑에서는 쑥이 달래와 자리다툼에 한창이고, 벚나무는 꽃망울을 잉태하느라 부산하다. 그런가 하면 사람들의 옷차림에도 봄은 이미 와 있고, 운동장에서 뛰노는 학생들의 넓적다리부 근육에서 봄은 거침없이 꿈틀대고 있다.

학교 또한 새 학기를 맞아 오는 봄만큼 총망할 때이다. 대한민국 교육의 변화를 선도하는 광주교육은 올해도 기존의 관념을 깨뜨려야 하는 정책들이 선보이고 있다. 새로운 정책은 교육 가치관의 변화를 요구한다. 변화는 반가운 일이 아니다. 변화는 막연한 두려움의 대상일 뿐만 아니라 새로움을 위한 자발성과 버리는 아픔을 감내해야 하기 때문이다.

그래서 3월은 새로 전입한 교사나 신규교사들에게는 유난히 힘든 달이다. 단순히 적응에 대한 설움이 아니고 자신을 방어하고자 하는 본능적 피해의식에서 오는 낯가림일 수도 있다. 그러나 새 둥지에는 이내 적응하겠지만 변하고 바뀌는 것에 대한 적응은 사뭇 다르다. '교육 활동 중심의 학교 시스템'으로 바뀌는 데에 있어서 어려움도 예상되지만 '수업 방식을 바꾸는 일'은 지난한 일이다.

우선 새내기 교사들은 학창 시절 은사님의 수업 방식에 익숙하여 그 방식으로 패턴을 그리면 스마트폰이 열리듯 학생들을 잘 가르칠 수 있을 것이란 일종의 신념을 갖고 있다. 그러나 어쩌랴. 당분간은 당황스럽고 막막하며, 두렵겠지만 그 보물단지와도 같은 신념을 깨뜨려야만 한다. 열정과 용기를 갖고 노력하면 새로운 교수법이 만들어질 것이다.

선배 선생님들 또한 새내기 교사들이 성공적 경험을 버려야 하듯이 자신의 수업 방식에 대한 진지한 고민과 함께 생성의 진통을 견뎌내기 위한 용기가 필요하다. 용기는 도전에 대한 자신감의 정도이고 그 자신감은 새롭게 도전할 방법을 알았을 때 더욱 견고해진다. 그러나 스스로 그 방법을 찾기에는 실로 녹록지 않음이 사실이다. 그래서 스스로 발가벗고 동료 교사 앞에 서야 한다. 수업 나눔 운동에 스스럼없이 동참할 때 자신의 뒷모습을 비로소 볼 수 있을 것이다.

수업 방식을 바꿔야 하는 당위성에 대부분 교사는 동의하고 있다. 듣고 얻은 답보다는 묻고 토론하여 얻은 답의 파지가 훨씬 효과적이란 사실을 알고 있기 때문이다. 혁신은 변화를 추구하고 새로운 것을 실천하는 것이니 만치 지금 혁신하지 않으면 틀에 박힌 수법의 올가미에 묶여 내내 숨쉬기가 힘들 것이다.

수업 방식을 바꾸는 것 못지않게 중요한 것이 '쉼이 있는 학교문화'를 만드는 것이다. 골반 뼈가 변형될 때까지 학생들을 교실에 가둬두는 방식을 고집하려 들지 말아야 한다. 쉰다는 것은 비운다는 의미와 함께 새로운 것을 수용할 공간 확보를 뜻한다. 쉼이 존중되고 여유가 허락되는 학교문화가 필요하다. 이는 9시 등교의 근본 취지와도 부합한다.

학생들은 쉼의 의미도 쉬는 방법도 모른다. 그래서 보이지 않은 곳으로 들어가 잘못된 방식으로 쉬려고 한다.

쉼이 없는 학습 문화는 교사나 학부모의 불안에 근거하고 과거의 왜곡된 성공 경험으로부터 나온다. 아이가 책상을 떠나 쉬거나 운동하고 있으면 마냥 불안하기만 하다. 쉼이 없으면 사유력이 고갈되고 효율적 학습을 위한 집중력 위축과 함께, 회복탄력성 결핍으로 인해 쉬 지치고 회복이 더디거나 회복 불능 상태가 된다.

  경험과 습관을 바꾸고 버릴 수 있는 진정한 용기는 교사들이 취할 바람직한 덕목일뿐더러, 규칙에 따라 쉬는 방법을 가르침은 책임 있는 교사의 도리라 생각한다. 학기 초 산적한 일들로 힘들겠지만 쉼을 무시한 교육은 학대와 다름없음을 성찰하는 시기가 되었으면 한다. 더불어 선생님 자신도 쉼을 누리는 방법을 찾을 수 있으면 좋겠다. ■

세상에서 가장 무서운 것

"사람이 진짜로 죽을 때는 잊혀 질 때라고 합니다. 4월 16일 세월호 어린 영혼을 잊지 말아 주십시오." 절규하던 학생 대표는 이 대목에서 목이 메어 차마 읽지 못했다. 그는 왜 희생당한 친구들보다 세월호를 잊지 말아 달라고 했을까. 그들은 그동안 우리에게 기대할 것이 아무것도 없다는 사실을 눈치를 챘기 때문일 것이다. 아니 그래서가 아닐 수도 있다. 세월호 참사에는 이 세상의 모든 비정상의 실체가 집대성되었기에 그것을 잊으면 아깝고 애먼 생명이 또 희생당할 것이기에 차라리 우리를 잊고 세월호를 기억해 달라고 어른보다 더 어른스러운 말을 했을 것이다.

초등학교 시절 교과서에 '세상에서 가장 무서운 것'이 무엇인지에 대해 느티나무 아래서 아이들이 의견을 나누는 내용이 생각난다. '죽는 것' '전쟁' '도깨비' '귀신' '지진' 등이 무섭다고들 말한다. 그러나 누구의 의견에도 만족하지 못한 아이들은 지나가던 노인에게 물었다. 그 노인은 '망각'이라고 대답한다.

사람들은 망각과 용서를 하는 데에는 세월이 약이라고 말한다. 그저 기다리기만 하면 다 나을 수 있다니 신통하다. 그렇지만 얼마나 많은 한숨을 토해내야 하고 눈물을 오죽 흘려야 잊힐 정도의 시간이 될까. 세월이 명약이라는 마음의 병은 눈을 감을 때까지 계속되지 않던가. 왈

칵 쏟아지는 그리움이, 문득 밀려오는 보고 싶음이, 또 억울함이 너무나 큰데 그 병이 쉽게 나을까? 세월이 흘렀으니 다 잊었을 것이라고 말한다면 남의 마음을 내 맘처럼 쓰려고 하는 오만일 것이다.

맞다. 아무리 생각해도 잊히는 것은 실로 무서운 일이다. 어떤 작가는 '진짜 두려운 것은 상실이 아니라 망각이다'라고 말한다. 교통사고로 아들을 잃은 후 아버지는 아들의 흔적을 지키려 하고 엄마는 지우려 하면서 나타나는 갈등과 아픔을 그린 영화가 있다. 같은 슬픔이지만 잊는 것에 대한 다른 방식을 놓고 '세상에서 가장 두려운 일'에 직면한다.

어찌 된 연유인지 우리 민족은 유구한 역사만큼이나 잊혀야 할 사건이 많고 지속적이고 공격적으로 생겨나고 있다. 그래서 당대를 경험했던 사람들은 그때만 되면 도지는 병을 앓고 있다. 세월호 참사는 일제강점기와 한국전쟁, 광주 민중항쟁 등에 버금가는 무게로 결코 줘서는 안 될 또 다른 트라우마를 이 시대 우리에게 영락없이 안겨주고야 말았다.

그때마다 우리들은 내 탓이라고 생각하고 그 숱한 상처를 안고 그저 속으로만 울어야 했다. 참고 견디고 포기하고 잊어버려야만 살 수 있는 속성이 생겼다. 왜냐하면 누구도 우리를 보호해 주고 지켜주지 못했기 때문에 세월에 기대어 망각의 지혜를 스스로 터득하고자 했다. 그러나 그 지혜는 세월로도 무너뜨릴 수 없는 철벽으로 자리하고 있다.

세월호 유족들은 그리워하면 만나게 되고 몸부림치고 앙탈을 부리면 돌아올 수 있으며 숫제 미워하면 진정으로 잊을 수 있을까에 대한 답을 지금도 찾지 못하고 있으며, 지척의 수면 아래 갇혀 있는 희생자를 아직도 인양하지 못하는 이유를 이해하지 못하고 있다. 승객을 버린 선장의 '잘못 없다'라는 법정에서 진술 앞에 그들은 차라리 그가 광대이기를 원한다. 무망(無望)하지만 탈을 벗겨내고 두꺼운 그의 낯과 시커먼 양심을 헤집어 진실을 읽고 그 답을 직접 찾고 싶겠기에 말이다.

　이렇듯 당하고만 사는 사람들은 그 무서운 망각을 선택하고자 하지만 잊히는 것이 두려울 뿐이다. 세월호 참극이 '망각의 균'에 감염되게 해서는 안 된다. 세월이 흐르면 잊되 절대로 용서하지 말아야 하고 용서하되 또한 잊어서는 안 되는 것이다.

　그래서 어제 같은 오늘이어서는 안 된다. 누가 무엇을 어떻게 해야 할지 몰랐고 내가 나를 스스로 지켜야만 했던 어제이어서는 안 된다. 죽더라도 임무를 수행하며 본분을 지키고자 하는 사명감이 넘쳐나는 오늘이이야 한다. 시키는 대로 하면 목숨을 바칠만한 가치 있는 일이 일어나는 오늘이어야 한다고 '세상에서 가장 무서운 것'이 무엇인지 아는 사람들은 외치고 있다. ■

잘못된 시간에 잘못된 장소에 있었다

 붉은 원숭이해인 올해는 나에게도 의미 있는 해인 것 같다. 어렵고 처참한 시기에 태어나 원숭이해를 다섯 번이나 지냈기 때문이다. 전쟁의 참화가 채 가시기 전에 태어나 유년기를 보낸 우리의 세대는 청·장년기도 매우 암울했다. 그 시절 '무엇이 진실인지 혼란스러운 시대에서 살고 있는 우리들은 가해자인가? 피해자인가?'라는 주제로 갑론을박하다 결국 '우리는 지지리 복도 없어.'라는 말로 결론을 짓곤 했다.
 참 아픈 추억이 있다. 초등학교에 입학하고 며칠 되지 않아 혼자 학교 앞 신작로를 따라 하교하고 있었다. 그때 한 번도 타 본 적이 없던 여객버스가 갑자기 내 앞에 급정거했다. 어린 나는 깜짝 놀라 언덕 아래 소나무밭으로 나가떨어질 뻔했다.
 그와 동시에 운전사와 조수가 뛰어 내려와 옥양목 천 뒤에 골판지를 대 만든 명찰을 낚아챈 채로 나를 교무실로 끌고 갔다. 그러더니 대뜸 내가 돌을 던져 차창을 깼다고 말하는 것이었다. 그러자 담임 선생님께서는 나에게 변명의 틈조차 주지 않고, 눈을 부라리며 '넌 퇴학이야!'라고, 소리치셨다. 담임 선생님 책상 위에 누님이 정성껏 만들어 주신 명찰만이 처량하게 뒤집혀 있을 뿐, 누구도 두려움에 떨고 있던 나에게 퇴학당해야 하는 이유를 설명해 주지 않았다. 나는 며칠간 결석을 했고, 담임 선생님의 왜 학교에 나오지 않았냐는 다그침에 그저 아무 말도 할 수 없었다.

 얼마 전, 시위하던 농민이 물대포에 맞아 생사를 넘나들고 있다는 뉴스를 접한 적이 있었다. 순간 초등학교 때의 일이 뇌리를 스쳤다. 그때 나는 허기진 배를 채울 생각으로 걸음을 재촉하고 있을 뿐이었고, 물대포를 맞은 농민은 잘못된 정부 정책을 비판하는 현장에 다른 농민들과 함께 있었을 뿐이었다. 쓰러진 농민이 바로 나라는 생각이 들자, 갑자기 숨이 가빠왔다. 나는 그때의 결석으로 6년 개근상을 받지 못해 못내 억울했다. 물대포를 맞은 농민은 그를 쓰러뜨린 집단에서 진정한 사과와 위로도 받지 못하고 있다.

 요즘 우리가 원하지 않는데도 선택을 강요당하는 상황들이 일어나고 있다. 엽렵하지 못한 일들이 판을 치니 길을 걸으면서도 혹시 자동차가 달려들지 않을까 하는 두려운 마음으로 살아간다.

 세상사 이렇다 보니 여기저기서 비정상이 고개를 쳐든다. 국민의 우상이었던 올림픽 금메달리스트가 국민 세금으로 단련시킨 근육을 후배를 폭행하는 데 썼다. 일부 프로 야구 선수들은 해외까지 가서 도박하였다. 그들은 학생 선수 시절 훈련비를 지원받으면서 성장하였고, 지금은 사회적 위화감을 조성할 정도로 고액의 연봉을 받는다. 이 사회에 부를 환원해서 과거의 베풂에 보답하여야 할 그들은 기부는 고사하고 배려마저 외면하고 있다. 그 외에도 약한 자들의 주먹을 억지로 펴서 희망과 기쁨을 빼앗아 가는 일들이 비일비재하다.

 우리들은 가끔 '참 재수가 없다'라고 말한다. 세월호 참사가 일어났을 때 하필이면 그 시간에 출발하는 그 배를 탔을까 하고 안타까워했다. 무차별 테러가 발생한 그 극장에 왜 그 시간에 관람했을까? 여러 대의 버스로 연수를 갔는데 그 버스만 굴러서 많은 이들이 유명을 달리해야 했을까? 그런데, 곰곰이 생각해 보면 이런 일들을 재수로만 치부하기에는 상황이 너무 비상식적이다.

　비정상이 판을 치는 세상, 부당한 일을 당해도 재수로 돌리며 입을 다물어야 하고, '인지부조화의 원리'가 수시로 간섭하는 세상은 바른 위정爲政이 없기 때문일 것이다. 이제는 더 이상 '상황에 맞춰 유리한 쪽으로 생각을 바꿔버리는' 몰염치한 위정이 없었으면 좋겠다.

　올해는 우리 함께 희망가를 부를 수 있을까? 잘못된 시간에 잘못된 장소에 있어서 재수 없는 날들이 사라지고, 우리 모두에게 '좋은 시간에 좋은 장소에 있을 수 있는' 행운이 넘치기를 원숭이띠에 태어난 사람으로서 간곡히 염원해 본다. 그런데, 문득 대학 때 자주 불렀던 김민기의 '친구'라는 노래가 생각나는 이유는 무엇일까? ■

결실의 계절에 부는 삭풍

얼마 전 교육복지 팀장이 시청 출장을 다녀와 눈물을 그렁그렁 달고서 복명을 하였다. 다름이 아닌 누리과정 어린이집 예산 두 달분을 변통해 주면 갚겠다고 사정하러 갔다가 돌아온 뒤 일어난 일이다. 이번이 처음은 아닌지라 단박에 어떤 일이 일어났을 거란 예측이 가능했다. 언제부터 공무원이 기관 간에 빚쟁이 취급을 당해야 하며, 왜 그런 사정을 하러 다니면서 행정력을 낭비해야 하는가.

흉터처럼 붙어 있는 어릴 적 기억이 있다. "아짐, 엄니가 보리쌀 한 되만 꿔주시래요. 옛다! 이제 안 갚아도 된다고 해라." 휙 돌아서는 아짐의 등 뒤에 휙 찬바람이 따라갔다. 그 말씀이 어찌나 매몰차던지 다시는 꿔줄 수 없다는 거절로 받아들였다. 한 발을 뒤로 뺀 채 여차하면 돌아설 준비를 하고 말씀드렸던 그 순간 참 부끄러운 맘이었다. 복명을 듣는 순간 가슴 깊이 침잠해 있던 아픈 기억이 튀어나와 뇌리를 덮쳤다. 가슴이 꽉 막혔다. 우리나라에서 일어나고 있는 작금의 현실이다.

선거에서 공약에 드는 예산은 국민 세금을 바탕으로 한다. 그래서 그 예산의 확보 방안과 집행 방법 등을 구체적으로 밝혀야 한다. 특히나 대선공약은 중앙정부가 그 예산을 조달하고 집행하는 것이 통례다. 그렇지 않고 지방정부나 기관의 예산을 투여하라 한다면 이는 공약을 '실천한 것'이 아니고 '실천해 준 것'이다. 분명 공약을 지킨 행위라 할 수 없다. 실천해 주는 지방정부나 기관은 그 예산만큼 줄어들어 시민의 삶의 질이나 학생들의 교육적 혜택을 강탈당한 것이나 진배없다. 따라서 세금을 내는 국민을 기만하는 행정이다.

요즘 그런 현상이 일어나고 있다. 대통령이 10대 공약으로 누리과정을 무상으로 실시하겠다고 하고서 거기에 필요한 예산을 시도교육청에 떠넘겨 대신 하라고 한다. 예산을 시도교육청에 지원하거나 증액해 주면서 업무를 하라고 하면 혹시 모르겠다. 아니다. 그 또한 안 될 일이다. 그럴라치면 법적, 제도적, 재정적으로 가능해지게 하고서 해야 할 일이다. 그런데 시행령만 슬며시 고쳐놓고 그것을 바탕삼아 힘없는 기관에 공약을 실천하라고 한다면, 또 시도교육청의 불용액으로 그 예산을 감당하라고 한다면 억지일 뿐만 아니라 대한민국의 격에 비추어 궁색함을 넘어 비겁하기까지 하다. 차라리 세수 정책 실패의 속내를 온전히 들어내 보이는 편이 낫겠다. 학부모들은 말씀한다. '형 것 빼앗아 동생 주는 줄 알았으면 지지하지 않았을 것'이며, '누리과정 무상 정책을 이런 방법으로 시행하겠다고 공약에 명시했더라면 절대 동의하지 않았을 것'이라고.

이전 정부에서도 이와 같은 사례들이 있었다. 1~2년 예산 지원을 하고 이후부터는 시도교육청 예산으로 감당하라고 했다. 그러나 이제는 그런 행태의 행정을 받아들일 수 없다. 당연히 부당함을 주장하고 거부해야 한다. 대한민국은 민주주의 국가로서 지방자치가 어느 정도 정착된 나라이고, 교육감은 시도민이 직접 선출하여 공약에 드는 예산을 성실히 집행하는 데 동의해 줬기 때문이다.

바야흐로 예산 국회가 열릴 때이다. 올해도 유쾌하지 못한 예산 싸움에 국민은 귀를 막고 싶어 할 것만 같다. 세금은 국민이 내는데 예산을 수립할 때는 국민의 소리에 귀를 열지 않는다. 이럴 때 우리는 '어처구니없다'라고 한다.

　세금을 내는 국민은 말한다. 지역을 대표하는 정치인들도 자신의 지역에서 일어나는 고통을 함께하도록 해야 한다고. 누리과정 예산 파동은 여·야를 떠난 모든 지역구 국회의원의 선거구민과 학생들의 문제이니 만치 보다 적극적으로 대정부 압력을 가해야 한다고. 정치권에서 이 문제를 해결할 수 있도록 힘을 모아야 할 터인데 아무럼 이 중차대한 사안을 그냥저냥 넘어갈 것이라고 감히 예단한다. 이제 시민사회단체에서 발 벗고 나섰다. 이와 관련한 국민의 뜻이 어디에 있는지를 눈과 귀를 막고 있는 정부에 바르게 보여줘야 한다. 누리과정 예산을 정부가 책임지지 않는다면 교육 현장은 파단에 이를 것이 명약관화한 가운데 내년 예산을 어떻게 편성해야 할지 교육 현장은 시난고난한다.

　날씨마저 심상치 않은데 시청으로부터 또 독촉 공문을 받고 나니 마음이 참 심란하다. 가을비는 '빗자루로도 막을 수 있지만 내복이 한 벌'이란 말이 있는데 아무래도 비가 내릴 것만 같다. 마음은 벌써 춥다. 결실의 이 아름다운 계절에 웬 삭풍이란 말인가? ■

스포츠의 생명은 공평함이다

세계 대학생 올림픽(유니버시아드)이 우리 광주에서 열린다. Universiade(유니버시아드)는 University(대학)와 Olympiad(올림픽 대회)의 합성어로써 올림픽, 월드컵 등에 버금가는 메가 스포츠 이벤트다.

대회의 성공을 위해서는 시민의식이 중요한 요소로 작용하게 되는 데 바로 자발적 참여 의지이다. 도시미관은 물론이고 친절함, 질서 유지, 헌신적인 자원봉사활동 등은 자발적 참여 의지의 소산이며 같이 걱정하고 염원하는 시민이 늘어날수록 성공의 전망은 밝다고 본다. 이번 대회의 성공적 개최는 광주의 품격을 한 단계 끌어올릴 수 있는 계기이기에 성공해야 할 당위성이 있다.

국가를 대표하는 세계적 수준의 선수들이 출전하는 이번 대회를 학생들이 참관할 수 있다면 사회·문화적 현상을 학교 밖에서 경험하는 새로운 배움의 장이 될 것이다. 즉 지위나 신분, 가난, 국가적 재앙과 정치, 경제, 종교적 다름의 한계를 극복하고 출전한 선수들과 응원을 통해 상호교류를 하는 것은 스포츠를 통한 순기능적 사회화가 가능한 기회이기 때문이다. 더불어 스포츠문화를 누릴 수 있는 상식적 기반과 함께 스포츠 행위의 의미와 스포츠가 함의하고 있는 정의적 측면을 알고 관람할 수 있다면 도움이 될 것이다.

'스포츠는 행위의 미학'이라고 한다. 여기서 굳이 행동이라 하지 않고 행위란 단순히 몸을 움직여 동작하는 것이 아니고 사유함이 수반 되어야 하기 때문이다. 그래서 규칙 준수, 관중 존중, 배려 등은 선수가 갖춰야 하는 기본 덕목이다.

스포츠 행위의 바탕을 이루는 필수 요소는 선수, 관중, 그리고 경기장(시설)이다. 선수와 관중은 경기 중 서로 교호하면서 그 역할을 다해야 한다. 즉 관중은 선수들이 기량을 최대한 발휘할 수 있도록 관중으로서의 매너를 지켜야 하고 선수는 관중이 만족할 수 있는 경기력을 보이기 위해 노력하여야 한다. 더하여 선수가 최대한 기량을 발휘하고 관중이 안전하고 편안하게 관람할 수 있도록 경기장 시설이 뒷받침되어야 한다.

스포츠는 몇 가지의 특성이 있는데 그 중 으뜸이 의외성이다. 인간의 생존경쟁은 약한 자가 패하는 공식이 성립되지만, 스포츠는 약한 선수(팀)라 하더라도 경기 결과를 예측하기 어렵다. 즉 가망이 없을 것 같은 경기가 뒤집히고 약팀이 승리하는 경우가 잦다. 경쟁사회에서는 오를 수 없는 사다리도 당당히 올라 계층상승도 가능함을 의미하기 때문에 관중은 환호하고 대리만족하면서 카타르시스를 경험한다.

또 하나는 도덕성이다. 비윤리적 행위를 통해서는 어떤 이득도 얻을 수 없고 용납되지 않는다. 물론 작전상 반칙을 하여 이득을 보기도 하지만 가차 없이 페널티를 주어 상대편에, 그에 상응한 보상의 기회를 준다. 이렇게 게임 상황에서 이뤄지는 경우가 대부분이지만 훈련 과정이나 일상생활에서 이뤄지는 비윤리적 행위도 있다.

도핑Doping은 후자의 경우로 금지약물을 복용하여 경기력을 향상한다든지 체중을 조절하는 것 등을 말한다. 최근 아시안게임에서 우리나라 수영선수가 금지약물을 복용했다는 이유로 메달을 박탈당하고 선수자격을 일정 기간 정지당한 일이 있었고, 88서울올림픽에서는 남자 100M 경기 우승자가 같은 처벌을 받았다.

왜 그런 처벌을 받아야 하는가? 모든 선수는 공평한 조건의 훈련을 통해서 근육량을 늘리고 체중을 조절해야 한다. 그러나 약물의 도움을 받아 훈련을 통하지 않고 그 목적을 달성하는 것은 불공정한 스포츠 행위이며, 그로 인해 소중한 생명을 단축할 수 있기 때문이다.

작금의 사회·문화적 현상에 편승 스포츠가 상품화되면서 선수들은 부와 명예를 얻기 위해 비윤리적 행위로 경기력을 향상하려 하고 승부조작을 통해 결과를 왜곡하려 하지만, 이런 불공정 행위를 가려내기 위해서 큰 노력과 첨단장비 등이 동원되고 있다. 그 수단으로 메달리스트들은 경기 직후 소변검사를 실시하여 도핑 여부를 가려내고 경기분석을 통해 승부조작 등을 판단한다.

각국 선수단의 입촌이 시작되었고 성공 여부 주사위는 던져졌다. 대회의 성공 기준을 투입된 경비 대비 수입의 차이로만 계산할 수는 없다. 그보다 더 중요한 것은 민주, 인권, 평화의 도시 광주를 세계에 홍보하는 효과와 대회를 통해서 얻어지는 자부심 등 시민의 심리적 가치이다. 이는 자산이란 가치를 넘어 후대로 이어질 유산이라 할 수 있을 것이다.

이번 하계 유니버시아드가 끝나면 단일 종목을 제외하고는 국제적 종합경기가 언제 광주에서 열릴지 기약할 수 없다. 대회에 참가한 선수들은 오래 기억될 광주에서 아름다운 추억을 만들어 돌아갔으면 하고, 부모님들은 이 기회를 통해 정의, 배려, 공평함, 바른 경쟁의 의미를 체험할 수 있도록 자녀들의 손을 잡고 함께 참여하면 좋겠다는 바람이 있다. ■

영명英明했던 제자에게 들려주고 싶은 노래

"봄비로 잠든 뿌리를 깨운다. 겨울은 오히려 따뜻했다."
이 좋은 계절에 왜 춥기만 했던 지난겨울 올 그리워해야 하는가? 4월이 잔인해서인가? 인간이 미련해서인가? 아님 '생명이 깃들지 못하는 문명' 속에 살고 있어서인가?
부끄럽다. 세계 해운사의 가장 수치스러운 사건이 일어난 우리나라가 부끄럽다. 도망쳐 나와 생명을 구걸한 선장의 변명이 부끄럽고, 이리저리 책임을 떠넘기는 물린 행태들이 또한 부끄럽다. 좀처럼 인정하기 싫지만 '우리는 어쩔 수 없이 아직은 후진국이구나!' 하는 한탄이 겹을 짓고 그래서 하늘도 땅도 온 세상이 울고 멈춰버렸다.
그런가 하면 살았다는 죄책감으로 목숨을 끊어 수중의 제자들께 되달려간 선생님이 계시고, 평생 공부만 하다 겨우 임용 시험에 합격하여 비로소 교사의 꿈을 펼치려던 새내기 선생님은 사랑하는 반원들과 끝까지 함께 하고 있으며, 박봉이지만 마지막까지 배를 사수하며 비굴한 선장을 대신하다 채 피지 못하고 떠나간 여승무원이 있어 가슴 뭉클하다. 자신의 구명동의를 던져주고 무자비한 세상을 떠난 순결하기만 한 영혼은 어쩌면 이기적이고 염치없는 어른들에게 복수를 하고 떠난 것은 아닐까? 산 자들은 부끄러워해야 한다. 이들의 생명을 강요한 무소불위의 자들은 무릎 꿇어야 한다.

밤하늘로 쏘아 올린 조명탄이 아무리 빛을 발해도 바다는 어둡기만 하고 구조선들이 종종대고 있지만 하릴없기는 마찬가지다. 속수무책인 이 현실이 서럽다. 이런 상황이 정말 어쩔 수 없는 일인 것인가?

항구 끝 젖은 시멘트 바닥에 후들거리는 다리를 겨우 붙이고 울부짖는 엄마의 오열은 속절없으니, 기대는 절망의 나락이고 무겁게 치밀어 오르는 슬픔을 참노니 목젖이 아파진다.

『……/영원히 변치 않을 무언가가 있다면/우리의 사랑 안에 있을 텐데/수없이 많은 눈물 속에 우리는 헤어지지만/여전히 모두가 계속 살기를 바라요/하지만 나는 영원한 사랑을 믿어요/그리고 다시 만날 우리의 운명을요/견딜 수 없는 아픔을 느끼지만/내가 할 수 있는 일이라곤/당신을 사랑하는 일뿐이에요./….』

'Summer Snow'란 노랫말이다. 영원히 변치 않을 뭔가가 있다면 정녕 부모와 자식 간의 사랑일 것이다. 숨 쉴 수 없을 정도로 복받치는 서러움이지만 다시 만날 운명을 믿기에 고통을 견디고 기다리고 사랑한다고 외치는 것이다.

슬픔과 분노 그리고 무력감에 이어서 체념을 강요하는 이 세상이 참으로 밉고 비통하거니와 진도 앞바다가 여름 바닷속에 눈처럼 내리는 하얀 부유물을 오롯이 볼 수 있는 푸르고 맑고 따스했으면 뭐가 달라졌을까. 그랬어도 어쩔 수 없다는 말은 여전히 유효했을 것만 같다.

『…./당신의 아름다운 모습이 덧없이 사라진다 해도/나의 사랑은 푸른 넝쿨처럼/당신을 지키며 살아가리니/세월은 그대를 더욱 사랑스럽게 할 뿐/그리고 언제까지나 당신을 사랑합니다/해바라기가 노을 지는 그의 태양을 바라보는 모습은 똑같습니다/새벽 아침 떠오를 때처럼/』

'토머스 모어'의 시 "믿어주오, 이 모든 것이 변할지라도"라는 곡 일부이다. 생때같은 자식을 떠나보낸 엄마는 말한다. 내가 너를 잉태하던 처음처럼 비록 태양이 서쪽 산허리에 걸친다고 하더라도 변함이 없을 것이라고. 아무리 세월이 흘러도 너를 사랑하면서 기억할 것이라고.

'카카오스토리'에서 제자들의 대화를 엿듣다 그만 숨이 멈추고 말았다. 수십 년 전 제자의 이름과 함께 그의 딸이 희생되었다는 내용이고 애도의 댓글이 이어졌다. 영명하고 착하기만 했던 그 제자가 가끔은 궁금했는데 그 궁금증을 이렇게 풀어야 한다니 야속하기만 했다. 제자들의 대화 속에서 그의 아픔을 어렴풋이 짐작은 할 수 있었지만, 어찌 우리가 감히 범접이나 하겠는가? 그동안 잘살고 있었을까. 행복했을까. 어렵게 살았다면 더 가슴 아플 일이다. 암만 그래도 다 큰 자식을 먼저 보냈으니 이제 그런 걱정은 부질없다. 제아무리 세월이 가도 참척慘慽의 아픔을 간직할 가슴이 온통 시커멓게 타버렸을 터이니 피안彼岸은 무상無常일 뿐이고 그저 그 뒤안길에서 서성일 뿐이리라.

안타까운 제자여! 나 또한 어쩔 수 없는 선생으로서 위로할 말 대신 위 두 곡의 노래를 들려주고 싶다. 혹여 널 더 힘들게 하는 곡일지 모르지만, 시간이 흘러 앗겨버린 네 딸이 미칠 듯이 보고 싶을 때 들었으면 좋겠다. ■

어느 신출내기 교장의 단상斷想

　방학으로 학생들이 떠나간 학교는 차라리 적막하다. 텅 빈 운동장이 그렇고 아우성이 사라진 복도가 그렇다. 죽 둘러 처진 아파트의 창문들은 감시자의 눈처럼 교정을 내려다보고 있다. 아파트에 가려 있던 태양이 찔끔찔끔 햇볕을 보낼라치면 쭈뼛 고개를 내밀어 해바라기가 된다. 태양은 금방 다시 잿빛의 시멘트벽 뒤로 숨어버린다. 그 벽 안엔 우리 아이들이 갇혀 소리도 못 지르고 사고의 기초체력을 기를 책이 아닌 학원 교재를 짊어지고 낑낑대고 있을 것만 같다.

　처음 교장으로 근무한 지난 1년을 돌이켜 보면서 채 버리지 못한 것들을 가닥가닥 추리는 중에 스스로 소스라친다. 내 가슴과 머릿속의 묵은 때가 아직도 도통 떨어져 나갈 기미가 없기 때문이다. 끌과 장도리가 필요할 것 같다. 이러한데 어떻게 새로운 생각이 비집을 틈이 있었을 것이며 남의 의견을 받아들일 공간이 있었겠는가?

　대부분 선생님은 승진할 생각 없이 그저 묵묵히 학생들을 가르칠 뿐이지만 일부는 학교를 훌륭하게 경영해 보고자 승진의 꿈을 꾼다. 부재기위 불위소능不在其位 不爲所能이라 했던가? 학교장이 되어 자신이 바라는 교육 철학을 실천하고 싶어 지위가 필요했으리라.

　좋은 학교가 되기 위해서는 여러 가지 요인들이 충족되어야 하지만 그 가운데에서도 으뜸이 학교장의 경영 능력이라 할 수 있다. 그 능력에 따라 학교가 다양한 빛깔로 변하고 음색과 음조가 달라질 수 있기 때문이다.

그렇기에 학교장은 어떤 인격체여야 하는지에 대해 천착한다. 겸손하고 포용력이 있으며 매사에 공평함은 물론, 좋은 말투에 책임감까지 갖췄다면 소통은 물론 어떤 갈등이나 걸림돌도 다 헤쳐 나갈 수 있다고 주문처럼 외운다. 다양한 요구와 문제가 남아 있는 지난한 학교 현장에서 해결점을 찾고 대안을 제시하며 동의를 구하는 데 필수적인 요소라고 믿기 때문이다.

새내기로 부임하여 "위로기 되는 교장이 되고 싶습니다. 그리고 선생님들의 흠집을 찾지 않으려 합니다. 저도 똑같은 흠이 있었고 지금도 갖고 있기 때문입니다."라고 말씀드렸었다.

사실 그렇다. 선생님들은 자기 자신으로 살지 못하고 어떤 정형定型에 얽매여 살아야 한다는 강박 관념에 시달리고 있다. 그런 줄을 알면서도 부임 인사와는 달리 선생님들의 마음은 아랑곳하지 않고 학생, 학부모, 지역 사회의 만족도를 높여야 한다고만 닦달했던 것 같다. 위로되겠다던 약속은 허허롭기만 하다.

이제 와 생각하니 마음이 아려온다. 외부 고객에만 눈을 돌리고 정작 내부고객인 선생님들은 외면한 채 지적과 지시, 요구와 통제만 했으니, 선생님들의 사기는 어떠했을까. '힘드시지요?' '제가 도울 일은 없습니까?' '괜찮습니다. 걱정하지 마십시오.' '같이 뜁시다.'라고 했더라면 한 쪽만 보고 다른 쪽을 못 보는 우를 범하지 않았을 것을…. 후회막급하다.

이런 현상이 다름 아닌 편견 아닌가. 편견은 조급함의 소산이고 넘침으로 인한 교만이다. 조금만 기다려 주고 다독이면서 결핍을 누리는 지혜가 있었다면 극복할 수 있었을 것이다.

선생님으로부터의 최고의 바람은 자발성이다. 이는 돈으로도 살 수 없고 강제로도 끄집어낼 수 없다. 단지 선생님들이 즐거운 마음으로 가르치고 누군가로부터 위로를 받을 수 있을 때 스스로 끄집어낼 수 있고 학교장이 생각을 바꾸면 덤으로 따라올 수 있는 것이다.

그런데도 과거의 일방적 경험으로 인해 굳어진 사고와 타성을 극복하지 못하고, 피아노 건반이 각자의 음만 고집하지 않음으로써 아름다운 선율이 가능하다는 사실을 깨닫지 못하고 있다. 어쩌면 '성공의 덫'에 걸려 아집만 왕성해진 것 같다.

혹자는 관료주의에 젖은 학교장이 많다고들 한다. 심지어는 시어머니 적 속성에서 벗어나지 못하고 있다고도 한다. 귀에 거슬리지만, 교장이라는 직책만 갖고 있을 뿐 제 역할을 못함으로 인한 꾸지람이 아니겠는가? 학교 교육은 꼭 2%가 부족하곤 하는데, 그 2%는 학교장의 능력으로 메꾸어야 한다는 지론을 갖고 있다. 교사와 학생들이 노력하여 98%를 이루는데 2%가 부족하여 튼실한 열매를 못 맺는다면 그보다 안타까운 일이 있겠는가? 거창하지도 않다. 딱 2%의 역할은 해야 할 것 같다.

여러 가지 시달림 속에 역할을 다하는 선생님들을 생각하면 지난 1년 나 자신이 참 민망한 존재였던 것 같다. 신학기엔 진정으로 '위로가 되는 교장'으로 거듭나기 위해, 나만 원할 것이 아니라 선생님들도 원하면서 같이 가기 위해, 끌 날이 닳도록 장도리 질을 하고 있다.

또다시 햇볕이 유리창을 인색하게 두드린다. 하지만 생각이 여과된 탓인지 가위 따스하다. ■

수험생에게 부족한 2% 채우기

고3 수험생들이 수시전형을 시작하는 등 바야흐로 입시 철이 도래한 가운데, 전국의 유명 사찰이며 교회 등에서 올리는 수능을 위한 기도가 학부모들의 애간장을 다 녹이고 있다. 그 간절한 기도를 전능자는 들어줄 것이란 기대와 함께 부모로서 해야 할 도리를 다하기 위해, 자식의 부족한 2%를 채워 주기 위한 부모들의 소리 없는 아우성이다.

수능을 준비하는 학생들을 보면서 항상 안타까웠던 일은 여름을 지나면서 성적이 점점 하향 곡선을 긋는 학생들이 상당수 나타날 때다. 그런 학생들 대부분이 원하는 성적을 거두지 못한 것을 볼 수 있었는데 이는 체력 고갈로 인한 집중력저하가 가장 큰 요인으로 지적되었다. 어떻게 보면 2%의 부족이 수능성적 전체를 그르치는 경우다.

그러면 수험생의 부족한 2%를 채워 주기 위해서는 학교와 학부모는 무엇을 어떻게 하여야 할 것인가에 대해서 보다 심층적이고 장기적으로 고민할 필요가 있다.

사실 수험생을 둔 가정 대부분에서는 대체로 어느 것 하나 부족함이 없이 챙겨주고 있다. 그래서 수험생들은 수면 시간을 줄이면서 열심히 준비하면 원하는 대학에 들어가는 것으로 생각하는 것이 이제까지의 상식이었다. 그래서 학부모는 수험생을 위해 보약이며 영양제를 제공하고 데려다주고 데려오는 방식을 고집스레 계속한다.

단 1분이라도 책을 보지 않고 쉬는 것을 보고 있으면 불안하다. 휴식으로 시간을 허비하는 것은 성적과 직결된다는 강박 관념 때문에 수험생 방에서 함께 시간을 보내는 부모도 있다. '휴식도 공부'라는 사실을 망각하고 있다. 소위 일류대학에 진학하는 학생들은 이런 방식으로 최소 9년 이상을 버틴다. 어떻게 보면 대단한 체력이라고 생각한다. 하지만 그러는 가운데 학생들의 체형은 변하고 체력은 쇠잔하며 뇌세포는 활력을 잃고 퇴화하기만 한다.

그런데 최근 모 공중파 방송에서 서울 소재 고등학교와 의과대학이 업무협조를 통해 학생들의 성적 향상을 위한 '0교시 체육 수업'을 수행한 프로젝트 결과가 눈길을 끌었다.

6주 동안 '0교시 체육 수업' 프로젝트를 진행한 결과 성적이 눈에 띄게 향상되었는데 이는 운동을 통해 학생들의 뇌혈관 강화로 뇌 혈류가 증가하여 인지능력(기억력, 주의력) 등이 개선되었기 때문이다.

이는 미국 네이퍼빌 센츄럴 고등학교의 '0교시 체육 수업'을 기반으로 연구를 진행했는데 그 학교의 '0교시 체육 수업'의 결과는 서울 소재 고등학교보다 훨씬 놀라웠다. 뇌과학자들이 운동을 통해서만 뇌세포를 증가시킬 수 있다는 보고와 함께 운동이 새로운 뇌세포를 생성해 낼 수 있다는 연구 결과를 토대로 실시했다. 이 프로젝트는 주위의 학교들에 보급되어 대상 학교가 거의 비슷한 결과를 얻고 있다.

그러나 우리나라 학교 현장의 현실은 다르다. 일선 인문계 고등학교의 학교장과 교과담임, 학부모들은 그 운동 시간을 두려워함은 물론 심지어 체육 시간을 다른 교과로 대체하는 학교까지 나타나고 있으니 이는 기존의 잘못된 경험으로 인한 사고의 고착화 및 새로운 시도에 대한 두려움이 원인이라 할 수 있다. 그런 가운데에서도 상당수 교육 공급자는 운동의 효과에 대해 긍정적으로 생각하고 있으니, 앞으로 기대해 볼

만하다.

　물론 이런 결과는 단시간에 나타나는 것은 아니다. 신체리듬이 적응하는 기간까지는 운동 후 졸음이 수반되는 현상 등이 있으니, 수능이 얼마 남지 않은 시점에서는 오히려 역효과일 수 있고 차라리 암기하는 데 시간을 줘야 할 것이다. 하지만 중·고등학교 때부터 꾸준히 실시한다면 분명히 수험생들에게 부족한 2%를 채워 주고도 남을 것이다.

　하루에 30분의 운동 시간을 아끼다 평생 건강을 해치는 것은 물론 체력 저하로 수능을 망치는 우를 범할 수도 있다고 본다면 사회·경제적 손실은 쉽게 계상할 수 없을 것이니 운동의 효과는 이보다 훨씬 높은 가치를 갖고 있다 할 것이다.

　이제 학부모들은 적극적으로 학교에서 아침 운동을 할 수 있도록 요청하여야 하며 학교에서도 두려워 말고 '0교시 체육 수업'을 실시해 볼 필요가 있다. 사실 '0교시 체육 수업'은 현재의 교육과정 운영상으로는 전체적으로 실시하기 어려운 시스템이다. 그래서 우리 교육청에서도 아침 운동이 아니라도 매일 학생들이 운동에 참여할 수 있는 효율적인 프로그램을 개발하여 일선 학교에 보급할 계획을 하고 있다.

　학부모들은 학생들을 교문까지 실어다 주고 실어 올 것이 아니라 1km라도 걸을 수 있도록 함이 장기적으로 볼 때 부모의 자식에 대한 배려라는 것을 알아야 하며 수험생의 부족한 2%를 채워 주는 가장 효과적인 비결은 학생들이 효율적인 유산소 운동을 꾸준히 할 수 있도록 하는 것일 것이다. ■

안세영의 분노

"내 승리의 원동력은 분노였다." 안세영 선수가 '2024 파리 하계올림픽'에서 배드민턴 여자 단식 금메달 수상 이후 한 말이다. 불현듯 우승자가 한 이 말의 함의는 무얼까. "진정으로 희망을 원한다면 당신의 목소리를 내야 한다. 그것이 희망을 부르는 가장 빠른 방법이니까."라는 '마야 안젤루'의 말을 에두른 것이 아닌가.

왜 이 시점에 저런 말을 하느냐고 힐난하는 사람도 있었지만, 그런 주장에 동의할 수 없다. 안세영 선수는 그동안 고통을 몸과 마음으로 말했으나 메아리가 없었다. 아니 그 메아리를 만들어 줄 산이 없었다. 누군가 산을 옮기려는 어리석음을 행하지 않았는지 묻고 싶다. 얼마나 마음고생이 컸으면 금메달 획득 후 "안세영! 이제 숨 좀 쉬자."라고 자신에게 말했을까. 새장에 갇혀 울지도 못하는 새는 아니었던가.

이렇게 힘들 경우 선수들은 보통 일탈을 택한다. 만약 일탈로 그 분노를 설명하고자 했더라면 지금의 안세영이 있겠는가? 안 선수는 때를 기다린 것이다. 올림픽에서 우승하고 난 후 목소리를 내야 메아리가 있을 것이란 판단을 했을 것이다.

세계 1위를 육성하기 위한 개인 코치는 없었어도 특화된 '맞춤형 지도'라도 했었는지 묻고 싶다. 오진이 있었는지 몰랐다는 말은 '훈련 외적 요인'을 살피기 위한 선수 관리는 전혀 없었다고 실토하는 것 아닌

가. 모두가 오롯이 선수 자신의 몫이었다.

그는 훌륭한 선수이기도 하지만 앞으로 유능한 지도자가 될 수 있는 자산이기도 하다. 이번 파문으로 안 선수에 대한 2차 가해나 입을 막으려는 어떠한 시도도 있어서는 안 된다. 안 선수가 훈련만 알지 스포츠 윤리는 모르는 한국 스포츠 풍토를 개선할 수 있는 동기를 던져주었기 때문이다.

스포츠 행정이 28년 전 방수현 선수가 우승했을 때와 비교할 때 여전히 그 자리에 머물고 있다. 선수의 바람을 권위로 누르고 협박으로 잠재우려는 스포츠 행정가와 일부 지도자들은, 28년 동안이나 변화를 지체시켰고 더 많은 금메달을 막은 요인으로 작용하였다. 선수들의 경기력과 매너는 세계 으뜸 수준이지만 '행정의 관행'은 철옹성으로 거기에 한참 이르지 못하고 있다.

안 선수는 '6차의 여유'를 스스로 터득하고 있었다. 그동안의 분노를 심호흡으로 조절할 수 있는 지혜도 있었다. 그 기간이 7년이었다. 그 긴 심호흡에 대해 어떻게 생각하는가? 이제는 협회와 대표선수 관리 부서에서 답해야 한다.

안세영 선수를 지지한다. 그의 용기에 찬사를 보낸다. 그런데 안 선수 발언 이후 나온 협회의 반응은 처절하게 사유하는 흔적은 보이지 않았다. 오히려 뾰로통한 표정이다. "안세영이 손흥민, 김연아이냐?"란 비교는 무슨 차별이며 2차 가해란 말인가.

이들이 세계적인 선수가 된 과정을 살펴보았다면 그런 말을 할 수 없을 것이다. 그들을 이 사태에 끌어들이는 것은 예의가 아니고 그들 또한 원치 않을 것이다. 협회의 그간 행적을 보면 그런 말 할 염치가 없을 것 같다. 손흥민 김연아 정도가 아니면 입 다물고 있으란 협박으로 들린다. 각설하고 '안세영의 목소리를 깊이 새기고 문제가 있었다면 각고의 노력으로 고쳐나가겠다'라고 해도 부족할 듯싶다. 떳떳하면 숨길 것도 없고 누구에게도 고개 숙일 필요도 없다. 비정상으로 정상을 사냥하려 들면 분명 오조준이 될 것이다.

이제 올림픽도 끝났다. 이번을 기점으로 체육계는 기필코 변해야 한다. 자정능력이 없으면 외부 힘을 빌릴 수밖에 없을 것이다. 아직도 구태의연한 지도자가 있고 '국가대표'라는 미끼로 선수를 옭아매고 있는 협회도 있다. 이제는 자기 경험을 진리로 착각하고 순응을 강요하는 세상이 아니다. 경험이 실력을 앞설 수 없다는 것이 진리다. 양궁 김우진 선수가 '오늘의 금메달은 이미 과거가 되었다'라는 말을 금과옥조로 삼아야 할 것이다.

선수들도 변하자. 부당함에 망설이거나 참지만 말고, 침묵의 강요에 굴하지 않은 용기 있는 선수가 되자. 협회 임원들도 협회장의 권위를 위해 안절부절못할 것이 아니라, 선수 권익과 지원을 위해 동분서주하는 스포츠 행정을 하기 바란다. 세계 8위의 K-스포츠가 선수의 땀과 희생만을 강요하면서 크는 괴물이 아니기를 바란다. ■

학교 안전법과 졸속 대처

 텅 비었던 교실과 운동장이 아이들의 환호성과 웃음으로 가득한 3월이다. 새로운 친구를 만나고 교실이 바뀌는 등 학생들의 일상에도 상당한 변화가 있다. 그 변화에 적응하기 위해 나름 스트레스도 받는 가운데, 선생님들과 학부모들도 긴장과 걱정으로 힘들기는 마찬가지다.
 봄이 되면 학생들의 호연지기를 기르고 힘든 과정을 극복하기 위한 수련회 등 야외 체험학습이 시행될 것이다. 그런데 정작 학교에서는 예정했던 체험학습 등을 취소하거나 연기하기 위해 학사일정 수정 논의가 활발히 일어나고 있다.
 그 이유는 최근 강원 지역 교사들이 체험학습에서 일어난 안전사고로 인해 유죄 선고를 받았기 때문이다. 그런데 학교안전법에는 "안전조치 의무를 다하면 민·형사상 책임을 지지 않는다."라고 규정하고 있다. 여기에는 많은 맹점이 도사리고 있다. ① 안전조치의 '완벽한 이행'의 불명확한 기준, ② 교사들에게 과도한 법적 부담 전가 ③ 교사 보호 장치 부족 등을 들 수 있다. 최소한 이 문제점이 해소되지 않으면 다양한 학습 기회를 박탈당하는 결과가 초래된다.
 그렇다면 정부 당국에서는 어떤 노력을 해야 할까.
 첫째, '안전조치를 다한 경우'의 명확한 기준을 법에 명시해야 한다. 둘째로 체험학습 시 "안전 전문 인력 배치"를 의무화하여 교사의 부담을 줄여줘야 한다. 셋째로 체험학습 관련 "법적 면책 범위를 확대"하여 민·형사상 보호를 받을 수 있도록 법적 장치를 강화해야 한다.

그러면 이 사태를 바라보는 광주교육청의 입장은 무엇인가.

광주교육청이 추진하는 대책은 ① 학교 현장학습을 교내에서 실시하도록 권고하고, ② 안전한 교외 활동을 위한 보조 인력 채용을 검토하며, ③ 업무협의회를 통해 지원 범위를 확대하겠다는 대안을 제시했다.

이는 근본적인 해결책이 아니라 임시방편적이고 교육의 본질을 망각한 대책이다. 즉, 교내 실시 권고는 형식적으로 실시하라는 취지로 인식되어 체험학습의 본래 취지를 훼손할 수 있다. 체험학습은 학생들이 학교 밖에서 다양한 경험을 쌓으며 실질적인 학습 기회를 얻는 것이 목적이기 때문이다. 학생들이 직접 체험하고 탐구하는 기회를 잃게 되면, 교육의 질이 저하될 수밖에 없다. 또한 '다양성 추구'라는 교육감의 철학에도 반하는 조치다.

다음으로 보조 인력 추가 채용은 실질적 효용성에 의문을 제기할 수밖에 없다. 보조 인력이 안전관리에 대한 전문성을 갖췄느냐의 문제다. 단순한 보조 인력 추가보다, 전문적인 안전요원을 배치해야 한다. 더구나 '검토'라 함은 생각뿐이라는 의미다.

마지막으로 "업무협의회 및 한시적 지원 확대"는 깊이 고민한 흔적을 찾을 수 없다. 업무협의회는 행정적인 논의일 뿐 법적 책임 문제를 해결하는 데 큰 영향을 주지 못하며, 지원 확대 역시 한시적이므로 언제든지 중단할 수 있다는 의미이니 지속적인 해결책이라고 할 수 없다.

교육청은 실효성 없는 정책보다는 시간이 걸리더라도 교사의 법적 보호 장치 마련에 노력하여야 한다. 학교안전법 및 관련 조례를 현실에 맞게 개정하여 법적 불안을 해소함은 물론 최소한 안전 대책 매뉴얼을 준수했을 경우 면책할 수 있도록 하여야 한다.

또한 기간제 등 일반 보조 인력 보강은 교사들에게 또 다른 위험 요소가 될 수 있다. 자격과 자질이 부족한 인력 그 자체가 위험 요소다. 즉 응급구조사, 안전관리 전문가여야 하고 학생 규모와 상관없이 동행이 의무화 되어야 한다.

 교육청은 안전 전문가가 배제된 대안을 내밀지 말고 전문가들과 머리를 맞대고 실효성 있는 대책을 내놓아야 한다. 불가항력적 경우는 사고 대처 능력이 없는 교사들이 다툼에 고통받지 않도록 하는 것이 우선이다. 그래서 법률 및 조례 등에 명시하여야 한다. 이런 경우 교육청이 소송을 대리하고 배상도 책임지겠다는 공문을 각급학교에 시행할 생각은 없는가. ■

체육 교사의 사회·문화적 역할

□ 들어가면서

 현대 사회에서 학생들의 취미 및 놀이문화의 변화로 인하여 움직임 기회가 줄어들고 그로 인해 발생하는 성인병의 하향화 추세로 볼 때 학생들의 건강 문제가 교육에서 차지하는 비중이 중대될 것으로 예측된다.
 과거에는 개인 건강은 개인의 문제로 치부됐으나, 국민복지증진이 세계적 추세인 점에 비추어 볼 때 개인의 건강 문제는 국가의 문제로 대두될 것이며 현재의 추세가 지속된다고 가정할 때 향후 10여 년 후에 나타나는 사회적 비용은 실로 엄청날 것으로 추정된다.
 이런 점에 비춰볼 때 그 비용은 국가와 모든 국민이 같이 부담해야 하고 그 책임 또한 국가와 사회가 함께 진다고 보며, 이러한 사회적 현상에서 체육 교사의 역할은 그 비용 절감의 중심에 있다고 본다. 물론 제도적 문제가 선결되어야 하는 점도 있으나 교육에 있어서 체육교육이 짊어져야 할 부분이 매우 클 것이다.
 또한 다양한 현대 사회에서 갈등의 문제는 건강의 문제만큼 다난할 것이고 직장에서의 갈등 해결의 결과는 생산력 향상과 직결되느니 만치 학교에서 동료나 개선 간의 갈등은 교육력 제고에 큰 장애요인으로 작용할 것이다.

이러한 모든 기능과 역할은 사회·문화적 측면에서의 체육 교사가 수행해야 하는 주요 사항에 해당할 것으로 보인다. 따라서 미래 사회에서의 학교의 역할 변화를 예측하고 이에 대한 새로운 리더십을 연구하며 대처 방안을 마련해야 하는 시점에서 체육 교사의 사회·문화적 역할 기대는 그 변화만큼이나 중차대하다 할 것이다.

□ 체육 교사의 역할

1. 리더로서의 역할
  1) 리더십의 정의 : 한 개인이 다른 구성원에게 이미 설정된 목표를 향해 정진하도록 영향력을 행사하는 능력
  2) 관리의 정의 : 일을 옳게 하려는 과정
  3) 리더의 임무를 수행해야 하는 이유
    (1) 체육 교사는 게임 규정을 통해 이익을 바르게 얻고 분배할 줄 아는 경험자
    (2) 체육 교사는 경기를 통하여 규칙을 적용하는 공정한 상황을 이해할 수 있는 경험자
    (3) 체육 교사는 행위를 통한 역할 수행으로 타인으로 하여 이를 인정할 수 있는 기제 소유
    (4) 스포츠팀을 운영함으로써 조직이나 구성원들의 참여를 결정하고 그 역할을 분배하는 경험을 할 수 있는 자.
    (5) 조직을 일관되게 유지하여 규율에 맞게 기능을 할 수 있도록 이끌 수 있는 능력 소유

2. 조정자로서의 역할

 갈등은 둘 이상의 당사자가 존재하는 가운데 어떤 목표를 이루기 위해 관리나 행정과정에서 발생한다. 그러므로 상호의존적일 수밖에 없고 그 결과가 집단에 도움이 될 수 있는 것인가 아니면 해가 되는가에 있어 체육 교사는 순기능으로 역할 할 수 있는 방향으로 이끌만한 소양이 충분히 있다고 판단 된다.

1) 체육 교사는 스포츠 행위를 통하여 옳고 그름의 판단에 익숙한 집단으로 이해됨으로써 분쟁에 대한 조정자로서 기여하고
2) 스포츠를 통한 사회화를 경험한 집단으로써 약자와 강자에 대한 배려와 양보에 익숙하며,
3) 분쟁의 원인과 그 해결 방법에 대한 이해가 높은 집단임과 동시에
4) 다양한 경험과 역할을 통해 광협함을 이해할 수 있는 인간관계를 형성할 수 있는 능력이 있는 집단이다.

3. 봉사자로서의 역할

 체육 교사는 학교(장)로부터 여러 가지의 역할을 기대받는다. 그 기대가 가끔 자존을 상하게 하여 반발을 초래하는 경우가 있지만, 이면을 살펴볼 때 타 교사로부터는 그것을 기대할 수 없다는 판단이 먼저이기 때문이다.

1) 학생 생활지도 : 학교 관리자는 체육 교사가 학생 지도를 해 주기를 바라는데 그것은 체육 교사가 스포츠를 통한 다양한 경험으로 학생들과 감성 소통을 잘할 수 있기 때문이다. 그리고 원칙과 규율에 대해서 실천하는 습관이 배어 있기 때문이며, 학생들은 교사 스스로가 실천할 능력이 없으면 그 지도에 응하려 하지 않는다. 그런 면에서 체육 교사는 학생들과 가장 가까이 있는 존재로서 학생들

과 몸을 부딪치면서 학교생활을 함으로써 그 역할이 기대되는 것이다.
2) 학교시설 및 운동장 관리 : 운동장과 체육관은 체육 교사에게는 교실과 다름없는 학습의 장이다. 화단과 운동장 주변은 교실에서의 학습 판이고 환경이다. 그래서 운동장과 체육관 운동장 주변 환경은 일정 부분 체육 교사가 관리하여야 하며 그러한 일들은 체육 교사의 당연한 일이기도 하지만 봉사하는 마음이 없이는 불만 없이 할 수 있는 일이 아니다. 교실 학습 환경은 담임이 가꿔야 하듯이 체육 교사는 학생과 함께 운동장과 체육관에서 아름다운 소리를 들려주고 꽃을 보게 하며 아늑한 쉼터를 만들어 줘야 한다.
3) 스포츠맨십의 전수자 : 체육 교사는 스스로 학생들에게 운동 기술과 기능을 전수하여야 하고. 팀을 만들어 육성하여 각종 경기대회에 출전시켜 청소년들에게 리더십을 배울 기회와 장을 만들어 주어야 한다. 스포츠맨십을 통해 인격자로서 갖춰야 할 덕목이 무엇인지도 배울 기회를 주어야 한다. 이는 스포츠를 통한 사회화로서 교육이 추구해야 할 최고의 가치이다. 체육 교사는 희생과 봉사 정신 없이는 개인의 돈과 시간을 투자하여 이런 역할 하기를 주저한다.

4. 오피니언 리더로서의 역할

1) 현대 사회에서 어느 집단을 이끌거나 영향력을 행사할 수 있는 순수 집단으로서 응집력이 가장 강한 집단의 하나가 스포츠클럽이라고 본다. 이 집단 내에서 기술을 전수하고 클럽을 유지·조정하는 데 체육 교사는 늘 한가운데 있다.
2) 집단 내에서의 헤게모니는 자신보다 능력이 우위에 있는 대상에

주어지고 그것을 인정하게 된다.
3) 영향력의 전달과 결집은 그런 리더에게 주어지고 그 주어짐을 용인한 구성원들은 그의 조정에 따르고 복종하게 된다.
4) 그런 측면에서 체육 교사는 일정한 의견을 모으고 집단을 움직이게 하는데 매우 자연스러운 위치에 있다고 본다.

5. 감성 전달 행위자로서의 역할

1) 체육 교사의 인품과 모습은 모든 교사의 본이 되어야 한다는 말이 있다. 미국에서는 체육 교사의 자질 가운데 그런 점을 강조하고 있다. 체육 교사가 사용하는 언어와 행동은 타 구성원에게 파급력이 가장 강하다고 본다. 더구나 복장은 더욱 그렇다. 체육 시간에 착용하는 복장과 모자 등은 항상 가장 잘 어울리고 품격이 있으며 신선감을 주어야 한다. 학생들은 체육 교사의 언행과 복장에 관심을 둔다.
2) 체육 교사는 언어와 리듬을 행위로 표현하고 스토리화 할 수 있는 능력의 소유자여야 한다.
3) 예술적 감성의 소유자가 되어야 한다. 행위와 리듬과 음과 율동은 인간의 감성 지표를 높이게 하는 수단이다. 이런 요소는 체육 교사와 항상 같이한다고 생각하고 노력해야 하며. 시간과 공간을 함께 다루는 능력이 체육 교사에게는 필수라고 본다.
4) 더불어 현대 사회에서 자신의 정서적 관리가 타인에 미치는 효과가 매우 크게 작용하는 특성이 있다. 예를 들어 첫인상, 자신에 대한 개념 · 조작적 정의 등은 자신은 물론 타인의 정서에도 상당한 영향을 미치므로 체육 교사들의 정서 관리는 매우 중요하다 할 것이다.

6. 윤리적 지표자로서의 역할

옳고 그름에 대한 판단은 윤리학에서 가장 기본이라 할 수 있다. 법 행위와 인간 행위에 대한 윤리적 기준이 늘 합치하는 것은 아니지만, 스포츠에서 옳고 그름의 기준은 인간 생활에서 법 행위 이상으로 중요한 잣대라고 본다.

특히 집단에서의 경기규칙과 같은 동의가 가능한 잣대는 항상 구성원들로부터 신뢰를 받을 수 있어, 체육 교사는 그 기준에서 벗어나지 않도록 노력하여야 한다.

7. 관계자로서의 역할

학교 현장에서 교사들이 해야 할 역할은 관계와 역할로 크게 나눌 수 있다. 이 가운데 역할이 먼저냐, 관계가 먼저냐를 따지기에는 너무 이기적이고 자학적이라 할 수 있다. 그 이유는 학교에서 교사의 역할이 학생을 가르치는 것 외에 다른 업무에 대해서 잡무라는 생각이 우선시 되고 있기 때문이다.

여기에서 역할이란 가르치는 것 외에 학교 행정의 전반적인 면에서 자기 능력을 소신껏 발휘함을 의미할 것이고, 관계란 교직원, 학부모, 사회 구성원과의 인간적 소통을 의미할 것이다.

체육 교사는 가끔 관계의 역할은 뛰어나지만, 역할의 역할은 어느 정도 갖추지 않아도 된다는 선입견과 편견 있는 것이 현실이다.

여기에서 자기가 하여야 할 당연한 업무에 대해서 등한시 한 가운데 관계로서 모든 것을 만회하려는 생각은 의식 있는 집단이나 구성원으로부터 외면받기 일쑤다. 자기의 역할로 만족해야지 관계까지 신경을 써야 하느냐는 물음이 있을 수 있으나 전술했듯이 체육 교사는 리더로서의 소양이 가장 잘 갖춰진 집단이라 할 수 있고 리더는 구성원이 옳은 일을 할 수 있도록 이끌 의무가 있기 때문이다.

  리더로서는 당연히 자신이 짊어져야 할 책무와 구성원들의 원함에 민감해야 하고 그것을 해결하고 해결해 줄 수 있는 능력이 있어야 구성원들이 그 리더의 역할에 만족한다.

8. 코치형 리더로서의 역할

  구성원과 함께 논의하고 협력하며 봉사하는 리더십을 발휘해야 하는 현대 사회에서 코치로서의 경험은 귀중한 사회적 기반의 자산이라 할 것이다. 리더는 항상 코치가 선수를 지도하듯이 자상하고 보조적이어야 생산성이 증대되고 집단의 응집력이 향상되는 것이다. 코치형 리더는 직원들을 단순히 앎을 위한 도구로 바라보지 않고 그들이 갖고 있는 진정한 관심사를 서로 나누고자 한다. 독단적이고 지시적이며 군림하려는 리더는 더 이상 구성원들로부터 신뢰받지 못한다.

  이러한 리더의 상은 상대가 꾸준히 노력하고 탐구함으로써 자신의 꿈과 포부를 한 단계 비약할 수 있는 과업을 부과한다는 측면에서 체육 교사는 팀 구성원들에게 하는 주문이 바로 현대 사회에서의 바람직한 코치형 리더가 지녀야 할 자질을 갖췄다고 생각된다. 이런 차원에서 본다면 체육 교사의 리더십은 더없이 훌륭할 수밖에 없다. 다만, 스스로가 그렇게 되기 위해 꾸준한 자기 연마가 동반되어야 할 것이다.

9. 거버넌스 리더십의 역할

  "21세기 공공부문 지배력의 핵심은 다양한 이해당사자들을 토론의 장으로서 끌어들여 그들과 함께 사회문제에 대한 최적의 대안들을 점검하고 이에 대한 합의를 도출할 수 있어야 한다"라면, 체육 교사는 어느 구성원보다 거버넌스 할 수 있는 능력이 충분히 갖추어졌다고 감히 단언할 수 있다. 변화를 중시하는 현대 사회에서 체육 교사들은 게임을 통하여 항상 새로운 작전을 구상하고 협상하고 논의하여 독단적 판단보다는 협력을 통해 실천함으로써 그 능력을 체험하고 있다. 오케스트라가 한 사람의 지휘자에 의해 일사불란하게 연주할 수 있음은 지휘자의 탁월한 지휘도 있지만, 사전에 지휘자와 연주자 간의 충분한 의사소통과 신뢰의 관계가 있었기에 가능한 것이다. 팀을 운영함은 그와 다르지 않다. 팀은 사회적 집단의 축소판이다. 여기에서 감독의 역할은 항상 새로운 작전을 구사하고 능력에 맞는 게임 운영 패턴을 찾고, 선수들 및 스텝과 교호하면서 팀을 운영한다. 이런 능력은 21세기 거버넌스 리더십에서 갖추어야 할 자질이다.

10. 습관 관리자로서의 역할

습관은 인간의 성공을 좌우할 중요한 생활 방식이라 할 수 있다. 자기 습관을 어떻게 다스려 도움이 되는 방향으로 변화시키느냐는 특별한 트레이닝이 따라야 한다고 볼 때 체육 교사는 그 역할을 담당하는데 가장 훌륭한 전문가라 할 수 있다. 따라서 체육 교사는 그런 능력을 갖출 수 있도록 부단한 노력을 하여야 한다.

□ 나가면서

미국에서 "관료는 라커룸을 통해서"라는 격언이 있다. 다시 말하면 스포츠를 직접 행위자로서 참여하지 못한 관료는 그 자질에 문제가 있다는 말이다. 이는 위에서 언급한 규율과 규칙을 지키고 신뢰를 목숨처럼 여기며 상대를 배려하고 도덕적 잣대가 확실한 사람만이 공직에서 역할을 충실히 할 수 있음을 의미한다. 즉 스포츠에서의 라커룸은 그곳에서 승리를 만끽하는가 하면 뼈아픈 실패를 반성하고 작전을 세우고 상대를 분석하며 승리를 위해 노력하는 장소이다. 그러기에 라커룸은 땀 냄새가 배어 있고 흘린 땀만큼 거둬들일 수 있다는 진리가 증명되는 장소이다.

　스포츠를 통하여 이러한 자질을 기르지 못한 사람이 관료가 될 수 없다 함은 그 사회가 가장 공평하고 공정하다는 증거로 여겨도 과언은 아닐 것이다.

　이런 스포츠를 생활화하고 있는 체육 교사는 이미 그러한 자질을 갖추고 있는 자이다. 항상 정확한 잣대가 우리에게는 존재하고 있으므로. 경기에서 규칙을 지키지 않으면 게임 자체가 성립될 수 없다. 세상은 항상 눈에 보이지 않은 틀이 존재하고 있으며 그 틀을 깨지 않음은 사회 구성원으로서의 가장 기본적인 질서이다.

　경기가 원하는 대로 풀리지 않으면 언제라도 정식으로 타임을 요청하고 혼자가 아니라 구성원이 머리를 맞대고 논의하고 그 실마리를 풀어가는 것이 경기이다.

　이런 점에서 체육 교사는 꾸준히 자신을 가꾸고 새로운 것을 찾아 항상 움직여야 하며 잘 참고 현명하게 설득하며 바르게 설명할 수 있는 자질을 갖추어야 하고. 가슴속에는 자신만의 채찍을 간직하고 살아야 한다. 그래서 기준에서 멀어지려고 하거나 현명한 리더가 지녀야 할 자질이 자신으로부터 퇴색되어 갈 때쯤이면 스스로 채찍을 가할 수 있어야 한다.

　더불어 체육 교사는 고급문화를 향유 할 수 있도록 지도하고 이끌어야 한다. 스포츠가 문화로써 자리매김한 지가 오래된 만큼 그 중심과 주변에 체육 교사의 역량이 존재하여야 한다.

　스포츠인이 가장 질 높은 삶을 살아가고 있다고 본다. 여느 사람이라고 쉽게 즐길 수 없는 움직임을 추구할 수 있고 놀이할 줄 아는 방법을 알기 때문이다. 같은 수입을 갖고도 삶을 살아가는 방법은 모두가 다르고 삶의 질 또한 다르기 마련이다. 질 높은 삶을 인도하는 처지에서 체육 교사는 또 하나의 본이다. ■